*Hans-Joachim A[illegible]*

# Rajasthan und Gujarat

*mit Ausflügen nach Delhi, Agra und Khajuraho*

DUMONT KUNST REISEFÜHRER

In der vorderen Umschlagklappe: Übersichtskarte Rajasthan

In der hinteren Umschlagklappe: Übersichtskarte Gujarat

## Wichtige Orte auf einen Blick


Agra ☆☆(xy) . . . . . 125
Ahmedabad ☆ . . . . 259
Ajmer . . . . . . . . . 188
Alwar . . . . . . . . . 165
Amber ☆ . . . . . . . 176
Bundi . . . . . . . . . 213
Chittaurgarh ☆ . . . . 222
Delhi ☆☆ . . . . . . . 97
Diu . . . . . . . . . . 294
Fatehpur Sikri ☆ . . . 141
Jaipur ☆☆ . . . . . . 167
Jaisalmer ☆☆ . . . . . 248
Jodhpur ☆ . . . . . . 229
Khajuraho ☆☆ . . . . 155
Kumbhalgarh ☆ . . . 203
Modhera ☆ . . . . . . 269
Mt. Abu (Dilawara-Tempel) ☆☆ . . . . 206
Osian ☆ . . . . . . . . 237
Palitana ☆ . . . . . . 283
Pushkar . . . . . . . . 192
Shekhavati ☆☆ . . . . 178
Sikandra . . . . . . . 139
Udaipur ☆ . . . . . . 195


☆☆
*keinesfalls verpassen*

☆
*Umweg lohnt*

# *Inhalt*

## *Land und Geschichte*


**Lebensraum** 10
Geographie 10
Klima 12
Flora und Fauna 13
Die Kulturlandschaft 15
Bevölkerung 15
Kastenwesen 18

**Geschichte** 20
Die Frühzeit 20
Hinduistische Großreiche 21
Die islamische Invasion 24
Das Delhi-Sultanat 25
Die Moguln 27
Regionale Fürstentümer 35
Europäischer Einfluß 38
Kampf gegen die Kolonialherrschaft 42
Das unabhängige Indien 44

**Zeittafel** 45

**Religion** 48
Hinduismus 48
Geschichtliche Entwicklung 48
Glaubensgrundsätze 51
Die Welt der Götter 53
Weibliche Gottheiten 56
Dämonen und übernatürliche Wesen 57
Buddhismus 60
Jainismus 62
Islam 64

**Kunst und Kultur** 68
Stilrichtungen und Bauhütten 68
Grundzüge hindustischer Kunst 70
Architektur 70
Plastik 72
Die indische Literatur 74
Grundzüge islamischer Kunst 76

Architektur 76
Mogulgärten 78
Mittel dekorativer Gestaltung 80
Indo-islamische Stilrichtungen 82
Architektur und Bauplastik 83
Malerei 85

**Galerie bedeutender Persönlichkeiten** 87

## *Reiserouten*

**Delhi – Acht Hauptstädte** 97
Geschichte 97
**Alt-Delhi** 99
Das Rote Fort 99
Jami Masjid – Die Freitagsmoschee 107
**Neu-Delhi** 109
Jantar Mantar 110
Rajpath 111
Nationalmuseum 112
**Im Süden Neu-Delhis** 112
Der Qutb Minar-Komplex 112
Tughluqabad 116
Die Lodigärten 117
Purana Qila 118
Das Grab des Humayun 120
Das Grab des Khan-i-Khanan 121
Das Safdar Jang-Mausoleum 122
Der Baha'i-Tempel 122

**Agra und Umgebung – Das berühmteste Grabmal der Welt** 125
Geschichte 125
Taj Mahal 125
Das Rote Fort 132
Jami Masjid 136
Das Grab des Itimad-ud-Daula 137
Chini-ka-Rauza 138
Sikandra 139
**Die Umgebung von Agra** 141
Fatehpur Sikri 141
Bharatpur 150
Deeg 152

## Khajuraho – Erotik in Stein 155

Die westliche Gruppe 157
Die östliche Gruppe 161

## Entlang der Aravallikette 165

**Alwar** 165
**Jaipur** 167
Geschichte 167
Der Palast 168
Das Observatorium 171
Hawa Mahal 173
Das Government Museum 173
**Die Umgebung von Jaipur** 174
Amber 176
**Das Shekhavati-Gebiet** 178
Geschichte 178
Sikar 181
Lakshmangarh 181
Fatehpur 182
Churu 183
Bissau 184
Mandawa 184
Jhunjhunu 185
Nawalgarh 186
**Ajmer** 188
Geschichte 188
Besichtigung 189
**Pushkar** 192
**Udaipur** 195
Geschichte 195
Der Stadtpalast 196
Der Jagdish-Tempel 199
Lustschlösser im Picholasee 200
**Die Umgebung von Udaipur** 201
Jagat 201
Eklingji 201
Nagda 202
Die Festung Kumbhalgarh 203
Ranakpur 204
**Mount Abu** 206
Der Dilwara-Tempel 206
Der Achaleshvara-Tempel 210

**Südöstliches Rajasthan – Hort rajputischer Helden** 212
**Bundi** 213
**Die Umgebung von Bundi** 216
Hindoli 216
Menal 217
Bijolia 218
**Kota** 219
**Ramgarh** 220
**Baroli** 221
**Chittaurgarh** 222
Geschichte 222
Rundgang 224

**Wüstenstädte am Rande der Thar – Oasen im ›Land des Todes‹** 228
**Jodhpur** 229
**Die Umgebung von Jodhpur** 235
Mandor 235
Osian 237
**Bikaner** 242
**Die Umgebung von Bikaner** 246
Der Karni Mata-Tempel 246
**Jaisalmer** 248
Geschichte 248
Rundgang 250
**Die Umgebung von Jaisalmer** 256

**Am Golf von Khambhat – Gujarats Tor zur Welt** 259
**Ahmedabad** 259
**Im Norden von Ahmedabad** 266
Adlaj Vaw 266
Modhera 269
Sunak 270
Vadnagar 271
Roda 271
Shamalaji 273
**Im Süden von Ahmedabad** 273
Sarkhej 273
Lothal 275
Vadodara 276
Champaner 277
Dabhoi 280
Surat 280

**Halbinsel Kathiawar – Refugium der Jains** 283
Palitana/Shatrunjaya 283
Junagadh 287
Girnar 291
Somnath 293
Die Insel Diu 294
Tarnetar 296
Sejakpur 296

**Glossar** 298
**Literaturauswahl** 303


## *Praktische Reiseinformationen*


Hinweise für die Reiseplanung 306
Informationen für unterwegs 307
Abbildungsnachweis 315
Register 315
Impressum 320


Die in diesem Buch verwendeten Schreibweisen folgen meist der englischen Aussprache.
Die Personendaten beziehen sich, wenn nicht anders angegeben, auf die Regierungszeiten.

Land und Geschichte

# Lebensraum

Rajasthan und Gujarat, die beiden im Mittelpunkt dieses Buches stehenden Bundesstaaten im indischen Nordwesten, zählen zu den unwirtlichsten Gegenden des Landes und können trotzdem auf eine reiche historische und kulturelle Entwicklung zurückblicken.

## Geographie

*»Der Inder nennt ganz Radschputana westlich der Arawalis Thar, was die Karthographen mit Wüste übersetzen. Diese Uebersetzung ist von der Bedeutung des Wortes entnommen, denn Thar, wörtlich eine breite Schüssel, gebrauchen die Anwohner der Arawalis im Sinne einer Mulde, deren Ränder Sandhügel bilden, und diese Bezeichnung entspricht genau den Verhältnissen.« E. Schlagintweit (19. Jh.)*

Auf die Segnungen der lebenspendenden Monsune ist hier weniger Verlaß als im übrigen Indien, so daß trotz ausgeklügelter Bewässerungsmethoden mit Tiefbrunnen und Kanalsystemen immer wieder Dürrekatastrophen die Region bedrohen und zu verheerenden Ernteeinbußen und temporärer Flucht der ländlichen Bevölkerung an die Peripherie der Städte führen.

Rajasthan und Gujarat sind die südlichen Randzonen des ›Fünfstromlandes‹, das trotz seines wüstenhaften Klimas dank der vom Himalaya kommenden Ströme Sutlej, Beas, Ravi, Chenab und Jhelum, die dem Indus zufließen, zu einer der Kornkammern der Antike wurde und zur Wiege einer der frühesten Stadtkulturen der Menschheit.

Das äußere Erscheinungsbild der Landschaft ist durchaus vielgestaltig. Im Norden prägt sie die Wüste Thar, die sich als Rann von Kutch bis nach Gujarat fortsetzt und fast die Hälfte Rajasthans und etwa ein Drittel des Staates Gujarat ausmacht. Die extrem trockene Landschaft, Marusthali, ›Land des Todes‹ genannt, besteht im Norden aus Aufschüttungen von Sutlej und Indus und geht dann in ein allmählich von 200 m bis 500 m ansteigendes Tafelland über. Hin und wieder wird es von Felsmassiven des darunterliegenden Dekhansokkels durchbrochen, der Ähnlichkeiten mit dem weiter südlich liegenden Formationen des Vindhyaberglandes hat und aus vulkanischen Gesteinen besteht. Einziger bedeutender Fluß der Steppenzone ist der Luni, der nahe Ajmer entspringt und nach 300 km in der Rann von Kutch im Norden Gujarats versickert. Die Rann von Kutch ist eine durch Salzablagerungen im Laufe der Jahrtausende verlandete Bucht, in die früher möglicherweise der östlichste Indusarm mündete. Den Beinamen Lavanavari (›Salzfluß‹) verdankt der Luni seinem überdurchschnittlich hohen Salzgehalt, durch den er sich für Bewässerungszwecke nur bedingt eignet. Nordöstlich des Lunibekkens ist zwischen die Shekhavati-Höhenzüge – Ausläufer der Aravallikette – eine Beckenlandschaft gebettet, in der sich abflußlose Salzseen gebildet haben, darunter der Sambhar, der mit 240 km$^2$ größte See Rajasthans.

*◁ Der Palast in Udaipur in einer Darstellung des 19. Jh.*

Begrenzt wird die aride Zone von der zwischen Khetri im Nordosten und Mount Abu im Südwesten verlaufenden Aravallikette, die

Blick auf die Aravallikette

im Nordosten Höhen bis über 600 m erreicht, bei Mount Abu sogar auf mehr als 1700 m ansteigt und neben ihrer Funktion als Wasserscheide auch ein wichtiger Regenfänger für die von Südost heranziehenden Monsunwolken ist.

Entstanden sind die Aravallis, wie auch die ihnen vorgelagerten anderen kleineren Gebirgszüge, etwa das Hügelland von Mewar, durch den Aufprall der Dekhanscholle auf die asiatische Festlandplatte, ein Prozeß, der die Auffaltung des Himalaya in Gang setzte und noch immer nicht abgeschlossen ist. Die südöstlich den Aravallis vorgelagerte Region bietet sich als buntes Mosaik aus Hügeln, Tafelbergen, Flußniederungen und unwegsamem Ödland. Wichtigste Flüsse sind hier der Banas, der nahe Kumbhalgarh entspringt und das Mewar Hügelland entwässert, sowie der Chambal, der vom Vindhyabergland südlich Rajasthans kommt und seinen Weg nach Norden nimmt, wo er schließlich in die Yamuna mündet. Südöstlich von Abu Road schließt sich an die Aravallikette die flache Küstenzone an, die im Norden in die Salzmarsch der Rann von Kutch übergeht, im Südwesten in die Halbinsel Kathiawar.

Die Küstenniederung des südlichen Gujarat begleiten die nördlichen Ausläufer der Westghats, die wie die Aravallis als Regenfänger dienen und die davorliegenden Ebenen zu einer der wichtigsten Agrarregionen des Nordwestens werden lassen. Von den Gebirgszügen bahnen sich der Narmada, dessen Staudammprojekte weltweit Aufsehen erregt und Proteste ausgelöst haben, und der Tapti den Weg in das Arabische Meer. Mit ihren Ablagerungen haben die Flüsse im Laufe der Jahrhunderte die ehemals bedeutenden Häfen Surat und Cambay verlanden lassen und damit die Verlagerung des Seehandels nach Bombay (heute Mumbai) bewirkt.

## Klima

*»Die Wasser sind fürwahr das Recht (dharma). Wenn deshalb die (himmlischen) Wasser auf diese Erde herabkommen, dann gelangt alles hier zur Übereinstimmung mit dem Recht. Wenn aber Regenmangel herrscht, dann raubt der Stärkere vom Schwächeren. Die Wasser sind ja das Recht.«*
*Aus dem Brahmana der hundert Pfade*

Das Klima wird wie überall in Indien durch die Monsune geprägt, deren Ergiebigkeit zwar erheblichen jährlichen Schwankungen unterworfen ist, von denen jedoch die südöstlichen Regionen Rajasthans und Gujarats immer mehr profitieren als der Nordwesten. So erhalten die südlichen Küstenniederungen Gujarats etwa 2000 mm pro Jahr, die ariden Gebiete Nordwestrajasthans hingegen nur 100 mm. Der Begriff Monsun, abgeleitet vom arabischen *mausim* (Jahreszeit), beschreibt im weiteren Sinne alle jahreszeitlich wechselnden Winde, im engeren das System des südasiatischen Raums. Die Entstehung läßt sich aus dem Zusammenwirken des planetaren Windsystems und der thermischen Gegensätze zwischen Land und Meer erklären. Zum einen wird durch Schrägstellung der Erdachse die Oberfläche von der Sonne unterschiedlich stark bestrahlt, wodurch Zonen hohen und niedrigen Drucks entstehen, zwischen denen ein Luftmassenaustausch in Gestalt von Winden stattfindet, die durch die Erddrehung abgelenkt werden. Eingebettet in den Ostwindgürtel des Urpassats zieht sich um den Äquator die Westwindzone der Passate. Das gesamte System wandert im Jahresablauf zwischen den Wendekreisen und läßt somit die dazwischen liegenden Zonen abwechselnd in östliche und westliche Luftströmungen geraten.

Luftbewegungen werden aber auch durch die unterschiedlich starke Erwärmung von Land und Wasser ausgelöst. Im Sommer erwärmt sich der asiatische Festlandblock schneller als der Indische Ozean, so daß sich über dem Land ein Hitzetief bildet, das die südlich davon verlaufende, hohen Druck aufweisende äquatoriale Westwinddrift ›ansaugt‹, um sich aufzufüllen. Auf ihrem Weg über den Indischen Ozean reichert sich diese zum Südwestmonsun abgelenkte Westwinddrift mit Feuchtigkeit an und entlädt sich beim Auftreffen auf den Kontinent als ergiebiger Monsunregen. Im Winter kehren sich die Verhältnisse um. Die Luft strömt nun aus dem Kältehoch Innerasiens in die Tiefdruckgebiete des Südens und wird dabei durch die in dieser Jahreszeit vorherrschende Ostströmung des Urpassats in den Nordostmonsun umgelenkt. Da dieser Wind sich im Gebiet des Indischen Subkontinents nur über dem Golf von Bengalen mit Feuchtigkeit anreichern kann, bringt er vornehmlich der Südostküste Regenfälle und wirkt sich in Rajasthan und Gujarat kaum aus.

So ist der Beginn der sommerlichen Regenzeit, die normalerweise von Mitte Juni bis Ende September dauert, für den Inder mehr als nur ein Datum im Kalender. Die ersten ergiebigen Regen sind nicht nur

Erlösung von der Last der fast unerträglichen Hitze, sie begründen auch die Hoffnung auf ertragreiche Ernten. Für sie werden das Chaos im Verkehrswesen, die Erdrutsche und Überschwemmungsopfer klaglos in Kauf genommen. Beiderseits des nördlichen Wendekreises gelegen, gehört Nordindien zu den heißesten Zonen der Erde. Kurz vor Ausbruch des Südwestmonsuns klettert das Thermometer in Delhi regelmäßig über die 45 °C und erreicht in Rajasthan zuweilen 48 °C im Schatten, sofern man diesen überhaupt antrifft. In der Monsunzeit sinkt zwar das Thermometer um einige Grad, dafür aber läßt die hohe Luftfeuchtigkeit jede Bewegung zur Qual werden. Monate klimatisch unbeschwerten Reisens kann man zwischen November und Februar erleben, wenn die nächtlichen Temperaturen bis zum Gefrierpunkt absinken können. Daß derartige extreme Klimabedingungen nicht ohne Auswirkungen auf die Architektur geblieben sind, ist selbstverständlich. Erwähnt seien nur die tief in die Erde hinabreichenden Stufenbrunnen Gujarats, die jeden kühlen Windhauch einfangenden offenen Pavillons von Fatehpur Sikri oder die von Kanälen klimatisierten Räume der Mogulpaläste in Delhi und Agra.

## Flora und Fauna

Wegen der dichten Besiedlung ist die ursprüngliche Vegetation nur noch an wenigen Stellen erhalten. Insbesondere die ehemals ausgedehnten Wälder der Aravallikette und der Ghats sind weitgehend dem Raubbau zum Opfer gefallen; dies hat zu großflächigen Erosionen geführt, den sogenannten Badlands – zerfurchtes, vegetationsloses Ödland

Lockeres Buschwerk mit niedrigen Akazien, Kameldorn und Sodomsapfel kennzeichnet die trockeneren Zonen, dazwischen hin und wieder Tamarisken, größere Akazien und Euphorbien mit fleischigen Blättern und Dornen.

An den Ausläufern der Ghats im südöstlichen Gujarat und an den Girbergen im Herzen der Halbinsel Kathiawar konnte sich wegen der höheren Niederschläge laubabwerfender Monsunwald mit Teak, Indischem Ebenholz, immergrünen Feigenarten und dem Malabarischen Lackbaum entwickeln, der sich im Nationalpark von Gir noch in seiner ursprünglichen Form erhalten hat.

Größere Wildtiere sind heute fast nur noch in Naturschutzgebieten anzutreffen, von denen Rajasthan und Gujarat einige der schönsten ganz Indiens vorzuweisen haben. Erwähnt seien der Vogelpark Keoladeo in Bharatpur, der Sariska-Nationalpark bei Alwar, das Tigerreservat von Ranthambore und der Gir-Nationalpark auf der Halbinsel Kathiawar in Gujarat, in dem die letzten asiatischen Löwen ihre Heimat haben.

Daß trotz des Bevölkerungsdrucks den wildlebenden Tieren nach wie vor so viel Beachtung geschenkt wird und man auch außerhalb der Schutzgebiete auf Großvögel, Affen und sogar Antilopen trifft, die

*Die Hulmanaffen gelten als Inkarnationen Hanumans*

Kamelmarkt

unbehelligt vom Menschen ihre ökologische Nische besetzt halten, ist ohne Zweifel dem Hinduismus zu verdanken. Im Gegensatz zu Christentum und Islam, die den Menschen als Krone der Schöpfung sehen, umfassen indische Religionen die gesamte Schöpfung als Einheit, in der das Tier einen gleichberechtigten Platz einnimmt.

Der größte Teil der Säugetiere ist offensichtlich in den letzten Jahrtausenden aus den nördlicheren Zonen zugewandert und hat sich in bewundernswerter Weise den neuen Klimabedingungen, etwa durch Färbung und Nachtaktivität, angepaßt.

Da die große Nilgaur-Antilope von den Indern als Rind angesehen wird, blieb sie bis heute von der Jagdleidenschaft der Maharajas verschont. Anders der Tiger, der bis in unser Jahrhundert hinein bevorzugte Beute schießwütiger Potentaten war und außerhalb der Nationalparks nicht mehr anzutreffen ist. Ganz ausgerottet wurde der Sind-Leopard und auch der Gepard, den sich die Moguln als Jagdtier am Hof gehalten haben, ist aus Indiens Landschaft verschwunden. Die Gepardenmeute Kaiser Akbars soll mehrere hundert Tiere umfaßt haben! Vom Aussterben nicht bedroht sind hingegen die Affen, zu denen der Hulman oder Langur zählt, der als Reinkarnation Hanumans gilt und natürlich nicht gejagt wird. Seines Lebens nicht so sicher darf sich der Rhesusaffe fühlen, der in den Labors der pharmazeutischen Industrie seine Haut zum Markte tragen muß.

Vor allem der Ornithologe kommt in Nordwestindien nach wie vor auf seine Kosten, ist doch die Region Durchzugsgebiet der Zugvögel aus den zentralasiatischen Steppen. Der oben erwähnte Park von Bharatpur, der von der UNESCO zum Weltnaturerbe erklärt wurde, hat sich dabei zu einem bevorzugten Winterquartier seltener Vogelarten entwickelt, wie man es in derartiger Vielfalt wohl sonst nirgends auf der Welt antrifft.

## Die Kulturlandschaft

In bewundernswerter Weise hat sich auch die Bevölkerung im Laufe der Jahrhunderte den extremen Bedingungen angepaßt. Im ariden Nordwesten nimmt die extensive Viehwirtschaft breiten Raum ein, wobei nach wie vor das zweihöckerige Dromedar im Mittelpunkt steht – ergänzt durch Ziegenhaltung. Sehr früh schon wurden Bewässerungstechniken entwickelt, die zumindest punktuell einen intensiven Anbau von Hirse, Erbsen, Bohnen und Linsen erlauben und damit erst das Leben am Rande der Wüste ermöglichten. In den trockeneren Regionen ist die Kolbenhirse *(bajra)* das Grundnahrungsmittel der ärmeren Bevölkerung, ergänzt durch Sorghum *(juar)* und Sesam. Unter diesen Bedingungen verwundert es nicht, daß die Künstler den Brunnen keine geringere Aufmerksamkeit geschenkt haben als den Tempeln und Palästen und mit dem Wasser verbundene Riten im Mittelpunkt von Volksreligion und Brauchtum stehen. Großflächige Bodennutzung mit Zuckerrohr- und Reisanbau ist vor allem entlang der mächtigen Ströme wie Tapti und Narmada sowie im Einzugsgebiet des durch den Nordwesten Rajasthans verlaufenden Gandhikanals möglich.

## Bevölkerung

Rajasthan und Gujarat waren zugleich Durchzugsgebiete für Invasoren aus den zentralasiatischen Steppen und Refugien für bedrängte Minderheiten, woraus sich ein außerordentlich differenziertes Bevölkerungsgemisch ergibt, das bis heute in der farbenprächtigen Folklore, der ausgeprägten Volksreligiosität, der Vielgestaltigkeit des Kunsthandwerks und den Trachten präsent ist. So gibt es allein vom Turban, dem Statussymbol des rajputischen Mannes, unendliche Variationen, die nicht etwa ein besonders ausgeprägtes Modebewußtsein dokumentieren, sondern Rang und Stammeszugehörigkeit anzeigen, die in der Sozialstruktur dieser Region nach wie vor eine zentrale Rolle spielen. (Einen interessanten Einblick in diese ›Turbankultur‹ vermittelt u. a. das Museum von Jaipur, s. S. 167.)

Von den vielen Volksgruppen, die bis heute in Rajasthan und Gujarat deutlich voneinander zu unterscheiden sind, nehmen die **Rajputen** eine Sonderstellung ein, spielten sie doch ab dem 7. Jh. in der Geschichte und Kultur Nordwestindiens eine führende Rolle und sind hinsichtlich ihrer Herkunft von zahlreichen Geheimnissen

*»Radschput heißt Sohn des Fürsten. In Größe sie wenig überragend, ist die Muskulatur besser entwickelt und das Durchschnittsgewicht Erwachsener um sechs Kilogramm größer; dagegen fehlt das würdige Äußere der Brahmanen, der feine Schnitt der Gesichtslinien, ihr geistvoller Ausdruck.« E. Schlagintweit (19. Jh.)*

umgeben. Weder ist es klar, ob es sich um eine eigene Ethnie handelt oder nur eine soziale Gruppe mit gleichen Gepflogenheiten, noch weiß man genau, woher sie kommen. Abgeleitet ist der Begriff, der heute nur noch als Kastennamen verwendet wird, aus dem Sanskritwort *rajaputra* (›Königssohn‹), das bereits in den Schriften des 6. Jh. v. Chr. auftaucht. Die Herkunft der insgesamt 36 Clans, die sich in die Gruppe der Sonne- (Suryavamsha), Mond- (Chandravamsha) und Feuerclans (Agnikula) unterteilen lassen, verliert sich jedoch im Dunkel der Mythologie und ist nach wie vor mit vielen Fragezeichen behaftet, da die Genealogien von hofeigenen Historikern den Wünschen der Herrscher angepaßt wurden. Besonders deutlich ist dies bei den Marathen, die aus der Kaste der Bauern stammen und im 18. Jh. zur führenden Macht aufstiegen. Die Sonne- und Mondclans sollen den Puranas und Brahmanas (alte indische Schriften) zufolge auf die Urfamilie Manu zurückgehen und vom neunten Sohn des Manu, dem Hermaphroditen Ila, geschaffen worden sein. Sonne- und Mondkult waren bereits Bestandteil der indo-europäischen Religionen, auf die sich der Hinduismus in seiner Urform, dem Vedismus, zurückführen läßt.

Sati-Hände in Bikaner

Die bedeutenden Clans der Chauhan, Solanki, Parmar und Parihar sollen einem Feuerloch (Agnikund) auf dem Mount Abu entsprungen sein. Aus diesem Ritual schließen einige Forscher auf eine außerindische Herkunft der Rajputen, die erst durch die Reinigung im Feuer Aufnahme als angesehene Kriegerkaste (Kshatriya) in das bestehende Sozialsystem fanden. Die ›Feuertaufe‹ könnte aber auch Aufwertung einer niederen, im Kampf erfolgreichen Kaste durch das Ritual der Brahmanen gewesen sein, die sich für diesen ›Ritterschlag‹ fürstlich belohnen ließen. Von den Rajputen selbst wird die Zuwanderungstheorie streng abgelehnt, sehen sie sich doch selbst als direkte Nachkommen der Kriegerkaste der frühen vedischen Gesellschaft und damit als reine Arier (Arya). Dies gilt auch für die Mond- und Sonnenclans, zu denen sich die Rathor von Jodhpur und Bikaner, die Sisodia von Mewar und die Kacchwaha von Jaipur rechnen. Allen gemeinsam war die geradezu kultische Verehrung von Waffen und Pferden, die (Un-)Sitte der Witwenverbrennung (Sati), die Anbetung der Sonne (Surya), die in zahlreichen Tempeln in Gujarat und Rajasthan ihren Ausdruck findet, und die Stellung der Barden, die bis heute die Tradition bereichern. Auf arischen Ursprung deutet die Sprache – ein indoarischer Dialekt, der aus dem Dingal abgeleitet ist, ein früher von den Barden benutztes Idiom.

Außer der rajputischen Elite haben weitere interessante Gruppen in Nordwestindien ihren Lebensraum gefunden und zum Teil bis heute bewahren können. Zu ihnen zählen die **Minar,** deren Vorfahren zwischen 3500 und 2700 v. Chr. wahrscheinlich die großen Städte der Induszivilisation bewohnten, ehe sie von den Ariern um 1500 v. Chr. nach Süden verdrängt wurden und schließlich unter die Herrschaft der Rajputen gerieten. Heute stellen sie den überwiegenden Teil der ländlichen Bevölkerung in Rajasthan. Obwohl sie dem Shi-

*Bei allen Bevolkerungsgruppen sind es immer wieder die Frauen, die die meiste Arbeit tun*

vakult anhängen, verschleiern sich die Frauen, dafür aber herrschen liberale Scheidungsgesetze, und der Wiederheirat einer Witwe steht nichts im Wege.

Auf der Reise über Land trifft man nach wie vor die **Gaduliyar Lohar,** nomadisierende Handwerker aus der Region Mewar, die ihren Namen den typischen Ochsenwagen mit Holzscheibenrädern *(gadi)* verdanken, der ihnen als Fahrzeug, Wohnung und Werkstatt dient. Viele dieser Wagen haben heute am Rande der Städte einen festen, überdachten Standort. Der Legende nach sollen sich die Mitglieder einer ehemals angesehenen Rajputenkaste nach der Niederlage von Chittaurgarh (s. S. 224) geschworen haben, erst nach dem Sieg über die Moguln wieder in ihre Stammburg zurückzukehren – ein Wunsch, der sich nicht erfüllte. Seither ziehen sie über Land und verdienen ihren Lebensunterhalt vornehmlich als Schmiede, eine bemerkenswerte Parallele zu den Roma und Sinti, die ja in Nordindien ihren Ursprung haben.

Auf die drawidische Urbevölkerung, die bereits vor Ankunft der Arier auf dem Subkontinent lebte, lassen sich die **Bhil** zurückführen, die sich später mit Zuwanderern aus dem Norden mischten, in ihrem Namen (›Bogen‹) aber noch das ursprüngliche Jägerdasein erkennen lassen. Trotz Hinwendung zum Hinduismus haben sie noch Relikte der alten Relilgion bewahrt. So gibt es Gottheiten für Milch (Gwali), Landwirtschaft (Hir Kulyo) und Getreide (Nandevo). Noch immer leben sie, verstreut über Rajasthan und Gujarat, in einfachen, nur aus einem Raum bestehenden Behausungen, die sich zu kleinen Dörfern gruppieren, in denen jeweils eine Sippe zusammenwohnt. Bis vor kurzem noch waren die Bhil als Räuber in ganz Rajasthan gefürchtet, heute arbeiten viele von ihnen außerhalb der Landwirtschaft als Tagelöhner, Wächter und Holzverkäufer.

*Parsenfamilie in einer Aufnahme des letzten Jahrhunderts*

An der Küste Gujarats wiederum haben sich schon früh **Parsen** niedergelassen. Als Zuwanderer aus Persien bilden sie eine eigene, homogene ethnische Gruppe, die bis heute strenge Heiratsvorschriften pflegt und sich im Handel eine herausragende Stellung erworben hat. Die Parsen definieren sich über ihren Glauben: Sie sind Anhänger des persischen Religionsstifters Zarathustra (pers.: Zardosh; ca. 630 v. Chr. – 553 v. Chr.). Im Parsismus gibt es eine stark dualistische Auffassung von der Welt; der Mensch kann sich für das Gute oder das Böse entscheiden. Besonders bekannt wurden die Parsen im Westen durch die von ihnen vollzogenen ›Luftbestattungen‹. Das Feuer ist ihnen heilig, so daß Tote nicht verbrannt werden dürfen, sondern auf den sog. Türmen des Schweigens den Geiern dargeboten werden.

## Kastenwesen

Das Kastenwesen, ein eng mit dem Hinduismus verbundenes Phänomen, das die Gesellschaft tief durchdringt, läßt sich verallgemeinernd als eine geschlossene Gruppe innerhalb einer Hierarchie umschreiben, geprägt durch gemeinsame Lebensformen und sittliche Normen. Bereits im alten Ägypten und in Persien war eine derartige, teilweise durch berufliche Spezialisierung entstandene Gesellschaftsform bekannt. Das Wort Kaste ist aus dem portugiesischen *casta* (›etwas nicht Vermischtes‹) abgeleitet. Eingeführt wurde das Kastenwesen wahrscheinlich von indoarischen Einwanderern, die um 1500 v. Chr. aus dem Norden kommend den Subkontinent besiedelten und eine viergeteilte Ständeordnung einführten, die ihnen selbst den höchsten Rang einräumte, wobei, wie die Bezeichnung der einzelne Kaste als *varna* (›Farbe‹) erkennen läßt, die Hautfarbe eine wichtige Rolle spielte. Legitimiert wurde diese strenge Hierarchie, die zunächst in die Gruppen Priester (Brahmanen), Krieger (Kshatriya), Bauern und Handwerker (Vaishya) und Knechte (Shudra) zerfiel, mit dem religiösen Mysterium der Zerstückelung des Urmenschen Purusha durch den Schöpfergott Prajapati.

*Aus dem kosmischen Urmenschen Purusha sind der Legende nach die vier Kasten entstanden*

Erstmals schriftlich niedergelegt ist die soziale Gliederung im Rigveda, ihre göttliche Herkunft im Purushalied der Brahmanas, den Handbüchern für die Priesterkaste:
»Zum Brahmana wurde Purushas Mund,
seine Arme zum Kshatriya sind gemacht,
seine Schenkel zum Vaishya wurden.
Der Shudra stammt aus seinen Füßen.«

So wurden die dunkelhäutigen Drawiden durch die militärisch überlegenen, hellhäutigen Arier auf die unterste Stufe der sozialen Skala verwiesen und ihnen durch entsprechende – auf dem Prinzip von Reinheit und Unreinheit beruhende – Verbote der Aufstieg verwehrt. Außerhalb der Kasten, die sich mittlerweile in 3000 Unterkasten aufgefächert haben, stehen die Unberührbaren, die ›Kinder Gottes‹, wie Gandhi sie genannt hat.

Die Menschen der unteren Kasten und die Kastenlosen leben oft am Rande der Gesellschaft

Eng mit dem Kastenwesen ist der Gedanke von Karma und Wiedergeburt verflochten, der dem Einzelnen in Abhängigkeit seiner im vorhergehenden Leben erworbenen Verdienste einen unverrückbaren Platz in der Gesellschaft zuweist. Allein die Hoffnung bleibt, durch demütiges Akzeptieren des Schicksals in einem späteren Leben einen höheren Rang zu erreichen. Religiös begründet wird auch die Hierarchie innerhalb des Kastensystems. Die oberen drei Kasten (Brahmanen, Kshatriyas und Vaishyas) dürfen Opfer darbringen, die Shudras haben ohne direkte religiöse Bindung allein die Aufgabe, den drei anderen Kasten zu dienen. Ausgesprochen symbiotisch war das Verhältnis zwischen Priester und König. Der Herrscher übte zwar die politische Macht aus, war bei religiösen Belangen aber vom Priester abhängig, der allein das Opfer vollziehen konnte. Dieser wiederum bedurfte zur Ausübung seines Amtes des königlichen Schutzes.

Bemerkenswerterweise hat sich auch in den Gemeinschaften der Jains und der Muslime eine Art Kastenordnung durchgesetzt, die allerdings weniger rigide gehandhabt wird. Bei den Muslimen genossen jene das höchste Ansehen, die aus Persien oder Afghanistan zugewandert waren *(ashraf)*, gefolgt von den in Indien geborenen Nachfahren der Zuwanderer und den zum Islam konvertierten Hindus *(ajlaf)*.

# Geschichte

*»Wer nicht von dreitausend Jahren sich weiß Rechenschaft zu geben bleibt im Dunkeln unerfahren, mag von Tag zu Tage leben!«*
*Johann W. von Goethe, West-Östlicher Diwan*

Bisher ist es nicht möglich, ein verläßliches Bild der frühen indischen Geschichte zu zeichnen. Zu spärlich und widersprüchlich sind die Quellen, zu tief ist die Realität mit den Mythen verwoben, als daß sich eine kontinuierliche Entwicklung darstellen ließe. Wichtige historische Hilfen sind Münzfunde, frühe Reiseberichte und Inschriften, die aber immer nur Momentaufnahmen liefern, zwischen denen sich dunkle Epochen der Vermutungen erstrecken. An frühen schriftlichen Aufzeichnungen fehlt es nicht, da aber die Inder eine Historiographie, wie sie uns aus Griechenland vertraut ist, nicht kannten, legten sie auf zeitliche Bezüge keinen Wert. Erst mit Alexanders Feldzug

(327–325 v. Chr.), der allerdings durch eine Meuterei bereits am Beas, einem Nebenfluß des Sutlej, endete, beginnt eine punktuell verläßliche Datierung, so etwa durch Megasthenes, der kurz nach dem Alexanderzug am Hof das Mauryaherrschers Chandragupta I. in Patna lebte. Andere chronologische Fixpunkte lieferten im 4.–6. Jh. n. Chr. chinesische Pilger, die in Nordindien auf den Spuren des historischen Buddha (geb. um 550 v. Chr.) wandelten. Erst mit Ankunft der islamischen Eroberer ab dem 10. Jh. bewegen wir uns dann auf einem durch verläßliche Quellen gesicherten Boden.

## Die Frühzeit

Die Geschichte Rajasthans und Gujarats läßt sich bis zu den Induskulturen zurückverfolgen, die etwa zwischen 3000 und 2000 v. Chr. im heute zu Pakistan gehörenden Fünfstromland blühten und ihren Einfluß in der Endphase (zwischen 2400 und 1700 v. Chr.) bis nach Rajasthan und zur Küste Gujarats ausgedehnt hatten. Kalibangan im nördlichen Rajasthan und Lothal nahe der Küste des Golfs von Khambhat sind die wichtigsten Fundorte dieser bronzezeitlichen Stadtkultur, die bereits Kanalisation, ein geplantes Straßennetz und sogar genormte Lehmziegel kannte, alles Anzeichen für eine strenge hierarchische Ordnung, in der für Individualität wenig Raum blieb.

Vieles deutet darauf hin, daß das spätere Indien vor allem in der Religion einiges von dieser nach wie vor rätselhaften Induskultur übernommen hat. Ihr Untergang vollzog sich nach neueren Erkenntnissen nicht plötzlich, bleibt aber auch weiterhin ein Rätsel: Naturkatastrophen, Aufstände, Wassermangel und Überweidung werden ins Feld geführt.

Um 1500 v. Chr. wanderten kriegerischer Arier *(arya,* ›die Edlen‹) aus den zentralasiatischen Steppen nach Süden. Wie kein anderes historisches Ereignis sollte dieser Zustrom der Indoarier das Gesicht des Subkontinents verändern. Sie brachten nicht nur eine überlegene Waffentechnik, etwa Kriegswagen, ins Land, sondern auch eine mit strengen Ritualen verbundene Religion, die dem Priester (Brahmane) den höchsten sozialen Rang einräumte und nur die eigene Elite, bestehend aus Priesterschaft, Kriegern und Handwerkern duldete.

*Rollsiegel gehören zu den frühesten Zeugnissen der Harappakultur*

Durch strikte Abgrenzung von den eroberten Völkern in Form der bereits beschriebenen Kasten vermieden es die Zuwanderer, von der zahlenmäßig überlegenen Urbevölkerung assimiliert zu werden. Vom Punjab aus breiteten sie sich zunächst als kleine, viehzuchttreibende Bauerngemeinden entlang der fruchtbaren Gangesebene aus und durchdrangen später auch den Nordwesten.

## Hinduistische Großreiche

Aus den frühesten Schriften, den Veden, die möglicherweise ihre Wurzeln außerhalb Indiens haben, läßt sich ablesen, daß das Herrschaftsgebiet der Indoarier in viele kleine miteinander verfeindete Gemeinschaften zerfiel.

Um 500 v. Chr. zeichnete sich dann eine deutliche Veränderung ab: Eisen ersetzte die Bronze und ermöglichte eine intensive Kultivierung der Gangesebene, verbunden mit einer über die Subsistenzwirtschaft hinausgehenden Möglichkeit zur Vorratshaltung, die wiederum den Handel nach sich zog. Ihn zu sichern, bedurfte es einer strengeren Ordnung, aus der sich allmählich das Königtum herauskristallisierte, eine über den eigenen Clan hinausgehende Macht, die naturgemäß dem Gesetz der Expansion unterworfen war. So gelang es 321 v. Chr. dem Herrscher Chandragupta Maurya, in Nordindien ein erstes

*Das berühmte Löwenkapitell der Ashoka-Säule von Sarnath in Nordindien*

Großreich zusammenzuschmieden, das bis zum Indus reichte. Sein Enkel Ashoka (ca. 268–233 v. Chr.) erweiterte es noch, wobei der Buddhismus eine wichtige Rolle als einigende Klammer spielte. Ein Edikt am Fuße des Girnarberges auf der Halbinsel Kathiawar bezeugt, daß auch dieser Teil Indiens fest in sein Imperium eingebunden war. Die Beziehungen zu fernen Nachbarn – selbst bis nach Griechenland – waren damals erstaunlich eng. Es ist sicherlich kein Zufall, daß die Kapitelle der Ashokasäulen denen von Persepolis in Persien ähneln und Kaiser Ashoka seine Edikte mit einem ähnlichen Wortlaut begann wie der Perserkönig Darius I. (ca. 550–486 v. Chr.): »So befiehlt der König ...«. Nach Ashokas Tod zerfiel das Reich sehr bald in sich befehdende Kleinstaaten: Erst den Moguln sollte es mehr als 1500 Jahre später gelingen, die Herrschaft über den Norden des Subkontinents wieder in einer Hand zu vereinen.

Einziger stabiler Faktor in den unruhigen Zeiten zwischen dem 2. Jh. v. Chr. und dem 3. Jh. n. Chr. war der Handel, der sich auf die von den Maurya geschaffene Administration stützen konnte und von den ebenfalls am Warenaustausch interessierten nordwestlichen Nachbarn profitierte. Bereits unter den Maurya hatte es freundschaftliche Beziehung zu den in Afghanistan lebenden Seleukiden gegeben. Da diese enge Kontakte zu den Mittelmeerstaaten pflegten, entwikkelte sich alsbald ein lukrativer Handel zwischen Europa und Indien. Im Jahre 25 v. Chr. machte sich sogar eine reich mit Geschenken beladene Gesandtschaft von der Küste Gujarats auf den Weg nach Rom.

Eine wichtige Rolle als Träger des Handels spielte in Rajasthan und Gujarat die zeitgleich mit dem Buddhismus entstandene Glaubensgemeinschaft der Jains (s. S. 62). Da ihnen die Erhaltung des Lebens als höchstes Gebot gilt und somit jegliche Bewegung bereits die Gefahr in sich birgt, Ameisen, Käfer und ähnliche kleine Insekten zu zertreten oder einzuatmen, hat sich der Handel als die adäquate Beschäftigung erwiesen. Sie wurden deshalb von vielen Fürstentümern nicht nur toleriert, sondern wegen ihrer Geschäftstüchtigkeit gefördert und mit hohen Verwaltungsämtern bedacht. Ein Teil des beträchtlichen Reichtums floß als Stiftung in die Gestaltung prächtiger Tempelanlagen.

Mit dem Niedergang der Maurya verlor auch der Buddhismus seine Vormachtstellung. General Pushyamitra Sunga, der ihnen 185 v. Chr. den Todesstoß versetzt hatte, wandte sich wieder dem Hinduismus zu und stärkte die Stellung der Brahmanen.

Als nächste Welle fremder Zuwanderer aus den Steppen Zentralasiens erreichten um die Zeitenwende die Yüe-chi den Subkontinent und vermochten es, innerhalb weniger Jahrzehnte das Großreich der Kushana in Nordindien zu etablieren, als dessen herausragender Führer Kanishka (um 140 n. Chr.) galt. Gleichzeitig konnte sich aber in Gujarat unter Rudradaman eine regionale Großmacht entwickeln, die ihre Kriegszüge sogar bis vor die Tore Delhis ausdehnte.

*Im Jaintempel von Jaisalmer* ▷

Im 3. Jh. n. Chr. gelangten Rajasthan und Gujarat unter die Herrschaft der Gupta, die von Varanasi aus regierend Indien ein Golde-

nes Zeitalter (ca. 320–470) bescherten. Die Ausübung uneingeschränkter Autorität gelang ihnen allerdings nur im Gangestal. Die Republiken im Nordwesten, darunter Malwa und Gujarat, konnten nur zur Tributpflicht gezwungen werden. Den ab 465 aus Zentralasien anbrandenden Wellen der Weißen Hunnen vermochte das bereits durch Erbfolgestreitigkeiten geschwächte Guptareich nicht zu widerstehen und versank wie seine Vorgänger. Unter Toramana und seinem Sohn Mihiracula (ca. 510–540) geriet Nordindien nun vorübergehend unter hunnische Herrschaft, die jedoch mit der Vertreibung Mihiraculas nach Kaschmir um 540 endete.

## Die islamische Invasion

Im 10. Jh. begannen die islamischen Invasionen, denen sich die Rajputen mit aller Kraft widersetzten. Allerdings vermochten sie es wegen ihrer traditionellen Feindschaften untereinander nicht, ein Bündnis zu schmieden. Einer der Gründe war die strenge Kastenord-

*Die Mausoleen in den Lodigärten geben Zeugnis von der islamischen Epoche zwischen 1451 und 1526*

nung, die ein gemeinsames Vorgehen unmöglich machte. Ganz anders die islamischen Heere, die, beseelt durch den gemeinsamen Glauben und die Aussicht auf reiche Beute, selbst als wild zusammengewürfelter Söldnerhaufen einträchtig Seite an Seite kämpften. Im Jahre 1001 überrannte Mahmud von Ghazni (971–1030) von Afghanistan kommend mit 15 000 türkischen Reitern erstmals das

Fünfstromland und schlug das Heer der Inder bei Peshawar vernichtend. Insgesamt 17mal wiederholte der fanatische Herrscher seine Raubzüge mit einer Gefolgschaft beutegieriger Söldner und schändete 1024 den unermeßlich reichen Sonnentempel von Somnath, ehe er mit Gold, Juwelen und Tausenden von Gefangenen für die Sklavenmärkte wieder in den afghanischen Bergen verschwand.

## Das Delhi-Sultanat

Begnügte sich Mahmud von Ghazni noch mit Raubzügen, so strebte Muhammed von Ghur, der 1150 bis 1206 ebenfalls von Ghazni aus herrschte, nach der Einverleibung Indiens in sein islamisches Imperium. Im Jahre 1186 hatte er das Fünfstromland unter seine Kontrolle gebracht, 1190 stand er vor Delhi, wurde aber von dem Chauhanakönig Prithvi Raj geschlagen und zum Rückzug gezwungen. Auch sein Versuch, Gujarat zu erobern schlug wegen des erbitterten Widerstands von Bhim, dem Herrscher der Vagelladynastie, fehl. Erst 1122 gelang es dem Usurpator sich in Nordindien festzusetzen, wo er Qutb-ud-Din-Aibak (gest. 1210) als Statthalter zurückließ. Der Türke, der als Sklave in den Besitz des Herrschers gelangt war und sich bis zum Heerführer emporgedient hatte, eroberte von seiner Residenz Delhi aus weitere hinduistische Fürstentümer und legte damit den Grundstein für die Islamisierung Nordindiens, die erst mit der Machtübernahme durch die Engländer im 19. Jh. ihr Ende fand. Mit dem Tod von Muhammed von Ghur fühlte sich Qutb-ud-Din nicht mehr an den Treueid gebunden und gründete die erste islamische Dynastie auf indischem Boden, die nach seiner Herkunft als Sklavendynastie in die Geschichte einging. Sein Schwiegersohn Iltutmish (1211–1236) weitete den Einfluß des Sultanats aus, gefolgt von der kurzlebigen Khiljidynastie, die mit Ala-ud-Din (1296–1316) einen der fähigsten, wenn auch brutalsten Heerführer jener Tage hervorbrachte. Im Jahre 1296 hatte er durch die Ermordung seines Schwiegervaters Jalal-ud-Din die Macht an sich gerissen und vermochte es, sich sowohl gegen renitente Hindufürstentümer zur Wehr zu setzen als auch gegen die Mongolen, die sich bereits im Fünfstromland festgesetzt hatten und nun ein begehrliches Auge auf Indien warfen. Einen Angriff im Jahre 1299 konnte Delhi ebenso abwehren wie eine Offensive der Gelben Horden vier Jahre später, die sogar bis in die Stadt vordrangen, das Lager Ala-ud-Dins aber nicht zu stürmen vermochten. Durch Zentralisierung der Verwaltung versuchte er, die Herrschaft im Lande zu festigen und den korrupten Steuereinnehmern der Provinzen das Handwerk zu legen. Mochte sich das Sultanat auch als Herrscher halb Indiens bezeichnen, sein tatsächlicher Einfluß beschränkte sich allenfalls auf den militärisch jederzeit leicht zu kontrollierenden Umkreis von etwa 150 km. Je weiter die unterworfenen Provinzen vom Zentrum entfernt lagen, desto lockerer waren die Bindung und naturgemäß die Loyalität der Statthalter oder

*Die islamischen Eroberer verwendeten gern Teile zerstörter Hindutempel zum Bau ihrer Moscheen (hier am Qutb Minar-Komplex in Delhi)*

*Das Mausoleum des Iltutmish*

der gegen Tributzahlung im Amt belassenen Hindufürsten. Als probates Mittel der Unterdrückung sah Ala-ud-Din die Verarmung der hinduistischen Bevölkerung. Nur so viele Lebensmittel sollten ihr belassen bleiben, daß ein Überleben gesichert war, nicht aber die Anlage von Vorräten.

Im Jahre 1320, fünf Jahre nach dem Tode Ala-ud-Dins, wurde Ghiyas-ud-Din zum Sultan gekürt, jedoch bereits wenig später auf grausame Weise von seinem Sohn Muhammad-bin-Tughluq ermordet. Er hatte für den Empfang seines Vaters einen Pavillon errichten lassen, den er bei dessen Eintritt zum Einsturz brachte.

Vergeblich versuchte der ehrgeizige Herrscher, seinen Einfluß bis nach Südindien auszudehnen. Er verlegte dazu sogar die Hauptstadt von Delhi weit nach Devagiri in Zentralindien, mußte aber dennoch vor dem erbitterten Widerstand des gut organisierten südindischen Reichs von Vijayanagar (1336–1565) kapitulieren und büßte außerdem die Kontrolle über Nordindien ein. Wenige Jahre später kehrte sein Hofstaat reumütig nach Delhi zurück, verlor dadurch aber endgültig die Herrschaft über den Süden und Osten.

Im Jahre 1398 plünderte der Mongole Timur Delhi unter dem Vorwand, das Sultanat zeige sich den Hindus gegenüber als zu tolerant. In einer Orgie aus Gewalt und Beutegier wurden die hinduistischen Bewohner Delhis niedergemetzelt – die Stadt versank für Jahre in Bedeutungslosigkeit.

Aus der Agonie erwachte man erst wieder im Jahre 1451, als der aus dem afghanischen Clan der Lodi stammende Sultan Bhulul Khan die Dynastie der Lodi gründete und allmählich die verlorenen Provinzen zurückgewann. Sikander Lodi (1489 1517) verlegte die Metropole nach Agra, aber auch die Tage dieser Dynastie und damit des sogenannten Delhi-Sultanats waren gezählt. Trotz beachtlicher militärischer Erfolge und rigoroser Unterdrückung der hinduistischen Bevölkerung war es den islamischen Eroberern nicht gelungen, ein stabiles Großreich zu schaffen. Sobald der militärische Druck nachließ, gewannen wieder hinduistische Regionalreiche die Oberhand.

## Die Moguln

Erst mit Ankunft der Moguln sollte sich dies ändern. Den Gründer Babur (1483–1530) – mütterlicherseits ein Verwandter Dschingis Khans – hatte es nicht aus Beutegier nach Nordindien gezogen. Er war durch die vordringenden Usbeken aus seiner Heimat Samarkand nach Persien vertrieben worden, von wo er sich auf der Suche nach einem neuen Reich Richtung Osten wandte, Afghanistan unterwarf und schließlich sein Augenmerk auf Indien richtete. Als Nachfahre Timurs sah er sich nicht als Usurpator, sondern als rechtmäßiger Herrscher auch dieser Region. Dank seiner überlegenen, auf Geschützen basierenden Waffentechnik schlug er im April 1526 bei Panipat vor den Toren Delhis das zehnfach überlegene Heer des Sultans Ibrahim Lodi und rief sich zum Kaiser von Hindustan aus. Einen wesentlichen Anteil am militärischen und wirtschaftlichen Erfolg hatte sein erst 17jähriger Sohn Humayun, der überraschend in Agra auftauchte und sich den Schatz der Lodis sicherte. So konnte er seinem Vater als Willkommenspräsent einen Edelstein überreichen, der bis heute seinesgleichen sucht – den legendären Kohinoor. Als Geschenk wanderte der 108,93 Karat schwere Diamant später durch mehrere indische Fürstenhöfe, ehe er im 17. Jh. wieder den Weg in die Schatztruhen der Moguln fand. Dort erbeutete ihn Schah Nadir bei seinem Überfall auf Delhi im Jahre 1739 und verlieh ihm den bis heute gültigen persischen Namen ›Berg des Lichts‹. Schließlich gelangte er über Kabul in die Hände von Ranjit Singh, dem Führer der Sikhs, und verschwand schließlich 1849 als Teil der Kronjuwelen im Tower von London.

Mit Baburs Sieg begann eine der kulturell wie künstlerisch fruchtbarsten Epochen nordindischer Geschichte, die bis 1858, als die Engländer Indien als Kaiserreich ihrem Imperium einverleibten, andauerte. In die Wiege gelegt war den Moguln dieser Erfolg allerdings nicht, zumal blutige Erbstreitigkeiten die Dynastie immer wieder an den Rand des Zusammenbruchs brachten und die ausschweifende Lebensführung der Herrscher deren Aktivitäten oftmals lähmte.

Babur blieb zwar gegen den Widerstand seiner Heerführer in Indien, lebte aber, ganz seiner timuridischen Tradition als Steppen-

*Die Kuppel des Humayun-Mausoleums in Delhi*

bewohner verhaftet, überwiegend im Zelt und betrachtete Kabul als seine eigentliche Heimat. Nach Baburs Tod (1530) mußte sich Humayun gegen seine Halbbrüder Kamran, Askari und Hindal durchsetzen, die keine Möglichkeit versäumten, selbst nach der Macht zu greifen. Humayun, der sich mehr von den Künsten und seinem Harem angezogen fühlte als von kriegerischen Auseinandersetzungen, war sowohl dem Wein als auch dem Opium verfallen, und seinen Gegnern waren diese Schwächen nicht entgangen: Im Westen sicherte sich der Sultan Bahadur von Gujarat ein großes Territorium und eroberte sogar die Festung Chittaurgarh, von Osten marschierte Sher Khan auf Delhi.

Nach zwei verlorenen Schlachten gegen Sher Khan flohen Humayun und seine Halbbrüder nach Lahore. Das Ende der Moguln schien bereits nach einer Generation gekommen, als Sher Khan in Delhi die Surdynastie gründete und sich an die Verfolgung der drei Mogulbrüder Humayun, Hindal und Askari machte. Kamran hatte sich bereits ein Reich in Kabul geschaffen und sah keinen Anlaß, seinen Brüdern Asyl zu gewähren. Askari verbündete sich später mit ihm und machte Kandahar zu seiner Hauptstadt. Nur Hindal hielt weiter zu Humayun und fiel im Kampf.

Mit einem riesigen Troß wich Humayun von Lahore nach Südwesten aus, wurde vom Raja von Marwar abgewiesen, während der Sohn des Rajas von Jaisalmer die Brunnen am Fluchtweg mit Sand zuschütten ließ, da die Truppen Humayuns einige Kühe geschlachtet hatten. Erst in Umarkot fand der Flüchtling beim dortigen Raja Unterschlupf. Am 15. Oktober 1542 brachte seine Frau, die erst 15jährige Hamida, dort ihr erstes Kind zur Welt, das auf den Namen Akbar getauft wurde. Als sich Humayun, bedrängt durch die Heere seiner Brüder Kamran und Askari, in einer Nacht- und Nebelaktion nach Persien absetzen mußte, gelangte der Säugling Akbar in die Obhut Askaris und wurde dort liebevoll aufgezogen, obwohl sich die Brüder bis aufs Messer bekriegten.

Dann wendete sich das Blatt. Mit Hilfe des Schahs von Persien eroberte Humayun Kandahar und Kabul und schaltete seine rivalisierenden Brüder Askari und Kamran aus. Askari wurde auf eine Pilgerfahrt nach Mekka geschickt, Kamran nach einem fehlgeschlagenen Mordkomplott geblendet. Schließlich konnte Humayun aus den Erbstreitigkeiten der Surdynastie Nutzen ziehen und 1555 wieder in Delhi Einzug halten und sich nunmehr vermehrt seiner Lieblingsbeschäftigung, der Dichtkunst, zuwenden. Am 24. Januar 1556 ereilte ihn der Tod – nicht etwa auf dem Schlachtfeld und auch nicht durch die Hand eines Meuchelmörders: Er stürzte vom Dach der Bibliothek unglücklich die Treppe hinab!

Das Reich der Moguln zu einem der bedeutendsten seiner Zeit zusammenzuschmieden – an Größe allenfalls dem chinesischen Reich vergleichbar –, ist das Verdienst Akbars (1542–1605), der es in einzigartiger Weise verstanden hat, die rivalisierenden Fürstentümer Nordindiens seiner Oberhoheit zu unterwerfen. Von Erbfolgestreitigkeiten, mit denen sich sein Vater und später auch seine Söhne auseinanderzusetzen hatten, blieb er glücklicherweise verschont. Er hatte nur einen Halbbruder namens Hussain, der ihm von Kabul aus die Herrschaft über Hindustan streitig zu machen suchte, aber keine ernsthafte Gefahr darstellte. Zunächst spielte Akbar gegenüber den lokalen Fürstentümern seine militärische Stärke aus, gepaart mit abschreckender Brutalität. Im Jahre 1567 eroberte er die Festung Chittaurgarh und ließ Tausende ihrer Bewohner ermorden, 1573 zog er siegreich in Gujarat ein und gebärdete sich auch hier als blutrünstiger Kriegsherr. Allerdings setzte er auch andere, weniger grausame, dafür um so wirksamere Mittel ein, die Regionalreiche an sich zu binden. Statt wie seine Vorgänger die islamische Elite gegenüber den einheimischen Regionalreichen abzuschotten, knüpfte er durch Heirat mit rajputischen Prinzessinnen Blutsbande zwischen Moguln und Rajputen und räumte ihnen erhebliche Privilegien ein, etwa die militärische Führung in den immer wieder notwendig werdenden Kriegszügen. Akbar ließ später eine bis dahin nicht gezeigte religiöse Toleranz erkennen, aus der er schließlich die auf nebulösem Mystizismus beruhende Religion Din-i-Ilahi entwickelte.

Akbar in einer Zeichnung aus dem Jahre 1605

Denn wie schon sein Vater Humayun zeigte auch Akbar eine Neigung zum Sufismus, der islamischen Mystik, und ließ auf Geheiß des Sektenführers Selim Chishti 1571 sogar die neue Hauptstadt Fatehpur Sikri nahe seiner Residenz Agra errichten, die heute zu den herausragenden Architekturdenkmälern Indiens zählt. Seine drei Söhne Selim, Murad und Danijal zogen im Auftrag Akbars als Feldherren durchs Land, um den Besitzstand zu mehren, wobei Murad und Danijal immer tiefer in den Alkoholismus abglitten, dem schon Humayun verfallen war. Murad starb 1599 im Delirium tremens, sein Bruder Danijal unter ähnlichen Umständen fünf Jahre später.

Das Mausoleum des Itimad-ud-Daula in Agra

Als Thronfolger blieb Selim übrig, der sich stets den Wünschen seines Vaters widersetzt hatte und sogar dessen wichtigsten Berater Abu Faisal, aus den Weg hatte räumen lassen. Dennoch kam es auf Drängen von Hamida, der Mutter Akbars, 1603 zur Versöhnung. Selims Treueschwur hatte allerdings keinen langen Bestand, er begehrte weiter auf, wohl auch deshalb, weil Akbar die mittlerweile fast erwachsenen Enkel Khurram und Khusrau dem eigenen Sohn vorzog und einige in Khusrau sogar den Nachfolger Akbars sahen.

Nach dem Tod Akbars im Jahre 1605 konnte sich der von vielen als schwach angesehene und ebenfalls der Trunksucht verfallene Selim gegen Khusrau jedoch durchsetzen und sollte unter dem Namen Jahangir zu einer herausragenden Führungspersönlichkeit heranreifen. Er erwies sich als ein ausgesprochen kunstsinniger Herrscher, unter dem die Miniaturmalerei ihre Blütezeit erlebte. Er war an der Baukunst ebenso interessiert wie an naturwissenschaftlichen Phänomenen, zeigte andererseits aber eine beispiellose Brutalität im Umgang mit seinen Gegnern. Seinen Sohn Khusrau, der ihm den Titel immer wieder streitig machte und Rebellionen anzettelte, ließ er teilweise blenden und als Gefangenen am Hof halten. Einen bedeutenden Einfluß gewann seine Frau Mehrunissa, die zunächst den Ehrentitel Nur Mahal (›Licht des Palastes‹), später Nur Jahan (›Licht der Welt‹) erhielt. Sie war die verwitwete Tochter des persischen Hofbeamten Ghiyas Beg, der den Titel Itimad-ud-Daula (›Stütze der Regierung‹) trug und erheblichen Einfluß am Hof ausübte. Die Königin galt als kühne Jägerin, entwarf aber auch Mode und Teppichmuster und wußte nach der Heirat ihrer Familie weitere Privilegien am Hofe zuzuschanzen. Bald zählte auch ihr Bruder Asaf Khan zum engsten Kreis der Vertrauten Jahangirs. Natürlich blieben auch Jahangir Kämpfe um den Machterhalt in den Grenzregionen nicht erspart,

*»Die Prinzessinnen und hochgestellten Frauen des Harems reisten auf ganz unterschiedliche Art. Einige bevorzugten Chaudals (eine Art Tragegestell), der von Männern auf den Schultern getragen wurde. Er war vergoldet und bemalt und mit Seidentüchern in vielerlei Farben verhängt, verziert durch*

wobei sich sein Sohn Khurram als begabter Stratege und Diplomat auszeichnete. So gelang ihm 1614 die Unterwerfung des Reichs von Mewar (Udaipur), das sich bisher erfolgreich der Annexion durch die Moguln hatte widersetzen können. Ausschlaggebend für die Kapitulation war neben der Taktik der verbrannten Erde der Verzicht auf Repressalien. Nur den Treueid gegenüber dem Mogulherrscher verlangte Khurram, der Rana von Mewar durfte in seinem Amt bleiben und seine Besitzungen behalten. Der als Garant der Abmachungen an den Hof Jahangirs geschickte Sohn des Mewarfürsten wurde mit Geschenken überhäuft und keineswegs als Gefangener gehalten.

Zwei Jahre später kam Khurram mit Schätzen reich beladen aus dem Dekhan zurück und wurde von seinem Vater als designierter Nachfolger unter dem Namen Shah Jahan dem Hofstaat präsentiert.

Im Mittelpunkt des höfischen Lebens stand eine unermeßliche Prunkentfaltung nach fest vorgegebenen Ritualen. Vor allem durch den Engländer Sir Thomas Roe, der zwischen 1615 und 1619 Englands erster Botschafter am Hof der Moguln war, sind wir detailliert über das höfische Leben informiert. Bei Sonnenaufgang präsentierte sich der Herrscher auf dem ›Balkon des Erscheinens‹ (Jarhoka-i-Darshan) dem vor den Palastmauern versammelten Volk. Wichtigster täglicher Auftritt des Mogulherrschers war der Darbar am späten Nachmittag, wozu sich der Hofstaat im Diwan-i-Am versammelte, um den öffentlichen Teil der täglichen Staatsgeschäfte abzuwickeln. Die höhere Politik erörterte der Herrscher im privaten Kreis. Oftmals wurde die Arbeit jedoch, so schrieb Roe »verhindert durch eine Schläfrigkeit, die durch die Dünste des Bacchus von seiner Majestät Besitz ergriffen hat«. Falls der Mogul nicht vorzeitig vom Schlaf übermannt wurde, gehörte der Abend dem Harem, zu dem nur der Herrscher Zutritt hatte. Der auch als Zenana bekannte Bereich war keineswegs eine Art goldener Käfig voller schöner, aber untätiger Frauen, die nur auf einen Fingerzeig ihres Gebieters warteten. Eher war der Harem ein Ort der Intrige, der Machtpolitik und der Geschäfte. Die Damen waren reich und erhielten neben Juwelen auch monatliche Zuwendungen, die sie zuweilen mit viel Erfolg in Wirtschaftsunternehmen steckten. Nur Jahan zog aus dem Harem heraus die politischen Fäden, konnte sie doch, wie Roe berichtete, ihren Gemahl wie ein »Uhrwerk nach Belieben aufziehen«.

Auch auf Reisen wurde ein unglaublicher Luxus getrieben, der ein nur langsames Vorwärtskommen ermöglichte. Allein für die Zelte des Herrschers, die in einem von hölzernen Palisaden umgebenen Areal aufgestellt wurden, benötigte man nach Aussage von Akbars Berater Abu Faisal 100 Elefanten, 500 Kamele, 400 Karren und 100 Träger. Aus den Steppen Innerasiens kommend hatten die Moguln das Nomadendasein zu einer sich bewegenden Stadt kultiviert, in der es an nichts fehlte. Zwölf Stunden soll es gedauert haben, bis der gesamte Troß an einem Punkt vorbeimarschiert war, und Tausende von Lastochsen waren nötig, den sich wie ein Lindwurm durch die Landschaft bewegenden Hofstaat mit Lebensmitteln zu versorgen. Kein

*Brokat, Fransen und Quasten. Andere Frauen reisten in herrschaftlichen geschlossenen Palki (eine Art Stuhl), ebenfalls vergoldet und mit einem Seidennetz verhüllt. Andere wiederum ließen sich auf einem geräumigen Bett, das zwischen zwei starke Kamele oder zwei kleine Elefanten gespannt war, tragen. Derart habe ich zuweilen Raushandra-Begum reisen sehen und konnte mehr als einmal durch die geöffnete vordere Tür beobachten, wie eine junge, wohlgekleidete Sklavin mit einem Wedel aus Pfauenfedern den Staub und die Fliegen von der Prinzessin fernhielt. Nicht selten reisen die Prinzessinnen auf dem Rücken von Elefanten, die dann mit Glocken aus massivem Silber und kostbaren Decken behängt sind. Diese lieblichen, adligen Frauen, in Mikadambars (geschlossene Kästen) sitzend, schweben somit wie viele Hochgeborene zwischen Himmel und Erde. Immer wieder muß ich mir diese prachtvollen Prozessionen der Haremsdamen ins Gedächtnis rufen.«*

*F. Bernier, zitiert und übersetzt aus »Pioneers in India«*

*Der Taj Mahal ist wohl das bekannteste Baudenkmal Indiens*

Wunder, daß eine Reise von Agra nach Mandu über eine Strecke von knapp 700 km vier Monate dauerte.

Ab 1620 kühlte sich das gute Verhältnis zwischen Jahangir und Shah Jahan zunehmend ab. Durch die Intrigen von Nur Jahan, die nunmehr Shahrijar, den Bruder von Shah Jahan, als Thronfolger protegierte, sah sich der Prinz in die Rebellion getrieben und verweigerte den Befehl, in Kandahar für Ruhe und Ordnung zu sorgen. Ein wichtiger Grund dürfte der zunehmend schlechte Gesundheitszustand Jahangirs gewesen sein, der es ratsam erscheinen ließ, in der Nähe zu verweilen, um im Fall seines Todes sofort Ansprüche auf die Nachfolge geltend machen zu können. Um allen Eventualitäten vorzubeugen, ermordete Shah Jahan 1621 zunächst seinen Bruder Khurram. Auf Veranlassung Nur Jahans wurde ein Heer unter Shah Jahans Bruder Parwis gegen den rebellischen Prinzen in Bewegung gesetzt. Drei Jahre dauerte die Verfolgung, wobei Shah Jahan eine Zeitlang Unterschlupf bei Karan Singh, dem Rana von Udaipur, fand, der ihn auf der Palastinsel Jag Niwas versteckte. Im Jahre 1625 kam es zum Friedensschluß – Shah Jahan mußte zwei besetzte Festungen zurückgeben und seine beiden Söhne Dara Shukoh und Aurangzeb als Geiseln an den Hof schicken. Der geschwächte Jahangir zog sich in sein geliebtes Kaschmir zurück und starb dort am 28. Oktober 1627. Ein Jahr zuvor war Parwis an Trunksucht gestorben, so daß als direkter Rivale Shah Jahans nur noch Shahrijar übrigblieb. Mit Hilfe von Asaf

Khan, dem Bruder Nur Jahans, ließ Shah Jahan ihn und alle anderen potentiellen Thronanwärter aus dem Weg räumen, darunter zwei Neffen sowie zwei Vettern und schickte Nur Jahan mit fürstlicher Pension ins Exil nach Lahore, wo sie sich der Errichtung eines standesgemäßen Grabmals für ihren Gatten widmete. Am 24. Januar 1628 bestieg er in Agra den Thron.

Dem neuen Mogulherrscher war nur eine kurze Ruhepause im Kreis seiner Familie zusammen mit seiner Frau Mumtaz Mahal (›die Auserwählte des Palastes‹), eine Tochter von Asaf Khan, und ihren beiden Söhnen Dara Shukoh und Aurangzeb vergönnt. Ende 1629 rief wieder das Kriegsgeschäft. Begleitet wurde er auf dem Feldzug zum Dekhan wie immer von seiner Gemahlin. Am 7. Juni 1631 verstarb sie bei der Geburt ihres 14. Kindes in der Nähe der Ortschaft Burhanpur. Der Tod stürzte den Herrscher in eine tiefe Krise und veränderte sein Leben. Er überließ nunmehr seinen Söhnen das Kriegsgeschäft und vergrub sich in seinen Palästen in Agra, Delhi und Lahore, um sich seiner Lieblingsbeschäftigung, der Architektur, zu widmen und als erstes Werk jenes weltberühmte Grabmal für seine Frau zu schaffen, das als Taj Mahal bis heute Wahrzeichen Indiens ist und schönstes Beispiel der an Kunstwerken so reichen Mogulzeit.

Die Bauwut Shah Jahans steigerte sich derart, daß der Staat trotz der hohen Tributzahlungen in finanzielle Bedrängnis geriet, zumal er 1639 die Hauptstadt von Agra nach Delhi verlegte, wo mit großem

Detail am Taj Mahal

Aufwand das Rote Fort und die Freitagsmoschee entstanden. Während sein Sohn Dara Shukoh (1615–1659) sich überwiegend am Hof aufhielt und stark vom Sufismus beeinflußt wurde, bewährte sich Aurangzeb (1618–1707) als hervorragender Feldherr. Zudem wandte er sich dem orthodoxen Islam zu und wurde zum Verfechter der sunnitischen Lehre und damit auch zum Widersacher des Hinduismus.

Wie bei den Vorgängern begann auch unter Shah Jahans Söhnen schon früh der erbitterte Kampf um die Nachfolge. Muhammad Shuja, Gouverneur von Bengalen, Bihar und Orissa, sowie Murad Baksh, der über Malwa und Gujarat herrschte, riefen sich jeweils zum Kaiser aus und zogen gegen Agra. Aurangzeb hielt sich zunächst zurück und nutzte dann die Gunst der Stunde, Agra zu erobern und seinen Vater bis zu dessen Tod (1666) in der Festung Agra gefangenzusetzen. Anschließend verfolgte er seinen Bruder Dara und ließ ihn nach der Gefangennahme hinrichten. Shuja fand unter mysteriösen Umständen den Tod, als er beim König von Arkan Zuflucht suchte, und den in Gwalior gefangengehaltenen Murad Baksh ließ Aurangzeb des Mordes anklagen und hinrichten.

Der Weg zur Macht war frei, die Zentralgewalt, bisher durch religiöse Toleranz gegenüber den Hindus gekennzeichnet, geriet nunmehr jedoch ins Wanken. Den durch den vierjährigen Kampf um die Nachfolge geschwächten Einfluß der Moguln versuchte Aurangzeb durch Steuerreform und Einführung des islamischen Rechts zu stärken. So wurden die Hindus mit einer Kopfsteuer belastet und mußten doppelt so viel Zoll entrichten wie Angehörige des Islam. Immer mehr hinduistische Rajputenfürsten kündigten dem Herrscher daraufhin die Gefolgschaft, aber auch unter den Adligen in den eigenen Reihen machte sich Unmut breit, als die finanziellen Mittel zur gewohnt luxuriösen Lebenshaltung immer spärlicher flossen.

Gefahr drohte dem Reich vor allem von den Fürstentümern des Dekhan, allen voran Golkonda und Bijapur. Hier erwuchs den Moguln mit den aus der Region südlich von Bombay stammenden Marathen ein weiterer ernstzunehmender Gegner. Die Marathen beherrschten große Teile der Westküste, wobei sie sich teilweise durch von Nachbarstaaten erpreßte Schutzgeldzahlungen finanzierten und mit den Feinden der Moguln kooperierten. Kritisch wurde die Lage, als Aurangzebs Sohn Akbar, ganz in der Tradition der Moguln, gegen seinen Vater rebellierte, zu den Marathen überlief und sich mit deren Unterstützung zum Kaiser ausrief. Mit großer Mühe gelang es Aurangzeb 1686, Golkonda und kurz darauf Bijapur niederzuringen und damit den Traum von der Herrschaft über den gesamten Subkontinent von den Bergen Afghanistans bis zur Südspitze fast vollständig zu verwirklichen. Zwar gelang es, Akbar in die Flucht zu schlagen, Ruhe aber kehrte damit nicht ein. Die Marathen gingen jetzt zur Guerillataktik über, der die schwerfälligen Heere der Moguln kaum etwas entgegenzusetzen hatten. Bei seinem Tode im Jahre 1707 mußte sich Aurangzeb eingestehen, daß er trotz der Machtfülle gescheitert war.

*»Der Augenblick, der in Machtfülle vorüberging, hat nur Sorgen hinter sich gelassen. Ich war nicht der Wächter und Schützer des Reichs.« Aurangzeb auf dem Sterbebett an einen seiner Söhne*

Der Niedergang der Mogulherrschaft hatte sich schon lange vor seinem Tode abzuzeichnen begonnen, als ihm die Herrschaft über die nördlichen Provinzen wegen der langen Abwesenheit vom Hofe – er verbrachte die letzten 25 Jahre auf dem Dekhan – allmählich entglitt. Im Gebiet um Delhi hatten sich verarmte Bauern, Handwerker und landlose Tagelöhner zur rebellischen, das Land terrorisierenden, Bande der Jats zusammengeschlossen, und die lokalen Fürstentümer hatten ihre Verbindungen zu den Moguln immer weiter gelöst.

Aus den Thronwirren um die Nachfolge Aurangzebs ging Bahadur Shah (1707–1712) siegreich hervor, konnte aber an die großen Taten seiner Vorgänger nicht anknüpfen. Zunehmend bestimmten höfische Interessensgruppen das politische Geschehen, vor allem die Turani, die ihre Herkunft auf die Turkmenen zurückführten, und die Irani, deren Vorfahren aus Persien stammten.

Es kam zu internen Kämpfen zwischen den Fraktionen, bei denen die Mogulherrscher nur noch die Rolle von Marionetten spielten, die eigentliche Macht aber in den Händen von Wesiren lag. So hatte der persische Machthaber Nadir Shah 1739 keine Mühe, Nordindien zu überfallen und Delhi zu plündern. Kaum zwanzig Jahre später nutzte der Afghane Ahmed Khan Abdali das Machtvakuum und überfiel Delhi erneut. Gleichzeitig gingen den Moguln auch die nordwestlichen Provinzen zwischen Punjab und Afghanistan verloren – das Reich versank in Anarchie.

Nutznießer des Machtverfalls waren vor allem die Marathen, die teilweise eigene Fürstentümer gründeten, etwa in Baroda in Gujarat, teilweise Tribute von den Rajputen forderten, aber auch für das Wiedererstarken des Hinduismus in Nordindien sorgten.

Auf dem Papier bestand die Dynastie der Moguln noch bis 1857, als die Engländer nach dem Sepoy-Aufstand den letzten Herrscher, den 81jährigen Bahadur Shah II., in die Verbannung nach Burma schickten.

## Regionale Fürstentümer

Obwohl Großreiche lange Zeit den Norden Indiens beherrschten, spielten auf lokaler Ebene regionale Fürstentümer eine entscheidende Rolle in der Gestaltung von Kunst und Kultur. Vom 7. Jh. an etablierten sich in Rajasthan die Reiche der Rajputen, die sich wie oben erwähnt auf die Kriegerkaste der Arya als Ahnherren beriefen. Sie entwickelten eine Art Ritterkultur, in deren Zentrum der Kampf und die von den Barden am Leben gehaltene Selbstverherrlichung standen. Ein Königtum definierte sich alten rajputischen Quellen (Arthashastra, Smrithi) zufolge als ein Gebilde bestehend aus dem Herrscher, den Gefährten, dem Land einschließlich der Bewohner, der Festung, dem Schatz, dem Heer und den Verbündeten.

Heldengedenkstein in Rajasthan

Wie durch fortwährende ›Zellteilung‹ vermehrten sich die Stämme und bildeten durch Heirat eng miteinander verwobene Untergruppen, geprägt durch eine gemeinsame rajputische Kultur und eine feudalistische Ordnung. Der König belehnte seine verdienten Offiziere mit Land, das von Bauern bewirtschaftet wurde. Etwa die Hälfte der Erträge mußten sie an den Besitzer abliefern, der wiederum einen Teil an den Herrscher weiterzuleiten hatte. Überdies waren die Vasallen dem König gegenüber zu militärischen Diensten, insbesondere zur Aufstellung von Truppen für Abwehrschlachten und Eroberungszüge verpflichtet.

Im 8. Jh. vermochten die **Gurjara-Pratihara** diese Verflechtungen zu nutzen und zahlreiche Stämme in einen Reichsverband zu integrieren, der fast 200 Jahre Bestand hatte und sich als wichtiges Bollwerk gegen die beginnende arabische Invasion erwies. Im ersten Viertel des 10. Jh. mußte sich König Mahopala jedoch dem von Süden herandrängenden Rashtrakutakönig Indra III. geschlagen geben.

Zur gleichen Zeit hatte sich in der Gegend von Ajmer die **Chauhandynastie** etabliert, die sich 1192 nach zunächst erfolgreichem Widerstand dem türkischen Eroberer Muhammed von Ghur geschlagen geben mußte und in der Schlacht von Tarain unterging, wodurch der islamischen Herrschaft in Nordindien der Weg bereitet war.

Einer der wichtigsten und stolzesten Regionalstaaten war **Mewar,** das im 8. Jh. von Bappa Rewal in Chittaurgarh, einer Festung die zum Symbol heldenhaften Widerstands und rajputischer Tugenden werden sollte, gegründet wurde. Bereits 1303 eroberte Ala-ud-Din Khilji die Bastion und hielt sie vorübergehend besetzt. Erst Rana Kumbha (1433–1468) konnte dem Mewarreich wieder seine alte Vormachtstellung zurückgewinnen, die sein Nachfolger Rana Sangha (1509–1527) noch weiter auszubauen wußte, indem er sogar die Zentralgewalt der Lodidynastie herausforderte.

Obwohl sich Mewar mit einigen Rajputenclans zu einer Allianz zusammengeschlossen hatte, vermochte man den 1526 unter Babur aus den Norden einfallenden Truppen keinen ernsthaften Widerstand entgegenzusetzen. Mit ihren Kanonen fegten die Invasoren nicht nur die Lodidynastie hinweg, sondern schwächten auch Mewar und die anderen Rajputenstaaten. Die Gunst der Stunde nutzte Sultan Bahadur Shah von Gujarat und überfiel 1534 Chittaurgarh. Etwa 30 Jahre später versetzte der Mogulherrscher Akbar der Festung den Todesstoß, vermochte damit allerdings nicht das Rajputenreich auszulöschen. Aus dem Untergrund operierte der Mewarfürst Pratap Singh (1572–1597) gegen die Moguln und zwang sie, die Souveränität des nunmehr von Udaipur aus regierten Fürstentums anzuerkennen. Mewar war der einzige Regionalstaat Rajasthans, der den Moguln bis zum Schluß die Stirn bot und sich weder durch Gewaltandrohung noch durch Privilegien von seiner Unabhängigkeit abbringen ließ, obwohl er mehrfach unter die direkte Kontrolle der Moguln geriet. So gelang es Jahangir 1615, Mewar niederzuringen und zu einem Friedensvertrag zu zwingen, aber bereits unter der Herrschaft Aurangzebs widersetzte sich Raj Singh den erneuten Eroberungsversuchen der Moguln erfolgreich durch die bereits bewährte Guerilla-

*Die Festung Chittaurgarh ist Symbol des Widerstands der Rajputen gegen jedwede Invasoren*

taktik und konnte 1681 per Vertrag seine Unabhängigkeit sichern. Östlicher Nachbar war das Fürstentum **Marwar,** das seinen Ursprung auf das Jahr 1212 zurückverfolgen kann, als Seoji, ein Nachfahre des von Kutab-ud-Din geschlagenen Rajputenführers von Kanauj, in die Wüste Thar floh und bei Pali eine neue Bleibe fand. Im Jahre 1395 wurde Mandor Residenz, 1459 schließlich Jodhpur. Wie andere Regionalstaaten auch, versuchte Marwar seine Macht zu mehren, verleibte sich die Fürstentümer Bikaner, Jaisalmer und Amber ein und war nach der Schwächung des Sultanats von Gujarat und Mewar Mitte des 16. Jh. wichtigster Hindustaat in Nordindien.

Gegen die Truppen der neuen Zentralmacht der Moguln mußte aber auch Marwar die Waffen strecken. Als Lohn für die Loyalität winkte wenig später der Posten des Vizekönigs des Dekhan, und unter Aurangzeb wurde Jaswant Singh (1639–1678) sogar Vizekönig von Gujarat. Das hielt Aurangzeb nicht davon ab, nach dem Tode Jaswanth Singhs Marwar unter seine direkte Kontrolle zu bringen. Erst nach dreijährigem Guerillakampf vermochte Ajit Singh (1678–1725) im Jahre 1709 die Unabhängigkeit Marwars zurückzugewinnen.

Die Entwicklung der Regionalstaaten in Gujarat hatte sich in etwas anderen Bahnen vollzogen. Die Gurjara-Pratihara, die im 8. Jh. auch über Gujarat herrschten, wurden Ende des 8. Jh. von den Rashtrakuta unter Dantidurga, die fortan für 200 Jahre die Geschicke Gujarats bestimmten, entthront. Entmachtet wurden sie von den Cha-

Der Marathe Shivaji war ein militärisch außerordentlich begabter Herrscher

lukya, die in Gujarat die Dynastie der Solanki gründeten, deren hochentwickelte Kunst auf ganz Nordwestindien ausstrahlte. Im Sturm der islamischen Invasionen ging auch diese Dynastie Ende des 13. Jh. unter.

Bis zu Beginn des 15. Jh. hatte das Sultanat von Delhi, vertreten durch Statthalter, das Sagen. Als die Plünderung Delhis durch Timur im Jahre 1398 zum Untergang der Tughluqdynastie führte, rief Zafar Khan 1407 das unabhängige Sultanat Gujarat aus und war in fortwährende Kämpfe mit seinen Nachbarn, darunter Malwa, Champaner und Idar, verstrickt. Kleinen, weit entfernten Fürstentümern wie Bundi und Kota vermochte es zudem Tribut abzupressen. Im Jahre 1534 besiegte Bahadur Shah sogar die Mewarrajputen in Chittaurgarh und durfte sich für eine Weile als mächtigster Herrscher Nordwestindiens fühlen, auch wenn es ihm nicht gelang, die Portugiesen von der Insel Diu zu vertreiben. Vierzig Jahre später machte der Mogulherrscher Akbar den Träumen ein Ende und verleibte Gujarat seinem Großreich ein. Unter Shah Jahan wird dessen Sohn Murad Statthalter, später unter Aurangzeb der Marwarfürst Jaswanth Singh.

Mit dem Niedergang der Moguln gewannen die Marathen in Gujarat die Oberhand. Der Clan entstammte der in Maharashtra südlich von Bombay beheimateten Bauernfamilie Bhonsle, die unter ihrem militärisch außerordentlich fähigen Führer Shivaji (1627–1680) zur Regionalmacht an der Westküste aufstieg. Bezeichnend für das Selbstverständnis der indischen Clans ist der Versuch der Familie, ihre Herkunft ebenfalls auf die rajputische Kriegerkaste zurückzuführen. Es fand sich auch ein Brahmane, der die passende Genealogie lieferte und in einer großen Zeremonie in Varanasi den Reinigungsritus leitete, mit dem sich die Familie von den Sünden reinwusch, die sie begangen hatte, als sie trotz ihrer hohen Abkunft wie einfache Bauern lebte.

Träger marathischer Macht wurden die Peshwa, aus getreuen Familien hervorgegangene Minister, die als Heerführer und Steuereintreiber dienten. Ende des 18. Jh. hatten die Marathen ihr Einflußgebiet auf ganz Gujarat, große Teile Rajasthans und die Umgebung von Delhi ausgeweitet und die dortigen Fürstentümer zu Tributzahlungen verpflichtet, die üblicherweise ein Viertel der Staatseinkünfte betrugen. Einige Marathenclans gründeten eigene Dynastien, darunter die der Gaekwar in Baroda (Gujarat), die bis in die Zeiten des modernen Indien Bestand hatte.

Zu den erbittertsten Feinden der Marathen wurden dann die Briten, die ebenfalls den Zerfall des Mogulreichs nutzten, um ihre kolonialen Interessen auf dem Subkontinent durchzusetzen.

Eine zeitgenössische Darstellung Vasco da Gamas

## Europäischer Einfluß

Als die seit der Antike zwischen Asien und Europa bestehenden Handelswege, die zusammengefaßt als Seidenstraße bekannt sind, durch die Entstehung der islamischen Reiche unterbrochen oder durch die geforderten Zölle wirtschaftlich nicht mehr attraktiv waren, unternahmen die europäischen Großmächte, allen voran Spanien und Portugal, große Anstrengungen, die alten Ziele auf dem Seeweg zu erreichen. Während Spanien versuchte, Asien auf der Westroute anzusteuern und dabei Amerika entdeckte, arbeiteten sich die Portugiesen, angeregt durch Heinrich den Seefahrer (1394–1460), in mehreren Etappen die westafrikanische Küste hinunter. Am 13. Februar 1488 umrundete Bartolomëu Diaz (1450–1500) das Kap der Guten Hoffnung, zehn Jahre später gelang Vasco da Gama (ca. 1460–1524) mit Hilfe eines arabischen Lotsen der Sprung von der afrikanischen Ostküste über den Indischen Ozean zur Westküste Indiens, wo er am 20. Mai 1498 in Calicut vor Anker ging. Das Tor zur europäischen Kolonisation war aufgestoßen.

*All India Gate in Delhi*

*»Zu den erstaunlichen und außerordentlichen Ereignissen am Beginn des zehnten Jahrhunderts nach der Hedschra [1495–1591] zählt die Landung der verfluchten Portugiesen in Indien. Sie sind eine Nation der verfluchten Franken«, ereiferte sich der arabische Chronist Qutb-ud-Din an Nahrawali (16. Jh.), wobei er verschweigt, daß der Schiffbau in Arabien von den Kenntnissen der Europäer durchaus profitierte und der Oman bald selbst Kaperflotten in den Indischen Ozean schickte.*

Gewaltsam schufen sich die Portugiesen entlang der indischen Westküste Stützpunkte; 1510 wurde Goa eingenommen, 1534 Bombay, ein Jahr später Diu, 1558 Daman und 1612 Surat. Natürlich waren die Neuankömmlinge den Arabern ein Dorn im Auge, zumal sie auch arabische Häfen im Persischen Golf und im Oman (Muscat) besetzten.

Nicht nur den Handel betrieben die Portugiesen von ihren Enklaven aus, die Niederlassungen waren auch Basen der Missionierung und militärische Stützpunkte im Kampf gegen die bis dahin den Indischen Ozean dominierenden Araber. Aufgrund des Staatsmonopols erzielte die portugiesische Krone aus dem Gewürzhandel enorme Profite, von dem sie teilweise die Befestigungsanlagen an der indischen Küste und entlang der Seerouten finanzierte. Kaum weniger lukrativ gestaltete sich die ›Seewegelagerei‹, bei der die portugiesischen Zollämter in Indien gegen hohe Gebühren Geleitbriefe *(cartazes)* an fremde Seefahrer ausstellten, die ein sicheres Befahren der von den Portugiesen kontrollierten Handelsrouten gewährleisteten.

Ende des 16. Jh. begannen auch die Niederländer, sich dem Seehandel mit Asien zuzuwenden und gründeten 1602 die niederländische Ostindische Kompanie, eine auf Privatinitiative beruhende Handelsgesellschaft, die sich vornehmlich in Indonesien gewinnträchtige Pfründe erschloß, aber auch als Spediteurin für asiatische Kaufleute im innerasiatischen Handel tätig wurde. Denn die Inder, die selbst einen regen Seehandel mit Arabien, dem Persischen Golf und Südostasien betrieben, vertrauten ihre Ladungen gern diesen schwerbewaffneten Europäern an, die von Piraten kaum behelligt wurden.

In Surat, dem damals wichtigsten Hafen an der Westküste, hatten die Holländer 1616 eine Faktorei eingerichtet, nachdem die Engländer ein Jahr zuvor einen portugiesischen Angriff abwehren und damit die Vormachtstellung der Portugiesen an der Westküste brechen konnten. Bereits 1612 war der East India Company von Kaiser Jahangir die Erlaubnis zur Errichtung eines Handelspostens in Surat gegeben worden. Die Kontakte der Europäer zum Mogulhof blieben dennoch unbedeutend und beschränkten sich auf Besuche portugiesischer Patres bei Akbar und später englischer Gesandter bei Jahangir und Shah Jahan. Die Moguln selbst zeigten am Seehandel wenig Interesse, da ihnen die traditionellen Landrouten nach wie vor zur Verfügung standen. Allerdings hatten einige Mitglieder des Hofs Beteiligungen an indischen Schiffahrtsgesellschaften oder besaßen sogar eigene Schiffe wie die einflußreiche Herrscherin Nur Jahan.

Im Jahre 1661 war der englischen Krone durch die Heirat Charles' II. mit Catarina von Bragança gewissermaßen als Hochzeitsgeschenk der Portugiesen der Hafen von Bombay zugefallen. Als er 1668 an die East India Company übereignet wurde, verlor Surat rasch an Bedeutung. Die englische Ostindische Kompanie entfaltete ihre Aktivitäten aber vor allem in Bengalen an der Ostküste Indiens, wo sie von den Moguln um 1700 in Calcutta Handelsprivilegien eingeräumt bekam und sogar eine kleine Festung bauen durfte. Vorübergehend wurde

Die Kirche San Tomas in Diu

die Gesellschaft 1756 von dem eigenmächtigen Nawab (Lokalfürsten) Siraj-ud-Daula vertrieben, konnte aber Calcutta zurückerobern. Zunehmend sahen sich die Briten jetzt in die internen Auseinandersetzungen in Bengalen verstrickt und griffen schließlich 1764 militärisch ein. Nach dem Sieg in der Schlacht von Buxar wurde der Ostindische Kompanie von den Moguln die *diwani* verliehen, das Amt des Premierministers, womit die Handelsgesellschaft über Nacht zu einer politischen Institution, vergleichbar einem Fürstentum aufstieg. Nicht nur aus dem Handel zog die Gesellschaft nun Profit, sondern auch aus den Steuereinnahmen der Provinzen. Da sich die Engländer auf die Steuereintreibung, die militärischen Belange und den Handel beschränkten, konnten die Rajas und Maharajas (lokale Fürsten) ungestört in Saus und Braus leben, mußten sie doch unter der Pax Britannica Angriffe ihrer Nachbarn nicht mehr fürchten. Dennoch stieß die britische Herrschaft (The Raj), die wenig Rücksicht auf die indischen Besonderheiten nahm, überall im Lande auf beachtlichen Widerstand, der 1857 im Sepoy-Aufstand kulminierte. Große Teile der Armee meuterten und brachten die Ostindische Kompanie in ernsthafte Bedrängnis. Nach der Niederschlagung der Rebellion übernahm die Krone die Macht in Indien und schickte den letzten Mogulherrscher Bahadur Shah II. (1837–1858) ins Exil. Daß sie so spät eingriff, hing sicherlich mit der nicht unbegründeten Furcht zusammen, die Kosten für notwendige Militäraktionen könnten sehr schnell die zu erwartenden Gewinne übersteigen. Wesentlich bequemer war es gewesen, der East India Company gewissermaßen gegen Tribut auch die politische Gewaltausübung in Indien einzuräumen. Erst der Aufstand hat die Grenzen der privaten Handelsgesellschaft aufgezeigt und rasches Handeln erforderlich gemacht, um Indien nicht zu verlieren. Gestützt auf eigene Truppenverbände gebot nunmehr ein britischer Vize über den als Kaiserreich dem Britischen Empire einverleibten Subkontinent.

## Kampf gegen die Kolonialherrschaft

*»Der Verlust Indiens wäre für uns nicht wiedergutzumachen, ein Verhängnis. Unfehlbar würde er mit einem Prozeß einhergehen, der uns auf den Rang einer kleinen Macht herabdrücken würde.« Winston Churchill im Februar 1931 vor dem Unterhaus*

Durch Einbindung der Inder in das Verwaltungssystem bildete sich in den Städten bald eine politisch denkende Elite heraus, die sich mit ihrem Status nicht abfinden mochte. Während sich die Gemäßigten mit Forderungen nach verbesserter Mitbestimmung zufrieden gaben, kämpften andere zum Teil mit Gewalt um die Unabhängigkeit. Im Jahre 1909 hatten die Briten durch eine Verfassungsreform und die Verlegung der Hauptstadt von Calcutta nach Delhi die Gemüter einigermaßen beruhigt, zumal die wichtigsten Vertreter einer Unabhängigkeitsbewegung hinter Schloß und Riegel saßen.

Nach dem Ersten Weltkrieg mußte das Verhältnis beider Länder neu definiert werden, hatte sich Indien doch loyal gezeigt und für England auf den europäischen Schlachtfeldern einen hohen Blutzoll entrichtet. Mochte man sich in London auch noch nicht zur Selbständigkeit durchringen, eine deutliche Erweiterung der Mitbestimmung ließ sich nicht mehr umgehen. Die Folge war eine ›Dyarchie‹ genannte Spaltung der Exekutive in britisch und indisch kontrollierte Ministerien, wobei die Schlüsselpositionen wie Inneres und Finanzen in den Händen der Kolonialherren verblieben.

Ein erster Schritt zum Parlamentarismus war getan, aber es wurde versäumt, die nach Volksgruppen ausgerichteten separaten Wählerschaften aufzulösen, die bei der Verfassungsreform von 1909 zugestanden worden waren und an denen vor allem die Muslime festhielten. Damit aber legten die Engländer den Grundstein für die Teilung des Subkontinents – in die zwei bis heute verfeindeten Mächte Pakistan und Indien.

*Gedenktafel für die unter britischer Kolonialherrschaft gefallenen indischen Soldaten am India Gate in Delhi*

Als eine unnötige Provokation mit unabsehbaren Folgen erwiesen sich hingegen die 1919 erlassenen sogenannten Rowlatt-Gesetze, Ermächtigungsgesetze, mit denen man das Kriegsrecht in die Friedenszeit hinüberretten wollte. An ihnen entzündete sich die Wut der Massen, die schließlich in Gandhi ihr Sprachrohr fanden. Seine bereits in Südafrika erfolgreich erprobte Methode des passiven Widerstands (*satyagraha* bedeutet wörtlich ›Festhalten an der Wahrheit‹) sollte nunmehr zur entscheidenden Waffe im Kampf um die völlige Unabhängigkeit werden. Der kollektiven Verweigerung zur Zusammenarbeit vermochten die Briten keine geeigneten Maßnahmen entgegenzusetzen. Massaker wie in Amritsar am 13. April 1919 verfehlten ihre Wirkung ebenso wie die wiederholte Inhaftierung

*Gandhi und J. Nehru am 6. Juli 1946 bei der Eröffnungssitzung des Indischen Nationalkongresses*

Gandhis und anderer Führer der Freiheitsbewegung. Im Jahre 1920 rief Gandhi zum Wahlboykott auf, der vor allem seine eigene Stellung als Führer der Opposition stärkte. Als die Kampagne in Gewalt ausartete, stellte er seine Agitation ein, wurde jedoch als geistiger Urheber der Unruhen verhaftet und bis 1924 ins Gefängnis geworfen. Der »halbnackte rebellische Fakir«, wie Churchill den Freiheitshelden verächtlich nannte, erwies sich als charismatischer Führer, der es verstand, durch spektakuläre Aktionen – wie den Salzmarsch durch Gujarat oder Hungerstreiks – die Massen zu mobilisieren und die Briten derart in die Enge zu treiben, daß sie sich mit ihm schließlich in London an einen Tisch setzten.

Aber auch aus den eigenen Reihen hatte der asketische Mann im Baumwollgewand zunehmend mit Widerstand zu rechnen. Zu seinen wichtigsten Opponenten gehörte der Muslimführer Mohammed Ali Jinnah, der in Gandhis Verfassungsentwürfen die muslimische Bevölkerung nicht genügend repräsentiert sah. Aber auch moderne pragmatische Intellektuelle wie Jawaharlal Nehru (1889–1964) und Subhas Chandra Bose (1897–1945) wandten sich bald von Gandhis visionären Vorstellungen über das zukünftige Indien ab. Die Ermordung Gandhis am 30. Januar 1947 durch einen fanatischen Hindu war Ausdruck des Hasses gegenüber der von Gandhi befürworteten Aufteilung des staatlichen Vermögens zwischen Indien und Pakistan.

Nach Beendigung des Zweiten Weltkriegs, bei dem die Inder an der Seite der Briten wiederum loyal gekämpft hatten, gab es für London praktisch keine andere Wahl mehr, als den letzten Schritt zu tun und das Land am 15. August 1947 in die Unabhängigkeit zu entlassen.

## Das unabhängige Indien

*Nehru in einem Brief vom 31. Juli 1961: »Ich stimme ihnen zu, daß zwischen materiellem Wachstum und Spiritualität kein notwendiger Widerspruch besteht. Man kann lediglich sagen, daß materielles Wachstum eine Tendenz hat, den Geist des Einzelnen oder der Gemeinschaft von der Spiritualität abzulenken. Diese Gefahr besteht, nicht hingegen das unbedingte Dilemma einer Wahl. Vielmehr glaube ich an die Notwendigkeit beider. Sicherlich ist das materielle Wachstum von höchster Bedeutung für Indien. Ich kann mir nicht vorstellen, daß es richtig ist, für eine spirituelle Basis des Lebens um den Preis materiellen Elends zu arbeiten ...«*

Die Geburt Indiens ging jedoch mit der Teilung in einen muslimischen und einen vorwiegend von Hindus besiedelten Staat über. Nicht nur kam es bereits vor der Teilung zu blutigen Massakern, etwa am 16. August 1946, als die Muslimliga in Calcutta Jagd auf Hindus machte, um Westbengalen den Status einer islamischen Provinz zu verleihen. Bereits unmittelbar nach der Ausrufung der Staaten Pakistan und Indien brach der erste Krieg der Nachbarn um Kaschmir aus.

Mehrere militärische Auseinandersetzungen sollten folgen, die in einer Pattsituation mit einer Waffenstillstandslinie im Himalaya endeten und damit in einer bis heute für beide Seiten unbefriedigenden Lösung. Daß beide Nachbarn 1998 als militärische Drohgebärde Atomversuche unternahmen, zeigt deutlich, daß die Spannungen noch lange nicht abgebaut sind, obwohl ein Treffen der Staatsführer in Lahore im Frühjahr 1999 Anlaß zu Hoffnungen gibt.

Mit der Unabhängigkeit Indiens brach auch für die Fürstentümer Rajasthans eine neue Zeit an. Zunächst mußten sie, versüßt durch hohe Apanagen aus der Staatsschatulle zur Sicherung ihres aufwendigen Lebensstils, nur ihre politische Macht an die Zentralregierung abtreten. Im Jahre 1969 drehte man ihnen den Geldhahn jedoch zu und nahm den Fürsten 1971 auch noch ihre glanzvollen Titel, so daß viele heute auf die touristische Vermarktung der Paläste angewiesen sind und einige sogar in die Armut abglitten.

Obwohl sich Indien als größte Demokratie der Welt bezeichnen darf, zieht sich eine Blutspur auch durch die jüngere Geschichte. Nach Auseinandersetzungen mit militanten Sikhs wurde Indira Gandhi, die Tochter Nehrus, im Jahre 1984 von ihren Leibwächtern ermordet, und 1991 fiel auch ihr Sohn und Nachfolger Rajiv Gandhi einem Attentat zum Opfer. Angesichts der überwiegend durch Regionalreiche geprägten Geschichte ist es erstaunlich, daß Indien sich trotz etlicher Abspaltungsversuche einzelner Provinzen, insbesondere des Punjab, bisher als stabiles Staatsgebilde erwiesen hat und nicht zu Unrecht eine Führungsrolle in Asien beansprucht.

Viele aus der Vergangenheit stammenden Probleme konnten zwar bis heute nicht gelöst werden, darunter das Kastenwesen, die Unsitte der Mitgift, die Ausbeutung der Landbevölkerung durch Großgrundbesitzer und Geldverleiher und eine dringend notwendige Geburtenregelung. Auf manchen Wirtschaftsgebieten aber hat das Land längst die Schwelle zur Industrienation überschritten.

Welcher Weg Indien beschieden sein wird, ist dennoch ungewiß. Zunehmender Bevölkerungsdruck und eine schon jetzt kaum noch zu ertragende Umweltverschmutzung in den Ballungsgebieten sind eine schwere Bürde auf dem Weg ins nächste Jahrtausend.

# Zeittafel

| | |
|---|---|
| **3.–1. Jt. v. Chr.** | Harappakultur (Induskultur) im Fünfstromland mit den Zentren Mohenjo Daro und Harappa sowie Lothal in Gujarat als wichtigem Außenposten |
| **ca. 1500 v. Chr.** | Einwanderung der Indoarier, Einführung des Kastenwesens |
| **ca. 563–486 v. Chr.** | Ungefähre Lebensdaten des historischen Buddha Shakyamuni |
| **ca. 539–467 v. Chr.** | Mahavira verkündet als Wanderprediger die Lehre des Jainismus. |
| **327–185 v. Chr.** | Alexander der Große erreicht den Indus, wird durch seine Truppen jedoch zum Rückzug gezwungen. |
| **ca. 313–185 v. Chr.** | Mauryadynastie, von Chandragupta gegründetes erstes Großreich |
| **ca. 268–233 v. Chr.** | Herrschaft Kaiser Ashokas, Ausbreitung des Buddhismus |
| **78–ca. 200 n. Chr.** | Kushandynastie; Lokaldynastie in Gujarat unter Rudradaman |
| **320–500** | Die Guptadynastie beherrscht von Varanasi aus ganz Nordindien und beschert der Region ein Goldenes Zeitalter. |
| **513–755** | Chalukya beherrschen den Dekhan. |
| **550–861** | Gurjaradynastie im südlichen Gujarat |
| **637** | Erste arabische Invasion in den Sind (heute Pakistan) |
| **8. Jh.** | Gründung des Mewarreichs durch Bappa Rewal mit Zentrum in Chittaurgarh |
| **755–973** | Rasthakutra, ehemalige Vasallen der Chalukya, verdrängen diese |
| **805–1036** | Dynastie der Gurjara-Pratihara |
| **765–1197** | Rege Bautätigkeit unter der Solankidynastie in Gujarat |
| **950–1060** | Die Chandellarajputen, Vasallen der Gurjara-Pratihara, errichten in ihrer Hauptstadt Khajuraho 85 Tempel. |
| **998–1030** | Mahmud von Ghazni unternimmt 17 Raubzüge nach Nordindien |
| **1192** | Niederlage des Hinduheers bei Tarain gegen Muhammed von Ghur, Beginn der Muslimherrschaft über Nordindien. |
| **1206** | Qutb-ud-Din, ehemaliger Statthalter des Muhammed von Ghur, gründet das Sultanat von Delhi. |
| **1206–1290** | Sklavendynastie in Delhi |

*Idol der Harappakultur*

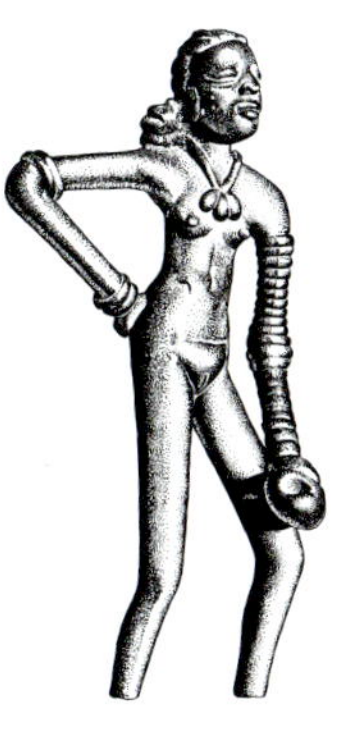

| | |
|---|---|
| **1212** | Gründung der Marwardynastie |
| **1290–1320** | Khiljidynastie in Delhi |
| **1303** | Eroberung Chittaurgarhs durch Ala-ud-Din Khilji |
| **1320–1388** | Tughluqdynastie in Delhi |
| **1395** | Verlegung der Marwarmetropole nach Mandor |
| **1398** | Mongolenherrscher Timur plündert Delhi |
| **1433–1527** | Blütezeit des Mewarreichs unter Rana Kumbha und Rana Sangha |
| **1451–1526** | Lodidynastie in Delhi |
| **1492** | Verlegung der Metropole durch Sikander Lodi von Delhi nach Agra |
| **1498** | Vasco da Gama landet an der indischen Westküste. |
| **1459** | Gründung Jodhpurs als neue Residenz der Marwardynastie |
| **1459–1550** | Sultanat von Gujarat |

Wappen der Portugiesen in Diu

| | |
|---|---|
| **1510** | Die Portugiesen erobern Goa. |
| **1526** | Ibrahim Lodi wird von Babur, einem Verwandten des Dschingis Khan, geschlagen; Gründung der Moguldynastie (1526–1857) |
| **1526–1530** | Herrschaft Baburs |
| **1530–1556** | Herrschaft Humayuns |
| **1534** | Überfall des Sultans von Gujarat auf Chittaurgarh |
| **1540–1556** | Vertreibung Humayuns durch Sher Shah, Interregnum der Surdynastie in Delhi |
| **1556–1605** | Humayuns Sohn Akbar erweist sich als fähigster |

| | |
|---|---|
| | Mogulherrscher. |
| **1558** | Besetzung der Insel Diu durch die Portugiesen |
| **1567** | Eroberung der Festung Chittaurgarh durch Akbar; Verlegung der Mewarmetropole nach Udaipur |
| **1571** | Gründung Fatehpur Sikris durch Akbar |
| **1573** | Akbar erobert Gujarat. |
| **1605–1627** | Jahangir tritt die Nachfolge Akbars als Mogulherrscher an. |
| **1612** | Die Engländer eröffnen Handelsposten in Surat. |
| **1616** | Die Holländer gründen ebenfalls eine Faktorei in Surat. |
| **1627–1680** | Unter der Führung von Shivaji steigen die Marathen zur bedeutendsten Macht im Dekhan und zu Widersachern der Moguln auf. |
| **1628–1658** | Shah Jahan setzt sich als Thronerbe der Moguln durch. |
| **1659–1707** | Der von religiöser Intoleranz geprägte Aurangzeb entmachtet seinen Vater und übernimmt die Führung des Mogulreichs. |
| **1664** | Shivaji plündert Surat. |
| **1698** | Die englische Ostindienkompanie wird durch das Privileg der Steuereinnahmen Territorialmacht. |
| **1738** | Plünderung Delhis durch den Perserkönig Nadir Shah |
| **1818** | Die englische Ostindienkompanie ist die beherrschende Macht auf dem Subkontinent. |
| **1857/1858** | Sepoy-Aufstand |
| **1858** | Die englische Krone übernimmt die Herrschaft und schickt den letzten Mogulherrscher Bahadur Shah ins Exil nach Burma. |
| **1869–1947** | Mahatma Gandhi, Leitfigur des Freiheitskampfes |
| **1885** | Gründung des indischen Nationalkongresses |
| **15. 8. 1947** | Teilung des Subkontinents in die Staaten Indien und Pakistan, Beginn des Kaschmirkonflikts, Unabhängigkeit |
| **1889–1964** | Jawaharlal Nehru, erster Premierminister von 1947-1964 |
| **1962** | Ende der portugiesischen Herrschaft über Goa, Diu und Daman |
| **1966** | Indira Gandhi, Tochter Nehrus, gewinnt die Wahlen. |
| **1984** | Ermordung Indira Gandhis; ihr Sohn Rajiv wird Nachfolger, fällt jedoch 1991 ebenfalls einem Attentat zum Opfer. |
| **ab 1996** | Die radikale Hindupartei BJP gewinnt zunehmend an Bedeutung. |
| **1999** | Sonja Gandhi betritt als Kandidatin der Kongreßpartei die politische Bühne. |

*Indira Gandhi, Porträtaufnahme von 1980 (1917-1984)*

# Religion

*»Die klassische Weisheit meines Landes versichert, daß nur eine Wahrheit den verschiedenen Religionen zugrunde liegt, die Wahrheit, die sich in keinem Glauben allein ausdrückt und auf keine Kirche und keinen Tempel beschränkt werden kann.« Sarvapalli Radhakrishnan (1836–1886)*

Mit dem Hinduismus und dem Buddhismus haben in Indien zwei der ältesten Glaubensrichtungen der Welt ihren Ursprung. Als ›Religionen des ewigen Weltgesetzes‹ sehen sie den Kosmos unabhängig vom Wirken eines Gottes in einen immerwährenden Prozeß des Entstehens und Vergehens eingebettet und üben vielleicht deshalb heute auf viele westliche Menschen eine so große Faszination aus.

## Hinduismus

Im Gegensatz zu Buddhismus, Christentum und Islam läßt sich der Hinduismus, zu dem sich heute der größte Teil der indischen Bevölkerung bekennt, nicht auf einen Stifter zurückführen. Er ist im Laufe der Jahrtausende in mehreren Stufen durch die Verschmelzung unterschiedlicher Strömungen zu einem sozio-religiösen Organismus herangewachsen, der Philosophie, Ritual und soziale Normen vereint und ständig durch neue Erkenntnisse ergänzt.

**Geschichtliche Entwicklung**
Die hinduistische Religion läßt sich in drei historische Abschnitte unterteilen: den Vedismus (ca. 1200–900 v. Chr.; *veda* bedeutet Wissen), den Brahmanismus (ca. 900–400 v. Chr.) und den eigentlichen Hinduismus (ab ca. 400 v. Chr.).

Die Ursprünge speisen sich aus mehreren Quellen. Bereits aus den Induszivilisationen sind uns Siegel und Figuren mit Muttergottheiten überliefert, darunter die berühmte, nur 11 cm hohe Bronzeplastik einer Tänzerin (heute im Nationalmuseum von Delhi), die als Vorbild der verführerischen weiblichen Apsaras gelten kann, denen wir an den Tempelwänden von Khajuraho und anderswo begegnen. Unzählige Terrakottafunde von schwangeren Frauen und Müttern mit Kindern deuten auf einen Fruchtbarkeitskult hin, den einige Forscher wegen der Verwendung von Lehm sogar auf den sumerischen Schöpfungsmythos zurückführen, nach dem der Mensch aus Lehm geschaffen wurde. Überdies wurden Tiere wie der Stier als Fruchtbarkeitssymbol, Schlange, Büffel, Elefant und vor allem die Kuh in Mohenjo Daro und Harappa (beide Orte im Industal) verehrt – Kulte, die wir auch später in Indien wiederfinden werden.

*»Nicht Tod war damals noch Unsterblichkeit, Nicht war die Nacht, der Tag nicht offenbar. Es hauchte windlos in Ursprünglichkeit. Das Eine, außer dem kein Andres war.« Aus dem Rigveda*

Von besonderem Interesse ist die ebenfalls im Museum von Delhi aufbewahrte Darstellung einer von Tieren (Elefant, Tiger, Büffel) umgebenen männlichen Gottheit im Yogasitz, die als ›Herr der Tiere‹ (Pashupati) interpretiert wird, eine Form des Gottes Shiva.

Ebenso finden wir auf den Siegeln der Induskulturen bereits den Bodhibaum (Ficus religiosa), der später vor allem im Buddhismus eine zentrale Rolle spielt.

Seinen zweiten wichtigen Impuls verdankt der Hinduismus den Ariern (Arya), von denen ein Zweig um 1500 v. Chr. nach Indien einwanderte und dort auf die drawidische Naturreligion stieß, der andere Teil nach Persien, wo er zum Wegbereiter des Zoroastrismus wurde.

Beiden Zweigen gemeinsam sind jedoch die Wurzeln der indoeuropäischen Glaubenswelt, die sich mit den um 2000 v. Chr. einsetzenden Völkerwanderungen in zahlreiche weitere Religionen aufspaltete, darunter die hethitische, griechische und römische.

Anhand der Götterbezeichnung läßt sich diese Verwandtschaft leicht belegen. So lautet die Bezeichnung für göttliche Wesen im

Darstellungen von Ganesh, Durga und Parvati im Chattar Bilas-Garten in Kota

Altindischen *deva,* im Iranischen *daeva,* im Lateinischen *deus,* im Altirischen *dia* usw. Dem altindischen Sonnengott Surya entspricht der Helios der Griechen und der Sol der Römer. Noch enger sind die Beziehungen zum iranischen Zweig der indoarischen Religion. Aus dem Urmenschen *yima* wird *yama,* die iranische Gottesbezeichnung *ahura* wandelt sich zu *asura,* das Opfer *yasna* zu *yajna.*

Über die Götterwelt des vedischen Zeitalters sind wir recht gut durch den Rigveda der altindischen Literatur informiert. Vorwiegend handelt es sich um die Naturgottheiten, die bereits in der indo-europäischen Religion eine wichtige Rolle spielten. Sonne (Surya), Morgenröte (Usha), Feuer (Agni), Gewitter (Indra), Sturm (Rudra) stehen im Mittelpunkt der Verehrung. Diesen durch Opfergaben zu besänftigenden Devas standen die Asuras gegenüber, die ihre Kraft unabhängig vom Ritual entfalteten und daher später mit zunehmender Bedeutung des Opferrituals zu Dämonen ›abstiegen‹.

Das Darbringen von Gaben in Form von Speise- und Tieropfern spielt schon in der Frühzeit eine zentrale Rolle im Versuch, mit den Göttern in Kontakt zu treten. Unter ihnen war das tägliche Feueropfer (Agnihotra) das wichtigste. Der Ritus wurde anfänglich im eigenen Haus oder auf Opferplätzen vollzogen, erst später in Tempeln. Herausragende Bedeutung kam dem nur einem Herrscher vorbehaltenen Pferdeopfer (Ashvameda) zu. Dem die Unsterblichkeit verheißende Trankopfer (Soma), bei dem man durch ein – möglicherweise aus halluzinogenen Pilzen (Amanita muscaria) gewonnenes – berau-

*Yoni und Lingam als Symbol der Vereinigung des weiblichen und des männlichen Prinzips sieht man überall in Indien*

schendes Getränk in den Kontakt mit den Göttern trat, wurde sogar ein eigener Gott gleichen Namens zugeordnet, vergleichbar dem Dionysos oder Bacchus.

Auch die im späteren Hinduismus wichtige Trinität der Gottheiten (Brahma, Shiva, Vishnu) begann sich Vedismus bereits in der Göttergemeinschaft Agni, Indra und Surya als Personifizierung der drei Bereiche des Universums – Erde, Luftraum und Himmel – abzuzeichnen. Ebenso bevölkern schon Apsaras und Gandhavaras (himmlische Wesen) das Pantheon. In den arischen Vedismus fanden allmählich auch der Volksglaube der Urbevölkerung, geprägt von Dämonen (Yaksha, Naga) und von Mutter- und Fruchtbarkeitskulten Eingang.

Dem Opferkult fiel bald die zentrale Rolle in der Religionsausübung zu, wodurch sich die Vorzugsstellung der Priester, die als Brahmanen noch heute den höchsten Rang im Kastenwesen für sich beanspruchen, festigte. Diese zweite, stark durch das Ritual der Priester geprägte Phase, die als Brahmanismus bezeichnet wird, dauerte etwa von 900 bis ca. 500 v. Chr. Die Macht der Brahmanen gipfelte im Glauben an die Abhängigkeit der Götter von dem durch die Priester vollzogenen Opfer und war begleitet vom Aufstieg Prajapatis (›Herr der Geschöpfe‹, Beiname Brahmas) zur obersten Gottheit, wodurch sich der Polytheismus der Arier zu einer elitären monotheistischen Weltanschauung wandelte. Es ist auch die Phase, in der die Asuras in die Welt der Dämonen verbannt wurden.

Es ist kein Zufall, daß in diese Zeit die Gründung von Buddhismus und Jainismus fallen, die andere, vom Priestertum unabhängige Wege zur Erlösung aufzeigen. Erst durch die Rückbesinnung auf die Ursprünge der Veden und die Einbeziehung volksnaher vorarischer Kulte, entstand zwischen dem 4. und 2. Jh. v. Chr. der eigentliche bis heute praktizierte Hinduismus.

**Glaubensgrundsätze**

Da der Hinduismus kaum Dogmen kennt und auch keine zentrale Autorität hat, konnte er sich in vielerlei Spielarten entfalten und selbst konkurrierende Glaubenseinrichtungen wie Buddhismus und Jainismus absorbieren. Diese Freiheit führte nicht nur zu einem fast unübersehbaren Pantheon von Gottheiten, sondern brachte auch eine Vielfalt von Sekten und Schulen hervor, wobei das Göttliche in mannigfacher Form in Göttern, Menschen, Tieren und Pflanzen zum Ausdruck kommen kann.

Dennoch lassen sich einige, für alle Hindus verbindliche Grundsätze aufstellen. Als unumstößliche Wahrheit gilt die Existenz einer ewigen, unveränderlichen Urkraft **(Brahman),** die einen fortwährenden Kreislauf von Entstehen und Vergehen ohne Anfang und Ende bewirkt.

Dieses Brahman manifestiert sich auf der Erde durch die ewige Ordnung **Dharma,** die sowohl die Naturgesetze als auch die sittliche Ordnung umfaßt. Dadurch ist die gesamte lebendige Welt, die als ein einziger Organismus mit unterschiedlichen, aber verwandten Lebensformen begriffen wird, dem Urprinzip von Schöpfung und Zerstörung unterworfen. Nach fast darwinistischer Auffassung besteht eine auf der Theorie der Evolution beruhende Rangordnung, in der der Mensch zwar einen hohen Stellenwert hat, keineswegs aber die Krone der Schöpfung darstellt. Über ihm türmt sich der fast unendliche Götterhimmel, der wie Bäume, Tiere und Menschen ebenfalls dem Gesetz des zyklischen Prinzips gehorcht, unter ihm sind die niederen Lebewesen angesiedelt. In den ewigen Kreislauf ist auch die Seele eingebunden und damit unvergänglich. Da die Seelen durchgängig zwischen allen Formen des Lebens wandern können, hat sich eine enge Beziehung zwischen Mensch und Kreatur herausgebildet, die nicht nur ihren Ausdruck in Göttergestalten wie Hanuman und Ganesh findet, sondern auch in einer allgemeinen Achtung des Lebens.

In welcher Form die Seele nun eine neue Heimat findet, hängt von den Verdiensten des Wesens in seiner derzeitigen Existenz ab. Dieser Kausalzusammenhang ist unter dem Begriff **Karma** einer der wichtigsten, tief in der Sozialstruktur verankerten Glaubensgrundsätze des Hinduismus. Eng damit verknüpft ist das Kastensystem, das jedem Menschen eine feste Position in der sozialen Hierarchie zuordnet, wobei das Karma darüber entscheidet, auf welcher Stufe er angesiedelt ist. Den Kreislauf der Wiedergeburten zu durchbrechen und durch Verschmelzen der individuellen Seele (Atman) mit der Weltseele (Brahman) die endgültige Erlösung **(Moksha)** zu erlangen, ist höchstes Streben jedes gläubigen Hindu. Die Vielzahl der Schulen und Glaubensrichtungen unterscheidet sich nur im Weg, nicht aber im Ziel. Die dargelegten Merkmale haben sich erst im Laufe einer langen Geschichte so herauskristallisiert.

In diesem Zeitraum entstanden auch die Hauptglaubensrichtungen – Vishnuismus, Shivaismus und Shaktismus – aufgefächert in

*»Was wirklich ist, lebt ewig!
Wie im Körper auf Kindheit Jugend und dann Alter folgt,
So folgt Entstehung und Vergehen stets für die Gefäße, die der Geist bewohnt.
Was unsterblich ist im Menschenherzen, wird wieder neu im Leben offenbar.
Die Weisen wissen es und trauern nicht!«
Aus der Bhagavadgita*

*Gott Shiva beschützt seine Familie in der eisigen Kälte des Himalaya. Seine Gemahlin Parvati hat den Kriegsgott Karttikeya an der Brust, Shiva wärmt Ganesh. Die Reittiere der Gottheiten, die Ratte von Ganesh, der Bulle von Shiva, der Pfau des Karttikeya und der Löwe von Parvati lagern sich um die ›Heilige Familie‹*

zahlreiche Schulen, die Aspekte oder Inkarnationen der jeweiligen Gottheit in den Mittelpunkt der Verehrung stellen. Denn der Hindu hat die freie Wahl, welchen Gott er neben der Schutzgottheit seines Hauses (Kuladevata) und seines Dorfs (Gramadevata) als Hauptgottheit (Istadevata) verehrt. Bezeichnenderweise hat sich für den abstrakten Schöpfergott Brahma keine Sekte entschieden, und es gibt nur wenige diesem Gott geweihte Tempel (z. B. in Pushkar, s. S. 192).

Beim Shaktismus stehen die weiblichen Gottheiten im Mittelpunkt religiöser Verehrung. Sie entstammen überwiegend der nicht-vedischen Glaubenswelt und fanden später einen Platz im Brahmanismus. Sie sind Gefährtinnen von z. B. Shiva und Vishnu, aber auch eigenständige Gottheiten, die nach Auffassung ihrer Anhänger den männlichen Göttern überlegen sind.

**Die Welt der Götter**

Der hinduistische Götterhimmel bietet sich dem Außenstehenden zwar als eine völlig undurchschaubare (und unzählbare!) Vielfalt dar, hat aber dennoch, zumindest für die Inder, eine klare Grundstruktur. Überdies erleichtert eine streng formalisierte Ikonographie die Identifizierung, da jeder Gottheit ganz bestimmte Hautfarben, Symboltiere und Attribute zugeordnet sind.

Basis des vielgestaltigen Pantheons ist die von den Indoariern übernommene Dreigestalt des Schöpfergottes, im Hinduismus als Trimurti bezeichnet, die von Brahma (Schöpfung), Vishnu (Erhaltung) und Shiva (Zerstörung) verkörpert wird. Ihre Energie zu entfalten vermögen die Götter aber nur im Zusammenwirken mit ihrem weiblichen Aspekt (Shakti). Jeder männlichen und weiblichen Hauptgottheit ist ein Tragetier (Vahana) zur Seite gestellt. Die Zuordnung eines bestimmten Tiers ist bereits aus Mesopotamien um 1500 v. Chr. bekannt und von dort wahrscheinlich nach Indien gelangt.

Alle Hauptgötter und ihre jeweilige Shaki treten entsprechend der unterschiedlichen Aspekte des Daseins, die sie verkörpern, in einer Vielzahl von Formen auf.

**Trimurti:** Die direkte Anbetung dieser hinduistischen Dreifaltigkeit ist unüblich, im Mittelpunkt stehen statt dessen die beiden zur Dreiheit gehörenden Götter **Shiva** und **Vishnu.** Wir begegnen in der Ikonographie jedoch einer Figur mit drei Gesichtern und sechs Armen. Verbreitet ist auch die Zweiheit von Shiva und Vishnu (Hari-Hara), wobei Vishnu auch in seiner weiblichen Form als Mohini in Erscheinung treten kann.

**Shiva:** In der Götterdreiheit kommt Shiva heute die vorrangige Bedeutung zu. Die für den Kult charakteristische Verehrung des Lingam (Phallus) als Zeichen der Fruchtbarkeit läßt sich bis in die Zeit der Induskulturen zurückverfolgen. Die Herkunft Shivas ist nicht eindeutig geklärt. Er wird sowohl mit der vedischen Sturmgottheit Rudra in Verbindung gebracht als auch mit einem zur Zeit der arischen Einwanderung bereits existierenden drawidischen ›Roten Gott‹. Shiva präsentiert sich in unendlich vielen Erscheinungsformen, 1008 sollen es sein, in denen sich sowohl seine zerstörerische als auch seine schöpferische Kraft manifestierten. Zu den friedvollen Inkarnationen gehören der ›kosmischer Tänzer‹ (Nataraja), der ›Familienvater‹ (Somaskanda) und der ›große Herr‹ zusammen mit seiner Gemahlin Uma (Uma-Maheshvara) sowie der ›Bräutigam‹ mit

*Gott Shiva*

Parvati (Kalyanasudara) als Symbol für die Vereinigung des männlichen und weiblichen Prinzips, das in abstrakter Form in den Darstellungen von Yoni und Lingam seinen Niederschlag findet.

In zerstörerischer Gestalt tritt Shiva uns als der ›Schreckliche‹ (Bhairava) entgegen, als »Töter von Dämonen und Vernichter von Städten« (Tripurantaka).

Die weibliche Energie (Shakti) Shivas verkörpern **Parvati, Durga** und **Uma**, die sich jeweils wieder in unterschiedlichen Formen präsentieren, vor allem in ihrem zerstörerischen Aspekt, aber auch als eigenständige mächtige Gottheiten auftreten können (s. u.).

Shiva wird mit weißer, roter oder schwarzer Hautfarbe dargestellt, und ein weiteres richtiges Merkmal ist das Vorhandensein eines dritten Auges, auch Weisheitsauge genannt. Die Anhänger des Kultes tragen häufig drei waagerechte weiße (Asche-)Striche auf der Stirn – Vishnuiten dagegen senkrechte Streifen. Shiva ist oft mit einer Mondsichel in der Frisur abgebildet; eines seiner wichtigsten Symbole ist der Dreizack (Trishula).

*Vishnu in seiner Eberinkarnation hier als zweidimensionale ...*

**Vishnu:** Der ebenfalls in der Dreifaltigkeit (Trimurti) vertretene Hauptgott steht für Erhaltung. Besonders bedeutsam ist seine Inkarnation als **Narayana,** den ›auf der Weltenschlange ruhenden Gott in Menschengestalt‹ am Beginn eines neuen Zeitalters. Immer wieder steigt Vishnu zur Erde herab. Bisher sind nach hinduistischem Glauben zehn dieser Herabkünfte (Avatara bzw. Dashavatara ›zehn Herabkünfte‹), verteilt über die vier Weltzeitalter, bekannt. In diesen Inkarnationen tritt Vishnu u. a. als Fisch (Matsya), als Eber (Varaha), als Mannlöwe (Narasimha) und als Zwerg (Vamana) auf. Am populärsten sind jedoch seine siebte Inkarnation als der Held **Rama** aus dem Ramayana-Epos und vor allem seine achte als **Krishna**. Bemerkenswerterweise ist seine neunte Inkarnation als Buddha. Vishnus Shakti **Lakshmi** genießt als Mahalakshmi vorrangige Bedeutung als Urmutter allen Lebens.

Vishnu wird stets mit blauer Hautfarbe und einköpfig wiedergegeben. Seine wichtigsten Attribute sind das Rad (Chakra – entwickelt aus seiner Waffe, dem Diskus) und die Keule, ebenfalls eine Waffe, das Muschelhorn, das zum Kampf ruft, und der Lotos. (Die Symbolik des Lotos liegt darin, daß er rein und weiß erblüht und doch aus dem Schlamm wächst.)

**Krishna:** Der außerordentlich populäre Hirtengott wird von vielen Hindus als höchste Gottheit verehrt. Er wurde geschaffen, um den tyrannischen König Kansa zu bekämpfen, mußte seine Jugend jedoch in der Verkleidung eines Hirten verbringen – eine Zeit, die der schöne flötespielende Jüngling ausgiebig zu Liebesabenteuern mit den Hirtenmädchen (Gopi) nutzte. Kein Wunder, daß diese Legenden die Phantasie der Menschen beflügelten und zu beliebten Bildmotiven in den Schlafgemächern der Maharajas wurden. Später gelang es Krishna, den Tyrannen Kansa zu töten, dann mußte er sich jedoch mit seinen Anhängern, den Yadavas nach Dwarka (Gujarat) zurückziehen, um der Rache von Kansas Schwiegervater Jarasandha zu entgehen. Die Geschehnisse in Gujarat sind noch heute Grund für seine Verehrung vor allem in diesem Landesteil.

Krishna wird oft mit blauer oder dunkler Hautfarbe dargestellt. Es gibt Abbildungen von ihm als Baby (Balakrishna), aber meist tritt er als Kuhhirte (Venugopala) mit der Flöte (*venu* bedeutet Flöte) in Erscheinung. Eine der bekanntesten Episoden seines Lebens schildert, wie er den Hirtinnen während des Badens die Kleider raubt und sich dann auf einem Baum versteckt und sie beobachtet.

Im Mahabharata dient Krishna in der entscheidenden Schlacht zwischen den Pandavas und den Kauravas dem Arjuna als Wagenlenker. In dieser Situation verkündet er die Bhagavadgita, ein gereimtes Epos über Pflicht, Disziplin, Rechtschaffenheit, Wissen, Glauben – kurz, ein philosophisches Werk über das Leben.

Mit dem Tod Krishnas begann 3102 v. Chr. unser derzeitiges (viertes) Weltzeitalter (Kaliyuga).

*... und auch in plastischer Darstellung*

**Ganesh:** Der in Gestalt eines Elefanten dargestellte Sohn Shivas und Parvatis erfreut sich als Gott mit vielen Aufgaben großer Beliebtheit bei Hinduisten, Buddhisten und Jains gleichermaßen. U. a. ist er zuständig für das Beseitigen von Hindernissen und für den Schutz von Reisenden, er ist der Gott des Anfangs und auch der Klugheit und des Lernens. Als Shiva noch der Unglück bringende Rudra war, gehörte Ganesh als Herr der Ganas (zwergenhaften Dämonen) zu

*Ganesh ist auch der Gott des Anfangs und der Reisenden*

dessen keineswegs weisen Begleitern und entstammt damit einigen Theorien zufolge einem vorarischen Elefantenkult. Über die Herkunft des Elefantenkopfes gibt es mehrere Legenden:

Der einen zufolge soll sich Parvati beim Baden aus ihrem Schweiß und Ölen eine Wächterfigur geschaffen haben, die sie vor den Nachstellungen ihres Ehemanns beim Waschen schützen sollte. Verständlicherweise war ihr Gemahl darüber keineswegs erfreut und schlug der Gestalt den Kopf ab, befahl aber auf das Wehklagen Parvatis hin den ›Göttern des Nordens‹, der Figur wieder den Kopf des ersten Wesens zu verleihen, das ihnen über den Weg lief – zufälligerweise war es ein Elefant. Eine andere Geschichte berichtet, daß Parvati ihr Badewasser in den Ganges geschüttet hatte und daß die elefantenköpfige Gottheit Malini, als sie daraus trank, den fünfköpfigen Ganesh geboren hatte, der von Shiva jedoch Parvati zugesprochen wurde, nachdem er ihm vier Köpfe abgeschlagen hatte.

Ganesh als Elefantengott ist einfach zu erkennen; er ißt gerne Süßes – dementsprechend ist ein Gefäß mit Süßigkeiten eines seiner Attribute. Er ist oft mehrarmig dargestellt, und weil er zur Familie Shivas gehört, ist er häufig auch mit Dreizack und drittem Auge versehen. Das Reittier des Elefantengottes ist die Ratte oder Maus, die durch ihre Schlauheit selbst in gut gesicherte Getreidesilos eindringen kann.

**Skanda:** Der Kriegsgott, der heute als ein Bruder des Ganesh verehrt wird, ist aus dem vedischen Gott Indra hervorgegangen. Außergewöhnlich ist die Legende seiner Entstehung: Shivas Samen war zu mächtig, um von Parvati empfangen zu werden. Daraufhin ejakulierte Shiva ins Feuer. Der Feuergott Agui ließ den Samen in den Ganges fallen, worauf die Flußgöttin Ganga Skanda gebar, den sie am Flußufer versteckte. Dort wurde er von den sechs Plejaden (Krittikas) gefunden, die ihn großzogen. Entsprechend dieser Mütter wird Skanda in Nordindien auch Karttikeya genannt. Ihm wird Desinteresse am weiblichen Geschlecht und an der Ehe nachgesagt, so daß Frauen seine Tempel meiden. Sein Reittier ist der Pfau.

Der Pfau ist ein Feind von Giftschlangen und wird auch häufig mit der Schlange im Schnabel dargestellt. Als Symboltier kann er Giftiges vernichten und damit dem Guten zu seinem Recht verhelfen.

*Tänzerin in Bikaner*

### Weibliche Gottheiten

Die weiblichen Gottheiten entstammen überwiegend nichtarischen Kulten und haben erst recht spät als weibliche Energie (Shakti) der Götter Eingang in den Brahmanismus gefunden. Sie agierten aber auch eigenständig als Aspekte der **Devi** und werden von den Anhängern des Shaktismus sogar an die Spitze des Pantheons gestellt.

Hervorgegangen ist die Devi aus der Weltenmutter Jagadamba, die tief in den vorarischen Fruchtbarkeitskulten verwurzelt ist. Wie die männlichen Götter, insbesondere Shiva, verkörpert die Devi unter verschiedenen Namen die unzähligen Aspekte des Seins und verbirgt sich auch hinter vielen Lokalgöttinnen Indiens. Der alte Gedanke der Muttergottheit hat in den ›acht Müttern‹ (Asthamatrika), der Erdgöttin Prithvi und den Flußgöttinnen Ganga und Yamuna, aber auch der Pockengöttin Shitala Eingang in den Hinduismus gefunden. Während die freundlichen Erscheinungsformen der Devi, etwa Uma, Parvati, Gauri, Ganga, Annapurna und Lakshmi, vornehmlich als begleitende Shakti auftreten, wirken die zerstörerischen Formen oftmals unabhängig, darunter Durga in ihrer Inkarnation als Kali und Chamunda.

**Parvati:** Die Tochter von Himavat, der Personifizierung des Himalaya, gilt als die Wiedergeburt von Sati, der Gemahlin Rudras (frühe Erscheinungsform Shivas), und geht in ihren Ursprüngen vielleicht sogar auf eine sumerische Muttergottheit zurück. Zum einen ist sie eng mit Shiva verbunden, zum andern wird sie als Devi mit Uma, Gauri, Durga und Ambika identifiziert und kann damit fast alle Göttinnen repräsentieren.

**Durga:** Auch Durga verkörpert eine vorvedische, vor allem in Assam und Bengalen seit alters her verehrte Muttergottheit, die schließlich im Shaktismus zur höchsten Ehre gelangte. Sie vereinigt in sich etliche mit Bergen, Pflanzen und Feuer in Verbindung stehende lokale Fruchtbarkeitsgöttinnen. Bekannt sind vor allem ihre kämpferischen Aspekte als Vernichterin in Gestalt der schwarzen Kali und Chamunda – dargestellt mit Totenschädeln, flammendem Haar und furchterregenden Hauern. Durga ist meist dargstellt als Siegerin über den Büffeldämon (Mahisha) – den Totengott Yama –, in dieser Form hat sie sechzehn Arme, ist mit allen Waffen (Kräften) der Götter ausgestattet und heißt Mahishasuramardini.

*Bronze der Göttin Durga (Museum in Delhi, Chola, 12. Jh.)*

**Dämonen und übernatürliche Wesen**

Die Dämonen, früher mit den Göttern gleichgestellt, verkörpern heute die bedrohlichen Kräfte der Unterwelt, gegen die sich die Götter immer wieder zur Wehr setzen müssen. Unter ihnen sind die Asuras die erbittertsten und gefährlichsten Feinde, wurden sie doch von Vishnu bei der gemeinsamen ›Quirlung des Milchmeers‹ zur Gewinnung des Lebenselexiers (Amrita) betrogen. Ikonographisch treten sie vor allem in Tiergestalt auf, besiegt am Boden unter den Füßen der Gottheiten liegend. Viele Götter, männliche wie weibliche, sind in einer Inkarnation als Dämonenvernichter vertreten, etwa Vishnu in seiner Eberinkarnation (Varaha), Shiva als Vernichter des Elefantendämons (Gajasura-Murti) oder Durga als Besieger des Büffeldämons (s. o.). Ein Gegenstück bieten die friedvollen himmlischen Wesen, die Götter wie Menschen durch ihre Anmut bezaubern. Dazu zählen die himmlischen Nymphen (Apsara), unbeschreiblich schön und verführerisch, aber auch die Musikanten (Gandhavara) und Flügelwesen (Kinnara), die den Tempelwänden ihren großen sinnlichen Reiz verleihen.

## Die Inkarnationen Vishnus

| | Inkarnationen | Ikonographie |
|---|---|---|
| **Matsya** | als Fisch | oben vierarmige Menschengestalt, unten Fisch mit den typischen Attributen Diskus und Muschel |
| **Kurma** | als Schildkröte | als Schildkröte oder auch in Menschengestalt |
| **Varaha** | als Eber | Menschenkörper mit Eberkopf oder auch als Tier |
| **Narasimha** | als Mannlöwe | vierarmig, Menschenkörper mit Löwenkopf |
| **Vamana** | als Zwerg | als Trivikrama in drei Schritten die Welt umrundend, mit Vase und Haarknoten |
| **Parashurama** | als Rama mit der Axt | als Brahmane mit Antilopenfell, bewaffnet mit Axt, Schwert, Bogen und Pfeil |
| **Rama** | als Rama | zweiarmig, in Tribhanga, aufwendig geschmückt, mit Pfeil und Bogen, häufig mit seiner Gemahlin Sita |
| **Krishna** | sehr beliebt, mehrere Erscheinungsformen | als flötespielender Hirte, acht-, oder vierarmig; als Kind im Schoß der Mutter krabbelnd, häufig auch erotische Darstellungen |
| **Buddha** | als Buddha | meditierend auf einem Lotossockel, Geste der Schutzgewährung, Lotoszeichen an den Fuß- und Handflächen |
| **Kalkin** | als Pferdemensch | vierarmig, pferdeköpfig mit Muschel, Schwert und Diskus, auch als dunkler Reiter auf einem hellen Pferd reitend |

## Die wichtigsten Erscheinungsformen Shivas

| | Erscheinungsform *(murti)* | | Ikonographie |
|---|---|---|---|
| **Freundlicher Aspekt** *(saumya)* | Maheshvara-Murti | universeller Gott | sitzend, seine Gemahlin Uma umarmend |
| | Somaskanda-Murti | Familienvater | zusammen mit Uma und Sohn Skanda |
| | Nataraja-Murti | kosmischer Tänzer | vierarmig im Feuerbogen in Tanzpose |
| | Dakshina-Murti (Mahayogi) | Asket | schmucklos, nur mit Emblemen und Reittier (Nandibulle) |
| | Vinadhara-Murti | Meister der Musik | mit Musikinstrument *(vina)* |
| | Yoga-Dakshina-Murti | Lehrer des Yoga | im Yogasitz auf einem Lotos |
| | Chandrashekhara-Murti | Herr des Mondes | anmutige Haltung, zweiarmig mit Axt und Gazelle, Halbmond im Haar |
| | Ravanaugraha-Murti | Bändiger des Dämonengottes Ravana | zusammen mit Parvati auf dem Berg Kailash, darunter Ravana |
| | Kiratarjuna-Murti | Jäger | Überreichung der Wunderwaffe (Dreizack) an Arjuna |
| | Gangadhara-Murti | Bändiger des Ganges | fängt die Flußgöttin Ganga mit seinen Haaren auf |
| **Zerstörerischer Aspekt** *(ugra)* | Batuka-Bhairava | nackter Bettler | mit Hund, Schädelschale, Trommel |
| | Gajasura-Murti | Töter des Elefantendämons | auf dem Kopf eines Elefanten tanzend |
| | Kamantaka-Murti | Bändiger des Liebesgottes | als Yogi sitzend, vierarmig mit Gebetskette und Kobra, davor Liebesgott Kama liegend |
| | Andhakasura-Murti | Vernichter des Dämons Andhaka | achtarmig mit Dreizack im Leib Andhakas |
| | Kalari-Murti | Bändiger des Totengottes | der aus dem Lingam entspringende Shiva stößt den Totengott mit dem Fuß zurück |

## Buddhismus

*»Der Körper ist nicht das Ich, die Empfindung ist nicht das Ich. Die Wahrnehmung ist nicht das Ich, die Triebkräfte sind nicht das Ich, und auch das Bewußtsein ist nicht das Ich. Wer dieses erkennt, empfindet keinen Körper mehr, kein Gefühl, keine Wahrnehmung, keine Triebkräfte und kein Bewußtsein. Einer, der so unempfindlich geworden ist, ist auch befreit. Und in der Befreiung kommt ihm dann die Erkenntnis: Ich bin befreit. Und er weiß: Fortan gibt es keine Wiedergeburt …«*
*Der Buddha zu seinen ersten Schülern*

Obwohl der Buddhismus in Rajasthan und Gujarat eine nur untergeordnete Rolle spielt und Denkmäler seines Wirkens kaum vorhanden sind, darf er wegen der außerordentlichen Bedeutung für die Entwicklung der indischen Kunst nicht unerwähnt bleiben. Der Buddhismus entstand im 4. Jh. v. Chr. als eine Art Reformbewegung gegen den im Ritus erstarrten Brahmanismus, der die Gläubigen durch Vorherrschaft der Priester den Göttern entfremdet hatte.

Der Religionsstifter Gautama Buddha wurde um das Jahr 560 v. Chr. in Lumbini (Nepal) als Sohn eines Shakyafürsten geboren. Obwohl kein Zweifel an seiner historischen Existenz besteht, ist sein Lebensweg derart mit Mythen und Legenden durchwoben, daß sich die einzelnen Stationen nicht mehr zweifelsfrei nachvollziehen lassen. Die Begegnungen mit einem Kranken, einem Alten und einem Toten führten dem Prinzen die Fragwürdigkeit diesseitiger Freuden vor Augen und veranlaßten ihn, dem luxuriösen Leben am Hof seines Vaters zu entsagen, um als Asket die Erlösung zu suchen. Durch Kasteiungen dem Tode nahe, erkannte er die Sinnlosigkeit dieser selbstquälerischen Übungen und entschloß sich zum ›Weg der rechten Mitte‹, zur Meditation als einziger Möglichkeit zur Lösung von der Welt. Sieben Jahre dauerte das Ringen, ehe er im Alter von 35 Jahren unter dem Bodhibaum in Bodhgaya (Bihar) die Erleuchtung erfuhr. Damit hatte er sich aus dem ewigen Kreislauf der Wiedergeburten gelöst und war zum ›Buddha‹ geworden, zu einem, dem die Erlösung zuteil geworden ist.

Anstatt sofort seine körperliche Hülle zu verlassen, entschloß sich der Buddha, noch auf der Erde zu verweilen, um der Menschheit seine Erkenntnisse zu vermitteln, deren Kern die vier Wahrheiten bilden: Alles Leben ist Leiden. Die Ursache unseres Leidens ist die Gier nach Macht, Lust, Besitz und anderen vergänglichen Dingen. Die dritte Wahrheit ist die, daß die Beseitigung der Gier auch zur Verminderung unseres Leidens beiträgt. Das Ende des Leidens bringt die Menschen dann auf den ›achtfachen Pfad‹: rechte Anschauung, rechte Gesinnung, rechtes Reden, rechtes Tun, rechtes Leben, rechtes Streben, rechtes Überdenken, rechtes Sichversenken.

Etwa 40 Jahre zog Buddha dann als Wanderprediger durchs Land, eine immer größer werdende Anhängerschaft um sich scharend, bis er im Alter von etwa 80 Jahren starb und ins Nirwana einging.

Als eine den Weg zur Erlösung aufzeigende Heilslehre verfolgt der Buddhismus zwar die gleichen Ziele wie der Hinduismus und orientiert sich auch an dessen Grundprinzipien, wie z. B. Karma und Wiedergeburt. Durch Verzicht auf die Mittlerrolle der Priester und die Aufhebung der Kastenschranken bietet der Buddhismus aber wesentliche neue Ansätze, die seine große Popularität erklären.

Die Erlösung liegt im Eingehen der Seele ins Nirwana (›Verwehen‹), das einen Zustand ewiger Seligkeit bedeutet, in dem alles irdische Bewußtsein erloschen und der Kreislauf der Wiedergeburten

*Das Rad als Symbol der buddhistischen Lehre am Stupa von Mathura (1. Jh. v. Chr., Nationalmuseum in Delhi)*

durchbrochen ist. Im Gegensatz zum Hinduismus ist die individuelle Seele nicht ewig und unveränderlich, sondern formt sich nach dem Gesetz des Karmas bei der Wiedergeburt eines Menschen jeweils neu.

Ein wichtiger Pfeiler der frühen buddhistischen Lehre, die den Namen **Hinayana** (›kleines Fahrzeug‹) trägt, war die Gemeinschaft der Mönche (Sangha). Erst nach dem Tode Buddhas öffnete sich im 1. Jh. v. Chr. die Lehre durch die **Mahayana**-Richtung (›großes Fahrzeug‹) auch dem einfachen Volk und fand dadurch ihre Verbreitung. Der hinduistischen Glaubenswelt entsprechend konnten mehrere Wege zur Erlösung führen, und auch der Gedanke des Absoluten wurde wieder aufgegriffen. Wichtigste Veränderung dürfte jedoch die Einführung des Bodhisattva gewesen sein, eines Wesens, das zwar die Erleuchtung erlangt hat, aber aus Mitleid mit der Welt vorläufig auf das Nirwana verzichtet, um den Menschen den Weg zur Erlösung zu

*Steinbuddha aus Gandhara (heutiges Pakistan) im Nationalmuseum in Delhi*

zeigen. Über die Bodhisattvas fanden auch weitere, teilweise vom Hinduismus übernommene Gottheiten Eingang ins buddhistische Pantheon. Da der Mahayana die Ansicht vertritt, daß der historische Buddha Shakyamuni nur einer von vielen ist, erfolgte auch hier eine Erweiterung des Buddhabildes, wobei vor allem der zukünftige Buddha Maitreya eine zentrale Rolle spielt.

Noch weiter entfernt von den Ursprüngen war der Mitte des ersten Jahrtausends entstandene **Vajrayana** (›diamantenes Fahrzeug‹), eine esoterische (geheime) Richtung, die sich tantrischer Rituale bediente, wie sie auch in einigen Schulen des Hinduismus und Jainismus anzutreffen waren, und daher auch den Namen Tantrayana-Buddhismus erhalten hat. Neben dem Studium der Schriften sind die Rezitation heiliger Silben (Mantra), die Kontemplation vor symbolischen Bildern (Mandala) und die Ausführung ritueller Gesten (Mudra) dem Gläubigen Hilfe auf dem Weg zur Erlösung. Diese Form des Buddhismus hat vor allem in China, Japan und Tibet eine große Anhängerschaft gefunden. Aus ihm entwickelte sich schließlich durch Verschmelzung mit den alten Mönchsregeln des Hinayana der Tibetische Buddhismus, der auf indischem Boden vor allem in Ladakh und Sikkim noch höchst lebendig ist.

Nach dem Tode Buddhas wurde die Verbreitung des Glaubens vor allem durch die positive Einstellung der herrschenden Königshäuser begünstigt. Den wichtigsten Impuls erfuhr die Religion mit der Bekehrung Kaiser Ashokas (268–232 v. Chr.), der über fast ganz Indien regierte. In den Jahrhunderten nach Ashoka konnte sich der Buddhismus zunächst noch weiter entfalten und vor allem im Norden des Subkontinents an Einfluß gewinnen, wobei jedoch die Richtung des Mahayana immer mehr in den Vordergrund trat. Durch die Stärkung des Brahmanismus, verbunden mit dessen grundlegender Reform zum heutigen Hinduismus, wurde die Verbreitung des Buddhismus schließlich aufgehalten und damit auch sein langsamer Verfall in die Wege geleitet. Im 9. Jh. hatte er auf indischem Boden nur noch in der angestammten Heimat Bihar und in Bengalen eine unangefochtene Stellung.

*Jaintempel in Gwalior*

Seinen endgültigen Niedergang auf dem Subkontinent erfuhr der Buddhismus durch das Vordringen des Islam (12. Jh.), der zur Zerstörung der Klöster und zur Ermordung von Mönchen und Nonnen führte. Seither liegen die Hochburgen des Glaubens im südöstlichen und östlichen Asien, auf Sri Lanka und im Himalaya, wo der Buddhismus teilweise Staatsreligion (Bhutan) ist.

## Jainismus

Zu dieser nach Hinduismus und Islam heute bedeutendsten Religion Indiens bekennen sich etwa drei Mio. Menschen, überwiegend Bewohner der Staaten Rajasthan und Gujarat. Wie der Buddhismus entstand der Jainismus aus einer Reformbewegung auf den Brahma-

*Steinerne Jainfiguren in Gwalior (Madhya Pradesh)*

nismus im 6. Jh. v. Chr. Ihr Gründer Vardhamana, der später den Namen **Mahavira** (›großer Held‹) bekam, war nicht nur ein Zeitgenosse Gautama Buddhas, auch sein Lebensweg weist deutliche Parallelen auf. Im Alter von 28 Jahren verließ er seine Familie und begann das Leben eines nackten Asketen. Etwa zwei Jahre später wurde ihm die vollkommene Erkenntnis zuteil, die er nunmehr als Jina (›Weltüberwinder‹) auf einer mehr als 40jährigen Wanderschaft predigte. Seine Lehre gründet auf der des Parshvanatha, der bereits im 8. Jh. v. Chr. einen Weg aus dem ewigen Kreislauf der Wiedergeburt aufgezeigt haben soll. Aufgezeigt wird der Weg der Erlösung durch die **›Furtbereiter‹ (Tirthankara),** von denen Mahavira nur als der 24. und bisher letzte angesehen wird. Ihnen gilt alle Verehrung der Gläubigen, so daß Götterbildnisse wie die des hinduistischen Pantheons weitgehend unbekannt sind. Nach dem Glauben der Jains läßt sich die unzerstörbare Seele nur durch Askese von der Fessel der Materie befreien; als besonders verdienstvoll gilt das Fasten bis zum Tode. Ähnlich wie der Buddhismus wird der Jainismus in seinem Kern von einer Mönchsgemeinde getragen, die sich in Ordensangehörige (Sadhu und Sadhvi) und Laien (Shravaka und Shravika) aufteilen läßt. Der wesentliche Grundsatz der religiösen Forderungen ist das Gebot des Nichttötens (Ahimsa). Vor allem von Angehörigen des Ordens wird es derart streng beachtet, daß sie den Weg vor sich mit einem Besen fegen und einen Mundschutz tragen, um das unbeabsichtigte Einatmen und damit Töten von Insekten zu vermeiden. Die

*»So mancher Narr behauptet, ein Schöpfer habe die Welt gemacht.
Aber die Lehre, die Welt sein geschaffen, ist töricht und muß zurückgewiesen werden. Denn wenn Gott die Welt erschuf, wo war er denn vor der Schöpfung? …
Wer aber sagt, er war außerhalb aller Schöpfung und braucht keine Hilfe – wo ist er dann jetzt? Wisse, daß die Welt unerschaffen ist, wie die Zeit selbst, ohne Anfang und Ende.
Und daß sie auf Prinzipien beruht, dem Leben und dem übrigen. Unerschaffen und unzerstörbar besteht sie in der Notwendigkeit ihres eigenen Wesens, Geteilt in drei Bereiche – Hölle, Erde und Himmel.«
Aus dem Mahapurana (9. Jh.)*

Achtung des Lebens hatte aber viel tiefergehende, die Sozialstruktur der Jaingemeinden berührende Auswirkungen. Zum einen waren den Anhängern Berufe in der Landwirtschaft, im Militär oder im groben Handwerk durch die strenge Glaubensvorschrift verschlossen. Zum andern führte die daraus resultierende Erkenntnis, daß sich das Gebot durch eine Verminderung der eigenen Bewegung besser einhalten ließ, zu einer Bevorzugung ›sitzender Tätigkeiten‹. Im Laufe der Jahrhunderte eroberten sich die Jains dadurch eine führende Position im Bankwesen, Goldschmiedekunst und vor allem im Handel. Im 1. Jh. n. Chr. spaltete sich die Jaingemeinschaft in zwei Richtungen. Die orthodoxen **Digambara** (›Luftgekleidete‹) folgen ihrem Vorbild Mahavira und leben unter Verzicht auf jegliche Kleidung als Asketen fernab der Zivilisation. Der überwiegende Teil aber rechnet sich zu den **Shevetambara** (›Weißgekleideten‹), die sich wiederum in unterschiedliche Schulen verzweigten. Die wichtigsten Heiligtümer sind die Tempelberge von Mount Abu (s. S. 206), Shatrunjaya (s. S. 283), Girnar (s. S. 291) und Samet Shikhara (Bihar), die jeweils mit einem Ereignis aus der Mythologie in Verbindung gebracht werden und einem der großen Furtbereiter geweiht sind.

Gujarats Bedeutung als Hochburg des Jainismus läßt sich nicht nur an den beiden hier liegenden heiligen Bergen (Girnar, Shatrunjaya) festmachen, sondern auch durch die bereits früh einsetzenden Aktivitäten der Jains in dieser Region, begründet durch das Protektorat der lokalen Herrscher. So soll König Vanaraja (ca. 720–780), Herrscher der Chavdarajputen, von einem Jainmönch großgezogen worden sein und sich später diesem Glauben zugewandt haben. Auch die Könige der Solankidynastie (941–1197) erwiesen sich als Schirmherren der Jaingemeinden.

## Islam

Lassen sich Hinduismus, Buddhismus und Jainismus noch auf eine gemeinsame Wurzel zurückführen, so fand mit dem Islam eine völlig andere Religion mit streng monotheistischer Auffassung ihren Weg nach Indien. Eine Verschmelzung der Vorstellungen wie bei der ersten indoarischen Invasion war kaum denkbar. Im Gegenteil, unversöhnlich stehen sich Islam und Hinduismus seit Ankunft der ersten Reiterheere aus dem Norden auf dem Subkontinent gegenüber. Die Teilung in die Staaten Indien und Pakistan nach der Unabhängigkeit ist das wohl deutlichste Ergebnis der noch immer andauernden Spannungen. Dennoch haben heute mehr als 80 Mio. Muslime ihre Heimat in Indien; ihr Anteil an der Gesamtbevölkerung beträgt ungefähr 11 %.

Wie auch die anderen Weltreligionen ist der Islam das Ergebnis langwieriger politischer und wirtschaftlicher Prozesse, geographischer Besonderheiten und historischer Entwicklungen. Nicht von ungefähr liegt seine Geburtsstätte in Mekka, dem damals bedeuten-

*Darstellung der Kaaba in Mekka in einer indischen Miniatur (16. Jh.)*

den Kreuzungspunkt der Karawanenwege, die Europa, Afrika und Asien miteinander verbanden. Begründer des Islam ist der um 570 in Mekka geborene Mohammed. Bis zu seinem Tode im Jahre 632 nahmen alle Stämme der Arabischen Halbinsel die neue Religion an, und unter seinen Nachfolgern, den Kalifen, breitete sich der Islam innerhalb weniger Generationen bis nach Spanien im Westen und Pakistan im Osten aus.

Mohammed schuf keinen völlig neuen Glauben, sondern verband Elemente der arabischen Stammesreligion mit jüdischen, christlichen und persischen Überlieferungen sowie mit zahlreichen praktischen Verhaltensregeln. Anhänger des Juden- und Christentums gelten nicht als ›Ungläubige‹, sondern diese Religionen werden vielmehr als Vorläufer des Islam angesehen; Thora und Bibel als heilige, im Koran ›aufgehobene‹ Bücher.

Grundlage des Islam ist der Glaube an den einzigen und unteilbaren Gott Allah. Mohammed gilt als sein letzter und vollkommener Prophet, aber ganz als Mensch, nicht etwa als Gottessohn. Allahs Wille bestimmt das Schicksal (Qisma, türkisch Kismet) eines jeden Menschen; allerdings haben auch alle unsere Taten Einfluß darauf, ob man beim Jüngsten Gericht ins Paradies erhoben oder in die Hölle verbannt wird. Das Paradies beschreibt der Koran übrigens als Lustgarten, in dem Wein fließt und wo Mätressen ›Rechtgläubige‹ erfreuen. Auf die verstorbenen Frauen warten dagegen lediglich

*Detail in Tughluqabad*

erbauliche Gespräche. Die Hölle entspricht mit Feuer und siedendem Wasser christlichen Vorstellungen. Ob ein Mensch ein gutes oder ein schlechtes Leben führt, hängt von der Einhaltung zahlreicher Gebote ab, die alle Bereiche des öffentlichen und privaten Lebens umfassen.

Der orthodoxe Islam stützt sich in seinem Ritus auf fünf religiöse Pflichten (Arkan), die jeder gläubige Muslim zu erfüllen hat: Das Glaubensbekenntnis (Shahada) mit der Formel »Es gibt keinen Gott außer Allah, und Mohammed ist sein Prophet« ist die zentrale Forderung, gefolgt vom Gebet (Salat). Der dritte Pfeiler des Glaubens, der Aufruf zur Wohltätigkeit (Sakat), hat im Gefolge staatlicher Steuergesetzgebung ebenso an Bedeutung verloren wie – aus anderen Gründen – das Fasten (Saum) im Monat Ramadan. Die fünfte Forderung schließlich, die Pilgerfahrt nach Mekka (Hadsch), ist heute, im Zeitalter der Massenverkehrsmittel hingegen leichter zu erfüllen als noch vor 100 Jahren.

Der einzige Gott Allah gebietet nach islamischer Vorstellung über zahlreiche unsterbliche, nicht menschenähnliche Engel (darunter auch die biblischen Erzengel) und über menschenähnliche, in zahlreichen Legenden beschriebene gute und böse Geister (Djin). Auch der Teufel (Sheitan) ist im Islam bekannt.

Die Aufnahme in die Gemeinschaft der Gläubigen wird bei den Jungen durch die Beschneidung (Khitan; etwa im 7. Lebensjahr) vollzogen, eine ähnliche Zeremonie für Mädchen gibt es nicht. Ein institutionalisierter Priesterstand ist unbekannt, die Imame, die Vorbeter der Gemeinden, sind bei den orthodoxen Sunniten (s. u.) lediglich besonders wohlangesehene Gemeindemitglieder ohne spezifische Ausbildung und Machtstellung; eine feste kirchliche Hierarchie gibt es nicht. Allerdings hatten die Ulema, die islamischen Rechtsgelehrten, stets großen Einfluß. Viele waren zugleich als Richter (Kadi), hohe Staatsbeamte oder Berater der Herrscher tätig. Somit bestand stets eine enge Verbindung zwischen Staat und Religion.

In der heiligen Schrift des Islam, dem Koran (›Verkündigungen‹), ist die durch den Erzengel Gabriel an Mohammed vermittelte Offenbarung Allahs niedergelegt. Ergänzt wird der Koran durch die Sunna, die ›Gewohnheiten‹ (des Propheten). Dabei handelt es sich um eine umfangreiche Sammlung von einzelnen Hadith (Aussprüche Mohammeds und zeitgenössische Berichte über sein Leben), die – zunächst mündlich weitergegeben – erst im 9. Jh. verbindlich niedergelegt wurde (von der Sunna leiten die orthodoxen Sunniten ihren Namen ab). Da Koran und Sunna wichtige Fragen offenlassen und viele verschieden interpretierbare oder sogar widersprüchliche Aussagen enthalten, kommt auch den Auslegungen anerkannter Ulema teilweise kanonische Bedeutung zu. Koran, Sunna und die zahlreichen Interpretationen bilden zusammen die Sharia, das islamische Recht, das alle Bereiche des öffentlichen und privaten Lebens durchdringt.

Von den Bewohnern Mekkas wurde der Islam keineswegs sofort als Heilslehre angenommen. Mühsam scharte Mohammed eine

Anhängerschaft um sich, und zeitweise mußte man sogar Zuflucht in der Oase Jathrib nehmen. Hier erst konnte sich der Glaube entfalten und seinen Siegeszug antreten. Schon bald erhielt die Stadt den Namen Medinat an Nabi, auch Medina genannt, und das Datum der Umsiedlung von Mekka, der Hedschra (›Abbruch der Beziehungen‹), gilt seither als der Beginn islamischer Zeitrechnung. Im Jahre 630 konnte Mohammed Mekka kampflos einnehmen, und bei seinem Tode zwei Jahre später galt er als der mächtigste Mann der Arabischen Halbinsel.

Mehr noch als im Christentum sind im Islam Missionierung und Eroberung miteinander verknüpft. Die kämpferische Note ist allerdings nur einer der Gründe für die schnelle Verbreitung; der andere liegt in der Einfachheit der Religion. Überdies sind viele aus der animistischen Glaubenswelt Arabiens stammenden Elemente mit in den Islam eingeflossen, wie etwa die Wallfahrt oder der Fastenmonat Ramadan, der in vorislamischer Zeit eine alljährliche, von allen Stämmen eingehaltene Kampfpause in den fortwährenden Fehden war.

Gleichwohl blieb der Islam nicht frei von inneren Auseinandersetzungen, die allerdings meist im Machtstreben der Führer ihre Ursache hatten. Die Identität von geistiger und weltlicher Macht hatte zur Folge, daß der Glaube immer wieder zur Durchsetzung politischer Ziele genutzt wurde, woraus sich nicht nur die Entstehung zahlreicher Splittergruppen erklären läßt, sondern auch deren enge Verbindung mit bestimmten Machtstrukturen und Dynastien. Wie das Beispiel des Iran zeigt, hat sich eine derartige Konstellation auch in unseren Tagen noch nicht überlebt. Schon unmittelbar nach dem unerwarteten Tode Mohammeds begannen die Auseinandersetzungen um seine Nachfolge und führten zur ersten großen Glaubensspaltung, aus der die Richtungen der Sunniten, Schiiten und Kharejiten hervorgingen.

Eine sehr große Bedeutung vor allem für die Landbevölkerung hat der Mystizismus gewonnen, der unter dem Namen Sufismus (*suf* bedeutet Wolle als Symbol für das Asketentum) schon im 9. Jh. als Reaktion auf die damals recht pragmatische Ausgestaltung des neuen Glaubens Eingang in den Islam gefunden hatte. Die Sufis stützten sich bei ihrer Suche nach Gott auf die bereits im Koran in der 17. Sure beschriebene Begegnung Mohammeds mit Allah und versuchten, dem Propheten durch asketisches Leben nachzueifern, um ebenfalls die Vereinigung mit Gott zu erfahren. Nach Auffassung der Sufis existiert neben den allgemeingültigen, im Koran und der Sunna niedergelegten Regeln noch eine spirituelle Ebene, die den Weg zu Gott zeigt. Der Mystizismus wird ergänzt durch Praktiken eines vorislamischen Animismus, die sich über die Jahrhunderte haben halten können. Obwohl vom orthodoxen Islam bekämpft, sind Geisterglaube, Wahrsagerei, Zauberei und der Glaube an die Schutzwirkung von Amuletten ein fester Bestandteil der religiösen Welt der einfachen Landbevölkerung und insbesondere unter den Frauen, denen der

*»Im Namen des barmherzigen und gnädigen Gottes. Lob sei Gott, dem Herrn der Menschen in aller Welt, dem Barmherzigen und Gnädigen, der am Tag des Gerichts regiert! Dir dienen wir, und dich bitten wir um Hilfe. Führe uns den geraden Weg, den Weg derer, denen du Gnade erwiesen hast, nicht (den Weg) derer, die d(ein)em Zorn verfallen sind und irregehen.«*
*Erste Sure des Korans*

Moscheebesuch ja nur in Ausnahmefällen gestattet ist, stark verbreitet. So ist es nicht erstaunlich, daß gerade diese Form des Islam in der vom Mystizismus stark geprägten hinduistischen Glaubenswelt Indiens einen günstigen Nährboden fand und wegen des Postulats von der Gleichheit aller Menschen vornehmlich von den unteren Bevölkerungsschichten dankbar aufgenommen wurde. Nicht überall nämlich bahnte sich die Religion mit Feuer und Schwert ihren Weg, es gab genug freiwillige Konvertiten, die sich von der neuen Heilslehre angezogen fühlten. Zwar wurden die Kastenschranken aufgehoben, gleichwohl existierte eine strenge Hierarchie, die nach zugewanderten Muslimen *(ashraf)* und konvertierten Indern *(ajlaf)* unterschied. Unter den Ashraf wiederum beanspruchten die Nachfahren des Propheten, die Sayid, den höchsten Rang, gefolgt vom türkischen, afghanischen und persischen Militäradel, der die Macht ausübte.

# *Kunst und Kultur*

In den großen Stadtzivilisationen am Indus, die unter dem Namen Harappakultur zusammengefaßt werden und im 2. Jh. v. Chr. ihre Blütezeit erlebten, wird der Ursprung indischer Kunst gesehen. Obwohl die Funde, insbesondere Kleinplastik und Siegel, nur bescheiden sind, lassen sie – etwa in Darstellungen von Stieren und Tänzern – bereits eine Thematik erkennen, auf die Menschen späterer Epochen immer wieder zurückgriffen. Bis dahin sollten aber tausend Jahre vergehen, aus denen uns zumindest keine erhalten gebliebenen Beweise künstlerischer Tätigkeit vorliegen.

## Stilrichtungen und Bauhütten

Erst mit Kaiser Ashoka und den Maurya (313–185 v. Chr.) begann die Kunst durch die Berührung mit Westasien auch in Indien bleibende Spuren zu hinterlassen. Sie diente zunächst dem damals vorherrschenden Buddhismus und brachte so bedeutende Denkmäler wie den Stupa von Sanchi oder z. B. die Höhlen von Ellora hervor.

Kennzeichnend für die postarchaische Phase des 2. Jh. n. Chr. ist eine regionale Differenzierung der Kunststile, wobei sich durch die Kushana im Norden und die Satavahana im Süden eine allmähliche Abgrenzung in eine indoarische, im Norden vorherrschende Kunstrichtung und eine drawidische, den Süden des Subkontinents dominierende Kultur abzeichnet. Unter den Kushana kommt vor allem den Schulen von Gandhara (1.–5. Jh.) und Mathura (1.–3. Jh.) als Wegbereiterinnen der indischen Plastik eine herausragende Bedeutung zu.

Der Stupa in Sanchi

Zwar wird der Buddhismus ab dem 3. Jh. n. Chr. allmählich vom wiedererstarkenden Hinduismus verdrängt, sein reiches künstlerisches Erbe aber bildet das Fundament für die Weiterentwicklung der indischen Kunst, die unter den Gupta (320–510) ihren ersten Zenit erreicht. In jenen Jahren entfaltete sich eine verfeinerte höfische Kultur, unter deren Mäzenatentum Architektur, Plastik und Dichtung erblühten und sich von den hellenistischen Einflüssen der frühen Mathura- und Gandharaschulen lösten. Im Norden erwies sich Harshavardhana von Kanauj (606–647) als ebenso mächtiger wie kunstsinniger Herrscher. Im südlichen Gujarat entfalteten die Gurjara (550–861) eine rege Bautätigkeit, gefolgt von den Gurjara-Pratihara (ca. 778–1036) und der Solankidynastie (941–1197). Leider ist im Norden durch den Einfall der Nomaden und später der plündernden Muslimheere vom reichen Kunstschaffen jener Zeit wenig erhalten geblieben. Eine Ausnahme bilden die großartigen Tempel der Chandellarajputen in Khajuraho (950–1203), die dem Betrachter die barocke Phase hinduistischer Kunst in ihrer ganzen Pracht vor Augen führen.

Viel reichhaltiger ist das hinduistische Erbe südlich des Vindhyagebirges, wo Großreiche wie die der Pallava, Hoysala und Chalukya blühten und einzigartige Zeugnisse ihres hohen künstlerischen Niveaus hinterlassen haben.

Mit Beginn der muslimischen Herrschaft über Nordindien im Jahre 1192 tritt der Islam auch in der Kunst dominierend in Erscheinung.

# Grundzüge hinduistischer Kunst

## Architektur

*»Stein oder Holz ist Göttern, Brahmanen, Königen und Eremiten würdig, doch ungeeignet für Vaishyas und Shudras«, heißt es im Mayamata, einem frühen Text zum Tempelbau. So werden die Baumaterialien des Tempels in einen direkten Zusammenhang zu den Kasten der indischen Gesellschaft gestellt. Andere Shastras [Texte zur Architektur] gestatten hingegen die Verwendung von Stein als Baumaterial für alle Tempel, ungeachtet, wer sie baut oder in ihnen den Göttern huldigt. Gelegentlich werden die Farben der Baumaterialien den verschiedenen Schichten der indischen Gesellschaft zugeordnet – weißer Stein soll von Brahmanen verwendet werden, roter von Kshatriyas, gelber von Vaishyas und schwarzer von Shudras. Diese Farbordnung kann sich auch auf andere Materialien erstrekken. Einige Shastras beziehen die Baustoffe des Tempels auf das*

Für Hindus ist der Tempel die Nahtstelle zwischen Himmel und Erde, an der die Gläubigen durch das Opfer und über das Kultbild in Kontakt mit den Göttern treten. Somit ist er ein Ort der Transzendenz, der das Streben nach Erlösung symbolisiert. Zunächst erfüllten Höhlen diese Funktion, dann künstlich erweiterte Grotten und erst viel später freistehende Steinarchitektur, die allerdings hölzerne Vorläufer gehabt hat. Vorbilder für die freistehenden Hindutempel sind die buddhistischen Gebets- und Versammlungshallen (Chaitya) in Form einer Basilika mit Tonnendach, die einen Stupa umgaben und in der Frühzeit vielleicht aus Bambus und Holz bestanden. Besonders deutlich wird die Anlehnung der Hindutempel an die Chaityahallen bei den drawidischen, von den Pallava in Mahabalipuram (nahe Madras) errichteten Kultbauten (6. Jh.).

Aus der engen Verknüpfung mit der Kosmologie erwuchsen genau definierte, als heilig geltende Bauvorschriften mit vielerlei symbolischen, teilweise aus dem Buddhismus übernommenen Bezügen. Während der Guptazeit beginnt sich die Trennung in den nördlichen Nagara- und den südlichen Drawidastil abzuzeichnen, dessen deutlichster Unterschied in den Tempeltürmen zu finden ist. Während sich der nordindische Nagaraturm (Shikhara) konvex gekrümmt über dem Allerheiligsten erhebt, steigt der südindische Gopuram terrassenförmig, dicht mit Götterbildnissen besetzt, empor.

Das Sanktuarium, klein, dunkel und höhlenartig, trägt zutreffend die Bezeichnung ›Schloßkammer‹ oder ›Mutterschoß‹ (Garbagriha). Es beherbergt die Kultfigur, deren Energien auf die an den Außen-

*Jaintempel von Ranakpur*

wänden angebrachten Bildnisse ausstrahlen. Zur Aufnahme dieser Götterbildnisse sind die Wände durch vertikale Vorsprünge (Ratha) gegliedert. Je nach Anzahl der Stufungen spricht man von Triratha (drei), Pancharatha (fünf) oder Saptaratha (sieben) Grundrissen. Über dem Allerheiligsten erhebt sich der Tempelturm, der den Weltberg Meru repräsentiert, das Zentrum des Universums. Seine Spitze (Kalasha) gilt als Berührungspunkt zwischen Himmel und Erde, Göttern und Menschen. Im obersten Abschlußstein hingegen manifestiert sich das zeitlose Prinzip außerhalb des Zyklus' von Werden und Vergehen und damit die Erlösung als Ziel allen Strebens. Die vom Kultbild durch die Spitze verlaufende Senkrechte verkörpert die kosmische Achse, die Stütze des Himmels und den Pfad zur Erleuchtung. In größeren Tempeln ist das Sanktuarium von einem Umwandlungsgang (Ambulatorium) umschlossen, das der Gläubige im Uhrzeigersinn umschreitet. Ein derartiges Umwandlungsritual ist Bestandteil vieler Kulturen und beispielsweise auch in der katholischen Kirche anzutreffen.

Bei den späteren komplexen Tempelanlagen sind der Cella Hallen (Mandapa) vorgelagert, durch die man sich allmählich dem Allerheiligsten nähert, die aber auch rituellen Tanzvorführungen dienten. Im Gegensatz zum schlichten Allerheiligsten entfaltet sich an den Säulen, Architraven, Bögen und Kuppeln die Bilderwelt des Hinduismus als steingewordene Hymne an das Pantheon in ihrer ganzen Pracht. Die Bauwerke in die Harmonie des Universums einzufügen, war die Aufgabe der Baumeister, deren Kenntnisse als Geheimlehren zunächst mündlich tradiert, später dann in Lehrwerken über die Wissenschaft der Architektur festgehalten wurden. Sie sind heute teilweise in Vergessenheit geraten oder lassen sich kaum noch interpretieren. Alle Maße eines Tempels, die Proportionen der Einzelteile zueinander, die geographische Ausrichtung und selbst die Kastenzugehörigkeit des Stifters stehen nach überlieferten Traditionen in genau definierter Beziehung zueinander. Das Mandala – ein kosmisches Diagramm – bildet aber nicht nur die Basis der Tempelplanung, es liegt auch dem Hausbau und der altindischen Stadtplanung zugrunde, am deutlichsten heute noch in der Altstadt von Jaipur erkennbar (s. S. 167).

Die Tempel der Jain folgen im Grundmuster den allgemeinen Regeln hinduistischer Baukunst, zeigen aber vor allem hinsichtlich der Ausgestaltung deutliche Abweichungen. Besonderer Wert wurde auf kostbare Baumaterialien – vor allem Marmor – und exquisite Handwerkskunst gelegt. Die Tempel sollten nicht nur Versammlungsort der Gläubigen sein, sondern auch den Reichtum der vermögenden Stifter und der Jaingemeinde allgemein demonstrativ zur Schau stellen. So wird denn auch der dekorativen Ausgestaltung der Innenräume besonderer Wert beigemessen, die im Wunsch nach technischer Perfektion – gepaart mit einer Furcht vor leeren Flächen – zuweilen manieriert wirkt. Dennoch gehören Tempel wie die von Mount Abu (s. S. 206) und Ranakpur (s. S. 204) zu den erlesenen

*Geschlecht: Demgemäß gelten Stein und Backstein als angemessen für einen Tempel, der einer männlichen Gottheit geweiht ist, wohingegen ein Bauwerk aus Backstein und Holz sich für eine weibliche Gottheit eignet. Werden alle drei Materialien gemeinsam eingesetzt, so ist der Tempel neutral, geschlechtsunspezifisch. Viele Texte empfehlen nachdrücklich Stein als das heiligste Baumaterial überhaupt: »Es ist hundertmal verdienstlicher, einen Tempel aus Ziegeln zu bauen als einen aus Holz ...; und es ist sogar zehntausendmal verdienstlicher, einen Tempel aus Stein zu bauen als einen aus Ziegeln.« Sobald die Baumaterialien aus ihrer natürlichen Umgebung entfernt sind, werden sie durch den Vollzug bestimmter Riten von sämtlichen früheren Assoziationen befreit. Das Fällen von Bäumen, das Brennen von Ziegeln oder das Brechen von Gestein leiten jeweils den Prozeß ein, durch den die Tempelbaustoffe schließlich mit dem Körper der männlichen oder weiblichen Gottheit, die zeitweilig im Tempel wohnt, eins werden.«*
*George Michell*

*Fries am Jaintempel in Chittaurgarh*

Kostbarkeiten indischer Kunst. Eine Besonderheit der Jaintempel sind überdies die kleinen, rings um den Hauptschrein angeordneten Nebenschreine, die bei frühen Bauten noch aus einzelnen Tempelchen bestehen, später dann nur noch aus Nischen mit den Kultbildern der Furtbereiter. Anfangs beschränkte man sich auf 24 Nebenschreine, entsprechend den 24 Wegbereitern, bei großen Tempelanlagen zählt man aber auch 52 oder gar 72 Schreine, die dann entlang einer den Tempel umschließenden, mit einem Arkadengang versehenen Wand angeordnet wurden.

## Plastik

Läßt man die Induskulturen einmal außer Betracht, so enthielt der Subkontinent die entscheidenden Impulse durch die Begegnung mit dem altpersischen Achämenidenreich (ca. 330 v. Chr.), vor allem aber durch die engen Kontakte mit den graeco-baktischen und graeco-indischen Reichen, die im Gefolge des Alexanderzugs im heutigen Afghanistan um 200 v. Chr. entstanden waren. Die ersten figürlichen Darstellungen bezogen sich wegen des damals in der Region vorherrschenden Buddhismus auf Buddha, der bis dahin nur anikonisch durch Symbole wie das Rad, den Lotos oder den leeren Thron dargestellt wurde. Die Figuren wurden, zunächst als Flachreliefs, später auch als Vollplastik, zum festen Bestandteil der Stupas, bereichert durch Ranken und Lotosblüten, die teilweise ebenfalls aus dem hellenistisch-orientalischen Raum ihren Weg hierher gefunden hatten. Der Grundstein zur hinduistischen Plastik wurde in Mathura (nord-

westlich von Agra) gelegt, das in der Kushana Epoche zwischen dem 1. und 3. Jh. neben Gandhara (nahe Peshawar, Pakistan) wichtigstes Zentrum künstlerischer Arbeit war. Erstmals werden hier pralle Fruchtbarkeitsgöttinnen und verführerische Baumnymphen in Stein geformt, die von der ländlichen Bevölkerung wahrscheinlich schon seit Urzeiten in vergänglichem Lehm gefertigt wurden. Aus ihnen entwickelte sich als eines der zentralen Themen das weibliche Schönheitsideal, das zunächst von der Dichtkunst der Guptazeit besungen wurde, um dann auch in der bildenden Kunst seinen Niederschlag zu finden. Die weiblichen Figuren stehen mit ihrer Anschmiegsamkeit, der Uberbetonung ihrer Formen, die an paläolithische Ideale erinnern, so ganz im Gegensatz zur asketischen Strenge der Buddha- und Bodhisattvadarstellungen. Aber auch Szenen aus dem Alltagsleben fanden Eingang in die dekorative Ausgestaltung der Heiligtümer. Die Förderung religiöser hinduistischer Literatur durch die Gupta hatte ab dem 4. Jh. in zunehmendem Maße die Thematisierung literarischer Vorlagen im Bereich der bildenden Kunst zur Folge. Die Götterwelt löst sich aus den Mythen und bevölkert nunmehr die Wände der Heiligtümer.

Die Plastiken stehen in einem bestimmten Kontext zur Architektur und sind miteinander durch das Netz der Mythen verwoben, so daß sich der Tempel den meist analphabetischen Besuchern als ein großes steinernes Bilderbuch darbot, das die Legenden veranschaulichte und damit eine belehrende Aufgabe erfüllte.

Als sich im Rahmen der hinduistischen ›Gegenreformation‹ die zahlreichen volkstümlichen Strömungen des Hinduismus, noch behaftet mit dem Gedankengut der vedischen Götterwelt, unter Führung der erstarkenden Hindusekten Bhagavata und Pashupata, zu formieren begannen, bedeutete dies auch eine Renaissance der Kunst. Das vedische Pantheon wurde umgestaltet und ausgeweitet und den Bildhauern damit eine unerschöpfliche Quelle für künstlerische Betätigung erschlossen. Es bedurfte jedoch einer langen Entwicklungsphase, eine allgemeingültige Ikonographie auszuarbeiten, die durch einen systematisierenden Katalog von Körperhaltungen (Asana), Gesten (Mudra), Attributen und Begleittieren (Vahana) Ordnung in die Welt der Götter und Dämonen brachte.

## Die indische Literatur

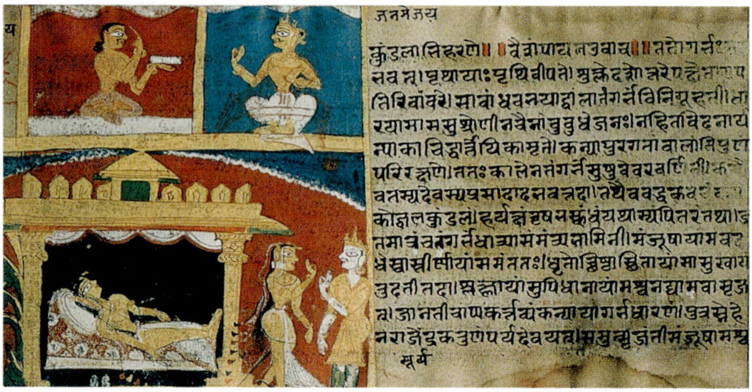

*»Kunti auf ihrem Lager«, Bild und Text aus dem Mahabharata, indische Miniatur aus Gujarat (16. Jh.)*

Außer China gibt es kein Land der Erde, das sich mit Indien auf dem Gebiet der Literatur messen kann. Nicht nur reichen die literarischen Dokumente über 3000 Jahre zurück, sie sind auch in einer seltenen Kontinuität überliefert, die es uns heute ermöglicht, den Gang der Geschichte und Geisteskultur teilweise nachzuvollziehen, auch wenn noch viele Fragen offen bleiben. So ist es zwar möglich, die einzelnen alten indischen Literaturen einander zuzuordnen, eine Datierung gilt aber nur in Ausnahmefällen als gesichert. Im Vordergrund stehen religiöse Schriften; aber auch Märchen, Epen und wissenschaftliche Abhandlungen haben schon früh Eingang in das literarische Schaffen gefunden.

Charakteristisch ist das Fehlen einer Autorenschaft. Zum einen wurde an den langen Werken über Jahrhunderte gearbeitet, zum andern trat der Schriftsteller häufig hinter den Herrscher zurück, für den er als Hofdichter tätig war. Ein weiteres wichtiges Merkmal ist die erst relativ späte schriftliche Fixierung. Die frühe Literatur wurde allein mündlich überliefert, wobei bestimmte Techniken des Auswendiglernens die buchstabengetreue Weitergabe vor allem der religiösen, für den Ritus so wichtigen Inhalte sicherten. Die weltlichen Epen und Fabeln hingegen erfuhren im Laufe ihrer langen Geschichte zahlreiche Ergänzungen und Umwandlungen, die es heute schwer machen, die Urform herauszulösen.

Verfaßt wurden die meisten alten Texte in Sanskrit, einem Zweig der indoarischen Sprachfamilie, der enge Verwandtschaft mit dem altiranischen Avesta zeigt, das zu Zeiten Zarathustras (ca. 600 v. Chr.) in Persien gebräuchlich war. Die frühesten Quellen bedienten sich jedoch noch des Vedischen, einer Sprache, die sehr große Ähnlichkeit mit dem Sanskrit hat, allerdings nicht dessen strikte Regeln aufweist, dadurch aber lebendiger und musikalischer erscheint. Etwa vom 6. Jh. v. Chr. an trat das aus vielen Dialekten bestehende Mittelindisch immer mehr in den Vordergrund, das sich schließlich im 12. Jh. zum Neuindisch wandelte. Eine Sonderform nimmt das den buddhistischen und jainistischen Schriften vorbehaltene Pali ein, eine Sprache aus dem westlichen Zentralindien. Die älteste schriftliche Fixierung stammt von den Edikten des Ashoka aus dem 3. Jh. v. Chr. Als Schrift fand das Brahmi Verwendung, das dem nordsemitischen Alphabet entstammt und wahrscheinlich durch mesopotamische Kaufleute im 8. Jh. v. Chr. eingeführt worden ist – angepaßt an die Erfordernisse der indischen Sprachen.

Da die altindische Literatur außergewöhnlich umfangreich ist, kann hier nur auf die wichtigsten Werke kurz eingegangen werden. Als frühestes literarisches Zeugnis gilt der Rigveda, der wichtigste der vier Vedas, die zusammengefaßt als Samithas die Urliteratur bilden. Er enthält vorwiegend Hymnen an die frühen Götter, wobei Indra im Mittelpunkt steht. Über das Alter gehen die Meinungen weit auseinander. Am wahrscheinlichsten dürfte der Zeitraum zwischen 1500 und 1000 v. Chr. sein. Als zweite Stufe folgen die Brahmanas, die vor allem das Opferritual der Priester zum Inhalt haben. Ihnen schließen sich zeitlich die Upanishaden an, die um das Jahr 600 v. Chr. entstanden und das Ende des vedischen Zeitalters einläuteten. Es handelt sich um Geheimlehren, die durch Brahmanen an ihre Schüler überliefert wurden und den Höhepunkt priesterlicher Machtentfaltung widerspiegeln.

Wir treten nun in das Zeitalter der Epen ein, von denen das **Mahabharata** und das **Ramayana** bis heute eine wichtige Rolle im religiösen wie im weltlichen Bereich spielen. Mit über 100 000 Versen ist das Mahabharata die umfangreichste Dichtung der Weltliteratur. Im Zentrum steht der Kampf zwischen den mythischen Helden der Pandavas und Kauravas, der sich am Fuße des Himalaya abspielte. Eingeflochten sind zahlreiche Legenden und Göttersagen, bei denen Vishnu in seiner Inkarnation als Krishna höchste Verehrung genießt. Ansonsten bestimmen – kaum anders als in modernen Fernsehserien – verwickelte Familienbeziehungen, Intrigen, Mord und Totschlag die Handlung. Wen wundert es, wenn sich der Stoff noch heute in den indischen Medien größter Beliebtheit erfreut.

Noch mehr gilt dies für das Ramayana, das die Geschichte der Entführung der schönen Sita durch den Dämonen Ravana nach Sri Lanka und ihre Befreiung durch Rama, eine Inkarnation Vishnus,

*Aus dem Mahabharata: »Zorn ist der Würger der Menschen; er untergräbt jedes Glück. Wer sich ihm überläßt, erntet Unglück. Der Zornige verfällt der Sünde. Es gibt nichts Böses, was ein zorniger Mensch nicht zu tun imstande wäre. Der Zornige tötet seinen Lehrer; er beleidigt seine Oberen. Aber die Schöpfung kann nur fortbestehen durch Frieden und Vergebung. Meine Liebe, du solltest wissen, daß Verzeihung Tugend ist, Opfer und Veda. Verzeihung ist Wahrheit, sie ist die Gewalt der Mächtigen, das reine Gewissen.«*

schildert. Zusammen mit seinem Verbündeten, dem Affengott Hanuman, hat Rama zahlreiche Abenteuer zu bestehen, ehe ihm der Sieg gelingt. Bemerkenswert und nicht ohne Auswirkungen auch auf die heutige indische Gesellschaftsordnung ist der Schluß. Nach ihrer Befreiung verstößt Rama seine Gattin Sita, da sie sich in Händen eines fremden Dämonen befunden hatte und er vermutet, daß sie während ihrer Gefangenschaft nicht unberührt geblieben ist. Als ergebene Gattin nimmt Sita das Urteil demütig hin. Erst viel später kann sie bei einem erneuten Zusammentreffen ihre Unschuld unter Beweis stellen, indem sie die Erdgöttin als Zeugin anruft. Nun will Rama sie wieder aufnehmen, aber es ist zu spät, Sita kehrt heim ins Reich der Erdgöttin.

## Grundzüge islamischer Kunst

Als der Islam im 12. Jh. nach Indien kam, konnte er bereits auf mehrere Jahrhunderte künstlerischer Entwicklung zurückblicken, die mit dem Bau der Großen Moschee von Damaskus unter der Herrschaft der Omajjaden (661–750) begonnen und ihren Weg bis nach Persien und Zentralasien gefunden hatte.

Mehr als in allen anderen Kulturkreisen ist im Islam die Kunst der Religion unterworfen. Die theologischen Normen bestimmten weitgehend sowohl die ästhetischen Ausdrucksformen und die Wahl der Stilmittel als auch die des Materials. Da nach dem islamischen Glauben alles Vorgefundene eine unmittelbare Schöpfung Gottes ist, entwickelte sich schon bald die Überzeugung, daß die realistische Nachahmung der Natur gotteslästerliches Handeln sei. Die Folge war die Entfaltung einer reichen abstrakten Formenwelt, die in ihrer steten Wiederholung die Ewigkeit Gottes ebenso versinnbildlichen soll, wie sie in ihrer Beschränkung und der Tendenz zur Auflösung der Strukturen die Vergänglichkeit des Lebens angesichts der Unendlichkeit zum Ausdruck zu bringen hat. Einerseits bewirkte die enge Bindung an einen allgemeingültigen Kodex eine gewisse Einheitlichkeit im Kunstschaffen der islamischen Welt, zum andern aber entstanden im Laufe der Zeit zahlreiche lokale Richtungen, die das Grundthema islamischer Kunst im vorgegebenen Rahmen variierten, zum Teil sogar darüber hinausschossen. So konnte sich vor allem in Persien und Indien trotz des religiösen Tabus in der Miniaturmalerei eine figürliche Darstellung höchster Vollendung herausbilden, die, für die Eliten am Hof gedacht, nur durch die Allmacht der Herrscher möglich war.

*Das Minarett der Freitagsmoschee in Delhi*

### Architektur

Die **Moschee** ist zweifellos der zentrale Bau der islamischen Architektur und wichtigster Träger künstlerischen Schaffens. Der Name ist abgeleitet vom arabischen *masjid* (›Ort des Sichniederwerfens‹) und bezeichnet nicht nur eine Kultstätte, sondern auch ein Zentrum politischer und sozialer Aktivität. Bei der architektonischen Gestaltung ihres Gotteshauses traf die neue Religion zunächst auf Schwierigkeiten, da eindeutige Vorbilder und auch entsprechend geschulte Handwerker fehlten. So sah man sich manchmal gezwungen, christliche Kirchen zu übernehmen oder gar mit den Christen zu teilen, bevor sich ein eigenes Konzept für die Moschee-Architektur herausbildete. Dabei orientierte man sich in der Frühzeit bevorzugt an hellenistischen Vorbildern, so daß Säulen und Kapitelle zu festen Bestandteilen des äußeren Erscheinungsbildes wurden. Ähnlich verfuhr man später nach der schnellen Eroberung Nordindiens, als man Spolien von Hinduheiligtümern verbaute und sogar ganze Tempelhallen unverändert übernahm und sie mit einer ›islamischen‹ Fassade versah. Wesentlich jedoch war von Beginn an die Hervorhebung der Gebetsrichtung nach Mekka, wo sich das höchste Heiligtum der Muslime – die Ka'aba – befindet. Ergebnis dieser strengen Ausrichtung ist die ausgeprägte Achsenbetonung der frühen Moscheen, die keinerlei Kompromiß zuließ. Die Verbindung von Politik und Religion äußerte sich schließlich in der Aufgliederung in zwei Grundtypen, einerseits die nur dem Gebet dienende Moschee und die Große oder Freitagsmoschee (Jami Masjid), in der sich die Bewohner auch zu politischen Kundgebungen zusammenfanden. Sie nahm jeweils den zentralen Platz in der Stadt ein und stand häufig in Verbindung mit dem Palast des Herrschers. Zudem war sie so bemessen, daß alle männlichen Einwohner in ihr Platz fanden. Der erste, als Hofmoschee bezeichnete Typus der Großen Moschee geht der Überlieferung nach auf das Haus Mohammeds in Medina zurück, das aus einem einfachen, von Mauern umschlossenen quadratischen Hof von 50 m Seitenlänge bestand, der an der Ostseite die Hütten der Frauen enthielt, an der Nordseite die einfachen Quartiere der Anhänger und an der nach Mekka ausgerichteten Südseite die von einem Flachdach geschützte Halle, in der Mohammed mit seinen Anhängern die Gebete verrichtete. Eine der ersten Moscheen in dieser Anordnung entstand in Kufa (Irak) und wurde zum Vorbild für zahlreiche weitere Bauten der nun auch als Kufatypus bezeichneten Hofmoschee.

Ihren ersten entscheidenden Impuls erfuhr die Kunst des Islam durch die Verlegung des Kalifats von Medina nach Damaskus durch die Dynastie der Omajjaden, woraus sich ein fruchtbarer Kontakt zwischen dem semitischen, hellenistisch-römischen und byzantinischen Kulturkreis ergab. Seinen nachhaltigsten Ausdruck fand diese Verschmelzung wohl in der Großen Moschee von Damaskus (706–715), die an Stelle eines Jupitertempels errichtet wurde, dessen Überreste mit in die Moscheekonstruktion einbezogen wurden und der auch das Ausmaß von 157 m × 100 m bestimmte. Mit der T-förmigen Gliederung des Gebäudes in Haupt- und Seitenschiffe wich man vom Kufatypus ab und wählte ein Element vorislamischer Architektur, das geeignet war dem Repräsentationsgedanken, der nunmehr immer mehr an Bedeutung gewann, besondere Rechnung zu tragen.

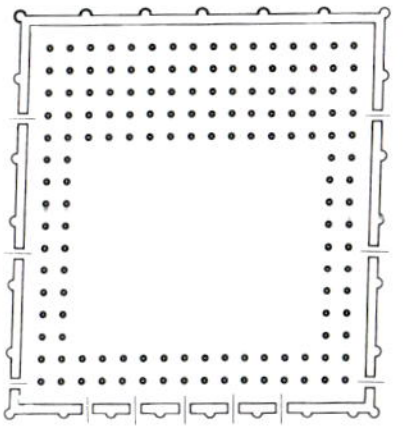

*Grundriß der Moschee von Kufa*

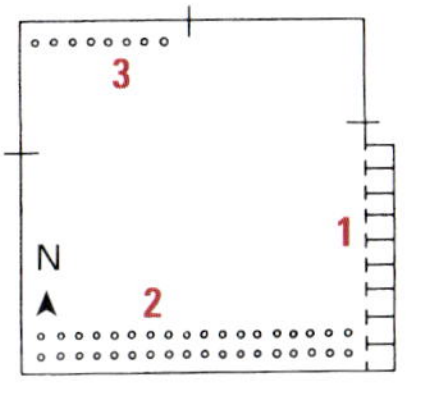


*Grundriß von Mohammeds Haus in Medina*
*1 Unterkünfte der Frauen*
*2 Dach, unter dem Mohammed predigte*
*3 Dach, unter dem die Gäste schliefen*

Auch das Minarett, heute Wahrzeichen jeder Moschee, kam damals erstmals zur Anwendung, wobei man zunächst die vier, noch vom Jupitertempel stammenden Türme der Omajjadenmoschee in Damaskus benutzte, dann aber den viereckigen, einzeln stehenden Turm in zwei- oder dreifacher Gliederung zum verbindlichen Bautypus erhob. Man nimmt an, daß die Moscheebauer sich an frühchristlichen Kirchtürmen aus Syrien orientiert haben, die dort überdies als Wacht- und Signaltürme dienten. Wohl kein anderes architektonisches Detail hat im Laufe der Zeit eine so starke Veränderung erfahren wie das Minarett. Oft begnügte man sich auch nicht mehr mit einem Turm, sondern setzte die Minarette als Paar neben den Hauptzugang (Iwan), wie im Iran üblich, oder gar als Begrenzung an die vier Ecken der Anlage wie etwa in Istanbul.

Auch bei der Ausgestaltung des Innern wurden bei der vorislamischen Sakralarchitektur Anleihen gemacht. So legt die in die Qibla-Wand eingelassene Nische (Mihrab) den Vergleich mit der Apsis christlicher Kirchen nahe. In der Frühzeit hat sie wohl als abgetrennter Gebetsraum für den Kalifen gedient und war deshalb auch Mittelpunkt künstlerischen Schaffens. Als beliebte Dekorationsformen fanden die ebenfalls in der frühchristlichen Kunst weit verbreiteten pflanzlichen Motive, insbesondere die Weinranke und die aus der Antike stammende Muschelform, Eingang in die Ausgestaltung des Mihrab, der in seiner symbolischen Bedeutung das Himmelstor darstellen soll. Als weiterer Bestandteil des Innenraums wurde den Freitagsmoscheen, die ja neben ihrer sakralen auch politische Funktionen hatten, eine erhöhte Kanzel hinzugefügt, der Minbar (›Ort wo die Stimme erhoben wird‹). Er diente in Anlehnung an den Palast als Sitz des Herrschers, der von dort Huldigungen entgegennahm oder zum Volk sprach, seit dem 8. Jh. dann als Predigtkanzel.

Im Gegensatz zur hinduistischen Auffassung von einer Lösung von Seele und Körper nach dem Tod muß der Tote nach dem islamischen Glauben bis zum Jüngsten Gericht im Grab ausharren, woraus sich die Entwicklung einer Architektur des Grabmals im Islam erklärt. Das Verbot des Propheten, den Verstorbenen durch immer prächtigere Grabstätten ein Denkmal zu setzen, blieb ebenso wirkungslos wie das zur Ausschmückung der Gebetsstätten. So zählen zu den schönsten islamischen Baudenkmälern auf indischem Boden denn auch die Mausoleen – allen voran der weltberühmte Taj Mahal.

## Mogulgärten

*»Wer nun Gott und seinem Gesandten gehorcht, den läßt er dereinst in Gärten eingehen, in deren Niederungen Bäche fließen«. Sure 48. Vers 17*

Kunstvoll gestaltete Gärten sind seit Babur (1506–1530) fester Bestandteil der Palastarchitektur in Indien. Es ist kaum verwunderlich, daß der Islam, ursprünglich beheimatet in der wüstenhaften Region der Arabischen Halbinsel, das Paradies mit einem Garten gleichsetzt.

In den späteren theologischen Auslegungen erwarten den Rechtschaffenden dort durchaus auch weltliche Freuden in Gestalt para-

*Die Wasserrutsche im Roten Fort in Delhi*

diesischer Jungfrauen und köstlicher Früchte. Die Kunst der Gartengestaltung hatte sich bereits unter den Timuriden zu voller Blüte entwickelt. Vor allem von Samarkand ließ sich Babur 1508 zur Anlage des Bagh-i-Bafa in Kabul anregen, der wiederum zum Vorbild der Mogulgärten werden sollte. An das kühle Klima seiner Bergheimat gewöhnt, klagte Babur über das mörderische Klima Nordindiens, verbunden mit dem Wunsch, sein Umfeld freundlicher zu gestalten.

Die Gärten dienten früher nicht nur der Erbauung und Zierde, sondern auch als Nutzgärten, in denen Obstbäume, Zitrusfrüchte und Feigen für den Hof gezogen wurden. Wegen des Klimas war eine ständige, aufwendige Bewässerung notwendig, die zu einer geometrischen, von Kanälen durchzogenen Anlage führte, zu deren Grundform sich der in vier Quadrate geteilte Garten (Charbagh) entwikkelte. Diese Zahl symbolisiert unter anderem die vier Himmelsrichtungen, die vier Elemente und damit das geordnete Universum. Die Aufteilung ist von den Timuriden übernommen, wobei aufgrund der nicht mehr vorhandenen Gärten unklar ist, ob sie sich auf die gesamte Anlage bezog oder nur auf die Gewohnheit, die Produkte in jeweils vier Beeten zusammenzufassen. Möglicherweise spiegelt sich in der strengen, durch rechtwinkelig sich schneidende Kanäle bestimmten Gliederung der Mogulgärten auch das hinduistische, vom Quadrat ausgehende Mandala wider, das der altindischen Stadtplanung zugrunde lag.

*»Mir kam der Gedanke«, schrieb Babur in sein Tagebuch, »dort, wo ich mich niederlassen würde, Wasser mit Wasserrädern zirkulieren zu lassen und das Gelände in eine ordentliche symmetrische Anlage zu verwandeln«.*

*Am Garten des Taj Mahal ist die Vierteilung der klassischen Gärten gut erkennbar*

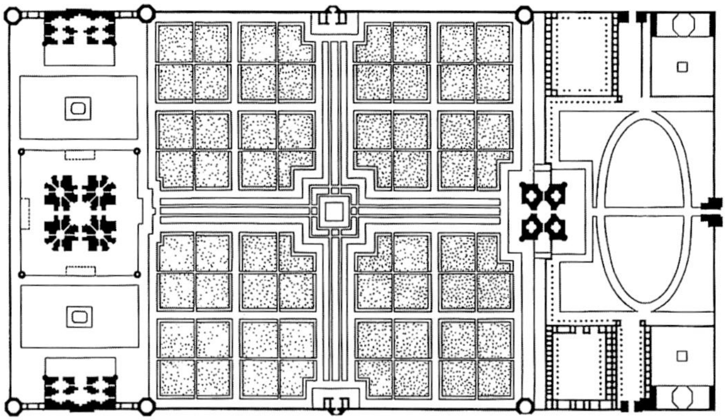

Den ständigen Wasserdurchfluß erforderte eine genaue Nivellierung der Gesamtanlage, wobei zuweilen auch kleine Wasserfälle und Wasserrutschen (Chadar) mit gewellter Oberfläche eingebaut wurden, deren schönste Beispiele im Roten Fort von Agra zu sehen sind. Zu den ersten in Indien verwirklichten Mogulgärten gehört der des Mausoleums des Humayun in Delhi, zum bekanntesten der des Taj Mahal in Agra.

## Mittel dekorativer Gestaltung

Trotz der Forderung Mohammeds nach einem schlichten Sakralbau für die täglichen Gebete fand die dekorative Gestaltung der Fassaden und der Innenräume schon früh Eingang in die Baukunst, denn in Anlehnung an die christlichen Kirchen wollte man die Stärke der neuen Religion auch nach außen demonstrieren. Wie bei der Architektur selbst griff man hierbei zunächst auf byzantinische und hellenistische Vorbilder zurück, man beauftragte sogar nicht-islamische Künstler mit der Ausschmückung der Moscheen nach christlichem Muster. Vor allem bei den großen Repräsentationsbauten wurde ein beachtlicher Aufwand zur dekorativen Ausgestaltung getrieben. So etwa bei der Großen Moschee von Damaskus (706–715) oder im Felsendom von Jerusalem (691). Die Gestaltungsphase unter den Omajjaden zeigte auch in der Dekoration eine ungeheure Experimentierfreudigkeit auf der Grundlage vorgefundener Muster aus dem orientalischen und hellenistischen Raum. Die aus rohen oder gebrannten Ziegeln errichteten Gebäude erhielten Überzüge aus Stuck, der zum beliebten Mittel der Außen- und Innengestaltung wurde. Diese Technik, bereits von den Sassaniden zur Ausschmückung ihrer Paläste angewandt, gelangte in der islamischen Welt zur Vollendung und ließ neue Baumuster entstehen wie die Stalaktitengewölbe (Muqarnas). Hinsichtlich der Motive war der Formenschatz des klassischen Altertums ausschlaggebend. Weinlaub, Palmettenranken und traditionelle geometrische Muster bildeten den Ausgangspunkt für die dekorative Gestaltung, an deren Endpunkt schließlich die Arabeske als eigenständige abstrakte Form stand. Sie entwickelte sich ganz im Sinne des Islam durch Entfernung von der Realität, indem man auf das spätantike Muster der sogenannten Gabelranke zurückgriff. Bei dieser naturfremden Darstellung wurde ein Blatt der Länge nach gespalten und aus den beiden Blattspitzen die Ranken fortgeführt. Die islamischen Künstler variierten dieses Grundthema fortlaufend, bis die Ursprünge kaum noch erkennbar waren. Vor allem in der kurzen, künstlerisch jedoch so fruchtbaren abbasidischen Periode von Samarra (838–883) wurde die Abstraktion vorangetrieben, wobei ein schrittweiser Stilwandel zu verzeichnen ist. Die Arabeske fand als eigene Dekorationsform in Bordüre und Fries Verwendung, wurde aber auch bevorzugt im Zusammenklang mit der Schrift eingesetzt, wobei die Ranken kunstvoll aus den Buchstaben sprießen und diese begleiten.

## Schrift

Zu einem weiteren wichtigen Gestaltungsmittel der islamischen Kunst entwickelte sich die Schrift, da ihr in der Religion eine außergewöhnliche Bedeutung zukommt. Nicht nur der Inhalt des Korans nämlich ist für den Muslim heilig, sondern auch die Schrift als Träger der Botschaft. Das geht so weit, daß für orthodoxe Gläubige eine Übersetzung des Korans undenkbar ist, weil damit ein wesentlicher Teil der Göttlichkeit verloren ginge. Hierin liegt auch der Grund für die Entstehung von Koranschulen, deren Aufgabe in der Vermittlung der Suren in arabischer Schrift und Sprache besteht. Die Kufischrift – eine eckige Monumentalform des Arabischen–, die ihren Namen jener für die Ausbreitung des Islam so wichtigen mesopotamischen Stadt Kufa (heutiger Irak) verdankt, wo sie in der einfachen Form schon sehr früh zum Einmeißeln von Korantexten in Stein verwendet wurde, hat im Laufe ihrer Geschichte vielerlei Umformungen erfahren. Im 9. Jh. entstand das laufende Kufi als Schreibschrift, später entwickelten sich die höchst dekorativen Formen des Flechtkufi mit der charakteristischen Verknotung der Schäfte und das blühende Kufi mit seinen Arabesken.

Kufischrift an der Dinka Jhonpra Moschee in Ajmer

## Fliesen

In der formativen Phase der islamischen Kunst tritt bereits auch die Wandfliese in Erscheinung, deren älteste Beispiele aus islamischer Zeit heute in der Gebetsnische der Moschee von Kairouan (Tunesien) zu finden sind. Die Technik war bereits in den altorientalischen Reichen ausgereift und auch im alten Ägypten weit verbreitet. Nach der Eroberung Westasiens durch Alexander im 4. Jh. v. Chr. geriet sie jedoch in Vergessenheit, bis sie von asiatischen Künstlern, die am Hofe der Abbasidenkalifen tätig waren, wieder nach Bagdad und

*Champaner, hinduistische Ecktürme auf dem Eingangspavillon der Moschee*

Samarra eingeführt wurde. Angeregt durch chinesisches Porzellan, das durch Warenaustausch an den Hof Harun al Raschids (786–809) gelangte, entwickelten die Künstler Bagdads in Ermangelung guter Porzellanerde Glasuren, die eine porzellanähnliche Oberfläche ergaben. Dabei entstand durch die Verwendung von Metallegierungen für die Glasuren schließlich eine spezielle Ware, die sich schnell über den gesamten islamischen Raum verbreitete.

## Indo-islamische Stilrichtungen

Als die islamischen Eroberer sich im 11. Jh. in Indien etablierten, hatten sie das Erbe ihrer persischen und afghanischen Heimat im Gepäck, wo unter den Timuriden bereits großartige Moscheen entstanden waren – wurden andererseits aber auch mit einer hochstehenden indischen Kunst konfrontiert. Aus religiösen Gründen verachteten die muslimischen Usurpatoren vor allem deren anthropomorphe Gestaltungsfreude, die handwerklichen Fähigkeiten der hinduistischen Architekten und Steinmetze nahmen sie hingegen gern in Anspruch. Das Ergebnis dieser Berührung war eine fruchtbare Verschmelzung islamischer und hinduistischer Traditionen, die unter den Moguln ihren Zenit erreichte.

## Architektur und Bauplastik

Die frühen islamischen Bauten in Indien orientierten sich an der vorgefundenen hinduistischen Bauweise säulengestützter Hallen, so etwa die Qutb-ul-Islam-Moschee in Delhi, die vorwiegend aus Spolien zerstörter Hindutempel bestand. In Ermangelung geeigneter Fachleute wurde für die Bögen der vorgesetzten Fassade die indische Kragbauweise verwendet. In ähnlicher Weise entstanden die ersten Kuppeln, wobei sich durch Überecksetzen der Architrave das Quadrat in ein Achteck überführen ließ, auf das die Baumeister die kreisrunde Kuppel aus nach innen kleiner werdenden Ringen aufsetzten und die Stufen mit Mörtel glätteten. Frühestes Beispiel dieses Typs ist das Mausoleum des Iltutmish im Qutb Minar-Komplex in Neu-Delhi (s. S. 112). Erst später gelang es aus Persien zugewanderten Baumeistern, auch in Indien den in der islamischen Architektur schon längst bekannten echten Bogen und die selbsttragende Kuppel zu realisieren und damit den entscheidenden Schritt zur Entwicklung eines indo-islamischen Stils zu vollziehen.

Der hinduistischen Tradition wiederum entsprang die Verkleidung der Fassaden mit Sandsteinplatten – im Orient wurde Backstein verwendet – und die ungebrochene Freude an plastischem Bauschmuck, die sich nunmehr in der Liebe zum abstrakten Dekor äußerte. Durch die Verwendung von Sandstein und Marmor, Einlegearbeiten und reiche Fassadendekoration gewinnt der indo-islamische Stil im Laufe der Zeit einen immer ausgeprägteren, unverwechselbaren Charakter, um schließlich im Taj Mahal von Agra seine virtuose Vollendung zu erfahren. Die Fassaden der Moscheen wurden bald zweigeschossig ausgeführt und mit einem zentralen hohen Spitzbogenportal (Iwan) versehen, begrenzt von kleineren, ebenfalls durch Bögen abgeschlossene Nischen. Die Dachkanten erhielten kleine Pavillons (Chattri), die mit der Zentralkuppel ein harmonisches Ganzes bilden.

Eine Besonderheit sind auch die durchbrochenen Steingitter (Jali), die in zahlreichen Spielarten auftreten und die Funktion des Sicht- und Sonnenschutzes mit dem der Belüftung in idealer Weise verbinden. Mit ihren abstrakten, geometrischen Mustern scheinen sie dem islamischen Kunstkreis zu entstammen, sind aber tatsächlich bereits seit früher Zeit an vorislamischen Tempeln in Indien nachgewiesen worden.

Während sich der zu Beginn noch kraftvoll archaische Stil des Sultanats von Delhi vor allem durch persische Einflüsse zum verfeinerten Mogulstil wandelt, verwirklichen die Provinzen auch eigene Vorstellungen. Vor allem das Sultanat von Gujarat dokumentierte seine politische Unabhängigkeit (1459–1550) von Delhi durch eine individuelle Kunstauffassung, die an den Moscheen von Ahmedabad am augenfälligsten wird. Die Fülle an Bauschmuck betonte mehr als sonst in Nordindien die hinduistische Tradition, wobei die Künstler Spolien zerstörter Tempel nicht nur als preiswertes Baumaterial, sondern als Anregung zu eigener Gestaltung begriffen.

*Jaligitter am Eingangspavillon der Moschee in Champaner*

Die ersten Moguln unter Babur (1484–1530) verstanden es meisterhaft, ihre nomadische Lebensweise der ungewohnten Seßhaftigkeit anzupassen. »Ihre Paläste waren Zelte in Stein, ihre Khanas (Empfangshallen) Zeltdächer, die mit Marmor und Sandstein in der Erde verankert wurden«, beschreibt der Kunsthistoriker Percival Spear diese neuen Architekturformen. Die kämpferischen Rajputenfürsten, die auch nach ihrer Unterwerfung unter das Regime der Moguln ihrem hinduistischen Glauben treu blieben, islamische Einrichtungen wie den Harem aber gern übernahmen, richteten ihr Augenmerk vornehmlich auf den Festungs- und Palastbau. Die prunkvollen Residenzen der Moguln in Delhi und Agra dienten ihnen als Vorbild, wurden aber durch die Betonung der Wehrhaftigkeit abgewandelt. Statt einstöckig zwischen Rasenflächen ans Flußufer gesetzt, türmten sich die Privatgemächer mehrstöckig innerhalb einer Burganlage, deren Außenwände unten schmucklos und abweisend, oben durch Balkone und Galerien akzentuiert waren. Damit verstanden es die Rajputen in einzigartiger Weise, luxuriöses Interieur in eine rauhe Schale aus Bastionen, Toren und Gräben zu verpacken.

Eine dem heißen, trockenen Klima Rajasthans und Gujarats entspringende Sonderform der Architektur sind die tief in die Erde reichenden Stufenbrunnen (Baoli), die als kühler Aufenthaltsort und Quelle zugleich dienten.

## Malerei

Die Malerei in Indien läßt sich nicht ohne weiteres in das obige Muster einfügen, da soviel verloren gegangen ist, daß die Frühzeit nur punktuell erhellt werden kann. Unterscheiden kann man zwei Perioden: die klassische Zeit vor der Islamisierung und die sich seit dem 13. Jh. anschließende Epoche der islamischen Vorherrschaft. Aus der klassischen Zeit sind vor allem einige großartige Wandmalereien erhalten geblieben, von denen die Höhlenbilder in Ajanta und Ellora die wichtigsten sind. Wie einige spärliche Funde beweisen, war auch die Miniaturmalerei in Form bemalter Palmblattmanuskripte bereits bekannt und wurde von den Jainanhängern in Gujarat bei der Gestaltung ihrer heiligen Bücher gepflegt. Der Brahmanismus, die ältere Ausprägung des Hinduismus, stand bei aller Freude an bildlichen Darstellungen schriftlichen Aufzeichnungen hingegen feindlich gegenüber. So kam es, daß vor allem Jains und Buddhisten Träger der Buchmalerei waren und die altindischen Maltechniken retteten.

Nicht zuletzt wegen der religiösen Tabus bereicherten die neuen muslimischen Herren die Malerei des Subkontinents zunächst nicht mit weiterführenden Ideen. Nur dort, wo sich Regionalstaaten von der Vorherrschaft Delhis zu lösen vermochten, wie etwa im Reich Mewar im 15. Jh., wurde die hinduistische Tradition weitergeführt. Aber erst als die Moguln die Herrschaft über Nordindien antraten, erwachte die Malerei aus ihrem Dornröschenschlaf. Gefördert durch die kunstsinnigen Herrscher Akbar und Jahangir entstand unter persischem Einfluß die Miniaturmalerei der Mogulzeit, die kaum noch etwas ahnen läßt von der klassischen indischen Malerei, obwohl sie großtenteils von einheimischen Künstlern ausgeführt wurde. Sie gab den Anstoß zur Weiterentwicklung auf regionaler Ebene, bei der sich zahlreiche Richtungen hervorgetan haben, die sich für den nordindischen Raum in die Schulen von Rajasthan und vom Punjabhügel unterscheiden lassen. Wie bereits in der Baukunst durch Herausbildung der Rajputenarchitektur spielte Rajasthan auch für die Weiterentwicklung des Malstils eine besondere Rolle, gestützt auf der Basis eigener Traditionen, die sich als sogenannter Chaurapanchasika-Stil bis ins 15. Jh. zurückverfolgen läßt. Der Name, der ›Fünfzig Verse über den Dieb‹ bedeutet, bezieht sich auf ein illustriertes Manuskript, bei dem diese charakteristische Kunst erstmals in Erscheinung trat. Die Malschule umfaßte die Provinzen Gujarat, Rajasthan sowie Malwa und konnte als einzige die Traditionen der klassischen indischen Malerei in die neue Epoche retten, wo sie gegen Ende der Regierungszeit Akbars teilweise mit der persisch beeinflußten Mogulmalerei zu einem eigenständigen indischen Stil verschmolz.

*Zeitgenössische Malerei aus Rajasthan, traditionelle Themen bestimmen immer noch die Motivwahl*

Indische Miniatur: »Krishna bezwingt die Schlange Kaliya«, Schule von Bundi (17. Jh.)

In der Frühzeit der Miniaturmalerei blieben die Künstler anonym und hatten wenig Spielraum in der freien Ausgestaltung und schon gar nicht in der Verwirklichung eigener Ideen. Einerseits waren sie an eine Malschule gebunden, die ganz bestimmte Traditionen pflegte, andererseits mußten sie sich den Wünschen ihrer Auftraggeber und Mäzene fügen. Der Themenkreis beschränkte sich zunächst auf religiöse Bereiche. Zunehmend wandte sich die lokale Malerei Themen der hinduistischen Mythologie zu, insbesondere den in der Volksreligiosität beliebten Darstellungen von Krishna als Hirtengott inmitten der Gopis.

Vorreiter der rajputischen Richtung war die Schule von Mewar, die ihr Zentrum in Udaipur hatte. Die Bilder waren großflächiger, farbiger und viel volkstümlicher als die fast schon manierierte Form am Hof der Moguln, obwohl sie sich am dortigen Kunstschaffen orientierten. Unter dem Einfluß der neuen Herrscher erweitert sich auch der Themenkreis. Porträts waren nunmehr gefragt, und höfische Szenen mit teils erotischen Motiven treten als Ausdruck zunehmender Dekadenz immer mehr in den Vordergrund. Die indische Malerei war eine höfische Kunst, die vor allem in Rajasthan vornehmlich im Dienst der Selbstverherrlichung der Herrscher stand.

Kaum weniger bekannt war die Schule von Bundi mit ihren etwas archaisch anmutenden Figuren und leuchtenden Genreszenen. Aber auch an anderen Höfen wie z. B. Kota, Alwar, Jaisalmer und Jodhpur blühte die Miniaturmalerei bis ins 18. Jh., als Rajasthan erneut zum Spielball sich bekämpfender Lokaldynastien wurde und wenig Platz für höfische Kunst blieb.

## Galerie bedeutender Persönlichkeiten

**Akbar (* Umarkod 1542 † Agra 1605)**
Der dritte und fähigste Herrscher der Moguldynastie, bereits in seiner Jugend als Draufgänger berühmt und schon mit 13 Jahren Gouverneur des Punjab, legte nach der Thronbesteigung 1556 mit Eroberungszügen, tiefgreifenden Reformen auf dem Steuer- und Agrarsektor sowie der Einbindung der Hindufürsten in die Führungsschicht den Grundstein zum Großreich der Moguln. Obwohl Analphabet, ließ er wichtige hinduistische Literatur ins Persische übersetzen und scharte Gelehrte, darunter auch Jesuiten, um sich. Trotz seiner engen Bindung an den Chishti-Orden zeichnete er sich durch Toleranz gegenüber anderen Religionen aus, die aber schließlich in einen von der Mehrheit abgelehnten Mystizismus mündete.

**Ashoka (reg. 268–233 v. Chr.)**
Seinen Aufstieg zum bedeutendsten Herrscher der Frühzeit und Gründer des ersten Großreichs auf dem indischen Subkontinent begann Ashoka als Statthalter in Taxila und Ujjain, ehe er 268 in Pataliputra (heute Patna) seine 30 Jahre währende Regierungszeit antrat. Die durch Grausamkeiten geprägte Eroberung Kalingas (Orissa) im Jahre 261 v. Chr., bei der Hunderttausende ihr Leben verloren oder verschleppt wurden, bewog Ashoka, von weiteren Eroberungszügen abzusehen und sich dem Buddhismus zuzuwenden. In

seinen Edikten (Felsinschriften) verkündete er im gesamten Reich die Lehre und ließ den Glauben durch Missionare auch in die Nachbarländer, insbesondere Sri Lanka, verbreiten.

*Aurangzeb (zeitgenössisches Porträt)*

**Aurangzeb (* Dhod 1618 † Gujarat 1707)**
Der letzte große Mogulherrscher und dritte Sohn von Shah Jahan und Mumtaz Mahal wandte sich schon früh dem orthodoxen Islam zu und erwies sich bereits in seiner Jugend als fähiger Feldherr, aber auch als machtbewußter, skrupelloser Taktiker. Er schaltete seinen Bruder Dara Shukoh aus und setzte seinen Vater im Roten Fort von Agra gefangen, um 1657 selbst den Thron zu besteigen.

In die Geschichte eingegangen ist er als kompromißloser, puritanischer Verfechter des Islam, unter dem die Hindus zu leiden hatten. Gleichzeitig vermochte er durch fast ständige Kriegsführung, dem Mogulreich seine größte Ausdehnung zu verschaffen, ohne es im Innern jedoch stabilisieren zu können. Aufstände der Marathen, Sikhs und Jats schwächten den Zusammenhalt des Reichs, das bald nach Aurangzebs Tod in Anarchie verfiel, ehe 1818 die Briten die Macht übernahmen.

**Bopal Singh von Udaipur (reg. 1930 † 1955)**
Der seit seinem 16. Lebensjahr an den Rollstuhl gefesselte Herrscher war nach fünf Generationen der erste natürliche Thronfolger (seine Vorgänger hatten durch Adoption die Macht erlangt). Durch seine

*Jagdgesellschft rajputischer Fürsten bei Bopal Singh (rechts neben der Säule)*

liberale Politik setzte er die von seinem Vater begonnene Modernisierung Mewars, insbesondere auf dem Bildungssektor, fort und verhalf Udaipur nach dem Zusammenschluß von 22 Fürstentümern zur Union Groß-Rajasthan im Jahre 1949 zur Führungsrolle.

*Darbar am Hof von Udaipur mit dem Maharaja Fateh Singh im Mittelpunkt*

**Fateh Singh von Udaipur (* 1884 † 1930)**
Wie seine Vorfahren versuchte er, die Würde seines Reichs gegenüber der englischen Kolonialherrschaft zu verteidigen, gleichzeitig aber deren positive Auswirkungen, etwa den Ausbau der Infrastruktur und des Schulwesens, zu übernehmen. Im Jahre 1903 reiste er mit zwei Eisenbahnzügen und 1000 Bediensteten zum großen Darbar des Vizekönigs Lord Curzon nach Delhi, kehrte aber unverzüglich um, als er erfuhr, daß er in der geplanten Prozession hinter den Herrschern von Mysore, Hyderabad, Kaschmir und Baroda plaziert worden war, die den Briten treu ergeben waren. Schließlich beschnitten die Engländer seine Macht und ließen ihm nur den Titel.

**Gandhi (* Probandar 1869 † Delhi 1948)**
Mohandas Karamchand Gandhi, dem später von Rabindranath Tagore der Titel Mahatma (›große Seele‹) verliehen wurde, war Sohn des Staatsministers von Porbandar (Gujarat). Tief religiös veranlagt, neigte er schon früh der orthodox-hinduistischen Lebensweise zu und führte ein asketisches, von Besitzlosigkeit und Vegetarismus geprägtes Leben.

Nach juristischer Ausbildung in England und vergeblichem Bemühen, in Indien als Rechtsanwalt Fuß zu fassen, nahm er 1893 einen Posten in Südafrika an. Hier entwickelte er ab 1906 im Kampf um die Rechte der farbigen Zuwanderer die Methode des gewaltlosen Widerstands, die er nach seiner Rückkehr in seine Heimat (1914) auf Indien übertrug. Trotz mehrfacher Verhaftung brachte er die englische Kolonialmacht mit spektakulären Aktionen, wie dem Fasten und dem Salzmarsch, immer wieder in Bedrängnis. Zwar konnte er seinen Traum von einem geeinten unabhängigen Indien nicht realisieren, vermochte aber als Vermittler in den Auseinandersetzungen zwischen dem muslimischen und hinduistischen Bevölkerungsteil am Vorabend der Teilung Indiens größeres Blutvergießen zu verhindern, wofür er mit seinem Leben bezahlte. Am 30. Januar 1948 wurde er von einem fanatischen Hindu in Neu-Delhi erschossen.

**Humayun (* Kabul 1508 † Delhi 1556)**
Vergeblich versuchte der kunstsinnige, weltlichen Genüssen zugetane Humayun, das von seinem Vater Babur lose zusammengeschmiedete Reich zu festigen. Zusammen mit seinen Brüdern wurde er 1540 von Sher Shah ins Exil nach Persien getrieben, eroberte dann mit Hilfe von Shah Tamsap Kandahar (1545), Kabul (1550), Lahore (1555) und kurz darauf Delhi, wo er im Januar durch einen Treppensturz tödlich verunglückte.

**Jahangir**
**(* Fatehpur Sikri 1569 † auf dem Weg nach Lahore 1627)**
Schon früh wurde Prinz Selim von seinem Vater Akbar als Nachfolger ausgewählt, rebellierte aber dennoch, bis er 1605 selbst die Regentschaft antreten konnte. Wesentlichen Einfluß auf die Regierungsgeschäfte hatten zwischen 1611 und 1622 seine persische Frau Nur Jahan, Tochter des Itimad-ud-Daula, und ihr Bruder Asaf Khan.

Mit Erfolg setzte Jahangir die Politik seines Vaters fort und festigte das Reich durch militärische Erfolge, geschickte Heiratspolitik und religiöse Toleranz. Zwischen 1622 und 1625 mußte er sich mit der Rebellion seines Sohns und designierten Nachfolgers Prinz Khurram (des späteren Shah Jahan) auseinandersetzen, gegen den Nur Jahan intrigierte.

*»Man führt ihm täglich einen Teil seiner Schätze vor, bald seine Elephanten, Löwen und Dromedare, bald seine Steine. Er sieht jede Sache nur einmal im Jahre, denn sein gesamter Besitz ist in so viele Teile geteilt, als das das Jahr Tage hat. Er hat dreihundert Elephanten, die ihm zum Reiten dienen, und man führt sie ihm manchmal in großer Parade vor, jeden von fünfundzwanzig bis dreißig Musikanten begleitet, bedeckt mit Brokaten, Samten und anderen reichen Stoffen.«*
*Captain Hawkins über Kaiser Jahangir (1666)*

**Lal Kunwar (Ende des 18. Jh.)**
Die durch Charme, Können und Schönheit ebenso berühmte wie durch ihre Maßlosigkeit und Ausschweifungen berüchtigte Tänzerin am Hof eines der letzten Mogulherrscher wird von nationalistischen Hindus als Nachfahrin des berühmten Musikers Tansen gefeiert, der Akbar und seine Zeitgenossen zu begeistern wußte. Anderen wiederum gilt sie nur als ein aus einfachsten Verhältnissen stammendes Bauernmädchen, das aus ihrer Schönheit Kapital geschlagen und die Gunst der Stunde genutzt hatte. Sie stieg zur Kurtisane Jahandar Shahs auf, des genußsüchtigen Nachfolgers Bahadur Shahs und zur Femme fatale, die von Jahandar Shah sogar in den Rang einer Königin erhoben wurde und ihm zwei Kinder schenkte, darunter den späteren Herrscher Shah Alam II. Ihr von zahlreichen Skandalen begleitetes höfisches Leben währte allerdings nur kurz. Bereits nach elf Monaten wurde Jahandar Shah ermordet und verstoßen. Sie ist in dem kleinen Mausoleum Lal Bangla auf dem Gelände des Golfplatzes von Delhi beigesetzt, und auch eine Moschee in Delhi trägt ihren Namen.

**Maharana Kumbha (reg. 1433 † 1468)**
Während seiner langen Herrschaft erfreute sich Chittaurgarh einer Periode der Prosperität und des kulturellen Aufschwungs, die in zahlreichen Bauwerken ihren Ausdruck fand. Unter der Regentschaft des kunstsinnigen Herrschers, der sich auch als Dichter und Komponist hervortat, entstanden überdies die Festung von Kumbhalgarh und der Jaintempel von Ranakpur. Im Jahre 1469 wurde er während eines Gebets im Tempel von Kumbhalgarh von seinem Sohn Udai Singh ermordet.

**Mahavira**
**(* Kshatriyakundagrama ca. 599 † Pavapuri 527 v. Chr.)**
Der von den Jains als 24. und letzter ›Furtbereiter‹ angesehene, aus einer führenden Familie der Kriegerkaste stammende Heilige und Gründer des Jainismus wurde mit 30 Jahren zunächst Mönch im Parshvanatha-Orden, dann Asket. Durch Selbstkasteiung und Meditation erlangte er nach 12 Jahren die höchste Erkenntnis und verbreitete nun seine auf Gewaltverzicht und Askese beruhende Lehre vornehmlich in Bihar.

So wie auch der historische Buddha – wahrscheinlich ein Zeitgenosse – widersetzte er sich vor allem der Dominanz der Brahmanen und den blutigen vedischen Opferkulten und wurde dadurch von den orthodoxen Brahmanen als Häretiker angesehen. Grundlage seiner neuen Religion waren die bereits im 9. Jh. von Parshvanatha, dem 23. Furtbereiter, verbreiteten Lehren, die Mahavira systematisierte und durch Regeln für das Leben der Mönche, Nonnen und Laien erweiterte.

**Prinzessin Mirabai (16. Jh.)**
Die im 16. Jh. in Chittaurgarh lebende und aus Jodhpur stammende Prinzessin, eine Schwiegertochter des Rana Sanga, tat sich nicht nur als Sängerin und Dichterin hervor, sondern auch als tief im Mystizismus verhaftete Krishnaverehrerin. Ihm widmete sie den größten Teil ihrer in Hindi und Gujarati verfaßten Gedichte und Hymnen. Auf der Suche nach Gott verließ sie schließlich sogar den Hof, um den Spuren Krishnas nach Vrindaban (Geburtsort des Gottes) und Dwarka in Gujarat (letzter irdischer Aufenthaltsort Krishnas) zu folgen. So groß soll ihre Liebe zu Krishna gewesen sein, daß sie schließlich eins mit dem Gott wurde. In der Festung Chittaurgarh ist ein Tempel nach ihr benannt.

**Rana Pratap von Udaipur (reg. 1572 † 1597)**
In seinen Bemühungen, die verlorene Festung Chittaurgarh mit allen Mitteln zurückzugewinnen, widerstand der ›Held von Mewar‹ den Eroberungsversuchen der Moguln und setzte nach der verlorenen Schlacht von Haldighat (1576) den Kampf aus dem Untergrund fort. Innerhalb von zehn Jahren gelang es ihm, große Teile Mewars, darunter Udaipur und Kumbhalgarh, zurückzugewinnen. Er starb im

Alter von 56 Jahren als ein in der Folklore nach wie vor unvergessener und in vielen Balladen besungener Patriot.

**Sir Thomas Roe (* Wanstead 1581 † Bath 1644)**
Der Diplomat und Enkel eines Bürgermeisters von London vertrat von 1614–1618 als Botschafter sein Land und als Repräsentant die englische East India Company am Hof des Mogulherrschers Jahangir, wo er mit Erfolg die Handelsprivilegien für die Gesellschaft, die ab 1611 in Surat ein Kontor hatte, verbesserte und damit die Vorherrschaft der Portugiesen beendete. Nach Europa zurückgekehrt, zeichnet er sich durch Verhandlungsgeschick u. a. als Botschafter in Konstantinopel aus. Seine Erlebnisse in Indien hat er in »Embassy of Sir T. Roe to the Court of the Great Mogul« niedergelegt.

*Sawai Jai Singh von Jaipur*

**Sawai Jai Singh von Jaipur (reg. 1700 † 1743)**
Nicht zuletzt wegen seiner langen Regierungszeit von mehr als 40 Jahren zählt Sawai Jai Singh zu den herausragenden Persönlichkeiten Rajasthans. Mit der Gründung Jaipurs und dem Bau mehrerer Observatorien hat er sich viel bewunderte Denkmäler gesetzt, erwies sich aber auch auf politischem und militärischem Gebiet als umsichtiger Stratege und wußte aus seiner Treue zu den Moguln Kapital zu schlagen. Unter Aurangzeb bekleidete er den Posten des Gouverneurs von Malwa, schlug sich dann zunächst auf die Seite von Prinz Azam, um bei dessen drohender Niederlage die Seiten zu wechseln und sich Bahadur Shah anzudienen. Im Jahre 1773 mußte er sich auf Friedensverhandlungen mit den Marathen einlassen.

**Shah Jahan (* Lahore 1592 † Agra 1666)**
Prinz Khurram, der dritte Sohn des Mogulherrschers Jahangir, heiratete 1612 die Prinzessin Banu Bayagam, genannt Mumtaz Mahal, und opponierte bald gegen seinen Vater, ehe er sich nach dem Tod Jahangirs 1627 in den Erbfolgestreitigkeiten durchsetzen konnte. Seine

*Shah Jahan und seine Frau Mumtaz*

Regentschaft war zunächst durch beträchtliche militärische Erfolge auf dem Dekhan und im Nordwesten gekennzeichnet. Nach dem Tod seiner Frau (1631) wandte er sich jedoch vornehmlich der Baukunst zu und gab das berühmte Mausoleum für Mumtaz Mahal (Taj Mahal) in Auftrag. Auch das Rote Fort von Delhi und die Freitagsmoschee, mit denen er die Verlegung der Hauptstadt in die Wege leitete, gehen auf seine Initiative zurück. Unter seiner Herrschaft erreichte die Mogulkunst ihren Höhepunkt; es zeichnete sich aber auch schon der Niedergang des durch permanente Kämpfe und aufwendige Bauvorhaben hochverschuldeten Staatswesens ab. Im Jahre 1658 riß sein Sohn Aurangzeb die Macht an sich und hielt seinen Vater bis zu dessen Tod in der Festung von Agra gefangen.

**Shivaji (* Shivner ca. 1630 † Rajgarh 1680)**
Der aus einer hinduistischen Adelsfamilie des Dekhan stammende Shivaji entschloß sich bereits in früher Jugend gegen die Herrschaft der muslimischen Sultanate und der Moguln ins Feld zu ziehen. Im Jahre 1659 tötete er den vom Sultan von Bijapur ausgeschickten Befehlshaber Afzal Khan bei der Umarmung anläßlich eines vermeintlichen Kapitulationsangebots mit an den Arm gebundenen stählernen Klauen und lockte dann das aus 20 000 Mann bestehende Heer in den Hinterhalt. Auch dem von Aurangzeb in Marsch gesetzten Truppen konnte er durch einen Überraschungsangriff eine empfindliche Niederlage beibringen. Durch die Plünderung der Hafenstadt Surat (1664) vermochte der Gründer der Marathen die Kriegskasse erheblich aufzubessern, mußte dann jedoch vor einem anrückenden 100 000-Mann-Heer der Moguln kapitulieren und wurde am Hof von Agra zwar als Vasall anerkannt, aber unter Hausarrest gestellt. Im August 1666 gelang ihm jedoch zusammen mit seinem Sohn die spektakuläre Flucht, versteckt in Obstkörben. Er setzte den Kampf erfolgreich fort und ließ sich 1674 zum unabhängigen Herrscher eines hinduistischen Königreichs krönen.

**Jean Baptiste Tavernier (* Paris 1605 † Moskau 1689)**
Von Abenteuerlust getrieben, hatte Tavernier bereits als 20jähriger fast ganz Europa bereist, ehe er sich 1638 nach Iskenderun einschiffte und von dort erstmals durch Persien nach Indien reiste. Sein Ziel waren vor allem die Edelsteinminen von Golkonda, die ihm nach seiner Rückkehr erheblichen Reichtum bescherten. Insgesamt unternahm er sechs Handelsreisen auf den Subkontinent und entwickelte vor allem zum Shah von Persien einen engen Kontakt. Auf seiner längsten und letzten Indienreise, die fünf Jahre dauerte, weilte er auch am Hof von Aurangzeb. Nach seiner Rückkehr, mittlerweile 63 Jahre alt, wurde er von Ludwig XIV. in den Adelsstand erhoben. Nach wie vor rastlos, machte sich Tavernier im Alter von 80 Jahren erneut auf den Weg nach Indien, starb jedoch 1689 auf der Reise in Moskau. Sein Buch »Les six voyages de Jean Baptiste Tavernier« gehört zu den Klassikern der frühen Reisebeschreibungen.

*»Er (Shah Jahan) stieg die Stufen herab. Am Fuße der Treppe, wo ich wartete und mich bemühte, in seiner Nähe zu bleiben, brachte einer einen großen Karpfen, ein anderer eine Schüssel mit weißem, stärkeähnlichem Inhalt, in die der Herrscher seinen Finger steckte, dann den Karpfen berührte und schließlich seine Stirn – eine Zeremonie, die Glück verheißen sollte. Dann erschien ein anderer Würdenträger und legte ihm sein Schwert und Schild an, das über und über mit großen Diamanten und Rubinen besetzt und mit goldenen Bändern gehalten war. Auf seinem Kopf trug er einen reich verzierten Turban mit einer Quaste aus Reiherfedern. Von der einen Seite des Turbans hing ein ungefaßter Rubin, so groß wie eine Walnuß, von der anderen ein ebenso großer Diamant, von der Mitte ein herzförmiger Smaragd. Um den Turban lag eine Kette großer Perlen, Rubine und Diamanten. Um den Hals trug der Herrscher eine dreifache Kette aus Perlen, wie ich sie größer noch nie gesehen hatte.«*
*F. Bernier, zitiert und übersetzt aus »Pioneers in India«*

# Reiserouten

Delhi

# Acht Hauptstädte

*Besonders sehenswert:*
*Rotes Fort* ☆☆
*Freitagsmoschee* ☆
*Nationalmuseum* ☆☆
*Qutb Minar-Komplex* ☆☆
*Grab des Humayun* ☆
*Lodigärten* ☆
*Safdar Jang-Mausoleum*
*Baha'i-Tempel*

Bereits die Tatsache, daß im Umfeld der heutigen Metropole seit dem 11. Jh. acht Hauptstädte gegründet wurden, unterstreicht die außerordentlich wichtige und auch strategische Bedeutung des Ortes.

Eingezwängt zwischen Himalaya im Norden und die Ausläufer der Aravallikette mit der dahinterliegenden Wüste, bot das Gebiet um Delhi für die aus Nordwesten heranbrandenden islamischen Heere das natürliche Einfallstor in den Doab – die seit Zuwanderung der Arier dicht besiedelte Ebene zwischen den Stromsystemen von Ganges und Yamuna. Zunächst hatten es die islamischen Eroberer nur auf reiche Beute abgesehen, ab dem 12. Jh. jedoch wurden sie seßhaft und regierten Nordindien größtenteils von Delhi aus.

Alle Herrscherhäuser haben auf diesem ›Friedhof der Dynastien‹ ihre Spuren hinterlassen und vermitteln somit auf engem Raum einen höchst interessanten Abriß der indo-islamischen Kunst- und Kulturgeschichte von der einfachen Adaption vorgefundener Traditionen bis hin zur perfekten Synthese hinduistischer und islamischer Ausdrucksformen.

## Geschichte

Die Existenz einer frühen Niederlassung, des legendären **Indraprashta** aus dem Mahabharata, ist nicht nachgewiesen, obwohl Grabungen in der sechsten Stadt Purana Qila (s. S. 118) eine bis ins 2. Jt. v. Chr. zurückreichende Besiedlung belegen. Bemerkenswerterweise existierte bis ins 19. Jh. in diesem Bereich eine Siedlung namens Indrapat, und auch in anderen Quellen wird der Name genannt. Eine 1967 entdeckte Felsinschrift, die als ein Edikt des Kaisers Ashoka interpretiert wird, verdeutlicht, daß Delhi auch in buddhistischer Zeit ein wichtiger Knotenpunkt im ausgedehnten Netz kultureller und wirtschaftlicher Beziehungen war, die weit bis nach Afghanistan hinein reichten.

Somit wird als erstes Delhi die Hinduniederlassung **Qila Raj Pithora** an der südlichen Peripherie der heutigen Stadt gewertet, die 1159 entstand und 1192 durch den muslimischen Statthalter Qutb-ud-Din Aibak zerstört und als **Lal Kot** wiederaufgebaut wurde.

Im Jahre 1303 legte Ala-ud-Din Khilji (1296–1315), der vierte Regent der Khilji-Dynastie, einige Kilometer nördlich den Grundstein zum zweiten Delhi, das den Namen **Siri** trug, seine Existenz aber nur durch einige Grundmauern zu erkennen gibt. Kurze Zeit später errichtete Ghiyas-ud-Din Tughluq (1320–1325) die von starken Mauern umgebene dritte Stadt namens **Tughluqabad** einige Kilometer östlich von Lal Kot. Nur wenige Jahre danach rief sein Sohn Muhammed bin Tughluq (1325–1351) die vierte Stadt **Jahanpanah**

◁ *Die Freitagsmoschee in Delhi*

*Sieben historische Stadtgründungen von Delhi*

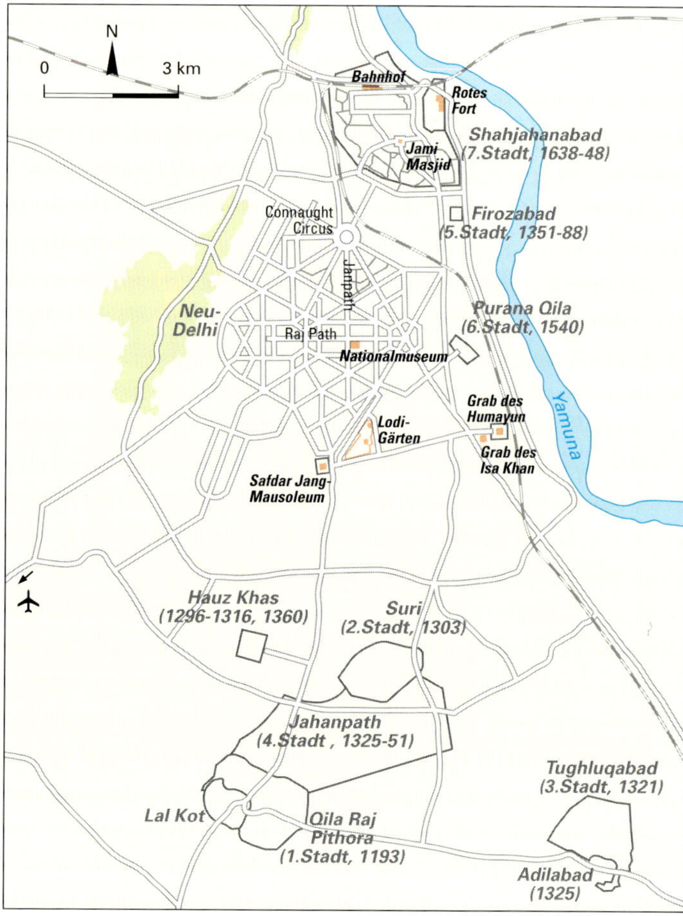


zwischen Siri und Lal Kot ins Leben, die vornehmlich aus einer Befestigungsmauer bestand, hinter der die Bevölkerung Schutz fand, während Tughluqabad weiterhin als Hauptstadt diente.

Die nächsten Stadtgründungen erfolgten weiter nördlich entlang der Yamuna, vielleicht ein Zeichen dafür, daß sich die Machtverhältnisse stabilisiert hatten und der Fluß als Verkehrs- und Handelsweg eine Rolle zu spielen begann. Dort baute Firoz Shah etwa an der Nahtstelle von Neu- und Alt-Delhi seine Residenz **Firozabad.**

Zweihundert Jahre dauerte es nunmehr, bis Sher Shah **Purana Qila** anlegen ließ, ehe er die Macht wieder an den aus dem persischen Exil zurückgekehrten Mogulherrscher Humayun abtreten mußte. Wie oben erwähnt, lag die Stadt möglicherweise auf den Ruinen des legendären Indraprashta.

Mit der siebten Stadt, **Shahjahanabad,** dem noch immer existierenden Alt-Delhi, schuf sich Shah Jahan Mitte des 17. Jh. ein Denkmal. Abgelöst, oder besser ergänzt, wurde das Machtzentrum der Moguln schließlich durch die britischen Kolonialherren, die südlich von Alt-Delhi ihre Vorstellungen eines monumentalen Verwaltungszentrums verwirklichten, das bis in unsere Tage als politischer Mittelpunkt Indiens fungiert. Der seit der Kolonialzeit gebräuchliche Begriff Delhi geht auf Namensgebungen zurück, die bis ins 12. Jh. reichen, sich jedoch auf eine Stadt Dhilli im benachbarten Harayana bezogen.

## Alt-Delhi

Das quirlige, übervölkerte, dem Fremden exotisch und betäubend erscheinende Old-Delhi ist aus dem von Shah Jahan gegründeten Shahjahanabad hervorgegangen. Während die Stadtmauern bis auf einige Tore der Verkehrsplanung zum Opfer gefallen sind, haben die wichtigsten Bauten, das Rote Fort und die Freitagsmoschee, den Zeitwandel nahezu unbeschadet überstanden und legen damit Zeugnis ab von der höfischen Kultur und Kunst der Moguln auf dem Höhepunkt ihrer Macht.

*»Unter der englischen Verwaltung Indiens ist Delhi zur Provinzstadt herabgedrückt, die nicht einmal der Lärm rauschender Militärmusik durchzieht.«*
*E. Schlagintweit*

## Das Rote Fort

Shah Jahan hatte zwar die von seinem Großvater Akbar übernommene Residenz, die rote Festung in Agra, elf Jahre lang bewohnt und weiter ausgebaut, fühlte sich aber angeblich wegen der sommerlichen Hitze hier nie so recht wohl. Auf der Suche nach einer neuen Hauptstadt soll aber auch der Widerstand der Bewohner Agras gegen die zügellose Bauwut des Potentaten, durch die sie ihre eigenen Häuser bedroht sahen, eine Rolle gespielt haben. Da Shah Jahan im Alter freiwillig nach Agra zurückkehrte und dort, dann allerdings die meiste Zeit als Gefangener seines Sohns Aurangzeb, den Rest seines Lebens verbrachte, dürften eher strategische Gründe für die Wahl Delhis als neue Hauptstadt ausschlaggebend gewesen sein. Wichtig war die Nähe zu Lahore (im heutigen Pakistan), einem zentralen Pfeiler an der nördlichen, stets unruhigen Grenze des Mogulreichs. Schon vor der Umsiedlung nach Delhi hatte Shah Jahan die Städte Agra, Delhi und Lahore durch eine hervorragend ausgebaute Straße verbunden und damit eine Hauptachse durch sein Reich geschaffen, die eine schnelle Truppenverlegung ermöglichte.

Im Jahre 1638 gründete der Mogulherrscher etwa 7 km nördlich der alten Festung Purana Qila die Stadt Shahjahanabad und hielt neun Jahre später mit großem Pomp Einzug in die prunkvoll ausgestattete neue Residenz. Der Bau der Zitadelle, nach dem verwendeten roten Sandstein **Lal Qila (1,›Rote Festung‹)** genannt, folgt den

Das Lahore Gate ist der Hauptzugang zum Roten Fort

klassischen, strengen Konzepten muslimischer Stadtplanung, wobei die Festungen von Agra und Lahore als Vorbild dienten. Da Delhi jedoch aus einem Guß entstand, vermittelt es trotz zahlreicher Änderungen durch die Engländer nach wie vor einen recht authentischen Eindruck eines Palastes aus der Mogulzeit, und es fällt nicht schwer, sich das luxuriöse Leben am Hof auszumalen.

Spiegelte Fatehpur Sikri mit seinen offenen, eher verspielt aneinandergereihten Höfen und dem asymmetrischen Plan (s. S. 141) die religiöse Toleranz Kaiser Akbars, so läßt sich die Festung in Delhi mit ihrer starren Achsenbetonung und ausgeprägten Symmetrie als architektonischer Ausdruck der orthodoxen Glaubensrichtung Shah Jahans interpretierten – verbunden mit dem Anspruch unumschränkter Alleinherrschaft und demonstrativer Prachtentfaltung. Vorherrschend sind säulengestützte, einstöckige Hallenbauten aus Sandstein und Marmor.

Die Palastanlage selbst wurde als Rechteck konzipiert und mit einer 2,4 km langen Mauer umschlossen, die neben der königlichen Residenz auch die Quartiere der Garnison, einen Basar, Verwaltungsgebäude und die Wohnungen der Bediensteten einschloß. Durch den Verlauf der Yamuna, an den das Fort im Osten grenzte (heute liegt der Fluß durch Aufschüttung etwas entfernt), erhielt der Mauerkranz die Form eines langgestreckten Achtecks. Aufgelockert werden die an der Flußseite 25 m und an der Landseite 37 m hohen, in ihrem Ausmaß noch immer imponierenden Mauern durch Bastionen, Zinnen und Türmchen. Der Zugang nach Shahjahanabad erfolgt durch nur zwei Tore, je eines im Westen (Lahore Gate) und im Süden (Delhi Gate).

*»Nun ist die Musik verklungen, der Kanal des Paradieses ist trocken, Glanz, Farbe und Rüstung des Hofs der großen Moguln sind für immer dahin.« J. Burton-Page über das Rote Fort in Delhi*

**Besichtigung**

Den Hauptzugang bildet das mächtige, von zwei halboktogonalen Türmen flankierte **Lahore Gate,** das Aurangzeb durch ein Vorwerk sichern ließ, damit aber dem Gesamtensemble aus Freitagsmoschee und Fort seinen optischen Reiz nahm. Ganz bewußt war das Tor auf die Prachtstraße Chandni Chowk ausgerichtet und bildete mit seinen minarettartigen schmalen Seitentürmen, der Fassade, den Pavillons und den Chattris eine harmonische Ergänzung zu den nahen Moscheen.

Ein überdachter Gang, der damals wie heute als Basar dient, geleitet den Besucher zum **Musikpavillon** (Naubat Khana), ein Torbau, an dem früher Musikanten von der Galerie im oberen Stock die Ankunft von Gästen ankündigten und jedermann außer privilegierten Prinzen die Reittiere zurücklassen mußte. Bemerkenswert sind die hervorragenden floralen Steinreliefs aus rotem Sandstein an den Außenwänden. Die Motive sollen auf europäische Vorbilder zurückgehen, die bereits Jahangir kennengelernt hatte und die seitdem zum bevorzugten dekorativen Element der Mogulkunst zählten.

Man gelangt nun in den ersten inneren Hof (165 m × 128 m), der heute von einer Rasenfläche bedeckt ist, ursprünglich jedoch ein von Arkaden umschlossenes, plattenbelegtes Geviert war. An seinem östlichen Ende wird er von der **öffentlichen Audienzhalle** (Diwan-i-Am, 30 m × 20 m), einem auf einer Terrasse ruhenden Flachbau aus rotem Sandstein begrenzt. Seine ausgewogenen Proportionen verdankt das Gebäude vor allem der Gestalt und Anordnung der Säulen. Die als Doppelsäulen ausgebildeten Eckstützen verleihen der an drei Seiten offenen Halle Geschlossenheit und Harmonie, die gezackten Zierbögen Tiefe. Früher muß der Eindruck durch die üppige Dekoration und Ausstattung noch nachhaltiger gewesen sein, waren doch der Sandstein mit poliertem Alabaster und aufgemalten Blumenmotiven in Gold und vielerlei Farben verputzt, der Boden mit Teppichen bedeckt, die Bögen mit wertvollen Stoffen verhängt.

*Der kunstsinnige Shah Jahan empörte sich über die Bautätigkeit seines Sohnes Aurangzeb und schrieb ihm aus der Gefangenschaft in Agra: »Du hast das Fort zu einer Braut gemacht, indem Du sein Anlitz verschleiert hast.«*

Delhi
1 Rotes Fort
2 Jami Masjid (Freitagsmoschee)
3 Connaught Circus
4 Jantar Mantar
5 India Gate
6 Rashtrapati Bhavan
7 Nationalmuseum
8 Qutb Minar-Komplex
9 Tughluqabad
10 Lodigärten
11 Purana Qila
12 Khairu'l Manazil-Moschee
13 Mausoleum des Humayun
14 Sabz Burj
15 Khan-i-Khanan-Mausoleum
16 Safdar Jang-Mausoleum
17 Baha'i-Tempel

Im Zentrum der dreischiffigen Halle zieht der Thronsitz, von dem aus der Großmogul im Kreise seiner Berater Hof hielt und die Regierungsgeschäfte führte, das Augenmerk auf sich. Den mit Blumenreliefs verzierten Marmorsockel überspannt ein bengalisches Dach, davor der tischartige Sitz des Wesirs. An der Rückwand deuten die mit pietra dura verzierten Marmorkacheln auf die Hand europäischer Künstler; neben Vögeln und Pflanzen tritt hier auch Orpheus mit sei-

ner Leier in Erscheinung. Die Arbeit wird dem Franzosen Austin de Bordeaux zugeschrieben, weist aber in der Verwendung von schwarzem Marmor, den eingearbeiteten Steinen und der Motivwahl eher auf eine italienische Werkstatt.

Jenseits des Diwan-i-Am schloß sich die hermetisch gegen die Außenwelt abgeschirmte Privatsphäre des Herrschers an, geprägt von Gartenanlagen und luxuriösen, überwiegend in Marmor gestalteten

*»Wenn es ein Paradies auf Erden gibt, dann ist es hier, dann ist es hier, dann ist es hier.« An der Süd- und Nordseite über den äußeren Bögen angebrachter persischer Spruch in der privaten Audienzhalle.*

Gemächern. Die Paläste reihen sich entlang der östlichen Mauer des Roten Forts, das hier steil zum Ufer der Yamuna abfiel, heute aber leider durch eine verkehrsreiche Hauptstraße gesäumt wird. Die wichtigsten Paläste sind durch einen in flachem Marmorbett geführten Wasserlauf, den ›Kanal des Paradieses‹ (Nahr-i-Bihisht) verbunden, der neben seiner ästhetischen Funktion vor allem als Klimaanlage diente. Über den Turm Shah Burj an der Nordostecke wurde das Wasser auf das Niveau der Palastanlage gehoben und von dort aus verteilt.

Vor der Reihe der Paläste erhebt sich inmitten des Gartens, durch eine hohe Sandsteinmauer fast verborgen, die kleine **Moti Masjid** (›Perlmoschee‹). Sie wurde 1662 von Aurangzeb als Privatmoschee errichtet, um sich den Weg zur Freitagsmoschee zu ersparen, war doch der asketische Herrscher weit weniger an prunkvollen Umzügen und Zurschaustellung der Macht interessiert als sein Vater. Der weiß polierte Marmor, dem das Gebäude seinen Namen verdankt, vermag zwar zu beeindrucken, aber die ehemals mit vergoldetem Kupferblech beschlagenen Kuppeln sind zu ausladend, die Lotusverzierungen und Spitzen zu dominierend, die kleinen Pavillons ein wenig zu verspielt, um wirklich harmonisch zu sein. Bei allem Respekt vor der meisterhaften Handwerkskunst vielleicht doch ein Hauch von Disneyland und Zeichen künstlerischer Dekadenz, die das Ende der Mogulzeit überschattete! Anzumerken ist allerdings, daß die Kuppeln nach der Zerstörung im Gefolge der Meuterei von 1857 erneuert wurden. Die Moschee wird seit Jahren restauriert und ist derzeit leider nicht zugänglich.

Ein sicheres Gefühl für Porportionen hingegen lassen die sechs Paläste erkennen, die Shah Jahan hatte erbauen lassen (nur fünf sind noch erhalten). Es sind luftige, überwiegend von Säulen und Pfeilern getragene Bauten, ganz auf das heiße Klima Nordindiens zugeschnitten. Im Süden liegt der **Mumtaz Mahal** (›Palast der Juwelen‹), der Teil des Harems war und heute ein kleines, durchaus sehenswertes Museum mit Miniaturen und Kunstwerken aus der Mogulzeit beherbergt.

Das nächste Gebäude, der **Rang Mahal** (›Palast der Farben‹), war früher Zentrum des Harems und erhielt seinen Namen von der nur noch in Spuren erkennbaren Bemalung. Er besteht aus sechs durch Zackenbögen voneinander abgetrennten Räumen. In die nördlichen und südlichen sind an der Decke kleine Spiegel eingelassen, die bei Kerzenlicht eine romantische Atmosphäre hervorrufen sollten. Derartige Spiegelzimmer (Shish Mahal) waren bereits vor der Mogulzeit in den Palästen Rajasthans sehr beliebt.

Ein dekoratives Element herausragender Bedeutung ist das marmorne Lotosbecken im Zentrum, das durch den Paradieskanal gespeist und früher möglicherweise von einem Springbrunnen aus Elfenbein gekrönt wurde. Das Lotosmotiv ist augenfälliges Indiz für die Verschmelzung indischer und islamischer Traditionen, die unter Shah Jahan ihren Höhepunkt erreichte.

*Das Lotosbecken im Rang Mahal* ▷

*Detail im Diwan-i-Khas*

Der sich anschließende **Khas Mahal** (›privater Palast‹) gliedert sich in die nördlichen Gebetsräume des Herrschers, den mittleren Schlaftrakt und den angrenzenden langgestreckten Aufenthaltsraum. Der Gebetsraum verdankt seinen Namen **Tasbih Khana** (›Zimmer der Rosenkranzzählung‹) der Gewohnheit des Kaisers, hier mit Hilfe des Rosenkranzes die 99 Namen Allahs zu rezitieren. Dem Schlafgemach, dessen Wände ehemals mit Edelsteinen inkrustriert waren, ist an der Ostseite ein oktogonaler Turm vorgesetzt (Burj-i-Tila), von dem aus Shah Jahan sich jeden Morgen in der Darshan-Zeremonie dem Volk zeigte, das sich unterhalb der steil abfallenden Außenmauer auf der großen Freifläche zwischen dem Fort und der Yamuna versammelte. Auf dem Gelände wurden zur Belustigung des Großmoguls und seines Hofstaats auch Tierkämpfe und Zirkusdarbietungen veranstaltet. Einen näheren Blick verdienen die kunstvoll gestalteten Marmorgitter (Jali) des Turms. Unter den Engländern erhielt er 1809 einen umlaufenden Balkon, von dem aus König George V. und Queen Mary 1911 ihre Kaiserkrönung und damit den Zenit britischer Macht auf dem Subkontinent zelebrierten. Die Wände der angrenzenden Halle waren reich bemalt, die Decke mit vergoldetem Silber und Blumenmotiven geschmückt. Im Norden begrenzt ein wundervoll gestaltetes Marmorgitter die Privatgemächer. Über ihm als großartiges Beispiel indo-islamischer Handwerkstradition die Waage der Gerechtigkeit, umgeben von Sonne, Mond und Sternen.

*»Der Diwan-i-Khas ist ein wundervolles offenes Gebäude, auf weißen Marmorsäulen ruhend, und das Ganze mit Einlegearbeiten und Vergoldung versehen. Das Dach soll zu Zeiten, als in Delhi noch Reichtum herrschte, mit Silber verkleidet gewesen sein, ist aber von den Zerstörern Indiens, den Marathen, verunstaltet worden.«*
*C. Mundy über das Rote Fort*

Wenige Schritte sind es nur zum **Diwan-i-Khas,** der privaten Audienzhalle, die wie bei den Moguln üblich, den Mittelpunkt des Palastes bildete. Das vollständig in Marmor ausgeführte Bauwerk wird von massiven Pfeilern getragen, gewinnt aber durch die Zackenbögen und die vier an den Ecken aufgesetzten Chattris eine angenehme Leichtigkeit. Die teilweise sehr gut erhaltenen Einlegearbeiten aus Silber und Edelsteinen an den Säulen lassen noch immer etwas vom Glanz erahnen, der einmal von diesem Bauwerk ausstrahlte.

Die durchbrochenen Marmorgitter, die die Audienzhalle abschirmten, sind ebenso verschwunden wie der Marmorboden; die silberne Decke über dem rechteckigen Hauptraum wurde 1760 Opfer eines Marathenangriffs und den einzigartigen Pfauenthron, der hier seinen Platz hatte, entführte Nadir Shah bereits 1739 nach Teheran, nachdem er in Delhi ein Massaker hatte anrichten lassen, dem innerhalb weniger Stunden 30 000 Menschen zum Opfer gefallen sein sollen. Der Verbleib der einzigartigen Kostbarkeit ist ungeklärt; möglicherweise wurde der Thron 1747 nach der Ermordung Nadir Shahs zerschlagen, vielleicht ist er auch schon auf dem Weg von Indien nach Persien verlorengegangen. Der in Teheran gezeigte Pfauenthron stammt jedenfalls erst aus dem 19. Jh. und hat der Legende nach seinen Namen von der iranischen Prinzessin Tavus (›Pfau‹), der Mogulthron hingegen von seiner Verzierung, von der uns Tavernier eine genaue Beschreibung hinterließ. Auch der berühmte Edelstein Kohinoor befand sich unter der Kriegsbeute.

Die Kuppeln der Perlmoschee

Durch einen kleinen Hof getrennt, folgt im Norden das **Hamam,** das königliche Badehaus. Der Boden und der untere Teil der Wände und Pfeiler sind mit Marmoreinlegearbeiten reich verziert, wobei auch hier florale Muster vorherrschen. Eine der aus den drei Becken im östlichen Raum sprudelnden Fontänen soll einmal Rosenwasser versprüht haben. Vom Hamam führt ein Weg an der östlichen Mauer entlang zum **Shah Burj,** dem bereits erwähnten Wasserturm, der während der Meuterei von 1857 stark gelitten hat und nicht betreten werden kann.

Blickfang des angrenzenden Pavillons, der möglicherweise erst unter der Herrschaft Kaiser Aurangzebs entstand, ist eine marmorne, profilierte Wasserrutsche (Chadar), über die das Wasser in breiter Front in ein tieferliegendes Becken und von dort in den unmittelbar anschließenden Garten **Hayat Baksh Bagh** strömte. Der Garten ist allerdings nicht mehr in seiner ursprünglich persischen Form erhalten und bietet wohl nur noch einen schwachen Abglanz seiner einstigen Pracht. Durch ihn kehren wir zum Diwan-i-Am und von dort zum Ausgang zurück.

## Jami Masjid – Die Freitagsmoschee

Auch die gewaltige **Freitagsmoschee (2),** die sich 1 km westlich des Roten Forts auf einem Felsen liegend weit über das Häusermeer von Alt-Delhi erhebt, ist dem gleichermaßen kunstsinnigen wie prunksüchtigen Shah Jahan zu verdanken. Nicht nur architektonisch bildet sie zusammen mit dem Roten Fort ein Ensemble, sie war überdies bewußt eingebunden in das politische Gefüge. Jeden Freitag zog der Mogul mit seinem Hofstaat in prunkvoller Prozession vom Palast zur

Gebetsnische in der Freitagsmoschee

Moschee und demonstrierte damit augenfällig seinen Machtanspruch über Kirche und Staat gleichermaßen.

Mit dem Bau der nach wie vor größten Moschee Indiens wurde 1650 begonnen. Als Datum der Fertigstellung ist das Jahr 1658 verzeichnet, das Jahr also, in dem Shah Jahan von seinem Sohn Aurangzeb gestürzt wurde. Von drei Seiten führen breite Treppenfluchten zu den Eingangstoren des Hofs empor. Für Touristen ist der Nordeingang vorgesehen (kein Zutritt während der Gebetsstunden), während die Gläubigen am Freitag und an den hohen islamischen Festtagen das Heiligtum durch den Osteingang betreten. Seinen harmonischen Gesamteindruck verdankt der Komplex der ausgewogenen Kombination von Kuppeln, Toren, Galerien und Ecktürmen, die von den Architekten gekonnt in Beziehung zueinander gesetzt wurden. Mit einer Seitenlänge von mehr als 90 m bietet der Innenhof über 20 000 Betenden Platz. Sein Zentrum nimmt ein großes Becken ein, in dem jeder Gläubige vor dem Gebet die rituelle Reinigung vollziehen muß. Von der erhöhten Plattform am Rand wiederholte ein zweiter Geistlicher die Worte des Imam aus der Moschee, um die Predigt der im Hof versammelte Menge zu übermitteln. Heute übernehmen Lautsprecher diese Funktion.

Die nach Westen ausgerichtete Moschee (60 m × 40 m) wird flankiert von zwei dreifach gegliederten Minaretten (90 m hoch), gekrönt von Pavillons und in ihrer Vertikalen durch den Wechsel von Sandstein- und Marmorbändern betont (das linke Minarett kann man besteigen). Daß Shah Jahan mit dem Bau vor allem sich selbst ein Denkmal setzen wollte, läßt sich aus den zehn Inschriftentafeln an der Front ablesen. Statt der üblichen heiligen Koran- oder Hadithverse verbirgt sich hinter der kunstvollen, in Persisch gehaltenen Kalligraphie eine Lobpreisung des Bauwerks und seines Schöpfers.

Durch den hohen Iwan, unter dem sich eine weitere Predigerplattform aus Marmor befindet, betritt man das Innere mit der Gebetsnische an der nach Mekka ausgerichteten Wand und der davor hängenden Lampe, die die Gläubigen an den Koranspruch der 24. Sure erinnern soll »Gott ist das Licht von Himmel und Erde. Sein Licht ist einer Nische zu vergleichen, mit einer Lampe darin«. Eingefaßt ist die Gebetsnische von bei islamischen Ritualen gebräuchlichen Glaubensformeln, die ein wenig die selbstgefälligen Lobsprüche des Herrschers an der Außenfront relativieren und den eigentlichen Sinn des Bauwerks als Masjid, ›Ort des sich Niederwerfens‹, ins Bewußtsein rufen.

## Neu-Delhi

Als Indien 1877 aus dem Besitz der East India Company zum ›Empire in the East‹ aufstieg, mit Königin Victoria als Kaiserin an der Spitze, wurde schnell auch der Ruf nach einer angemessenen Metropole laut. Calcutta konnte als peripher gelegene Handelsstadt diese Funktion nicht erfüllen und die in den Bergen liegende Sommerresidenz Simla war zu unbedeutend. So führte kein Weg an Delhi vorbei, zumal es den Engländern darum ging, sich standesgemäß in die Reihe der Herrscherdynastien einzureihen und sich gegenüber den Vasallen als rechtmäßige Nachfolger der Moguln zu etablieren.

*Auf dem Darbar von 1911, der zeremoniellen Zurschaustellung der Macht, verkündete Georg V. (1865–1936) denn auch: »Es ist mein Wille, daß Planung und Entwurf der öffentlichen Gebäude mit großer Sorgfalt und Umsicht geschehen, so daß die neue Schöpfung in jeder Beziehung dieser großartigen und altehrwürdigen Stadt ebenbürtig sein wird.«*

Auch hinsichtlich der Selbstdarstellung, die seit dem Siegesturm von Qutb-ud-Din Aibak (13. Jh.) wesentliche Triebfeder der imperialen Bautätigkeit war, galt es, sich mit den Werken der Vorgänger zu messen, ja sie nach Möglichkeit zu überbieten, um den Herrschaftsanspruch nach außen hin zu legitimieren, vor allem aber, um sich selbst ein Denkmal zu setzen. So verwirklichten die Engländer in zwanzigjähriger Bauzeit einen monumentalen Stadtentwurf mit kilometerlangen Alleen, gewaltigen Gebäudekomplexen, riesigen Plätzen und einer breiten Prozessionsstraße – ohne Zweifel ein gelungenes Werk, das auch nach der Erlangung der Unabhängigkeit überzeugte. So ist in Zukunft kaum zu befürchten, daß dem achten Delhi das Schicksal der sieben Vorläufer als ›Grabstein auf dem Friedhof der Dynastien‹ beschieden ist.

Ausgerichtet wurde die Neustadt an einer von Nordost nach Südwest verlaufenden Achse, die die Freitagsmoschee mit dem Parlamentsgebäude verbindet und damit symbolisch das Mogulreich mit dem Kolonialreich verknüpft. Zentrum dieses spinnwebartigen, überwiegend aus geraden Straßen bestehenden Straßennetzes ist der **Connaught Circus (3)**, ein monumentaler, von mehreren konzentrisch angeordneten Kolonnaden umschlossener Platz, der nur an der Südseite durch Hochhausarchitektur überragt wird, ansonsten aber noch unverfälscht den Stil des ausgehenden 19. Jh. verkörpert.

## Jantar Mantar

Glücklicherweise haben die Engländer historisches Erbe in die neue Stadt integriert, so auch das **Jantar Mantar (4),** das astronomische Observatorium von Jai Singh II., dem Herrscher von Jaipur (1699–1743). Es sei dahingestellt, ob Forscherdrang oder Glaube an die Astrologie den Ausschlag für das wissenschaftliche Interesse des Rajputen am Lauf der Gestirne gaben, er hinterließ jedenfalls ungewöhnliche astronomische Beobachtungsstationen, von denen die in

*Jantar Mantar: das Observatorium scheint eher aus unserer Zeit zu stammen als aus dem 18. Jh.*

Delhi und Jaipur am besten erhalten sind. (Detailliertere Beschreibung s. Jaipur S. 167). Das dortige Observatorium ist nicht nur größer, sondern nach wie vor mit funktionstüchtigen Instrumenten ausgestattet.)

Das Jantar Mantar von Delhi, nur wenige Fußminuten vom Connaught Circus entfernt an der Parliament Street gelegen, besteht aus vier gemauerten Instrumenten, zwei von ihnen in doppelter, sich ergänzender Ausführung. Die schräge, von Bögen durchbrochene Rampe in Gestalt eines rechtwinkeligen Dreiecks, flankiert von zwei Halbschalen (Quadranten), heißt **Samrat Yantra** und ist nach Norden ausgerichtet. Der Winkel beträgt 28°39“ und entspricht damit genau dem Breitengrad von Delhi. Mit Hilfe des Schattenwurfs auf die Quadranten kann man hier anhand von Markierungen die Zeit ablesen, am Morgen auf dem westlichen, ab dem frühen Nachmittag auf dem östlichen. Die ineinandergeschachtelten kreisrunden, von Bögen durchbrochenen Bauwerke tragen den Namen **Rama Yantra.** Sie dienten dazu, durch den Schattenwurf des zentralen Pfeilers auf die Innenwände und die speichenförmig angeordneten Streben auf dem Boden den Stand der Sonne zu messen. Das angrenzende Doppelinstrument **Jayaprakash Yantra** besteht aus polierten konkaven Schalen mit Gradeinteilungen und repräsentiert das Himmelsgewölbe in gewissermaßen umgestülpter Form. Zur Messung von Azimut, Höhe über dem Horizont und Deklination wurde mittels gekreuzter Drähte über dem Zentrum eine kleine, mit einem Loch versehene Metallscheibe angebracht, durch die die Sonne fiel. Beim **Mishra Yantra** handelt es sich um eine zentrale Schräge mit beidseitig angefügten Halbkreisen, begrenzt von zwei weiteren Schrägen und halbkreisförmigen Quadranten. Das komplexe Instrument diente unter anderem der Messung von Zeit und Sonnendeklination zu verschiedenen Zeitpunkten.

Es bedarf aber keiner astronomischen Vorbildung, um sich an der Ästhetik dieser funktionalen Bauten zu erfreuen, die in ihrem futuristischen Aussehen eher unserem Zeitalter zuzuordnen sind als einer über 200 Jahre zurückliegenden Epoche.

## Rajpath

Nirgends kommt die monumentale, auf äußere Wirkung abgestellte Architektur der britischen Kolonialherren besser zum Ausdruck als an dieser über 300 m breiten, von Ost nach West verlaufenden Aufmarschstraße, auf der noch heute die Paraden abgehalten werden. Das östliche Ende markiert das **India Gate (5),** offiziell All India War Memorial, ein Kriegerdenkmal in Gestalt eines 40 m hohen, 30 m breiten Triumphbogens aus Bharatpur-Sandstein, zu dem 1921 der Grundstein gelegt wurde. Gekrönt wird das Denkmal von einer Schale. In die Wände gemeißelt sind 70 000 Namen der für England im Ersten Weltkrieg Gefallenen und 13 516 jener, die an der Nordwestfront und im Kampf gegen Afghanistan (1919) ihr Leben verloren haben. Unter dem Baldachin des kleinen Pavillons einige Meter östlich hatte vor der Unabhängigkeit ein Denkmal König George V. seinen Platz (s. Abb. S. 39).

Von der Gedenkstätte geht der Blick ungehindert den Rajpath entlang zum entfernt auf einem Hügel liegenden **Rashtrapati Bhavan (6),** der Residenz des Vizekönigs und heute Sitz des Präsidenten. Das monumentale, an ein Schloß erinnernde Bauwerk, für das auf dem Hügel 6 m Erdreich abgetragen werden mußten, besteht aus einem Hauptgebäude und vier Flügeln in klassizistischem Stil. Eine Freitreppe führt zum Haupteingang und der dahinter liegenden runden Darbarhalle, die von einer kupferbeschlagenen Kuppel überwölbt wird. Erst der Mogulgarten hinter dem Komplex macht wieder bewußt, daß man sich in Indien befindet.

## Das Nationalmuseum

*Darstellung des Sonnengottes Surya (Rajasthan, 12. Jh.)*

Vom All India Gate sind es nur wenige Schritte zum **Nationalmuseum (7),** das erst 1960 im englisch inspirierten Stil der Kolonialbauten entstand. Mit über 45 000 Exponaten zählt es neben dem Museum von Calcutta zu den bedeutendsten Sammlungen des Landes und vermag jeden Kunstliebhaber durch seine ausgewählten und für indische Verhältnisse auch gut präsentierten Stücke zu begeistern.

Großartiger Auftakt in der Eingangshalle ist die wunderbare aus Rajasthan stammende Sarasvatiskulptur, eine Marmorarbeit aus dem 12. Jh. Im Erdgeschoß werden überwiegend Plastiken, geordnet nach Epochen, gezeigt. Von den Induskulturen führt der Rundgang durch die Säle der Maurya- und Guptaperiode, mehrere Räume sind der buddhistischen Kunst gewidmet. Hervorzuheben sind hier die Buddhastatuen aus Gandhara (1–2. Jh.), Teile der reich dekorierten Steinzäune der Stupas von Mathura und Amaravati (1. Jh. v./2. Jh. n. Chr.) sowie Kunst des tantrischen Buddhismus aus dem Himalaya. Auch herrliche südindische Bronzen (Cholazeit, 12. Jh.) gibt es zu bewundern und zahllose Sandsteinreliefs des indischen Pantheons. Der erste Stock widmet sich in erster Linie Manuskripten, Miniaturen und Funden aus Zentralasien, die zweite Etage birgt Holzplastiken, Münzen und Textilien. Man sollte sich für den Besuch mehrere Stunden Zeit lassen, alle Ausstellungsstücke sind auch mit englischem Text versehen.

## Im Süden Neu-Delhis

Sechs der sieben Städte Delhis lagen südlich des heutigen Stadtkerns, ergänzt durch zahlreiche weitere Einzelbauten, meist Mausoleen und Moscheen. Um den historischen Ablauf zu verdeutlichen, soll die Rundreise im Süden beginnen, wo die Geschichte der Stadt ihren Anfang nahm.

## Der Qutb Minar-Komplex

In der 15 km südlich von Neu-Delhi gelegenen Ruinenstadt Lal Kot befinden wir uns dort, wo die islamische Herrschaft über Nordindien ihren Anfang nahm. Zwar hatte das Land seit 738 Einfälle islamischer Eroberer zu verzeichnen, aber erst mit der Errichtung der Stadt Lal Kot im Jahre 1193 faßte die neue Religion festen Fuß und verdrängte innerhalb von zwölf Jahren den Hinduismus im nördlichen Indien.

Gegründet wurde die erste der sieben Städte Delhis von Qutb-ud-Din Aibak, einem Statthalter des Heerführers Muhammed von Ghur, der ein Jahr zuvor den Hinduherrscher Prithvi Raj bei Tarain geschlagen hatte, aber keine Lust verspürte, sich in Delhi niederzulassen.

Qutb-ud-Din Aibak (gest. 1210), ein ehemaliger türkischer Sklave, zerstörte die Hinduheiligtümer der Residenz Qila Raj Pithora und nutzte nicht nur die Spolien von 27 Tempeln für den Bau einer Moschee, er war auch auf die einheimischen Steinmetze, Architekten und Künstler angewiesen. Der Grundstein für die indo-islamische Architektur wurde hier gelegt.

Die Moschee **Qutb-ul-Islam** (›Macht des Islam‹) ist damit nicht nur das erste bedeutsame islamische Bauwerk auf indischem Boden, sondern ein höchst interessantes Dokument früher Architektur und

*Eine steinerne Tara im Nationalmuseum (Sarnath, 11. Jh.)*

Beginn einer wichtigen Epoche. Statt komplizierter selbsttragender Gewölbe, Kuppeln und Bögen, die in die Architektur des Vorderen Orient längst Eingang gefunden hatten, griffen die hinduistischen Baumeister auf die ihnen vertraute Kragtechnik zurück. Kuppeln fertigten sie durch aufeinandergeschichtete, mit jeder Lage enger werdende Ringschichten aus Backstein, Bögen in ähnlicher Weise durch immer weiter vorkragende Steine, deren Stufen geglättet wurden. Errichtet wurde die zunächst 66 m × 46 m messende Moschee auf dem zerstörten Tempel des geschlagenen Herrschers Prithvi Raj, ein symbolischer Akt, die Überlegenheit der neuen Religion zu demonstrieren.

Mit den zahlreichen, von hinduistischen Tempelsäulen getragenen offenen Stützhallen ähnelt die Gebetsstätte eher einem Jaintempel als einer klassischen Moschee. Erst durch die einige Jahre nach Fertigstellung des Bauwerks an der Westseite der Gebetshalle vorgesetzte Front, die gleich einer potemkinschen Fassade die dahinter liegenden Bauten weit überragt, gewinnt sie mit dekorativen Kufibändern, floralen Mustern und einem 16 m hohen Iwan, flankiert von je zwei Torbögen, ihr islamisches Gesicht. Über den Seitenbögen gab es früher weitere kleine Öffnungen, so daß sich den Gläubigen im Hof eine

Gesamtanlage des Qutb Minar

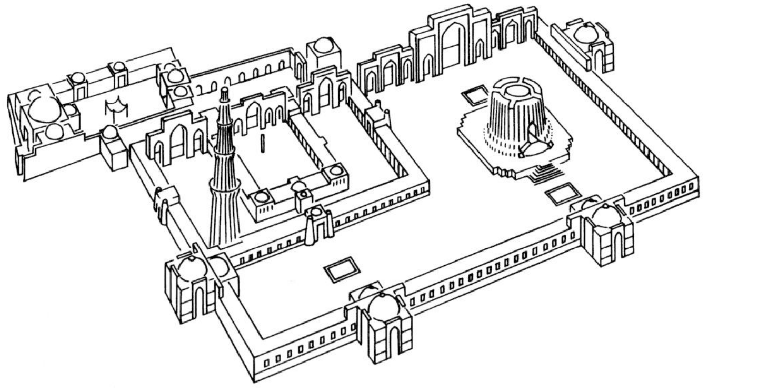

geschlossene, aber dennoch durchbrochene, nach Mekka gerichtete Front darbot. Ein Blick auf die Details, etwa die Darstellung der Blätter innerhalb des Rankenmusters, offenbart aber auch hier die Hand hinduistischer Künstler. Die Verwandtschaft mit der Dekoration der Spolien ist nicht zu übersehen. Um der Forderung der bilderfeindlichen Religion Rechnung zu tragen, wurden die Gesichter der Gottheiten an den Säulen der Hindutempel zerstört, zumindest aber stark beschädigt. Dennoch muß dieses aus ›Hindubausteinen‹ zusammengefügte islamische Gotteshaus einen beeindruckenden Anblick geboten haben, sonst hätte der weitgereiste Ibn Battuta (1304–ca. 1368) es bei seinem Besuch 1340 kaum so euphorisch als »Bauwerk, das hinsichtlich Schönheit und Anmut seinesgleichen sucht« gepriesen. Auf dem Hof steht die berühmte **Eiserne Säule** aus dem 4. Jh., die nach einer Inschrift zu Ehren von Vishnu in Gedenken an König Chandragupta II. (375–413) errichtet wurde und früher wohl einmal das Bildnis des Garuda trug. Sie ist insgesamt 7,20 m hoch, wovon knapp 1 m in die Erde reicht. Interessant ist die ungewöhnliche Metallegierung (98 % reines Eisen), die Erich von Däniken zu einer abenteuerlichen Theorie über ihre außerirdische Herkunft veranlaßt hat. Der frühere Standort der Säule ist unbekannt.

Weithin sichtbares Wahrzeichen von Lal Kot ist der 73 m hohe Turm **Qutb Minar (8)**, der zum Prototyp für die Minarette indischer Moscheen und Grabmäler werden sollte. Sein Grundstein wurde 1199 ebenfalls von Qutb-ud-Din Aibak gelegt, der sich möglicherweise von Vorbildern in Afghanistan inspirieren ließ. Ursprünglich bestand das monumentale Bauwerk nur aus drei Stockwerken. Die beiden oberen, mit Marmor verkleideten ergänzte erst Firoz Shah (1351–1388), nachdem ein Blitzschlag den Abschlußpavillon zerstört hatte. Als ein Erdbeben 1828 die Spitze erneut zusammenstürzen ließ, fühlte sich ein englischer Major namens Smith dazu berufen, seine Fähigkeiten als Architekt unter Beweis zu stellen und ließ eine Kuppel im historisierenden Mogulstil errichten. Das Kitschgebilde wurde glücklicherweise bald entfernt und ›ziert‹ heute als Pavillon die südöstliche Ecke des Rasens.

Bemerkenswert sind die ausgesprochen starke Profilierung mit senkrechten Rippen und die monumentalen Kufibänder. An der Basis mißt der Turm 14,3 m im Durchmesser, an der Spitze nur 2,7 m. Kleine, durch kunstvoll gestaltete Stalaktitenzwickel getragene Balkone lockern den Bau auf. Der Turm diente zwar auch als Minarett für die angrenzende Moschee, in erster Linie jedoch sollte er den Sieg des Islam weithin sichtbar dokumentieren. Sowohl der Name Qutb (›Weltachse‹) weist auf die tiefe symbolische Bedeutung als Pol des neuen Glaubens als auch die Kufi-Inschriften, die dem Bau die Aufgabe zuweisen, »den Schatten Gottes nach Westen und Osten zu werfen«.

Unter Iltutmish (1210–1235), dem Nachfolger Qutb-ud-Dins, erfuhr die Moschee eine erste Erweiterung, die auch den Siegesturm in den Moscheebereich rückte. Im frühen 13. Jh. veranlaßte Ala-ud-Din Khilji (1296–1315), der Gründer von Siri, der zweiten Stadt Delhis, eine erneute Vergrößerung der Moschee, wobei er auch einen noch gewaltigeren Siegesturm vorsah, dessen Fundament im nördlichen Moscheebereich zu sehen ist. Durch den plötzlichen Tod des blutrünstigen Potentaten sind die Arbeiten leider abgebrochen worden, so daß wir uns nur anhand des fertiggestellten südlichen Zugangs, dem **Alai Dawarza,** ein Bild von der geplanten Pracht machen können. Unter dem Einfluß seldschukischer Künstler, die vor den Mongolen nach Indien geflohen waren, erreichte der indoislamische Stil hier eine neue Dimension, die bis zum Zeitalter der Moguln richtungsweisend blieb.

Die Fassade des quadratischen Bauwerks wird durch rechteckige Felder, die in die Bögen eingelassen sind, aufgelockert. Die hohen

*Der Siegesturm im Qutb Minar-Komplex*

Zugangstore sind – erstmals auf indischem Boden – in selbsttragender Bauweise ausgeführt. An drei Seiten haben sie Hufeisenform, nur die Nordseite ziert ein reich dekorierter Halbrundbogen. Verziert sind sie an der Unterseite durch stilisierte herabhängende Lotosknospen. Über dem Zentrum des streng geometrischen Bauwerks wölbt sich eine flache, ebenfalls selbsttragende Kuppel auf oktogonaler Basis; der Innenraum ist mit Ornament- und Kufibändern reich geschmückt.

Im Westen liegt unmittelbar hinter Qutb-ul-Islam-Moschee ein weiteres Kleinod früher indo-islamischer Architektur, das **Mausoleum von Iltutmish,** das der Herrscher selbst entworfen hatte und das ein Jahr vor seinem Tod fertiggestellt war. Während die Außenwände eher schlicht gehalten sind, haben die Künstler die mit Sandstein verkleideten Innenwände des 9 m × 9 m großen Raums mit Ornamenten und Schriftbändern übersät und hin und wieder durch Marmor aufgelockert. In die nach Mekka ausgerichtete Westwand wurden drei Gebetsnischen eingelassen. Die flache Kragkuppel, die den Bau abdeckte, wurde entweder nicht fertiggestellt oder ist eingestürzt. Über Eck gestellte Spitzbögen in Kragbauweise bilden den Übergang vom quadratischen Grabraum zum Oktogon, auf dem die Kuppel auflag. Deutlich erkennbar sind noch die Trompen zur Überleitung vom eckigen Unterbau zur runden Kuppel, die hier erstmals in Indien auftauchen.

## Tughluqabad

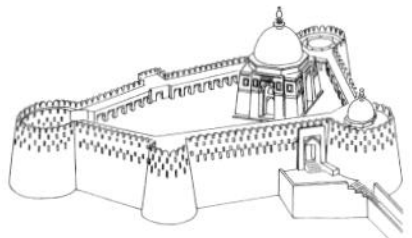

*Mausoleum des Ghiyas-ud-Din Tughluq*

Das dritte Delhi, etwa 8 km östlich des Qutb Minar an der Straße nach Badarpur gelegen, wurde zu Beginn des 14. Jh. von Ghiyas-ud-Din Tughluq (1320–1325) gegründet. Die auf einer Anhöhe liegende Stadt **Tughluqabad (9)** war von einer 6,5 km langen, mit Bastionen befestigten und von Toren unterbrochenen Mauer umgeben, die noch heute den Besucher beeindruckt. Die Wasserversorgung wurde durch ein zwischen Hügelketten eingebettetes Reservoir gewährleistet. Interessantestes und am besten erhaltenes Relikt jener Epoche ist das jenseits der Straße außerhalb liegende Mausoleum, das mit seinen bastionenbesetzten Mauern eher an eine Festung erinnert. Es lag früher in einem See und war durch einen Dammweg mit der Stadt verbunden.

Man betritt den unregelmäßig geformten Innenhof durch ein mächtiges, in die Außenmauer eingelassenes Tor, das, wie bei islamischen Wehrbauten üblich, versetzt angeordnet wurde. Auf der Innenseite führt ein breiter auf Arkaden ruhender Wehrgang rings um die von Schießscharten gekrönte Mauer. Das nur 8 m × 8 m messende, aus rotem Sandstein errichtete Mausoleum wurde dezentral positioniert und fällt auch durch seine stark abgeschrägten Wände aus dem Rahmen. Seinen optischen Reiz erhält das rote Gebäude durch die sparsamen, doch gekonnt in weißem Marmor eingelegten Bänder, die

Tughluqabad, das Mausoleum des Ghiyas-ud-Din Tughluq

Umrahmung der Bögen und kleine Blendnischen, durch Jalis im Bogenfeld, nicht zuletzt aber auch durch die harmonisch proportionierte helle Marmorkuppel. Im Innern die Gräber des Stadtgründers, seiner Frau und seines Sohns und Nachfolgers Muhammed-bin-Tughluq (1325–1351). Ein weiteres achteckiges Grab (Zafar Khan) befindet sich in der nördlichen Bastion, ebenfalls von einer kleinen Kuppel gekrönt. Möglicherweise hatte Ghiyas-ud-Din diesen Platz zunächst als eigenes Grabgelege vorgesehen und erst später die Idee zum getrennten Mausoleum gehabt.

## Die Lodigärten

Bereits der frühmorgendliche Spaziergang durch die ausgedehnten, gepflegten und von Bäumen beschatteten Parkanlagen der **Lodigärten (10)** ist ein Genuß. Überdies kann man anhand zahlreicher Mausoleen in aller Muße den bis zur Mogulzeit vorherrschenden Architekturstil studieren.

Vornehmlich durch ihre Größe beeindrucken die nur 50 m auseinanderliegenden Mausoleen **Bara Gumbad** und **Shish Gumbad,** die eine ähnliche Gestalt aufweisen. Die hohen vorspringenden Portale werden durch zweistöckig ausgeführte Bogennischen flankiert. Die mächtigen Kuppeln ruhen auf einem hohen, als Stockwerk gestalteten achteckigen, ebenfalls mit Nischen verzierten Tambour. Während

Detail vom Mausoleum des Sikander Lodi

die Fassade des Bara Gumbad durch den Wechsel roter und schwarzer Steine aufgelockert wird, war das Shish Gumbad mit farbigen Kacheln verkleidet, von denen noch etliche erhalten sind. Über die in beiden Mausoleen bestatteten Personen wissen wir nichts. Dem Bara Gumbad ist eine Moschee angegliedert, die nach einer Inschrift im Jahre 1494 entstand. Fünf Bögen führen in die mit drei flachen Kuppeln überdeckte Gebetshalle. Die beiden äußeren Joche sind flach gedeckt. Die Moschee war reich mit in Stuck geschnittenen, farbig angelegten Koransprüchen und Blattornamenten sowie glasierten Kacheln verziert.

Einen ganz anderen Eindruck vermittelt das Mausoleum von **Sikander Lodi** (1489–1517), etwa 250 m nördlich des Shish Gumbad in der Nordwestecke der Lodigärten gelegen. Es handelt sich um einen achteckigen pavillonartigen Bau. Drei, jeweils zwischen die schrägen Stützpfeiler der acht Ecken gesetzte Bögen führen zu einem umlaufenden Wandelgang, der den ebenfalls achteckigen Innenraum umschließt. Eine gewaltige, auf einem 16eckigen Tambour ruhende Kuppel krönt das Mausoleum, ergänzt durch Chattris über den Zentren der acht Seiten und verspielt wirkende Türmchen über den Ecken des Tambours.

## Purana Qila

Mitte des 16. Jh. riß Sher Shah Sur (1538–1545) die von Humayun gegründete Stadt Dinpanah ein und errichtete in der Nähe, möglicherweise auf den Grundmauern der legendären, im Mahabharata erwähnten Stadt Indraprashta eine Festung, zu der drei Tore Einlaß gewährten.

Obwohl man bei Ausgrabungen Tonscherben aus dem Jahre 1000 v. Chr. gefunden hat – dieselbe Ware, die auch an anderen, mit dem Mahabharata in Zusammenhang stehenden Orten auftauchte – ist eine durchgängige Besiedlung der Stadt erst seit dem 3. Jh. v. Chr. gesichert.

Fertiggestellt wurde die früher unmittelbar am Ufer der Yamuna liegende Zitadelle allerdings erst von Humayun nach seiner Rückkehr aus dem persischen Exil. Ein mit Bastionen besetzter 2 km langer Mauerring, geschützt durch einen Wassergraben, den die Yamuna speiste, umschloß den Herrschaftsbereich. Heute betritt man **Purana Qila (11)** durch das Westtor, das, wie die beiden anderen Tore auch, zweistöckig ausgeführt ist und ehemals mit Kacheln geschmückt war. Erhalten geblieben sind innerhalb des Mauerrings nur zwei Bauwerke. Die **Qala-i-Khuna-Moschee** wurde 1541 von Sher Shah errichtet und gilt als ein wichtiges Bindeglied zwischen der Lodiarchitektur und der Baukunst der Moguln. Die über 51 m lange und nahezu 15 m tiefe Gebetshalle betritt man durch einen der fünf Hufeisenbögen, von denen der mittlere die anderen überragt, sich aber auch durch reichere Marmoreinlegearbeiten und durch einen kleinen vorspringenden Erker hervorhebt. Ihr Vorbild hat die Fassade unter anderem in Bara Gumbad. Die Westfront der Moschee wird von doppelstöckigen oktogonalen Ecktürmen abgeschlossen. Fensteröffnungen und Galerien, von verzierten Sandsteinkonsolen gestützt, gliedern die von Baldachindächern abgeschlossenen Türme. Drei kleine, ebenfalls von Konsolen getragene Erker, ähnlich dem über dem Hauptzugang, schmücken die Westfassade, die überdies durch einen vorspringenden, von Sandsteinsäulen flankierten zentralen Teil aufgelockert wird.

*Purana Qila*

Zweiter wichtiger Bau ist der ganz in der Nähe etwas erhöht liegende zweistöckige, achteckige Turm **Sher Mandal,** der durch einen ebenfalls achteckigen Pavillon abgeschlossen wird. Die Funktion des innen mit Kacheln verkleideten Bauwerks ist wegen des verlorengegangenen Kontextes zu nicht mehr existierenden Bauwerken unklar; möglicherweise diente es Sher Shah als privates Refugium. Humayun nutzte den Turm später als Bibliothek und kam hier am 24. Januar 1556 tragisch zu Tode, als er beim Abstieg, durch den Ruf des Muezzin aufgeschreckt, sich zum Gebet neigen wollte und dabei die Treppe hinabstürzte.

Dem Eingangstor gegenüber liegt jenseits der Mathura Road die **Khairu'l Manazil-Moschee (12).** Daneben ein Tor – einziges Relikt einer heute nicht mehr existierenden Stadt.

## Das Grab des Humayun

Der südlich von Purana Qila liegende Komplex, in dem der zweite Mogulherrscher Humayun (1508–1556) seine letzte Ruhe fand, ist in vielerlei Hinsicht richtungsweisend für die Architektur der Moguln, vereinen sich hier doch erstmals gestaltete Gartenanlage und **Mausoleum (13).** Vor allem aber in der Architektur wurden neue Wege beschritten. Aus seinem persischen Exil führte der Herrscher nicht nur ein stattliches Heer nach Delhi, sondern auch Künstler und Gelehrte, die entscheidenden Einfluß auf die Entwicklung des Baustils nahmen. Statt der bis dahin noch üblichen hinduistischen Elemente wie Pfeiler, Architrav und Konsole hielt der selbsttragende Bogen Einzug in die indo-islamische Baukunst. In mannigfacher Weise tritt er am Grabmal in Erscheinung, vom hohen Portalbogen bis zur rein dekorativen Blendnische.

Erst neun Jahre nach dem Tode des Herrschers (1556) betraute seine Witwe Haji Begum den persischen Architekten Mirak Mirza Ghiyas mit dem Bau des Grabgeleges. Das Mausoleum ist eingebettet in einen quadratischen, von Wegen und Bewässerungsgräben durchzogenen Mogulgarten, dem ersten auf indischem Boden. Eine oktogonale, auf einer Plattform ruhendes Basis bildet das untere Stockwerk, auf dem zurückgesetzt das stärker gegliederte Obergeschoß ruht. Wie Bastionen springen die vier abgeschrägten Eckbauten hervor. Sie werden zusammengehalten durch zurückspringende Portalnischen, von denen die nördliche den Zugang zur zentralen Grabkammer ermöglicht, die sich zwischen den Eckbauten gewissermaßen versteckt.

Erstaunlicherweise gibt es für eine derartige Gruppierung von Räumen in der islamischen Baukunst kein Vorbild, gleichwohl aber in der Fünferanordnung von Hauptschrein und Nebentempeln in der indischen Tempelarchitektur. Über dem Zentrum wölbt sich eine doppelschalige Kuppel als verbindendes Element zwischen den überbetonten Eckbauten und der mittleren Kammer. Die äußere, auf

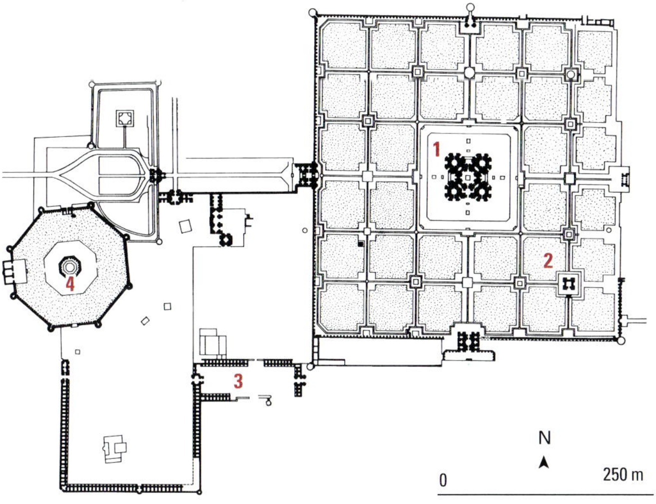


Grab des Humayun
1 Grabmal des Humayun
2 Grab des Barbiers
3 Arabisches Serail
4 Grabmal des Isa Khan

hohem Tambour sitzende Schale dient der optischen Harmonisierung des Bauwerks nach außen hin, die innere der ausgewogenen Raumgestaltung der Grabkammer. Persischen Ursprungs ist die Auflösung der Wände in dekorativ gestaltete Flächen, wobei hier jedoch statt der dort verwendeten üblichen farbigen Kacheln Sandstein und Marmor Verwendung fanden. Im Gegensatz zu den Moscheen und Mausoleen in Afghanistan und Persien besteht der Baukörper jedoch nicht aus gebrannten Ziegeln, sondern zurechtgehauenen, mit Klammern zusammengefügten Sandsteinquadern. Hinduistisches Element sind auch die Chattris an den markanten Ecken des Obergeschosses. Sowohl hinsichtlich des Grundrisses als auch wegen der Doppelkuppel gilt das Grabmal des Humayun als ein wichtiger Wegbereiter für den Taj Mahal in Agra.

Beim Verlassen des Geländes kann man links einen Blick auf das **Grab von Isa Khan** (1547) werfen, ein im Lodistil gehaltenes Mausoleum. Nur wenige Meter vom Parkplatz entfernt erhebt sich auf einem Verkehrskreisel ein weiteres Mausoleum, das **Sabz Burj (14)** (›Grüne Kuppel‹). Der achteckige Bau aus der Frühzeit der Mogulepoche – es fehlen noch die Chattris – hat zurückgesetzte hohe Portalnischen und eine Doppelschalenkuppel, die teilweise noch mit farbig glasierten Kacheln verkleidet ist.

## Das Grab des Khan-i-Khanan

Das nur ein kleines Stück südlich des Humayun-Komplexes an der Mathura Road liegende **Mausoleum (15),** in dem der als Rahim bekannte Hindudichter am Hof Jahangirs begraben ist, entstand um

1628. In der Gestaltung der Fassade ähnelt es dem Grabmal des Humayun, die Chattris sind jedoch näher an die Hauptkuppel gerückt. Gleichzeitig wurde der Tambour erhöht, so daß sich die Kuppel nicht mehr hinter den Portalnischen versteckt, sondern höher aufragt, wodurch das Bauwerk eine harmonische Geschlossenheit erhält. Das Grabmal gilt hinsichtlich der Fassadengestaltung als direktes Vorbild für den Taj Mahal, mit dessen Bau 1632 begonnen wurde.

## Das Safdar Jang-Mausoleum

*Turm des Mausoleums*

Die südlich der Lodigärten zu findende **Grabstätte für Safdar Jang (16,** 1739–1754), Gouverneur der Provinz Oud und späterer Premierminister unter Mohammed Shah, ist der letzte mit einem Garten verbundene Grabbau in Indien. Der Garten wurde – wie üblich – in vier Quadraten angelegt und mit Wasserkanälen versehen.

Das doppelstöckige Mausoleum liegt auf einer Plattform, deren Seitenwände aus Bogennischen bestehen, hinter denen kleine Zellen liegen. Der quadratische Bau wird von polygonalen Minaretten begrenzt und von einer ausladenden Kuppel gekrönt. Trotz seiner reichen Verzierung mit Sandstein und Marmor und der kunstvollen Dekoration der Innenräume mit bemalter Alabasterornamentik vermag das Mausoleum hinsichtlich seiner Proportionen nicht zu überzeugen und wird wohl zu recht als ›ein letztes Aufflackern‹ der Mogularchitektur gewertet.

## Der Baha'i-Tempel

*Baha'i-Tempel*
*1 Eingang*
*2 Brücken*
*3 Teiche*

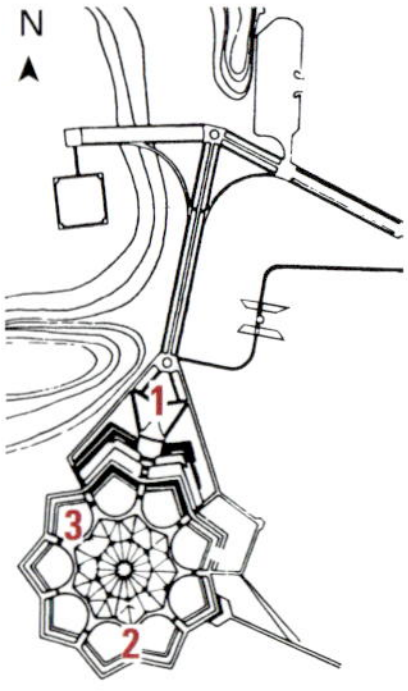


Einer Vision gleich erhebt sich zwischen Neu-Delhi und dem Qutb Minar der wahrhaft kühne Entwurf des iranischen Architekten Fariburz Sabha über makellos grüne, mit Wasserbecken durchsetzte Rasenflächen. Das **Haus der Andacht der Baha'i-Religion (17,** weltweit ca. 4,5 Mio. Anhänger, davon ein Viertel in Indien), spektakulärstes Beispiel neuerer Sakralarchitektur, wurde nach siebenjähriger Bauzeit am Weihnachtstag 1986 geweiht und ist seither Ziel von ca. 3 Mio. Besuchern pro Jahr. Der unglaublich niedrige Baupreis von nur 850 000 DM läßt sich allein durch den hohen persönlichen Einsatz aller Beteiligten erklären. Aus neun rings um den Bau angeordneten Wasserbecken, die u. a. der Klimatisierung dienen, wächst die 35 m hohe Kuppel in Form einer sich öffnenden Lotosblüte. Sie besteht aus 27 ›Blättern‹, die aus nur 13 cm dicken Betonschalen gefertigt wurden. Für den Architekten verkörpert der Lotos nicht nur ein tief in den indischen Religionen verwurzeltes Symbol der Reinheit, sondern über die ästhetische Vollkommenheit hinaus auch »die endgültige Manifestation des Göttlichen in unserer Welt«. Mit neun, jeweils in drei Reihen angeordneten Blütenblättern beinhaltet die

Pflanze zwei der wichtigsten magischen Zahlen asiatischer Religionen. Neun gilt als die Zahl des Mondes, drei wird als die Zahl des Wunders angesehen.

Die Realisierung gestaltete sich außerordentlich komplex, mußte doch die Lotosblüte für die statischen Berechnungen in geometrisch definierbare Formen wie Zylinder, Kugeln, Trapeze usw., umgesetzt werden. Wie bereits die Moguln hat sich der Architekt des wundervollen Kontrasts von weißem Marmor und rotem Sandstein bedient. Der Fußboden des Innenraums ist mit Marmor belegt, die Zugänge und Treppen sind mit Sandsteinplatten verkleidet.

Der Baha'i-Tempel wurde mit großzügigen Spenden aus der ganzen Welt finanziert

Seine schneeweiße Farbe erhielt der Beton durch die besondere Mischung der Materialien: heller Dolomit aus der Nähe Delhis, silbriger Quarzsand aus Jaipur und weißer Zement aus Korea. Überdies sind die Außenflächen der Lotosblätter mit 10 000 m² zweifach gekrümmter Marmorplatten aus den griechischen Pentelikon-Steinbrüchen verkleidet, die in Italien zugeschnitten wurden. Die äußeren neun Blätter sind nach außen gebogen und bilden die neun Zugänge, die als wesentlicher Bestandteil der Baha'i-Architektur die Offenheit für die Anhänger der verschiedenen Religionen symbolisieren. Die neun mittleren Blätter weisen nach innen, die neun inneren bilden schließlich die Kuppel. Sie ist in ihrem Scheitel geöffnet und durch ein Glasdach verschlossen, das den Regen abhält, aber den zentralen Andachtsraum darunter mit Licht versorgt.

*»Nach des Wassers Blume frag' ich,
wo sie in Zauberkraft versteckt.
Die Lotosblüte, neuntorig, und in drei Schichten wohl verwahrt.«*
*Spruch aus dem altindischen Arthavaveda*

# Agra und Umgebung

# Das berühmteste Grabmal der Welt

Agra, an einer Schleife der Yamuna etwa 200 km südöstlich von Delhi gelegen, trat erst recht spät in das Licht der Geschichte. Im Jahre 1501 eroberte Sikander Lodi (1489–1517) die Stadt, um einen abtrünnigen Statthalter in die Schranken zu weisen, wobei er das in der Nähe gelegene Sikandra als Residenz wählte.

***Besonders sehenswert:***
***Taj Mahal*** ☆☆
***Rotes Fort*** ☆☆
***Grab des Itimad-ud-Daula*** ☆
***Sikandra*** ☆

## Geschichte

Babur (1526–1530), der erste Mogul, soll gegenüber dem Taj Mahal einen Gartenpalast besessen haben und gilt auch als Initiator des noch bestehenden Gartens Ram Bagh am Ostufer der Yamuna. Die Inschrift einer in der Nähe gelegenen Moschee weist seinen Sohn Humayun als Bauherrn aus. Akbar (1556–1605), der in Fatehpur Sikri residierte, hinterließ einige Spuren, sein Sohn Jahangir kehrte Agra sogar den Rücken und bevorzugte ab 1616 Kaschmir.

Daß Agra zum Juwel indischer Kunst wurde, ist Shah Jahan (1628–1658) zu verdanken. Obwohl er nur von 1632–1637 hier wirkte, hinterließ er Bauten, die zur bedeutendsten Architektur der Welt zählen. Ab 1637 orientierte er sich nach Delhi, um hier mit Shahjahanabad eine neue Metropole aus dem Boden zu stampfen. Vor der Verlegung der Hauptstadt wurde er jedoch von seinem Sohn Aurangzeb (1659–1707) entmachtet und im Roten Fort von Agra bis zu seinem Tod im Jahr 1666 gefangengesetzt. Aurangzeb vollzog den Umzug nach Delhi und beschied Agra damit unruhige und blutige Jahre, gekennzeichnet von Machtkämpfen lokaler Fürstentümer. Im Jahre 1803 übernahmen die Engländer Agra und bauten die Stadt zum Verwaltungszentrum für die Nordwestprovinzen aus. Das Viertel Cantonment (Militärlager) erinnert noch an jene Zeit.

## Taj Mahal

Wohl kaum ein Bauwerk ist derart häufig abgebildet worden wie dieses großartige Mausoleum am Ufer der Yamuna, das schon Zeitgenossen als Verkörperung überirdischer Schönheit feierten.

»Der Prunk aller Zeiten, die Meisterwerke des Mani in Arzang und alle Malereien in den Galerien Chinas und Europas sind neben solcher Schönheit wie Wasser, geschmacklos und nicht wirklich existent«, heißt es in einer zeitgenössischen Beschreibung, und um 1859 ließ sich der Amerikaner Bayard Taylor zu den überschwenglichen Worten hinreißen: »Von höchster Schönheit und absoluter Vollendung, kann er als das Werk eines Genies gelten, das nichts von den Mühsalen und Schwächen des Menschengeschlechts wußte.«

◁ *Der Taj Mahal*

*Agra*
*1 Taj Mahal*
*2 Rotes Fort und Moti Masjid (Perlmoschee)*
*3 Jami Masjid (Freitagsmoschee)*
*4 Mausoleum des Itimad-ud-Daula*
*5 Chini ka-Rauza*

Es gibt allerdings auch Kritiker, die dem ›Denkmal einer großen Liebe‹ nüchterner gegenüberstehen, ihm wegen seiner reichen Verzierungen einen Hauch von Dekadenz bescheinigen.

Dennoch wird sich wohl niemand, der durch den dunklen Torbau in den Garten tritt, dem Zauber ganz entziehen können, der wie eine Aura das schneeweiße Mausoleum umfängt. Der heute geläufige Name **Taj Mahal (1)** wurde wahrscheinlich erst von Europäern geprägt, die offensichtlich eine im Volk übliche Bezeichnung übernommen haben, abgeleitet aus dem Titel der hier begrabenen Mumtaz Mahal (›Auserwählte des Palastes‹). In den zeitgenössischen Schriften der Moguln wird das Mausoleum einfach Rauza-i-Munavara (›beleuchtetes Grab‹) genannt. Veranlaßt wurde der Bau durch den plötzlichen Tod der Lieblingsfrau des Mogulherrschers, die als seine Vertraute auch großen Einfluß auf die Politik genommen hatte. Ihr eigentlicher Name war Arjumand Bano, in die Geschichte eingegangen ist sie jedoch unter ihrem Ehrentitel. Sie war Enkelin des Itimad-ud-Daula und Tochter von Asaf Khan, eines Bruders der Kaiserin Nur Jahan, der Gemahlin von Jahangir. Im Jahre 1631, als sie

Shah Jahan auf einem Feldzug begleitete, starb sie in Burhanpur an den Folgen der Geburt ihres 14. Kindes! Sechs Monate bewahrte man ihre sterblichen Überreste in einem Garten am Ufer des Tapti auf, ehe sie nach Agra überführt und vorübergehend auf dem Gelände des heutigen Taj Mahal beigesetzt wurden. Das südlich der Mogulresidenz liegende Grundstück erwarb Shah Jahan nach zähem Handeln vom Raja Man Singh – erst zwei Jahre nach Baubeginn konnte man sich über den Preis einigen. Trotz ihrer Machtfülle war es den Mogulherrschern nämlich nicht möglich, Land für eigene Bauvorhaben ohne weiteres zu enteignen.

*Wenn Sie es einrichten können, sollten Sie den Taj Mahal nicht an einem Freitag (an diesem Tag als muslimischem »Sonntag« ist der Eintritt frei) besuchen – es ist meist sehr voll. Die beste Tageszeit ist bei Sonnenaufgang, wenn fast niemand da ist! (geöffnet ab 6.00 Uhr)*

Der Tod von Mumtaz Mahal leitete einen tiefgreifenden Wandel im Leben des Herrschers ein. Feldzüge überließ er nunmehr seinen Söhnen, unter denen sich Aurangzeb besonders hervortat, während er sich selbst seiner großen Leidenschaft, der Architektur, zuwandte. Bereits als Jugendlicher hatte er im Auftrag seines Vaters die Shalimargärten in Kaschmir geplant. Somit verwundert es nicht, daß er umgehend das Mausoleum für seine Frau in Auftrag gab. Schon 1632 begann der Bau, 1636 war das Grab fertiggestellt, aber erst 1643 wurde die prunkvolle Gedenkfeier abgehalten, und nochmals fünf Jahre dauerte es, bis der Komplex in vollem Glanz erstrahlte.

Über die Urheberschaft des Taj Mahal ist viel spekuliert worden. Wer mochte nicht den Ruhm für sich in Anspruch nehmen wollen, als Schöpfer dieses Meisterwerks in die Geschichte einzugehen? Wer tatsächlich für die Bauplanung verantwortlich zeichnete, ist bis heute nicht geklärt. Sehr wahrscheinlich war Ustad Ahmad, der spätere Architekt von Shahjahanabad, auch einer der Väter des Mausoleums. Der spontane, geniale Einfall eines Einzelnen war der Taj gewiß nicht, sondern eher die perfektionierte Synthese unterschiedlicher Stilrichtungen und Entwicklungsstufen, die ihre Wurzeln in den persischen Bautraditionen haben und schon unter Humayun nach Indien kamen. Dazu zählen der Garten, die Bögen und die Doppelkuppeln.

Der Taj Mahal liegt am Ufer der Yamuna in einem Komplex von etwa 600 m × 300 m, dessen einzelne Elemente sorgfältig aufeinander abgestimmt sind. So wurde das Mausoleum nicht, wie sonst vielfach üblich, ins Zentrum des Gartens gesetzt, sondern als Abschluß der von Nord nach Süd ausgerichteten Gesamtanlage gebaut, wodurch sich die Konzentration auf eine Blickrichtung ergab. Denn Shah Jahan wollte weit mehr schaffen als nur ein Grabmal für seine geliebte Frau. Nicht zuletzt etliche Koraninschriften machen deutlich, daß der Taj ein Stück Paradies auf Erden verkörpern sollte.

*»Taj Mahal, das klassische Wunderwerk der Welt, das Größte und Herrlichste, was je auf Erden existiert hat, die Weiße des Marmors im dunklen Grün der Umgebung, feine ruhige, erhabene Harmonie.« Pierre Loti*

Unmittelbar am Ufer der Yamuna wurde mit großem Aufwand über die gesamte Breite ein Fundament gelegt, auf dem das Grabmal und die beiden Seitengebäude ihren Platz fanden. Zum einen wollte man damit eine große ebene Fläche schaffen, zum andern der Unterspülung begegnen, einer Gefahr, die durch die Wahl des Prallhangs als Standort besonders groß war. Unterhalb der Hochwasserlinie wurde die Baugrube mit Bruchsteinen aufgeschüttet, oberhalb mit Zielstei-

*Koraninschrift über dem östlichen Iwan (Sure 98/Vers 7 und 8): »Diejenigen aber, die glauben und tun, was recht ist, sind die besten Geschöpfe. Als Lohn haben sie bei ihrem Herrn die Gärten von Eden zu erwarten, in deren Niederungen Bäche fließen und in denen sie ewig weilen werden.«*

nen gemauert. Überdies ist das Fundament von zahlreichen Gewölben durchzogen, die bisher nicht alle erforscht sind und vielleicht sogar noch das eine oder andere Geheimnis bergen.

Der Zugang erfolgt über einen allseits von Sandsteinmauern umschlossenen Vorhof, der von Osten, Westen und Süden her betreten werden kann und für die Versammlung des Hofstaats konzipiert war. In die eigentliche Anlage gelangt man durch einen gewaltigen, etwa 30 m hohen Sandsteintorbau mit tief zurückspringendem Eingang im Zentralbogen und aufgesetzten marmornen Chattris, der schon für sich allein ein Kleinod der Mogularchitektur darstellt. Er besticht sowohl durch seine ausgewogenen Proportionen als auch durch die meisterhafte Kombination von Sandstein und Marmor und setzt damit die Tradition monumentaler Torbauten fort, die uns am Dili Dawarza im Fort von Agra oder am Baland Dawarza in Fatehpur Sikri begegnen. Als Rahmen legt sich um den zentralen Bogen ein Kufiband mit schwarz eingelassener Schrift. Vier Koransprüche sind hier verewigt, darunter die letzten Verse aus der Sure der Morgendämmerung (Nr. 89): »Schließ' dich dem Kreis meiner Diener an und gehe in mein Paradies ein!« Einen ganz ähnlichen Vers, allerdings aus einem persischen Gedicht, findet man am Mausoleum von Akbar in Sikandra (s. u.), dessen Schriftbänder, wie die des Taj, von Amanat Khan gestaltet wurden. Der Bezug zum Paradies wird erneut im Garten deutlich. Denn als einen Garten beschreibt schon der Koran das Paradies, eine angesichts der wüstenhaften Region, in der sich der Islam entfaltete, leicht nachvollziehbare Vorstellung. Selbst die immergrünen Zypressen sind als Symbole des ewigen Lebens eine ganz bewußte Wahl.

Der Garten besteht aus vier großen, durch gemauerte Kanäle gegliederte quadratische Rasenflächen, die durch Wege wiederum vierfach unterteilt sind, ein Gestaltungsprinzip das als Charbagh (*char* = vier, *bagh* = Garten) bekannt ist und bereits im fast identischen Shalimar Bagh in Lahore Anwendung fand. Dort allerdings besteht der Garten aus zwei Charbaghs, die durch einen Gebäudekomplex getrennt werden. So ist durchaus denkbar, daß der Taj Mahal nur die eine Hälfte einer kühnen Gesamtplanung darstellt. Möglicherweise wollte Shah Jahan auf dem gegenüberliegenden Ufer ein für ihn selbst bestimmtes Mausoleum in schwarzem Marmor errichten und beide Grabstätten durch eine Brücke miteinander verbinden.

*Detail vom Taj Mahal*

Das einen quadratischem Grundriß mit angeschrägten Ecken aufweisende, überwiegend aus Marmor bestehende Hauptgebäude von 57 m Seitenlänge und gleicher Höhe liegt auf einer 7,30 m hohen Plattform, die mit Blendnischen verziert ist und an den vier Ecken von Minaretten begrenzt wird, eine Anordnung, zu der das wenige Jahre vor dem Taj fertiggestellte Grab Shah Jahangirs in Lahore das Vorbild lieferte.

Marmor wurde sicherlich nicht nur gewählt, um den Betrachter mit dem teuren Baumaterial zu beeindrucken, sondern mehr noch,

Taj Mahal

um mit dem Licht zu spielen, es als dekoratives Element einzusetzen, es zu verstärken und damit einmal mehr den Bezug zum Göttlichen herzustellen. Denn wie in fast allen Religionen kommt dem Licht auch im Islam eine zentrale Rolle zu. »Gott ist das Licht von Himmel und Erde«, heißt es z. B. in Sure 24/35, und viele weitere Beispiele für die dem Licht innewohnende göttliche Kraft ließen sich finden. Und in der Tat vermag das Spiel des Sonnenlichts auf den Marmorflächen bis in unsere Tage selbst den nüchternsten Betrachter zu bezaubern.

Detail vom Taj Mahal

Das Mausoleum ist jedoch nicht aus solidem Marmor. Der Korpus aller Gebäude besteht aus gebrannten Ziegeln, die Fundamente aus Bruchstein. Der Rohbau des Taj wurde dann unter Zuhilfenahme von Eisenstiften mit Marmorplatten verkleidet, eine Technik, die im Laufe der Jahrhunderte leider zu Folgeschäden durch Rost und Rißbildung führte. Wie beim Torbau gliedert sich die Fassade des Mausoleums in eine nur leicht vorspringende Front mit dem Zentralbogen und eine jeweils links und rechts anschließende, etwa halb so breite, zweistökkig ausgeführte Fläche mit Portalnischen. Beachtung verdient hier die gelungene Überführung von einer rechteckigen Basis in den kegelförmigen oberen Abschluß durch ein asymmetrisches Netz von Rippenzwickeln.

Akzentuiert wird die Vertikale durch schmale, die Frontalflächen abschließende dekorative Wandpfeiler, die als Fialen mit kelchförmigen Abschlüssen über die Oberkante fortgeführt werden. Sie sind mit einem Zickzack-Muster aus schwarzem und gelbem Marmor verziert, das sich in den Fassadenkassetten wiederholt. Außer den Kassetten werden auch Ziernischen – vor allem innerhalb der Torbögen und Portalnischen – zur Auflockerung der Wandflächen verwendet.

Die Zwickel zwischen den Bögen und der rechteckigen Einfassung sind reich mit Einlegearbeiten dekoriert, wobei florale Motive, die an allen Bauwerken immer wieder anzutreffen sind und wohl in Beziehung zur Gartenanlage gebracht werden können, vorherrschen. Die Blumenarabesken bestehen aus Edelsteinen, insbesondere aus Achat, Jaspis, Karneol, Lapislazuli, aber auch Koralle und Perlmutt fanden Verwendung.

Da es sich um ein Mausoleum handelt, sind die Ecktürme beim Taj nur schmückendes Beiwerk, vor allem dazu bestimmt, die starke Überhöhung des Zentralbaus – mit 57 m bis zum Scheitel der Kuppel ist er ebenso hoch wie breit – optisch zu mildern.

Auffallend ist der hohe kreiszylindrische Tambour, ohne den die Kuppel hinter der überhöhten Zentralfassade und zwischen den eng zusammenstehenden Dachpavillons nicht richtig zur Geltung kommen würde.

Die Kuppel selbst hat eine recht ausgeprägte Zwiebelform, die eine besondere Herausforderung an die Baumeister darstellte, denn nur durch Zugstangen gelang es ihnen, den Horizontalschub aufzufangen. Die den Holzbauten entlehnte, aus Zentralasien stammende Form wurde bereits 1405 im Grabmal des Timur in Samarkand in Stein umgesetzt, später dann im Mausoleum des Humayun in Delhi übernommen, wobei dort die Wölbung noch weniger ausgeprägt war. Aber noch eine weitere Verwandtschaft läßt sich zwischen diesen Bauwerken und dem Taj feststellen: Die Kuppeln sind Schein- oder Doppelkuppeln. Der ungenutzte und unsichtbare Raum zwischen dem Deckenabschluß und der Spitze der Kuppel ist beim Taj Mahal wesentlich größer als der zentrale Innenraum des Mausoleums, wodurch die funktionale Relation zwischen dem Inneren und dem Äußeren verlorengegangen ist. »Unter dem Einfluß der betont atektonischen Baukunst der Hindus wurden auch die islamischen Bauten Indiens zu monumentalen Skulpturen«, folgert der Architekt Andreas Volwahsen mit Blick auf das Ausmaß der ebenfalls durch den Innenraum nicht zu rechtfertigenden Tempeltürme hinduistischer Sakralbauten. Die Seitenflügel werden durch vier Pavillons gekrönt, die einen originär indischen Beitrag zu diesem sonst persischen Traditionen verpflichtetem Bauwerk liefern.

Die vier Eckminarette strecken den an sich kompakten Bau und sind in ihrer Gliederung genau auf die Hauptfassade abgestimmt. So korrespondieren die von Konsolen getragenen Galerien mit den entsprechenden Gesimsen des Mausoleums und die Pavillons an der Spitze mit jenen des Hauptbaus.

Das Innere besteht aus einer zentralen, oktogonalen Kammer und vier in den Seitenflügeln liegenden kleineren Räumen. Das Achteck wurde ganz bewußt gewählt, symbolisiert die Zahl doch die acht Stufen des Paradieses.

In der Mitte des Hauptraums stehen, von einem ebenfalls achtekkigen, durchbrochenen Marmorgitter umschlossen, die beiden Kenotaphe des Herrscherpaars, wobei das von Mumtaz Mahal das Zentrum einnimmt. Dies könnte als Beweis dafür gesehen werden, daß Shah Jahan das Mausoleum nicht für sich selbst geplant hatte und tatsächlich seine eigene Grabstätte am gegenüberliegenden Ufer bauen wollte. Andererseits jedoch findet man dieselbe Anordnung im Mausoleum des Itimad-ud-Daula, wo das Kenotaph der verstorbenen Frau ebenfalls die zentrale Position einnimmt.

Die eigentlichen Gräber befinden sich in einer Gruft darunter. Die Trennung von Kenotaph und Grab waren damals üblich, um dem Volk einerseits die Verehrung der Verstorbenen zu ermöglichen, andererseits aber die für den Bürger unüberbrückbare Distanz zum Herrscherhaus auch nach dem Tod zu wahren. Möglicherweise handelt es sich bei den Ruhestätten in der Krypta nur um Scheingräber, denn darunter liegen weitere, allerdings zugemauerte Gewölbe.

Die beiden Marmorkenotaphe sind überreich mit kunstvollen Einlegearbeiten versehen. Die Blumenornamente aus Koralle, Lapislazuli, Kupfer, Jade, Onyx, Achat, Jaspis und Türkis zählen zu den erlesensten Arbeiten der Mogulepoche, ebenso die Marmorbasreliefs mit Blumenmotiven an den Innenwänden der Grabkammer. Zahlreiche Koranverse, die das Jüngste Gericht zum Inhalt haben, zieren Kenotaphe und Wände. Diese Thematik läßt sich in Verbindung mit der Errichtung des Mausoleums auf einer erhöhten Plattform bringen. Nach islamischer Tradition würde Gott am Tag des Jüngsten Gerichts von einem Thron über dem Garten des Paradieses sein Urteil fällen. Somit könnte der Taj auch als das Abbild des göttlichen Throns interpretiert werden und erhielte damit eine weit über seine Funktion hinausgehende spirituelle Dimension, wie sie auch der buddhistischen und hinduistischen Sakralarchitektur zu eigen ist.

Flankiert wird das Hauptgebäude von zwei symmetrisch angeordneten Sandsteinbauten, der Grabmoschee an der Westseite und dem

Gästehaus an der Ostseite. Letzteres deutet auf den Aufwand hin, mit dem die Zeremonien für Mumtaz Mahal begangen wurden. Wie zu Lebzeiten der Herrscherin versammelte sich der gesamte Hof an der Grabstätte, um mit Musik, Lesungen aus dem Koran und Lobpreisungen das Andenken der Verstorbenen wach zu halten. Die von jeweils drei Kuppeln gekrönten Bauten sind in ihrer Dekoration sparsamer, weisen jedoch interessante Details auf, etwa den im Schachbrettmuster ausgeführten Tambour oder die Gliederung der Ecktürme in Kassetten. Ihrer ursprünglichen Aufgabe, zur Harmonie des Gesamtensembles beizutragen, können sie heute allerdings nicht mehr gerecht werden, da hohe Bäume den Blick von der Hauptachse aus verwehren.

## Das Rote Fort

Mit dem Bau der etwa 2 km östlich, ebenfalls am Ufer der Yamuna gelegenen **Festung (2)** hatten bereits Akbar und Jahangir begonnen. Im Jahre 1565 ersetzte Akbar ein altes, aus Ziegel gebautes Fort durch eine gewaltige Anlage, deren Bau acht Jahre in Anspruch nahm. Schutz sollte eine von zahlreichen Bastionen unterbrochene, in einem Halbkreis geführte 22 m hohe und 2,5 km lange Mauer mit einem vorgelagerten 9 m breiten Graben gewähren. Den nördlichen Teil des Forts nutzt nach wie vor das indische Militär, wodurch leider auch der Zugang zur **Perlmoschee** (Moti Masjid) versperrt ist.

Shah Jahan ließ fast alle Gebäude seiner Vorgänger einreißen und durch neue, überwiegend mit Marmor verkleidete Bauten ersetzen. Wie im Roten Fort von Delhi reihen sich die Privatgemächer entlang der dem Fluß zugewandten Seite der Festung, und auch sonst weisen beide Befestigungsanlagen zahlreiche Parallelen auf. Der Zugang für die Besucher erfolgt heute durch das an der Südseite gelegene **Amar Singh-Tor,** das man nach Überqueren des Wassergrabens betritt. Seinen Namen hat es vom älteren Bruder des Maharajas von Jodhpur, der 1644 nach einem Handgemenge anläßlich einer Audienz bei Shah Jahan zusammen mit seinen Gefolgsleuten erschlagen wurde. Eine lange Rampe führt vom Torbau hinauf zu den Gebäudekomplexen. Man erreicht zunächst den von Arkaden umgebenen Hof der **öffentlichen Audienzhalle** (Diwan-i-Am). Das flache Gebäude (70 m × 25 m) ähnelt dem im Fort von Delhi und besteht wie dieses aus drei Schiffen und neun Jochen.

In die Ostwand ist eine erhöhte Nische mit drei Bögen eingelassen, in der der Herrscher sich den Würdenträgern zeigte. Dieser Teil ist denn auch mit Marmor verkleidet und nicht wie der Rest des Baus mit poliertem Alabaster. Ein interessantes Detail sind die Baluster – birnenförmige Säulen – in der unteren Hälfte der Nischenwände. Shah Jahan hatte sie auf europäischen Illustrationen gesehen, wo sie gern als dekoratives Element bei der Darstellung von Herrschern und religiösen Würdenträgern genutzt wurden. Er interpretierte sie als

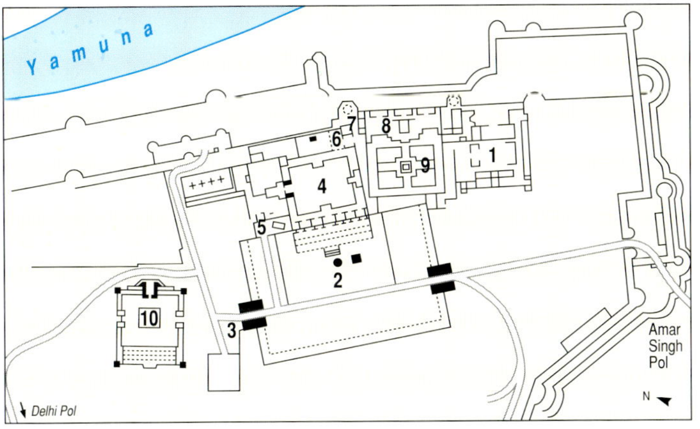


*Agra, Rotes Fort*
1 Palast Jahangirs
2 Diwan-i-Am (öffentliche Audienzhalle)
3 Menabasar
4 Machi Bhavan
5 Naginamoschee
6 Diwan-i-Khas (private Audienzhalle)
7 Musamman Burj
8 Privatgemach
9 Traubengarten
10 Perlmoschee

Insignien der Macht und integrierte sie in die Architektur, um seinen uneingeschränkten Führungsanspruch zu dokumentieren.

Durch silberne Geländer getrennt, versammelten sich in der Halle die Würdenträger, streng nach Rang geordnet. Die niedrigeren Chargen mußten mit den Bogengängen in der rings um den Platz verlaufenden Galerie vorliebnehmen, wobei jeder Edelmann den ihm zugewiesenen Abschnitt auf eigene Kosten zu gestalten hatte. Die Folge war eine lebhafte Konkurrenz unter den Gefolgsleuten, den eigenen Standplatz möglichst luxuriös mit Brokaten und Teppichen auszustatten.

Den farbenprächtigen Anblick einer derartigen Hofversammlung hat uns der französische Arzt François Bernier beschrieben, der in der zweiten Hälfte des 17. Jh. in Delhi im Dienst des Mogulherrschers stand.

Sogar die Frauen des Harems beteiligten sich, unsichtbar hinter Gittern verborgen, an den Debatten. Vor dem Diwan-i-Am liegt auf der Rasenfläche nahe der Südostecke das Grab des britischen Befehlshabers Colvin, der hier während des Aufstands von 1857 fiel.

Östlich des Diwan-i-Am schließt sich der **Machi Bhavan** an, ein an drei Seiten von doppelstöckigen Bogengalerien umschlossener Hof. Das Zentrum der südlichen Front ist im oberen Stock als eine Art Pavillon gestaltet, in dem der goldene Thron des Herrschers seinen Platz gehabt haben soll. Auffallend auch hier die vier balusterförmigen Säulen als Symbole unumschränkter Macht. Vom Machi Bhavan hat man Zugang zur kleinen, nur zwei Schiffe und drei Joche aufweisenden **Naginamoschee,** die dem Herrscher als Privatmoschee diente, vielleicht aber auch von seinen Frauen genutzt wurde. Einmal mehr unterstreichen Balustersäulen das königliche Privileg. Dies wird auch an dem gekrümmten Dach über dem Zentralbogen deutlich, das sonst nur noch in den Privatgemächern anzutreffen ist. Unterhalb der Moschee lag in einem kleinen abgeschlossenen Hof

*Palast des Jahangir, Ansicht von Westen*

der **Menabasar.** Einmal im Jahr durften hier die sonst im Harem verborgen lebenden Hofdamen kleine Stände aufbauen und Markt spielen, wobei die Möglichkeit zu vorsichtigen Kontakten mit den männlichen Palastbewohnern den eigentlichen Reiz dieses karnevalartigen Vergnügens ausmachte. Bei einem derartigen Markt soll Jahangir die wunderschöne Mehrunissa kennengelernt haben, die später als Nur Jahan (›Licht der Welt‹) großen Einfluß am Hof ausübte. An der Ostseite des Gevierts weitet sich das erste Stockwerk zu einer Plattform mit Blick auf den Fluß. Ein schwarzer Marmorblock markiert den **Thron Jahangirs,** versehen mit einer umlaufenden Inschrift aus dem Jahre 1603, die seine Thronbesteigung preist. Der Herrscher hat das Prunkstück aus Allahabad hierher bringen lassen, wo er sich in Opposition zu seinem Vater Akbar schon zwei Jahre vor dem Beginn seiner legitimen Regentschaft als Kaiser hatte ausrufen lassen.

Im Norden wird die Plattform von den königlichen Bädern begrenzt, im Süden von der **privaten Audienzhalle** (Diwan-i-Khas). An den Ecken wird der 22 m lange und 11 m breite dreischiffige Hallenbau durch Doppelsäulen getragen. Die pietra dura-Arbeiten an den Säulenbasen sind von außergewöhnlicher Schönheit. Im Innern vergleicht eine persische Inschrift (1636) in schwarzem Stein den Raum mit den höchsten Himmeln und den Herrscher mit der Sonne am Firmament. Die Lobpreisung wurde früher noch mit einer in Silber und Gold verkleideten Decke unterstrichen, die das Licht in Strahlenbündeln reflektierte.

Vom Diwan-i-Khas gelangt man in die Privatgemächer des Mogulherrschers. Im Osten ragt der achteckige Turm **Musamman Burj**

einer Bastion gleich aus der Festungsmauer hervor. Hier lagen die Privatgemächer von Mumtaz Mahal. Ein Teil des davorliegenden Bodens wurde als Brett für das Pachisi-Spiel konzipiert, das fälschlicherweise oft mit dem Schach in Verbindung gebracht wird, aber eher dem Backgammon ähnelt. Beachtenswert sind die sehr schönen Einlegearbeiten, der exquisite Brunnen und die Marmorgitter. Von der umlaufenden Galerie hat man einen bezaubernden Blick über die Yamuna hinüber zum Taj Mahal. Hier läßt sich vielleicht nachempfinden, welche Gefühle Shah Jahan bewegten, der hier von seinem Sohn Aurangzeb die letzten acht Jahre seines Lebens gefangengehalten wurde.

Im Süden schließt sich ein weiterer Hof an, der **Traubengarten** (Anguri Bagh), zum Fluß hin von einer Plattform begrenzt, auf der im Zentrum das **Privatgemach** (Khas Mahal) des Herrschers lag. Der exquisit ausgeführte Marmorbau (23 m × 12 m), der sich zum Hof hin als offene auf Pfeilern ruhende Halle präsentiert, war Vorbild für den gleichnamigen Bau im Fort von Delhi. Die Wand zur Yamuna hin ist als durchbrochenes Gitter ausgeführt – Kühlung und Aussicht gleichermaßen. Der früher verwahrloste Garten wurde mittlerweile wieder hergerichtet und bildet mit seinen Blumenbeeten, den hochgelegten Marmorpassagen und dem zentralen Wasserbecken ein gelungenes Ensemble. Links und rechts wird der Khas Mahal von Gebäuden mit geschwungenen bengalischen Dächern flankiert, die mit vergoldeten Kupferplatten belegt sind. Von der Brüstung des nördlichen Pavillons pflegte sich Shah Jahan jeden Morgen dem unterhalb der Mauern versammelten Volk zu präsentieren, wobei das von den goldenen

Dächern reflektierte Licht ihn wie in einen Heiligenschein eingehüllt haben soll. Im südlichen Pavillon residierte Shah Jahans älteste und von ihm am meisten geliebte Tochter Jahan Ara, die nach dem Tode vom Mumtaz Mahal als Begum Sahib die Repräsentationspflichten am Hof übernahm.

Südlich des Anguri Bagh schließt sich ein weiterer Hofkomplex an, der den Namen **Jahangirs Palast** (Jahangiri Mahal) trägt und den Besucher mit einem völlig anderen Architekturstil überrascht. Der aus zwei Höfen (76 m × 72 m) bestehende mehrstöckige Komplex stammt nicht, wie der Name suggeriert, aus der Zeit Jahangirs, sondern wurde bereits von Akbar errichtet. Merkmale sind mit weißem Marmor aufgelockerte Sandsteinfassaden mit ausgeprägten Basreliefs. Durch den im Osten liegenden Haupteingang betritt man einen allseits geschlossenen Innenhof, der an der Süd- und Nordseite von pfeilergestützten Hallen flankiert wird. Auffallend sind die vielen reich verzierten Sandsteinkonsolen, die die vorspringenden Dächer tragen und die unechten Bögen in Hindutradition.

Man sollte nicht versäumen, einen Blick in die nördliche Halle zu werfen, wo schräg geführte schlangenförmige Träger das breite Flachdach stützen. Sie haben ihren Ursprung in der Jainarchitektur Gujarats, fanden später aber auch in Gwalior und sogar Bengalen Verwendung.

Die an den Stützen aus dem feinen Sandstein herausgearbeiteten, arabesk verschlungenen Pflanzenmotive sind hingegen persischen Ursprungs, ebenso die kielbogenförmigen Portalnischen, die im angrenzenden östlichen Hof den Zugang zu den Räumen bilden. Vor dem Palast steht ein riesiger Steinbehälter, den Jahangir zur Aufbewahrung von Reisspenden anläßlich des Ursfestes 1611 hat anfertigen lassen. Von hier aus sind es nur wenige Schritte bis zur breiten, zum Ausgang hinabführenden Rampe.

## Jami Masjid

Nur einen Steinwurf von der Nordwestecke der Festung entfernt erhebt jenseits der Bahnlinie die **Freitagsmoschee (3)** ihre Minarette und Kuppeln über das Gewimmel der Altstadt.

Mit dem Bau des erhöht auf einer Plattform errichteten Gotteshauses wurde um 1643 auf Betreiben von Jahan Ara, der Lieblingstochter Shah Jahans, begonnen, nachdem langwierige Verhandlungen über den Landerwerb erfolgreich abgeschlossen worden waren. Fertiggestellt wurde die Moschee allerdings erst 1648. Die zweischiffige, mit den charakteristischen fünf Zugängen versehene Gebetshalle mißt etwa 80 m in der Länge und 27 m in der Tiefe. In die weiße Marmorumrandung des zentralen Bogens ist in schwarzen Lettern eine Kufi-Inschrift eingelassen, die Shah Jahan und seine Regentschaft preist. An der Gebetskanzel findet sich eine Darstellung der Ostfassade der Moschee.

# Das Grab des Itimad-ud-Daula

Das Grab des Itimad-ud-Daula

Das kleine Grabmal am gegenüberliegenden Ufer der Yamuna wurde auf Veranlassung von Nur Jahan (›Licht der Welt‹), der einflußreichen und machtbewußten Gemahlin Jahangirs, für ihre 1621 verstorbenen Eltern erbaut. Benannt ist das **Mausoleum (4)** nach ihrem Vater Ghiyas Begh, der vom mittellosen, aus Persien geflohenen Edelmann zum Premierminister aufgestiegen war und sich den Ehrentitel Itimad-ud-Daula (›Säule des Staates‹) verdient hatte.

Man betritt den viergeteilten, 165 m² messenden Garten (Charbagh), der schon von Itimad-ud-Daula angelegt worden war, durch einen mehrstöckigen Torbau von Osten her. Der Sandsteinbau besticht durch seine Marmoreinlegearbeiten, wobei neben stilisierten Blumen bauchige Weinkrüge besonders ins Auge fallen, ein Motiv, das in der persischen Dichtkunst als Symbol des Paradieses und des Göttlichen galt und wohl auf die Herkunft des Premierministers zurückzuführen ist.

Im Gegensatz zum Taj Mahal blickt das Mausoleum nicht auf die Yamuna, sondern liegt, wie bei den Grabstätten der Moguln üblich, im Zentrum des Gartens. Der einstöckige, quadratische Bau von 50 m Seitenlänge mit aufgesetztem Pavillon erhebt sich auf einer niedrigen Sandsteinplattform. Auffallend sind die hervorspringenden, gedrungenen Ecktürme mit indischen Kuppeln und der umlaufende

Dachsims, das auch die Türme mit einschließt. An jeder Seite befindet sich ein zentraler Zugang, flankiert von Gitternischen, durch die Licht in die Innenräume dringt.

Von seinen Proportionen her mag der Bau vielleicht nicht ganz zu überzeugen, dafür aber um so mehr durch seine an Juwelierarbeiten erinnernde Ausschmückung der Wandflächen mit feinsten Einlegearbeiten aus Edelsteinen. Als Muster erscheinen neben abstrakten geometrischen Formen auch hier immer wieder Vasen mit und ohne Blumen, Zypressen und Weinkrüge. Es ist nicht klar, ob diese als pietra dura-Technik bezeichnete Kunst im 17. Jh. aus Europa übernommen wurde oder eine eigenständige Entwicklung darstellt. Einfache Einlegearbeiten waren schon in der europäischen Antike ein gängiges Dekorationsmittel, das später mit dem Islam aus dem Mittelmeerraum über Persien nach Indien gelangte. Da aber die Kontakte zu Europa auch auf künstlerischem Gebiet während der Mogulepoche recht eng waren – erinnert sei an die Baluster im Fort von Agra oder die italienischen Einlegearbeiten am Diwan-i-Am in Delhi – ist ein direkter Import ebenfalls nicht von der Hand zu weisen. Dies schmälert aber in keiner Weise die Meisterschaft der indischen Künstler, die diese Technik erstmals großflächig anwandten und ihre am Mausoleum des Itimad-ud-Daula gewonnenen Erfahrungen später am Taj Mahal bis zur Vollkommenheit verfeinerten.

Der zentrale Raum mit den beiden Gräbern ist quadratisch und wird von acht Kammern umschlossen, vier quadratischen in den Ecken des Gebäudes und vier rechteckigen durch die der Zugang zur Grabkammer erfolgt. Bezeichnenderweise nimmt auch hier, wie im Taj Mahal, das Grab der Frau die zentrale Position ein.

Die Innenräume sind ebenfalls mit Vasenmotiven ausgemalt, und die Decke ist mit Rippenzwickeln verziert, die hier allerdings nur eine dekorative Funktion haben. Ein Kleinod ist der über der zentralen Kammer liegende Pavillon mit seinem kunstvoll durchbrochenen Gitterwerk, das dem des Grabes des Heiligen Selim Chishti in Fatehpur Sikri (s. S.141) nachempfunden ist und aus Variationen des Achtecks besteht. Der Raum, dessen Marmorfußboden einem Teppich gleich mit Einlegearbeiten aus gelben und braunen Edelsteinen geschmückt wurde, birgt im Zentrum die Kenotaphe der Verstorbenen.

Am Ufer der Yamuna schließt der westliche Torbau den Komplex ab. Er wurde als eine Art Vergnügungspavillon konzipiert, in dem die Familie nach der Anreise mit dem Boot den Blick auf den Fluß genoß.

## Chini-ka-Rauza

Knapp 1 km nördlich des Itimad-ud-Daula-Mausoleums liegt ebenfalls am Ufer der Yamuna, allerdings in recht verwahrlostem Gelände, das Grab des Azal Khan, eines Ministers unter Jahangir und Shah

Jahan, der 1639 in Lahore verstarb und in diesem großen, von ihm selbst zu Lebzeiten errichteten **Mausoleum (5)** seine letzte Ruhe fand. Die Grabstätte besteht aus einem oktogonalen von einer großen Kuppel gekrönten Raum mit zwei Gräbern. Seinen Namen ›chinesisches Grab‹ verdankt der Bau dem Wandschmuck aus Fayencen mit hübschen Blumenmustern, der sein Vorbild an einigen Mogulbauten in Lahore hat. Derzeit wird das stark verfallene Bauwerk restauriert.

## Sikandra

Etwa 10 km nördlich von Agra berührt die nach Mathura und Delhi führende Hauptstraße die Grabanlage des Mogulherrschers Akbar. Von der Stadt Sikandra, die Sikander Lodi hier Ende des 15. Jh. erbaut hatte, sind ansonsten nur noch spärliche Reste erhalten. Auch bei diesem Mausoleum erfolgt der Zugang durch ein mächtiges Tor. Mit seinen vier die Gebäudeecken überragenden Minaretten, der roten mit Marmoreinlegearbeiten dicht übersäten Sandsteinfassade

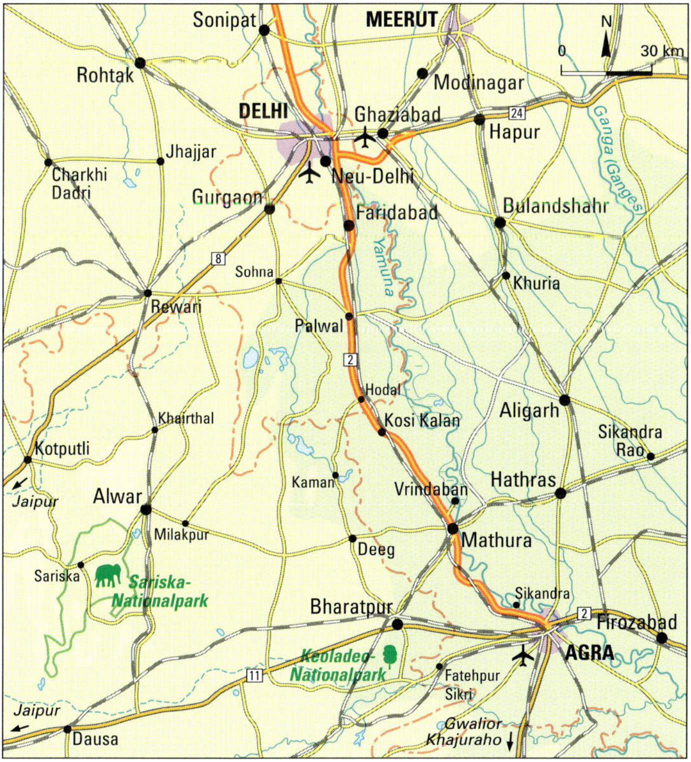

Agra und Umgebung

und den kunstvollen Kufibändern übertrumpft es in der dekorativen Wirkung das eigentliche Mausoleum. Die Minarette sind ganz in Marmor ausgeführt und ähneln denen des Taj Mahal. Ungewöhnlich ist die Gestaltung des Zentralbogens. Weit in den breiten Iwan zurückgesetzt, öffnet sich unten ein schmales Tor mit darüberliegender Galerie, die von einem Bogen abgeschlossen wird, der mit den beiden oberen Portalnischen in den Seitenflügeln korrespondiert. Die Inschriften stammen vom Kufikünstler Amanat Khan, der auch für die Kalligraphie am Taj Mahal verantwortlich war. Sie sind hier jedoch nicht dem Koran entnommen, sondern persischen Gedichten und stellen, wie bei den Moguln so oft, einen Zusammenhang zwischen dem Grabgelege und dem Paradies her.

Eine breite gepflasterte, dammartige Allee führt auf die eigentliche Grabstätte zu, die nach dem Vorbild des Humayun-Mausoleums in eine weiträumige Parkanlage eingebettet wurde, deren Gestaltungsprinzip sich dem Betrachter auf den ersten Blick jedoch entzieht. In dem fünfstöckigen Bauwerk mischen sich die typischen islamischen Bögen, minarettartige Türme und betontes Zentralportal mit den säulengestützten offenen Hallen hinduistischer Tempel. Zurückzuführen ist dieser Stilbruch wahrscheinlich auf spätere Ergänzungen durch Jahangir, der bezüglich der Architektur eine völlig andere Auffassung vertrat als sein Vater. Zahlreiche kleine Chattris und die terrassenartig zurückspringenden Obergeschosse verleihen dem Mausoleum eine fast verspielte Note. Das für Touristen leider nicht zugängliche

Akbars Mausoleum in Sikandra

Obergeschoß ist als offener, von Marmorgittern umgebener Hof ausgelegt, in dessen Zentrum das Kenotaph Kaiser Akbars – verziert mit den 99 Namen Allahs in Kufischrift – seinen Platz hat. Der nahe Kontakt zum Firmament war dem Kaiser, wie später auch seinem Sohn Jahangir, dessen Kenotaph in Lahore ebenfalls unter freiem Himmel steht, seit jeher ein Anliegen. Auf dem Zugang zum Grab heißt es denn auch bezeichnenderweise: »Mag seine Seele im Lichte Gottes wie die Strahlen von Sonne und Mond leuchten.« Der nüchterne Anblick des in der Sonne gleißenden Marmorhofs trügt. Früher einmal soll die Säule neben dem Kenotaph mit Gold überzogen gewesen sein und den berühmten Diamanten Kohinoor getragen haben, der heute zum britischen Kronschatz zählt. Der Edelstein wurde bei der Plünderung des Grabes durch die Jats Ende des 17. Jh. ebenso geraubt wie die silbernen und goldenen Vertäfelungen, Teppiche und Edelsteine, so daß es nunmehr schwer fällt, sich ein authentisches Bild vom Prunk des Mausoleums zu machen. Einer der Teppiche ist übrigens wieder aufgetaucht und gelangte auf Umwegen über den Palast des Sikh-Herrschers Rajit Singh in die Hände der Briten, die ihn ins Victoria and Albert Museum in London brachten.

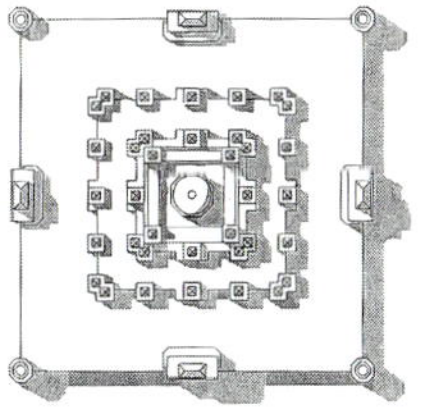

Das Mausoleum des Akbar orientiert sich am Vorbild einer altindischen Stockwerkspyramide

Das eigentliche Grab des Herrschers, das noch heute von den Einheimischen mit Blumen geschmückt wird, liegt in einer düsteren Gruft, die man durch den Haupteingang betritt. Bedauerlicherweise sind die interessanten Wandmalereien mit christlichen Motiven, darunter Engel- und Mariendarstellungen, von denen europäische Reisende berichteten, übertüncht worden. Man darf sie allerdings nicht als Beweis für die Hinwendung Akbars zum Christentum werten, sondern allenfalls als Modeerscheinung und Ausdruck seiner religiösen Toleranz. Die Gebeine des Herrschers sind allerdings nicht mehr zu finden. Bei ihrer Plünderung im Jahre 1691 schändeten die Jats auch das Grab und verbrannten sie.

# Die Umgebung von Agra

## Fatehpur Sikri

**Besonders sehenswert:**
**Buland Dawarza** ☆
**Mausoleum von Chishti** ☆
**Panch Mahal** ☆
**Diwan-i Khas** ☆☆

Das kleine, etwa 40 km südwestlich von Agra gelegene Dorf trat erst mit der Ankunft Kaiser Akbars Mitte des 16. Jh. in das Licht der indischen Geschichte, obwohl schon Babur in der Nähe eine Schlacht geschlagen hatte. Akbar pflegte enge Bindung zum Chishti-Orden, der im 13. Jh. von Muin-ud-Din Chishti, einem Mystiker aus Sistan in Persien gegründet worden war und bereits Iltutmish (1210–1236), den Herrscher des Delhi-Sultanats, in seinen Bann gezogen hatte. Als sich die Voraussage des Chishti-Heiligen Salim erfüllte und dem Mogulherrscher 1569 der langersehnte männliche Erbe geboren wurde, nannte er diesen nicht nur Salim, sondern entschloß sich

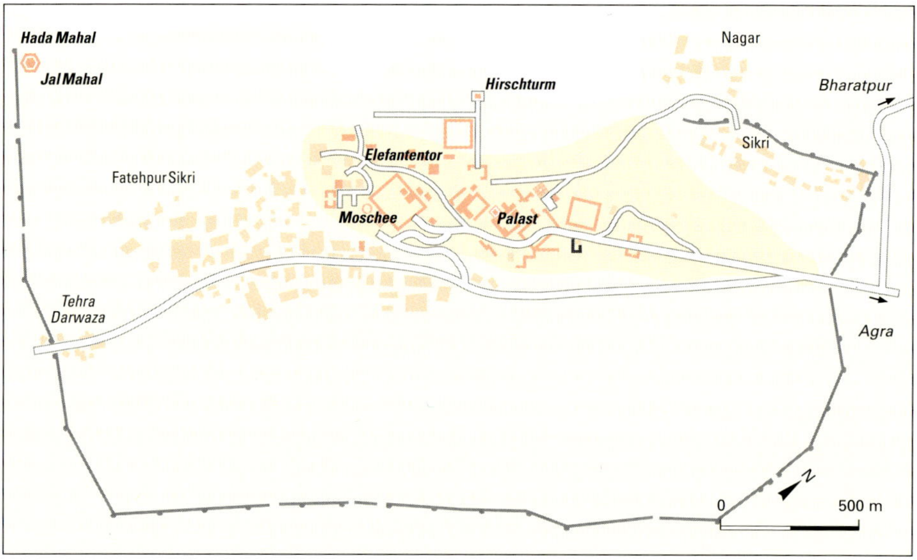


*Fatehpur Sikri*

überdies, seine Residenz von Agra an den Aufenthaltsort seines spirituellen Ratgebers und Lehrers zu verlegen. Der Wunsch, der Wirkungs- oder Grabstätte eines Sufi nahe zu sein, war durchaus nicht ungewöhnlich. Auch Humayuns Grab in Delhi wurde ganz bewußt in der Nähe des Mausoleums des Chishti-Heiligen Nizam-al-Din errichtet.

Da sich der Hofstaat im Falle eines drohenden Angriffs schnell in das stark befestigte Fort des nahen Agra zurückziehen konnte, begnügte man sich mit einer einfachen, 11 km langen Sandsteinmauer als Abgrenzung vom Umland. Als Baumaterial diente ausschließlich der hier anstehende feine rötliche Sandstein, der auch in Agra Verwendung fand. Im Nordwesten wurde die neue Stadt, die nach Akbars Sieg über Gujarat im Jahre 1573 den Namen Fatehpur Sikri (›Stadt des Sieges‹) erhielt, von einem heute ausgetrockneten See begrenzt. Aber nur ganze 15 Jahre sollte sie ihre Funktion als neue Residenz erfüllen, dann verlegte Akbar erneut seinen Hof, diesmal nach Lahore (heutiges Pakistan). Wassermangel dürfte einer der Gründe für die Aufgabe der Stadt gewesen sein, sicherlich spielten aber auch strategische Erwägungen eine Rolle, war doch der Nordwesten des Imperiums in besonderem Maße der Invasionsgefahr ausgesetzt. Angestachelt durch die orthodoxen Muslime, die im religiösen Eklektizismus des Herrschers eine Bedrohung des Islam sahen, erhob Akbars in Kabul residierender Bruder Hakim Ansprüche auf Indien. Akbar kehrte nie mehr nach Fatehpur zurück, sondern bevorzugte auf seine alten Tage das 1586 von ihm eroberte Tal von Kaschmir und später Agra.

Im Jahre 1619 hielt sich Jahangir einige Monate in der Stadt auf, um einer Pestepidemie in Agra zu entgehen, und sein Sohn Shah Jahan besuchte einige Male das Grab des Heiligen. Dann wurde es ruhig um Fatehpur, und die Natur eroberte sich die Bauwerke zurück. Bereits der Entschluß des Kaisers, mitten in der Wildnis eine neue Stadt aus dem Boden zu stampfen, war, trotz seiner unumschränkten Macht, ein kühnes Unterfangen, mehr aber noch die Konzeption. Losgelöst von den Konventionen seiner Vorgänger – und auch seiner Nachfahren – verwirklichte Akbar hier einen einzigartigen freien Entwurf, der den hinduistischen und islamischen, auf Symmetrie bedachten Grundrissen völlig zuwiderlief. Fatehpur Sikri ist damit nicht zuletzt Ausdruck der exzentrischen, gleichermaßen toleranten wie selbstbewußten Persönlichkeit dieses wohl bedeutendsten Mogulherrschers.

**Besichtigung**

Fatehpur Sikri besteht aus zwei auf einem Hügelrücken liegenden, deutlich voneinander getrennten Teilen, dem Komplex der Moschee im Süden und der Palastanlage etwa 100 m nordöstlich davon. Die von einer Mauer umgebene Freitagsmoschee (ca. 110 m × 140 m) wird von dem mächtigen südlichen Eingang **Buland Dawarza** beherrscht, zu dem man von der Straße über eine breite Treppe hinaufsteigt. Das 54 m hohe Tor, das als Vorbild für derartige Anlagen der Mogulzeit gilt, sollte wahrscheinlich an den Sieg Akbars in Gujarat im Jahre 1573 erinnern und die enge Bindung an den Chishti-Orden dokumentieren. Die vom Kalligraphen Ahmad al-Chishti gestalteten Koranverse verheißen den wahren Gläubigen den Weg ins Paradies.

Im Innern der Freitagsmoschee sind rechts vom Hauptbogen die berühmten Verse eingelassen, in denen sich Mystizismus und Toleranz des Herrschers in einzigartiger Weise verbinden: »Jesus, Friede sei mit ihm, sagte: Die Welt ist nur eine Brücke; überquere sie, aber baue keine Häuser auf ihr. Derjenige, der eine Stunde hofft, hofft auf die Ewigkeit, denn die Welt ist nur eine Stunde, verbringe sie in Andacht, denn der Rest ist unsichtbar.«

Im Innenhof fällt sofort das schneeweiße kleine **Mausoleum des Heiligen** (gest. 1573) auf, der einzige vollständig in Marmor ausgeführte Bau in ganz Fatehpur Sikri. Es ist ein Kleinod der Mogulkunst, bestechend durch den Einfallsreichtum in der Variation einfacher abstrakter Formen wie auch durch die perfekte Ausführung der handwerklichen Arbeiten. Das nur 15 $m^2$ messende einstöckige, von einer halbrunden Kuppel gekrönte Gebäude, hat sein Vorbild im Schrein von Sarkhej in der Nähe von Ahmedabad (Gujarat, s. S. 259), übertrifft diesen allerdings in der Qualität bei weitem.

Kennzeichen ist eine um die zentrale Kammer verlaufende Galerie, die nach außen durch Marmorgitter abgeschlossen wird, die in äußerst komplizierter Weise aus einem Oktogon entwickelt wurden. Charakteristisch ist auch die umlaufende breite Traufe, getragen von geschwungenen, mit Voluten und Blattwerk verzierten Konsolen, die der islamisch-hinduistischen Bautradition von Mandu (westliches Madhya Pradesh) und Gujarat entstammen. Besonders schön ausgeführt sind sie an den Pfeilern, die den Portikus stützen. Das von einem Baldachin aus Ebenholz überwölbte Kenotaph in der zentralen Kammer des Mausoleums ist nach wie vor beliebtes Ziel kinderloser Frauen, die hier auf das Wunder hoffen, das einst Akbar zuteil wurde. Das Grab selbst liegt in einer zugemauerten Gruft unter dem Mausoleum.

Der Bau, an dem zahlreiche Künstler und Handwerker aus Gujarat arbeiteten, war erst im Jahre 1581 fertiggestellt, ironischerweise zu einem Zeitpunkt, als sich Akbar bereits vom Orden und der Heiligenverehrung losgesagt und seine eigene, religionsübergreifende Glaubensrichtung zu entwickeln begonnen hatte, die Din-il-Illahi.

Die nach Westen gerichtete Front des Hofs wird von der **Freitagsmoschee** eingenommen, die mit 90 m Länge und 20 m Breite zu jener Zeit als größte des Mogulreichs galt. Die Seitenflügel mit ihren zahlreichen auf schmalen Säulen ruhenden Bögen könnten in der Jami Masjid von Mandu ihr Vorbild haben, der zentrale, überhöhte Iwan ist hingegen typisches Merkmal der Mogulbauten, übernommen aus der Architektur der timuridischen Vorfahren. Sehr komplex ist die Konstruktion der gerippten Seitenkuppeln, die der altindischen Holzbauweise entstammt, bei der Umsetzung in Stein jedoch besondere bautechnische Maßnahmen erfordert.

Die Hauptgebetshalle ist mit geometrischen in den Sandstein eingelegten Marmormustern und gemalten Arabesken und Blumenmotiven reich verziert. Der Minbar, die Predigtkanzel an der nach Mekka gerichteten Qiblawand, war Schauplatz eines denkwürdigen Auftritts Kaiser Akbars, der sich 1579 anmaßte, hier selbst die Predigt zu halten und damit ein Privileg zu beanspruchen, das nur den Mitgliedern der islamischen Geistlichkeit zustand. Auch die im Zusammenhang mit seiner Person zweideutig aufzufassende Urformel »Allahu akbar« soll der Kaiser bei diesem Anlaß den hier versammelten Gläubigen entgegengerufen haben. Daß er hiermit nicht nur ›Gott ist groß‹ gemeint haben könnte, sondern ›Gott ist Akbar‹, machte er bald darauf durch den Erlaß eines Dekrets deutlich, das seine Unfehlbarkeit in religiösen Fragen festschrieb.

Durch das Siegestor verläßt man den Moscheekomplex und gelangt in wenigen Minuten zum Eingang der Palastanlage. Zunächst wird der Besucher vom **Jodh Bai-Palast (1)** empfangen, dessen fensterlose Fassade linker Hand den schmalen Hof beherrscht. Wahrscheinlich entstand dieser kompakte Bau mit großem Innenhof und zahlreichen symmetrisch um ihn herum angeordneten Räumen in der Frühphase als Einzelanlage, möglicherweise als Harem, war er doch früher einmal durch einen gedeckten Gang direkt mit den Gemächern des Herrschers verbunden. In den Details lassen sich zahlreiche Anlehnungen an die Architektur Gujarats erkennen, so etwa am Motiv der ›hängenden Glocken‹ (Ghantamala) an den Säulen, das man häufig in den Hindutempeln und Moscheen dieses Staates antrifft. Damit man nicht von außen in den Hof blicken kann, ist der Zugang verwinkelt angelegt. Die kleine Struktur vor dem Eingang diente als Wachhäuschen für die Eunuchen.

Vor uns liegt nun das **Haus der Maryam (2),** früher wegen seiner prächtigen Fresken Sunhara Makan (›Goldenes Haus‹) genannt. Es wurde eine Zeitlang einer portugiesischen Gemahlin Akbars namens Maria zugeschrieben, die es allerdings nie gegeben hatte. Bei den beiden am Hofe lebenden Marias handelte es sich um Maryam Makani (›der Maria gleich im Rang‹), die Mutter Akbars, und Maryam Zamani (›Maria des Alters‹), die erste Frau Akbars und Mutter Jahangirs. In der Tat diente Maryams Haus als Unterkunft für Akbars Mutter. Seines Schmucks beraubt wirkt das Gebäude heute recht streng, allenfalls durch die kleinen Pavillons etwas aufgelockert. Interesse verdienen die Konsolen, die die Traufe stützen. Auf einer dieser Dachstützen an der Nordseite kann man Rama mit dem Affengott Hanuman sehen, auf einer anderen Gänse, Elefanten und Rosetten, alles deutliche Beweise hinduistischer Gedankenwelt.

Wenden wir uns nun nach links und folgen der nördlichen Außenmauer des Jodh Bai-Palastes, gelangen wir nach etwa 100 m zum 1572 entstandenen **Haus des Raja Birbal (3),** in dem allerdings, da es zum Komplex des Harems gehörte, weder Birbal, ein enger Vertrauter Kaiser Akbars, noch sonst ein Mann lebte, sondern wahrscheinlich zwei der rechtmäßigen Frauen Akbars. Interessanterweise

*Gesamtansicht von Fatehpur Sikri*

*Fatehpur Sikri*
*1 Jodh Bai-Palast*
*2 Haus der Maryam*
*3 Haus des Raja Birbal*
*4 Stallungen*
*5 Privatgemächer*
*6 Haus der türkischen Sultana*
*7 Pachisi-Hof*
*8 Öffentliche Audienzhalle (Diwan-i-Am)*
*9 Panch Mahal*
*10 Schatzhaus*
*11 Diwan-i-Khas*

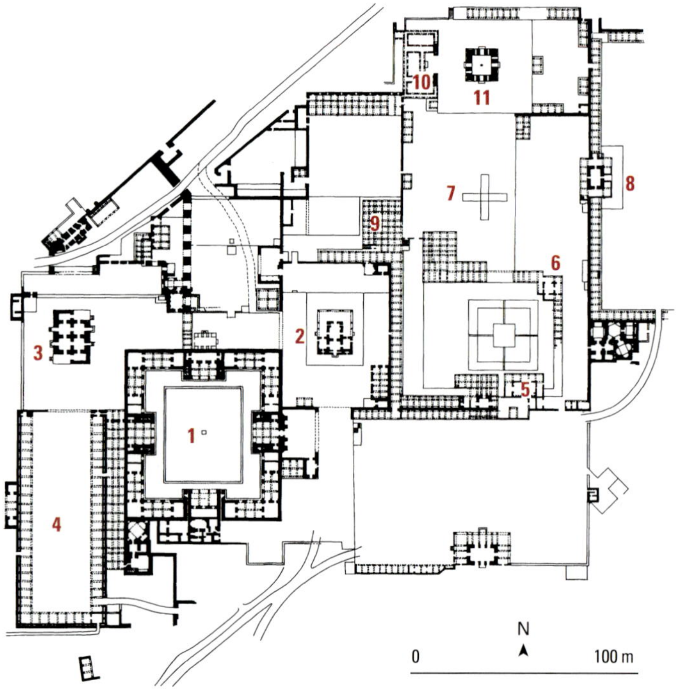


wurde bei dem zweistöckigen Bau eine Fachwerkholzkonstruktion nachgeahmt. Es gibt aus dem Sandstein herausmodellierte Stützen, die natürlich keine tragende Funktion haben, und ornamentierte Füllungen, die Werken der Holzschnitzkunst zum Verwechseln ähnlich sind. Auch hier herrschen vielfach Hindumotive vor, etwa der Lotos an den Bögen des Eingangs oder die Dekorationen an den Säulenbasen. Die mit steinernen Rippen ausgeführte Kuppel ist, ähnlich wie Seitenkuppeln der Freitagsmoschee, ebenfalls der Holzbauweise entlehnt.

Linker Hand öffnet sich ein großes Geviert, über dessen genaue Funktion sich die Gelehrten nicht einig sind, obwohl es als **Pferde- und Kamelstallung (4)** angesehen wird.

Die Bezeichnung stammt von den Steinringen in der Wand, die zur Befestigung von Tieren gedient haben könnten. Die Existenz von Ställen so nahe bei den Frauengemächern dürfte jedoch wegen der Lärm- und Geruchsbelästigung, vor allem aber der Anwesenheit von Männern, eher unwahrscheinlich gewesen sein. Vermutlich handelte es sich um die Quartiere der weiblichen Bediensteten des angrenzenden Harems. Immerhin soll es an Akbars Hof bis zu 5000 Frauen gegeben haben, von denen die meisten den Status von Sklavinnen besaßen, etwa 300 jedoch als legitime Ehefrauen angesehen wurden, die mit dem Kaiser nach der niederen Form der Ehe verbunden waren.

Wir gehen wieder bis zum Haus der Maryam zurück und setzen unseren Rundgang zum zentralen Teil des Palastes fort. Es erwartet uns eine großartige Hofanlage, die in der lockeren Anordnung der Bauwerke fern jeder strengen Symmetrie, die sowohl den hinduistischen als auch den islamischen Bauten sonst zu eigen ist, fast futuristisch wirkt und dem Raumempfinden unserer Tage sehr nahe kommt.

Die zum Bau verwendeten Pfeiler, Architrave und Konsolen, allesamt aus dem lokalen Sandstein gefertigt, sind zwar der hinduistischen Bautradition entlehnt, sie dienten aber nicht dazu, Monumentalbauten nach hinduistischem Muster zu schaffen, sondern luftige offene Hallen mit teilweise zurückspringenden Geschossen und Fronten, die dem gesamten Ensemble eine ungeheure Lebendigkeit verleihen. Es hat den Anschein, als habe man die Gebäude nach Gesichtspunkten der Harmonie über das von Mauern umschlossene Geviert verteilt und sie je nach Bedarf erweitert, eine »mobile Architektur«, so der Historiker und Architekt Andreas Volwahsen, »die uns an die Zeltstädte von Akbars Vorfahren erinnert«. Viele der Gebäude waren durch überdachte, mit Jaliwänden gegen neugierige Blicke geschützte Galerien miteinander verbunden. Durch sie konnte man unbemerkt und trockenen Fußes von einem Teil des Palastes in den anderen gelangen, ein Privileg, das natürlich nur dem Herrscher und seinem Harem zustand.

Im Süden wird die insgesamt etwa 175 m lange, zweigeteilte Hofanlage von den **Privatgemächern (5)** des Kaisers begrenzt, die früher mit Gitterwerk gegen den Hof abgeschirmt waren. Sie bestehen im Erdgeschoß aus zwei Räumen, von denen der östliche einst mit Blumenmotiven prachtvoll ausgemalt war und mit Steinplatten verschließbare Öffnungen erhielt, in denen Bücher aufbewahrt wurden. Dahinter liegt unmittelbar an der Südwand ein Raum mit einer erhöhten Plattform, auf der Akbar seine Gäste zu empfangen pflegte.

Im angrenzenden, mehrstöckigen Bauwerk befanden sich weitere Privatgemächer, darunter die Schlafräume, verbunden durch einen Gang und eine nicht mehr existierende Brücke mit dem Harem. Auch hier haben sich die prachtvollen Wandmalereien nur noch in Spuren erhalten. Den Hof vor den Privatgemächern ziert das fast 30 $m^2$ große Wasserbecken Anup Talao. Auf der durch vier Stege mit dem Ufer verbundenen zentralen Plattform soll der Kaiser mit islamischen Intelektuellen Rechtsfragen diskutiert haben. Zeitgenössischen Quellen zufolge habe er bei besonderen Gelegenheiten das Becken sogar mit Goldmünzen füllen lassen, die er an seine ihm besonders ergebenen religiösen Gelehrten verteilte, um sich damit deren Wohlwollen zu erkaufen.

Im Norden wird der Privathof des Kaisers nur teilweise durch einstöckige Hallen vom sogenannten Pachisi-Hof abgegrenzt, so daß der Blick aus den Privatgemächern die gesamte Hofanlage erfaßt. Rechts hinter der Kante des Wasserbeckens schiebt sich das einstöckige **Haus der türkischen Sultana (6)** ins Blickfeld. Akbar hatte es für eine seiner Lieblingsfrauen, die aus Istanbul stammende Sultana Ruqaya Begum bauen und großzügig ausstatten lassen. Neben geometrischen Ornamenten fallen fein gearbeitete Reliefs von Bäumen, blühenden Ranken und Vögel ins Auge, die teils indischer Herkunft sind, vor allem aber Merkmale timuridischer Kunst erkennen lassen.

Jenseits des Hauses öffnet sich der **Pachisi-Hof (7),** benannt nach dem hier in den Boden eingeschnittenen Begrenzungslinien für das am Hof beliebte Spiel. Akbars Hofhistoriker Abu Faisal berichtet, daß der Herrscher zuweilen statt mit Figuren mit Sklavinnen in unterschiedlichen Kostümen gespielt habe, wobei sich einige Spiele bis zu drei Monate hinzogen. Im Osten wird der Hof durch die **öffentliche Audienzhalle (8,** Diwan-i-Am), der ein schmaler Garten vorgelagert war, begrenzt. Von der überdachten Plattform wandte sich der Herrscher seinen im östlich angrenzenden Hof der öffentlichen Audienzen versammelten Untertanen zu, nahm ihre Petitionen entgegen und schlichtete Streitfälle. Verbunden waren beide Höfe nur durch einen schmalen Durchgang nahe der nördlichen Ecke. Beherrscht wird der Pachisi-Hof an der Südwestecke von dem asymmetrisch stufenförmig sich über die Gebäude erhebenden fünfstöckigen **Panch Mahal (9),** dem dominierenden Bauwerk Fatehpur Sikris. Wahrscheinlich diente die turmartige Konstruktion, die ihr Vorbild in dem von Timur errichteten Chihl Sutun von Samarkand hat, der Entspannung in luftiger Höhe, umfächelt von einer kühlen Brise. Da früher Jalis den Blick ins Innere verwehrten, war er möglicherweise der bevorzugte Aufenthaltsort der Haremsdamen während der heißen Jahreszeit, zumal eine gedeckte Galerie ihn mit den Privatgemächern des Kaisers und dem Harem verband.

Folgen wir vom Panch Mahal der linken Hofseite nach Norden, treffen wir als nächstes auf einen kleinen Kiosk von nur 3 m Seitenlänge, der fälschlicherweise Sitz des Astrologen genannt wird und auf einer kleinen Plattform vor der Südwand des **Schatzhauses (10,** Ankh Michauli) ruht. Tatsächlich war es wohl der Platz des arroganten, aber fähigen Eunuchen Phul Malik, der von hier aus die Schätze des Kaisers verwaltete. Einzigartige Beispiele der Steinmetzkunst wie der religiösen Toleranz Akbars sind die schlangenförmigen, sich zu einem Toranabogen schließenden Streben, die ganz der Jaintradition entspringen und in fast identischer Form am Vimalatempel in Mount Abu oder an den Heiligtümern des Mount Girnar anzutreffen sind. Das angrenzende Gebäude wird als Schatzhaus interpretiert, aber auch als Arbeitskabinett des Kaisers. Wie so häufig in Fatehpur Sikri besteht hinsichtlich der Funktion einzelner Bauten keine Klarheit.

*Schnitt durch den Diwan-i-Khas*

Zu dem auffälligsten Gebäude des Pachisi-Hofs zählt die freistehende **private Audienzhalle (11,** Diwan-i-Khas). Äußerlich kann das zweistöckige Bauwerk durch seine übergroßen, nach einer zentralen Kuppel verlangenden Eckpavillons kaum überzeugen. Dafür überrascht der Innenraum die Besucher um so mehr. Aus dem Zentrum

Detail am Mausoleum des Selim Chishti

des einzigen Raums wächst wie ein Baum ein monolithischer Pfeiler, der sich einer Blüte gleich in dicht aneinandergesetzten schlangenförmigen Stützen entfaltet, die eine runde, von einem durchbrochenen Geländer umschlossene Plattform tragen. Vier, zu den Ecken des Raums verlaufende Stege verbindet sie mit einer umlaufenden Galerie. Die Säule war der symbolträchtige Sitz des Mogulherrschers während seiner privaten Audienzen. Seine Allmacht wollte der Kaiser hier demonstrieren, sich möglicherweise sogar mit dem von der Achse des Universums aus regierenden Weltenherrscher Chakravartin der altindischen Kosmologie vergleichen. Ein neuer Gedanke war dies nicht; denn bereits in den Edikten des buddhistischen Kaisers Ashoka (268–233 v. Chr.) findet sich eine derartige Beziehung zwischen göttlicher und weltlicher Herrschaft. Aber auch als Baum der Wunschgewährung, ein bei den Jains beliebtes Motiv, wird die Säule zuweilen interpretiert.

Außerhalb von Moschee- und Palastbezirk liegen innerhalb der historischen Stadtanlage noch einige recht interessante Bauten, die hier kurz erwähnt werden sollen. Im Nordwesten trifft man auf den Hirschturm (Hiran Minar), der möglicherweise als Nullpunkt der durch Kilometersteine gemessenen Entfernungen dient und durch seinen mit elefantenrüsselartigen ›Stacheln‹ besetzten Schaft aus dem Rahmen fällt, eine Konstruktion, die aus Persien übernommen wurde. Ein Stück südlich liegt nahe der Nordwestecke des Harems das Elefantentor, das wahrscheinlich als Hauptzugang für den Hofstaat diente.

## Bharatpur

*Stadttor von Bharatpur*

Die etwa 25 km nordwestlich von Fatehpur Sikri gelegene Stadt kann auf eine recht blutige Geschichte zurückblicken, die so gar nicht im Einklang steht mit der friedvollen Welt des Keoladeo-Vogelparks, dem heutigen Hauptanziehungspunkt Bharatpurs. Der Besuch des zum Weltnaturerbe der UNESCO gehörenden Schutzgebiets, das aus einem Jagdrevier des lokalen Rajas hervorgegangen ist, sei auch Reisenden ans Herz gelegt, die sich ansonsten vornehmlich für Kunst und Kultur interessieren. Bharatpur erlebte seinen Aufstieg unter der Herrschaft der Jats, einer aus einzelnen Clans bestehenden Gemeinschaft, die Ende des 17. Jh. gegen den Mogulherrscher Aurangzeb rebellierte und sogar Agra angriff und das Grab Akbars in Sikandra plünderte. In den unruhigen Zeiten gegen Ende der Mogulherrschaft gelang es Badan Singh (1722–1755), die Region unter Kontrolle zu bringen und sich als Raja im benachbarten Deeg zu etablieren. Sein Sohn Suraj Mal (1756–1764) eroberte im Jahre 1733 die 30 km südlich gelegene Stadt Bharatpur von einem anderen Clanchef und verlegte die Residenz von Deeg (s. S. 152) hierher, ohne seine Heimatstadt allerdings aufzugeben. Im Jahre 1761 besiegte er den Marathengouverneur von Agra und siedelte in die alte Mogulresidenz über, die zu jener Zeit allerdings längst ihren Glanz verloren hatte. Bereits 1788 mußten sich die Jats wieder aus Agra zurückziehen und mit einem wesentlich kleineren Territorium begnügen. Im Jahre 1805 wurde die Festung von den Engländern angegriffen, hielt jedoch vier Eroberungsversuchen stand, bei denen fast 3000 britische Soldaten ihr Leben verloren. Am 4. Mai 1805 endete die erfolglose Belagerung mit einem Friedensvertrag, durch den Bharatpur sich als einer der ersten Staaten mit den Briten arrangierte. Etwa 20 Jahre später mündete jedoch ein Streit um die Nachfolge des Rajas erneut in eine blutige Auseinandersetzung zwischen den Jats und der East India Company. Dieses Mal endete die dreiwöchige Belagerung im Januar 1826 jedoch mit der Zerstörung der ›eisernen‹ Festung, gefolgt von einer politischen Bevormundung, die einer Annexion gleichkam.

Von den ehemals doppelten Mauern des Forts Lohagarh ist nur der innere, von einem breiten Wassergraben gesäumte Ring erhalten geblieben, der im Süden und Norden durch je ein mächtiges Tor durchbrochen ist. Das nördliche Assaldati-Tor (›Tor der acht Metalle‹) haben die Jats angeblich bei ihrer Eroberung Delhis im Jahre 1864 demontiert und hier eingebaut. In die Befestigungsanlagen sind zwei Siegestürme eingelassen, das Jawahar Burj und das Fateh Burj, die an die Eroberung Delhis und die Niederlage der Briten im Jahre 1818 erinnern sollen. Auf einer schlanken eisernen Siegessäule nahe dem Jawahar Burj haben die Herrscher ihren Stammbaum bis auf Krishna zurückgeführt. Im Zentrum des Forts liegen die drei Paläste der Herrscher von Bharatpur. Obwohl Badan Singh vorwiegend in Deeg residierte, ließ er auch in Bharatpur auf einem Bergrücken einen kleinen Palast im Rajputenstil errichten.

Nebenan liegen der Palast Mahal Khas, in dem Raja Balwant Singh im 19. Jh. in recht einfachen Verhältnissen lebte, und der Kamrapalast mit einem kleinen Museum. Gezeigt werden u. a. ein Shivalingam (2. Jh.), eine Darstellung von Shiva und Parvati (7. Jh.), die in der Nähe von Deeg gefunden wurde, eine schöne Plastik von Shiva als Nataraja (10. Jh.) und die üblichen Waffen und Porträts.

Palastanlage von Deeg

# Deeg

Die etwa 30 km nördlich von Bharatpur gelegene Kleinstadt beherbergt mit ihrem Palast ein Juwel rajputischer Architektur, obwohl in dem Mitte des 18. Jh. entstandenen Bau keine innovativen Ideen verwirklicht wurden und herausragende künstlerische Leistungen fehlen.

*Deeg*
*1 Gopal Bhavan*
*2 Suraj Bhavan*
*3 Hardev Bhavan*
*4 Kesav Bhavan*

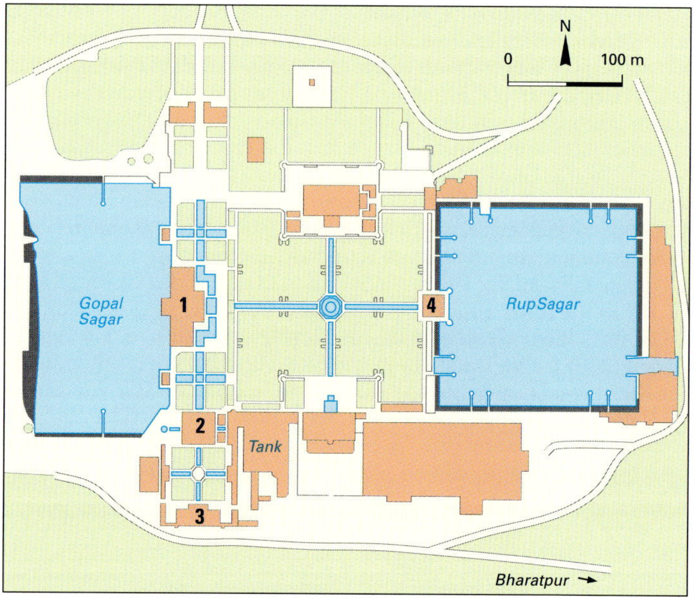


Wie erwähnt, hatte Badan Singh (1722–1755), der Gründer der lokalen Jatdynastie, Deeg als Residenz gewählt, von der aus vor allem sein Sohn Suraj Mal (1733–1763) das Herrschaftsgebiet bis Agra ausweitete und auch Delhi nicht verschonte. Obwohl Suraj Mal seine Hauptstadt aus strategischen Gründen 1733 nach Bharatpur verlegt hatte, setzte er den Ausbau seiner Heimatstadt bis zu seinem Tode fort. Sein Sohn erweiterte den Palast und schmückte ihn mit ›Raubkunst‹ aus den Mogulpalästen von Agra und Delhi aus. In jener Zeit hatte die Jatdynastie ihren Zenit aber längst überschritten. Im Jahre 1776 wurde sie vom Mogulgeneral Mirraf Nazaf Khan geschlagen und verlor bis 1787 ihr Territorium an die Moguln; 1804 mußte sie ihre Herrschaft für ein Jahr an die Briten abtreten und spielte danach keine politische Rolle mehr.

Wie in fast allen Fürstentümern orientierte sich die Bautätigkeit an den Palastanlagen der Mogulherrscher Jahangir und Shah Jahan, denen die lokalen Potentaten mit mehr oder weniger großem Erfolg nachzueifern versuchten.

Was Deeg von vielen anderen spätrajputischen Stilübungen wohltuend abhebt, ist die Kombination der einzelnen Gestaltungselemente zu einem geschlossenen Ensemble aus vier um einen Garten angeordneten Bauwerken, den sogenannten Bhavans. Die frühere rajputische Entwicklung eines Wasserpalastes (Jal Mahal) wurde hier mit dem Konzept des Mogulgartens harmonisch verbunden. Den Mittelpunkt der Anlage bildet der viergeteilte quadratische Garten, der im Osten und Westen von den beiden großen Stautanks Gopal Sagar und Rup Sagar begrenzt wird.

Einen besonders schönen Blick hat man vom Ufer des Gopal Sagar auf den dreistöckigen, unmittelbar aus dem Wasser emporsteigenden **Gopal Bhavan (1)** mit den beiden ihn flankierenden Pavillons Savan und Bhadon. Sie greifen die bengalischen Dächer der Erker am Hauptbau auf und unterstreichen damit Symmetrie und Harmonie der elegant wirkenden Gebäudefront.

Im nach wie vor mit alten Möbeln ausgestatteten Hauptpalast lebte bis 1951 die Familie des Maharajas. Interessant ist der **Suraj Bhavan (2)** unmittelbar südlich des Gopal Bhavan. Er bildet zusammen mit einem sich südlich anschließenden, vom **Hardev Bhavan (3)** begrenzten kleineren Garten ein weiteres in sich geschlossenes Ensemble, das sich nicht so recht in die Symmetrie der Gesamtanlage einordnen läßt. Möglicherweise handelt es sich hier um die Urzelle der Palastanlage, die von Suraj Mal mit einbezogen und umgestaltet wurde.

Der einstöckige Marmorbau des Suraj Bhavan zeigt besonders deutlich die Anlehnung an frühe Mogularchitektur. Die pietra dura-Arbeiten sind sicherlich echte Mogulkunst, die Suraj Mal auf seinen erfolgreichen Kriegszügen erbeutet und hier verbaut hatte.

Die Gesamtanlage soll mit 500 Springbrunnen ausgestattet gewesen sein, die von einem Reservoir mit etwa 2500 m³ Fassungsvermögen neben dem Suraj Bhavan gespeist wurden. Es dauerte damals etwa eine Woche, den Tank mit Ledersäcken zu füllen, um wenige Stunden das Spektakel genießen zu können. Dazu gehörte auch ein ganz besonderer Effekt, der im **Kesav Bhavan (4)** am Nordrand des Parks ablief. Von Tanks auf dem Dach leitete man das Wasser durch Hohlräume, die mit Steinkugeln gefüllt waren und beim Durchfluß ein donnerartiges Geräusch erzeugten – zusammen mit dem Springbrunnen und Gischtvorhängen die perfekte Illusion des Monsuns inmitten der heißen Jahreszeit …

Khajuraho

# Erotik in Stein

Besonders sehenswert:
Varahatempel ☆
Kandariya Mahadeva-Tempel ☆☆
Parshvanatha-tempel ☆☆

Die berühmten und vielbesuchten Tempel liegen zwar außerhalb des geographischen Raums, den dieses Buch behandelt, da die Bauwerke aber richtungsweisend für die Entwicklung einer ganzen Epoche sind, sollen sie hier die ihnen zukommende Würdigung finden.

Kaum eine Tempelanlage Indiens hat die Phantasien derart beflügelt wie dieses abseits der Hauptverkehrswege im Bundesstaat Madhya Pradesh gelegene Khajuraho. Weniger die künstlerische Perfektion der Architektur und Bauplastik haben die Heiligtümer zum Pilgerziel für Touristen aus aller Welt werden lassen, sondern eher das fast voyeuristisch zu nennende Verlangen nach dem Verbotenen. So sind es denn auch vornehmlich die erotischen Darstellungen, denen die Besucher – mehr oder weniger verschämt – ihre Aufmerksamkeit zuwenden, obwohl nur ein geringer Teil der Bauplastik dieser Kategorie zuzuordnen ist. Dennoch erstaunt es vor allem Angehörige der westlichen Zivilisation, mit welcher Freimütigkeit hier eines der Grundthemen menschlicher Existenz behandelt wurde. Khajuraho war zwischen dem 10. und 12. Jh. das religiöse Zentrum der zum Mondclan zählenden Chandellarajputen. Es bestand aus 80 Heiligtümern in einem von Mauern umschlossenen Bereich, zu dem vier Tore Einlaß gewährten. Neben ihnen sollen goldene Palmen gestanden haben, denen Khajuraho möglicherweise seinen Namen ›Allee der Dattelpalmen‹ verdankt. Von den früher hier sicherlich auch existierenden Wohnbauten ist nichts mehr erhalten; lediglich ein bescheidenes Dorf nimmt heute einen Teil des Geländes ein. Lange vor der Blütezeit der Chandella spielte die Region in der Herausbildung richtungsweisender Stile während der Sungha- (185–72 v. Chr.) und der Guptazeit (320–510 n. Chr.) bereits eine wichtige Rolle.

Im 7. Jh. waren die Chandella zunächst treue Vasallen der mächtigen Pratihara von Gujarat, konnten dann aber im 10. Jh. unter der Führung von Dangha (950–1002) die Vorherrschaft abschütteln und selbst zur zentralen Großmacht in Nordindien aufsteigen. Den islamischen Eroberungszügen vermochten sie sich aber auch trotz fähiger Führer auf Dauer nicht zu widersetzen. Im 13. Jh. erlosch die Dynastie. Die einzigartigen Zeugnisse ihres Schaffens entstanden überwiegend in dem nur kurzen Zeitraum zwischen 950 und 1080, in dem auch die Bauhütten der Gurjara-Pratihara (738–1036) und der Solankidynastie (765–1197) sich zu ihrer barocken Blüte entfalteten, die Zeit am Vorabend der islamischen Invasionen.

Über ein Gebiet von etwa 20 km² verstreuen sich heute ca. 30 Tempel in unterschiedlichem Erhaltungszustand, die in eine westliche, eine östliche und eine südliche Gruppe zusammengefaßt sind.

Sehr schön läßt sich hier auf engem Raum die Entwicklung der nordindischen Tempelarchitektur vom Adinatha-Heiligtum (950) mit

◁ Steinernes Liebespaar in Khajuraho

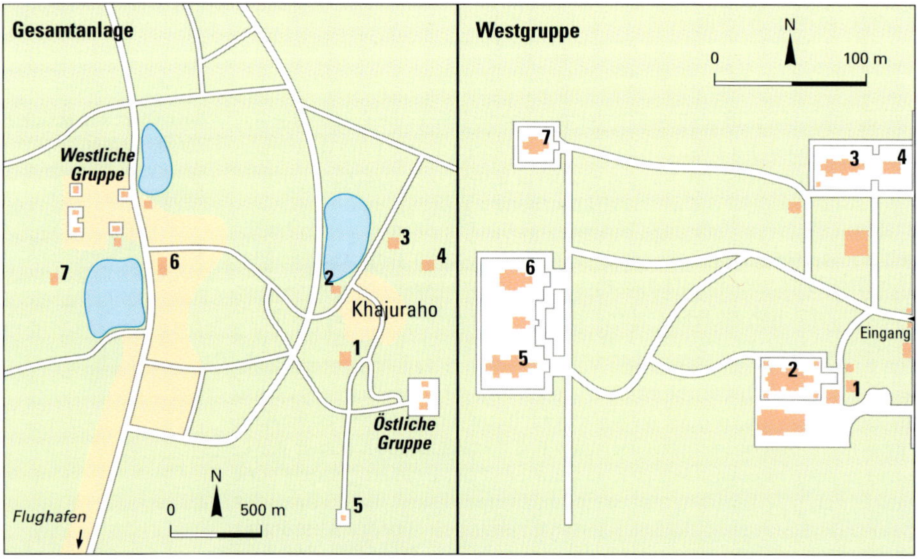


*Khajuraho, Gesamtanlage*
1 *Ghantaitempel*
2 *Brahmaschrein*
3 *Vamanatempel*
4 *Javaritempel*
5 *Duladeva-Tempel*
6 *Museum*
7 *Chausath Yogini-Tempel*

*Khajuraho, Westgruppe*
1 *Varahatempel*
2 *Lakshmanatempel*
3 *Vishvanatatempel*
4 *Nandi*
5 *Kandariya Mahadeva-Tempel*
6 *Jagadambitempel*
7 *Chitraguptatempel*

einfachem parabelförmigen Tempelturm (Shikhara) bis hin zum komplexen Kandariya-Mahadeva-Tempel (1050) mit seinem einer Gebirgslandschaft gleichenden Gefüge aus Hauptturm und Nebentürmen studieren.

Bis auf wenige Heiligtümer folgen die Tempel Khajurahos einem einheitlichen Konstruktionskonzept, bekannt als Nagara-Typus. Sie sind von Ost nach West ausgerichtet, liegen auf einer hohen Plattform (Jagati), sind mit einem äußeren oder inneren Ambulatorium (Pradakshina-patha) versehen und bestehen aus einem Sanktuarium (Garbhagriha) sowie einer oder mehreren Vorhallen. Die Außenwände sind fünffach oder siebenfach gestuft, wodurch die Fläche für die dekorative Gestaltung erheblich erweitert werden konnte.

Bei den größeren Tempeln verläuft der Umwandlungsgang innerhalb des Tempels. Für das notwendige Licht sorgen dann offene umlaufende Brüstungen, die sich in Höhe des Mandapa und der Kultzelle zu Balkonen erweitern, wodurch das Heiligtum dann den Grundriß eines Doppelkreuzes erhält. Diese größeren Tempel verfügen denn auch über eine kleinere (Mandapa) und eine Haupthalle (Mahamandapa), einen Portikus (Andramandapa) und einen schmalen Vorraum vor der Kultzelle (Antarala). Gebaut sind die Tempel mit goldgelbem Sandstein aus dem 80 km entfernten Panna, der vor allem den in unendlicher Vielfalt anmutig mit der Architektur verschmolzenen Plastiken ewiges Leben einzuhauchen scheint. Das erste Heiligtum, der Tempel der 64 Gottheiten, wurde noch aus dem örtlichen Granit gefertigt (s. u.), der sich jedoch für die Gestaltung lebendiger Plastiken als zu hart erwies. Die erotischen Darstellungen sind Ausdruck der Polarität zwischen dem Männlichen und Weiblichen und ihrer Beteiligung am ewigen Kreislauf von Werden und Vergehen. Auch die Götter sind diesem Gesetz unterworfen – die geschlechtliche Vereinigung von Shiva und Parvati ist Metapher für die Verschmelzung von Himmel und Erde und die Schaffung eines neuen Weltzyklus. Und in der Bhagavadgita heißt es von Krishna »Ich bin die Lust, die zeugt« und an einer anderen Stelle »Prakriti ist die Mutterform aller Formen, aller Wesen aus dem Schoß der Natur. Ich, der Vater, bin der Spender des Samens«. Die Schöpfungsgeschichte der Welt mit dem Fruchtbarkeitskult in Verbindung zu bringen, reicht weit in vorvedische Zeit zurück. Bereits in den altorientalischen Reichen stand die Fruchtbarkeit im Zentrum der Religion.

*»Solange Lippen küssen und Augen sehen, solange wird auch dieses Werk leben und es wird auch Dir Unsterblichkeit verleihen.« Aus dem Kama Sutra*

Im Shivaismus wurde sie später sogar zum dominierenden Bestandteil und die Darstellung von sich liebenden Paaren (Mithuna oder Maithuna) zu einer wichtigen künstlerischen Ausdrucksform. (Der Name entstammt einer mit *Mithuna* signierten Paardarstellung am Höhlenheiligtum von Karla (2. Jh.) nahe der Stadt Pune.) Im Laufe der Zeit gewann dieses Ritual aber vielschichtigere Bedeutung. Danach sind die Mithunas nicht ohne den anderen wichtigen Aspekt der indischen Glaubensvorstellung zu verstehen, die Askese.

Ein weiteres Relikt der altorientalischen Fruchtbarkeitskulte ist die vorherrschende Rolle des weiblichen Prinzips, das uns in vielfacher Weise begegnet, als Shakti, die jedem Gott innewohnende weibliche schöpferische Energie, als sexuelle Begierde erzeugende Kamini, als himmlische Nymphe Apsara, aber auch als asketische Yogini. Durch ihre Schönheit, ihre ausgeprägten Körperformen und ihre herausfordernden Bewegungen betören sie die Männer, spielen eine aktive Rolle in dem Versuch, die Asketen zu verführen und die Götter zum Schöpfungsakt anzuregen. Wichtigste Gruppe der erotischen Darstellungen sind die Paare, die bereits an den buddhistischen Höhlenklöstern nachweisbar sind.

Daß erotische Darstellungen in Khajuraho besonders stark vertreten sind, wird als Anzeichen für einen hier praktizierten Tantrismus gedeutet. In den Kaula- und Kapalikakulten, die in Khajuraho um 1065 unter König Kirtivarman nachweislich lebendig waren, wurde in geheimen Riten die körperliche Vereinigung als Nachahmung der Weltschöpfung durch Shiva und Parvati vollzogen. Das Ritual versprach durch die Einbeziehung von Yoga aber auch die Gewinnung magischer Kräfte.

## Die westliche Gruppe

Nach Betreten der sehr gepflegten, mit Bougainvillea bepflanzten Parkanlage trifft man zunächst auf den **Varahatempel (1),** ein um das Jahr 900 für den Gott Vishnu errichtetes Heiligtum. Der Bau liegt auf einer hohen, mit Figurenfriesen reich geschmückten Plattform. Unter

*Aufriß des Lakshmanatempels*

*Grundriß des Lakshmanatempels*

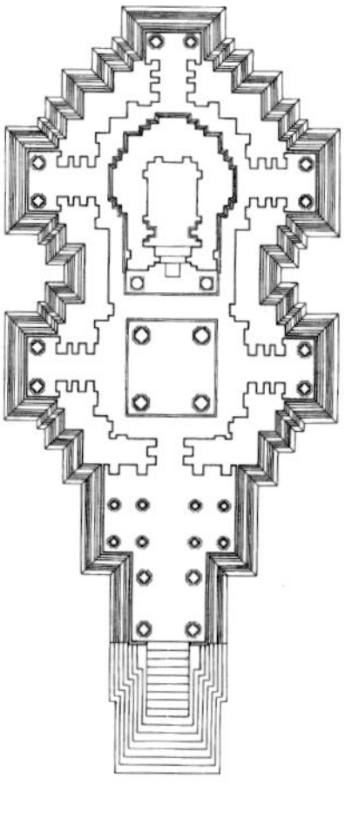

dem von 14 Pfeilern getragenen Pyramidendach ruht eine große Plastik des Varaha, der dritten Inkarnation Vishnus in Gestalt des Ebers. Die polierte monolitische Skulptur (2,6 m lang, 1,7 m hoch) ist mit Hunderten kleiner Götterbildnisse bedeckt, Ausdruck einer archaischen Darstellungsform, die Schöpfung als eine aus einem kosmischen Wesen entspringende Vervielfältigung der Lebensformen zu sehen. Varaha ist der Herr der drei Welten – Wasser, Erde und Himmel. So sind denn auch zu seinen Füßen die Tiere der Wasserwelt vereint, etwa das Krokodil, in der Mitte die Menschen und schließlich die Götter. In seinen Klauen hält er die neun Planeten (Navagraha), an seiner Schnauze ist Sarasvati erkennbar, die Göttin der schönen Künste und Gemahlin Vishnus. Zwischen den Füßen liegt Shesha, die kosmische Schlange, auf der Vishnu bei der Erschaffung jedes neuen Weltzeitalters ruht. Auf dem kleinen Sockel auch die Reste der Erdgöttin Prithvi, die Varaha aus den Klauen des Dämons Hiranyaksha befreite und aus der Tiefe der Fluten emporhob, um damit das Fortbestehen der Welt zu sichern.

Der gegenüberliegende **Lakshmanatempel (2,** um 950) ist das am besten erhaltene Beispiel der reifen Phase. Das Heiligtum gehört zum Typus des Panchayatana (*pancha* bedeutet fünf), bei dem auf einer großen Plattform der Hauptschrein von vier Nebenschreinen eingefaßt wird. Im Grundriß zeigt sich der Haupttempel als Doppelkreuz mit zwei als Balkonen ausgeführten ›Querschiffen‹, einer Kultzelle mit Ambulatorium (Pradakshina-patha) und Vorhalle (Antarala), die zur Tanzhalle überleitet. Es folgen zurückspringend Mandapa, Portikus und schließlich der Eingang mit Makara-Torana.

Geweiht ist der Tempel Lakshmana, der ein Halbbruder der siebten Inkarnation Vishnus (Rama) ist. Lakshmana spielt im Ramayana bei der Errettung Sitas aus der Gefangenschaft des auf Sri Lanka hausenden Dämonenkönigs Ravana eine zentrale Rolle. Die Außenwände der Plattformen und des Tempels quellen über von figürlichen und ornamentalen Darstellungen, die nach bestimmtem Muster in Bändern (Jangha) angeordnet sind, wie wir es auch an anderen Tempeln beobachten können, etwa in Modhera (s. S. 269). Die Basis bilden Lotosblätter, gefolgt von floralen Mustern, Meeresungeheuern, Elefantenfriesen und schließlich Bändern mit Menschen und Götterdarstellungen – ein Abbild des Universums. Überaus zahlreich treten Mithunas auf, begleitet von anmutigen Nymphen in verführerischen Posen. Die um die äußere Plattform verlaufenden Friese zeigen Pferde und Kriegeraufmärsche sowie Jagdszenen in höchster Vollendung und Individualität. Nahe der Südostecke die Szene eines Gurus mit seinen Schülern, rechts daneben die selbst in der erotischen Kunst Indiens sehr seltene Darstellung einer sexuellen Handlung mit einem Tier (Mann mit Pferd).

Es empfiehlt sich nunmehr, den nördlich des Eingangs liegenden **Vishvanatatempel (3,** ca. 1002) aufzusuchen, der die nächste Phase in der Entwicklung der Tempelarchitektur Khajurahos verkörpert. Er liegt nicht nur auf einer sehr hohen Plattform, sondern weist auch einen ungewöhnlich gestreckten Zentralbau auf. Vor- und Rücksprünge durch Balkone und eine akzentuierte horizontale Gliederung in schmale Bänder nehmen der Fassade jedoch ihre Monumentalität. Wie der Lakshmanatempel gehört auch er zum Panchayatana-Typus – von den ehemals vier Eckschreinen sind aber nur noch zwei erhalten – und hat alle Merkmale der großen Heiligtümer vorzuweisen, wie Vorhalle, Ambulatorium, mehrere Mandapas und vier Balkone. Auch hier sind die Wände mit Reliefs verschwenderisch ausgeschmückt. Dargestellt werden u. a. die Gottheiten Parvati, Shiva und Ganesh.

Ein großer, aus einer Yoni emporwachsender Lingam (Yonilingam) in der Kultzelle weist das Heiligtum Shiva zu und versinnbildlicht die Schöpfung, die in Khajuraho immer wieder im Mittelpunkt der künstlerischen Gestaltung steht. Von kleinen Konsolen im Innenraum blicken verführerische Surasundaris auf die Besucher, sind Liebespaare in der Umarmung versunken, spielt ein Mädchen Flöte, während ein anderes sich einen Dorn aus dem Fuß zieht. Vor dem Eingang wacht in einem schmucklosen Pavillon der Bulle **Nandi (4),** das Tragetier Shivas.

In dem um 1030 entstandenen **Kandariya Mahadeva-Tempel (5)** nahe der südwestlichen Ecke des Parkgeländes hat die Tempelarchitektur Khajurahos ihren Zenit erreicht. Bis auf 22 m Höhe reckt sich der von 84 kleinen Türmen umgebene Shikhara zu einem Tempelgebirge, der Verkörperung des heiligen Berges Meru und der Weltachse. Auch die sich gestaffelt nach oben verjüngenden horizontalen Bänder der Basis tragen zu diesem Eindruck eines lebendigen Gebirgs-

Jagadambitempel

massivs bei. Das Shiva geweihte Heiligtum hat seinen Platz zusammen mit dem Jagadambitempel (s. u.) auf einer großen Plattform.

Drei übereinanderliegende Figurenpaneele umfließen die von zahlreichen Vor- und Rücksprüngen lebhaft gestaltete Außenseite und lassen sie zur einzigartigen Galerie der Menschen- und Götterwelt werden. Mithunas, himmlische Nymphen, Tänzerinnen, Götter und Dämonen – modelliert von grellem Licht und hartem Schatten – ziehen die Besucher in ihren Bann. Die Figuren sind nicht beliebig angeordnet, sondern durch ihre Bewegungen miteinander in Beziehung gesetzt und dadurch trotz ihrer Vielzahl zu einem harmonischen Ganzen verbunden.

Besonderes Interesse zieht die erotische Darstellung auf dem unteren Figurenfries im Zentrum der Südwand auf sich. Hinter dieser ›akrobatischen Übung‹ verbirgt sich ein besonderer tantrischer Ritus, bei dem der Mann während des Geschlechtsaktes durch seinen geistigen Körper die Energie der weiblichen Shakti in sich aufnimmt. Diese Lebensenergie (Prana) wird durch feinstoffliche Kanäle (Nadi) an den grobstofflichen Körper weitergeleitet, und durch den entlang des Rückgrats verlaufenden Sushumna-Kanal in den Kopf geführt. Durch geheime Techniken, Disziplin und viel Praxis ist es so möglich, die sexuelle Energie in spirituelle Energie umzuwandeln und auf diesem Wege die Erleuchtung zu erlangen.

Der an der nördlichen Kante der Plattform stehende **Jagadambitempel (6)** entstand zwischen 1000 und 1025 und ist Kali geweiht. Im Gegensatz zum Kandariya, dem er äußerlich ähnelt, fehlt aber der innere Umwandlungsgang um die Kultzelle. Der Figurenschmuck – achten sollte man auf die Lebendigkeit der dargestellten Gesichter – ist insgesamt sparsamer, steht aber dort, wo er auftritt, vor allem am Eingang zur Allerheiligsten, dem Kandariya in nichts nach.

Nebenan erhebt sich der **Chitraguptatempel (7),** geweiht dem Sonnengott Surya. Portikus und Balkone haben hier fast gleiche Gestalt und erscheinen wie um den Mandapa angeordnete Seitenschreine. Der von nur wenigen Türmchen flankierte Shikhara wirkt strenger als der fast barock anmutende Turm des Kandariya. Im Allerheiligsten und am Türsturz des Zugangs finden wir Bildnisse des Sonnengottes, und auch die als Sonnenscheibe ausgebildete Kuppel über dem Mandapa erinnert an die früher sehr populäre Gestalt vedischen Ursprungs. An der südlichen Außenwand verdient ein elfköpfiger Vishnu Beachtung.

Außerhalb der Westgruppe läßt sich der Ursprung der Tempelbaukunst Khajurahos anhand des **Chausath Yogini-Tempels** (s. Nr. **7** linke Karte S. 156) studieren. Er entstand wahrscheinlich Ende des 8. Jh. und wurde noch aus dem lokalen groben und harten Granit gefertigt, der den Steinmetzen keine Gelegenheit gab, ihre Meisterschaft unter Beweis zu stellen. Das Heiligtum liegt auf einer Plattform und bestand aus 65 Schreinen, von denen noch 35 erhalten sind. Verehrt wurden hier die 64 Yoginis, die Dienerinnen der Göttin Kali.

## Die östliche Gruppe

Hier verdienen vor allem die von einer gemeinsamen Mauer umschlossenen Jaintempel, die alle zwischen 950 und 1080 entstanden sind, einen Besuch. Der linke (im Norden liegende), dem Furtbereiter **Adinatha** geweiht, stammt aus dem Jahr 1080 und damit aus der Spätphase Khajurahos. Erhalten sind allerdings nur noch das Heiligtum und der Turm. Auffallend ist der Gegensatz zwischen dem nur ornamental mit Gittermuster verzierten Shikhara und den mit Friesen lebhaft gestalteten Außenwänden. In den drei Figurenbändern an der durch sieben Vor- und Rücksprünge gegliederten Fassade begegnen uns fliegende Wesen (Kinnara), Göttinnen der Weisheit, Mithunas und natürlich wieder die anmutigen Apsaras. Eine hält kokett einen Spiegel, eine andere schminkt sich, eine dritte liest einen Brief: Menschen- und Götterwelt verschmelzen zu einem Universum.

Der nebenan liegende **Parshvanathatempel,** größtes und schönstes Jainbauwerk Khajurahos, wurde Mitte des 10. Jh. auf einer hohen Plattform errichtet. Tauchten da nicht ab und zu ›luftgekleidete‹ Jainfiguren (Digambara) zwischen den Göttern, Nymphen und Paaren auf, könnte man sich in einem Hindutempel wähnen. Die Ausführung der Gestalten ist von virtuoser Perfektion und wohl derselben Schule zuzuschreiben, die am Lakshmanatempel gearbeitet hat, der nur wenige Jahre zuvor entstanden ist. Das Heiligtum besteht aus einem reich verzierten Eingangsportikus, einem Mandapa, der Vorhalle und dem Kultraum, alles von einer rechteckigen Halle umschlossen.

Die Wand ist an der Innenseite mit Pilastern verziert, die zwischen den Jainfiguren auf Podesten ihren Platz haben, und wird von Gitterfenstern durchbrochen. Beiderseits des Zugangs zum Mandapa wachen vierarmige Wesen mit Buch und Zepter in den Händen. Den Eingang zum Allerheiligsten flankieren wie üblich Ganga und Yamuna als weibliche Wächterfiguren (Dvarapala), im Zentrum des unteren Architravs ein sitzender Jain, darüber sitzende und stehende Gestalten. Das aus schwarzem Marmor gefertigte Kultbild des Parshvanatha stammt erst aus dem Jahre 1860, das Abbild eines Bullen auf dem noch aus der Entstehungszeit des Tempels datierten Sockel deutet jedoch darauf hin, daß in dem Heiligtum ursprünglich Adinatha verehrt wurde. Abweichend von anderen Bauten existiert an der Westseite hinter dem Allerheiligsten ein weiterer Schrein, der vom Grundriß her ein Gegengewicht zum östlichen Eingangsportikus bildet.

An der Außenseite ziehen sich, wie in Khajuraho üblich, in drei Bändern die Skulpturenfriese um den Bau. Man wird nicht müde, sich an den köstlichen Details zu ergötzen, den anmutigen Mädchen bei der Toilette, eingerahmt von tigerähnlichen Mischwesen, die als sinnliche Begierde interpretiert werden; beim Anblick der lebendig gestalteten Elefanten hört man förmlich das Trompeten der Tiere. ›Furtbereiter‹ der Jains stehen einträchtig neben Hindugottheiten und beschwören eine Zeit herauf, in der Kunst, Kultur und religiöse Toleranz dem Norden Indiens ein kurzes Goldenes Zeitalter bescherten.

Der angrenzende **Shantinathatempel,** entstanden um 1029 und dem 16. Furtbereiter geweiht, kann sich kaum mit seinen Nachbarn messen, verfügt jedoch über sehenswerte Türrahmen an den kleinen Schreinen im Nordwesten und eine Skulptur der Eltern des Jina.

Ein weiteres erwähnenswertes Jainheiligtum, der **Ghantaitempel (1),** liegt zwischen der östlichen und der westlichen Gruppe am Südrand des Dorfes Khajuraho. Seinen Namen hat er von den hier vorherrschenden Glockenmotiven *(ghanta)* an den hoch aufragenden Säulen, die zu den schönsten Ghanta-Exemplaren des mittelalterlichen Indiens zählen. Von dem ehemals allein durch seine Größe beeindruckenden Bauwerk sind noch zwei Hallen erhalten, so daß man sich heute nur diesen beiden Fragmenten gegenübersieht.

Aufgrund einer in der Nähe gefundenen Buddhastatue wurde der Tempel zunächst für einen buddhistischen Schrein gehalten, erwies sich dann jedoch durch die 16 glückverheißenden Symbole der Jains (u. a. Elefant, Bulle, Löwe, Sonne, Löwenthron und Schlangenpaar) am Rahmen des Mandapa als Gründung der Digambara, der auch die anderen Heiligtümer Khajurahos zuzuschreiben sind.

Ein Stück nördlich liegen drei hinduistische Kultstätten. Am ältesten ist der um 900 entstandene **Brahmaschrein (2),** ein einfacher, nur aus Portikus und Kultzelle bestehender Bau (der Portikus ist zerfallen). Als Abdeckung dient ein in Kragbauweise aufgeschichtetes Pyramidendach, das von Glocke, Wulst und Gefäß im traditionellen Stil des Nagara-Tempels abgeschlossen wird. Den Eingang bewachen Ganga und Yamuna, auf dem Türsturz darüber Vishnu, im Innern ein vierköpfiger Lingam (Mukhalingam). Ob das shivaitische Kultobjekt hier ursprünglich seinen Platz hatte, erscheint fraglich, da Lingams

*Relief mit erotischer Darstellung*

mit vier Gesichtern (*mukha* bedeutet Antlitz) üblicherweise Tempeln mit vier Eingängen vorbehalten waren.

Nordöstlich trifft man auf den **Vamanatempel (3),** geweiht der Inkarnation Vishnus als Zwerg. Mit siebenfacher vertikaler Stufung der Wände und dem einfachen Shikhara ähnelt er dem oben beschriebenen Adinathatempel. In den Bildfeldern der Außenwände finden sich zahlreiche Gottheiten aus dem Umfeld Vishnus, Nymphen und andere Wesen des hinduistischen Pantheons in der für diese Phase (1080) typischen Perfektion.

Besser erhalten ist der in der Nähe gelegene **Javaritempel (4),** der ebenfalls dem Gott Vishnu geweiht ist und vor allem durch seine vielgestaltigen Turmformen Beachtung verdient. Während der Shikhara über dem Heiligtum eine relativ strenge Form zeigt, lösen sich die Dächer über dem Portikus und dem Mandapa in unzählige kleine Elemente auf, die ein wenig an die bewegten Turmlandschaften südindischer Tempeltürme erinnern. Mit Ranken und Rosetten gefüllte Medaillons schmücken die schräg nach außen weisenden Wände der Brüstungen, an den Bilderwänden die bekannten Götternischen, Apsaras und Musikanten.

Der im Süden der östlichen Gruppe liegende **Duladevatempel (5),** der zuweilen auch der **südlichen Gruppe** zugeordnet wird, zu der noch weitere, allerdings zerfallene Heiligtümer jenseits des Khudar-Flusses zählen, repräsentiert die Endphase der Architektur von Khajuraho. Das 1125 errichtete Shivaheiligtum folgt im Grundriß dem üblichen Schema mit Portikus, mehreren Hallen, Kultzelle und Umwandlungsgang, läßt aber bereits die für Khajuraho ansonsten kennzeichnende Individualisierung der Plastiken vermissen.

Im kleinen **Museum (6)** finden sich weitere sehenswerte Skulpturen von unterschiedlichen Tempeln der Umgebung.

# Entlang der Aravallikette

# Alwar

Die kleine Metropole des gleichnamigen ehemaligen Fürstentums liegt etwa auf halbem Wege zwischen Delhi und Jaipur am Rande der Aravallikette, umgeben von Hügelketten und fruchtbaren Tälern. Die Geschichte reicht weit zurück in mythische Vorzeit, soll doch hier einer der Schauplätze der Auseinandersetzung zwischen den Pandava und Kaurava gelegen haben, den berühmten Akteuren des Mahabharata.

Die Gründung als eigenständiges Fürstentum erfolgte aber erst 1771 durch Rao Pratap Singhji von Macheri, der sich von der Vorherrschaft Jaipurs löste, die Jats 1774 aus der Stadt Alwar vertrieb und seinen Einflußbereich durch geschicktes Paktieren mit den Moguln rasch ausweitete. Sein Nachfolger Bakhtawar Singhji (1781–1815) erkannte rechtzeitig die Zeichen der Zeit und schlug sich zu Beginn des 19. Jh. auf die Seite der Briten, die er 1803 im Kampf gegen die Marathen, unter denen auch die Fürstentümer Rajasthans zu leiden hatten, tatkräftig unterstützte. Zudem unterwarf er sich als einer der ersten Herrscher freiwillig der britischen Oberhoheit. Als Lohn winkten die Unabhängigkeit, der Titel des Maharajas und das luxuriöse Leben fern jeder politischen und militärischen Verantwortung. Ungehemmter Genuß und Zurschaustellung des Reichtums waren nunmehr Lebensinhalt der Maharajas. Vor allem der berüchtigte Jai Singh (1892–1937) tat sich hier unrühmlich hervor. Seine Vorliebe für luxuriöse Autos mag man ja noch teilen, kaum jedoch die Angewohnheit, Kinder als Köder für seine Tigerjagden zu verwenden oder ausschweifende Orgien zu feiern, bei denen es Tote gegeben haben soll. Als er bei einem Poloturnier sein Pferd aus Zorn mit Benzin übergoß und anzündete, hatte er den Bogen überspannt und wurde von den Briten ins Exil verbannt.

Die Palastanlage liegt leicht erhöht zu Füßen des Forts **Bala Qila** am Nordostrand Alwars. Die von einer fast 5 km langen Mauer umschlossene, 300 m über der Stadt thronende Festung, die bereits im 16. Jh. von den Khanzadarajputen auf den Fundamenten einer noch älteren Lehmburg errichtet wurde, dient heute als Funkanlage und ist nur mit Erlaubnis der Polizeipräfektur zugänglich.

Der Stadtpalast **Vinay Vilas** vermag weniger durch seine Architektur zu beeindrucken, die sich an den Palästen von Orcha und Bharatpur orientiert, als vielmehr durch die einzigartige Kulisse, die unseren romantischen Vorstellungen von Indien am ehesten entspricht – die steile braune Felswand der Berge, das Blaugrün des Wassers im großen, rechteckigen Stauteich (Tank), die verspielt wirkenden Chattris auf Plattformen im See, die Front des Palastes mit seinen Erkern, geschwungenen Dächern und zerbrechlich wirkenden Streben – alles ein wenig vom morbiden Hauch der Vergänglichkeit umweht. Heute beherbergt der Palast Büros der Stadtverwaltung und ein Museum, in

***Besonders sehenswert:***
*Alwar* ☆
*Jaipur* ☆☆
*Amber* ☆☆
*Shekhavati* ☆☆
*Ajmer* ☆
*Pushkar* ☆
*Udaipur* ☆☆
*Jagat* ☆
*Nagda* ☆
*Ranakpur* ☆☆
*Mount Abu* ☆☆

◁ *Gott Krishna mit Flöte ist ein überall anzutreffendes Bildnis (hier in Fatehpur)*

*Teil der Palastanlage von Alwar*

dessen einzigartiger Sammlung erlesener Stücke sich Luxus, aber auch Dekadenz vergangener Zeit widerspiegeln. Zu den herausragenden Exponaten zählen eine von Vinaya Singh in Auftrag gegebene Kopie (19. Jh.) des 1258 erschienenen persischen Gulistan (›Rosengarten‹), für die der Kopist 15 Jahre benötigt haben soll; Miniaturmalereien von Krishna und Radha aus den Schulen von Bundi und Alwar, außerdem Schwerter, die den Mogulherrschern Akbar und Aurangzeb zugeschrieben werden. Man kann aber auch einen Tisch aus massivem Silber bewundern, Fliegenwedel aus Sandelholz und das Mahabharata in Miniaturschrift. In der nicht zugänglichen, um die Mitte des 19. Jh. entstandenen großen, reich ausgeschmückten Darbarhalle kommt bereits die Imitation europäischer Palastanlagen mit ihren großen Sälen zum Ausdruck – charakteristisch für die späteren Rajputenpaläste.

*Freunden von Natur und Tierwelt sei der Besuch des Sariska-Nationalparks etwa 30 km südwestlich ans Herz gelegt, wo der Besucher heute in einem ehemaligen Jagdpalast des Maharajas residieren kann.*

Am Südrand des Tanks liegt das 1815 entstandene **Kenotaph** des Maharajas Bakhtawar Singhji und seiner Gemahlin Moosi Rani, die als Sati mit ihm verbrannt wurde. Der aus Sandstein und Marmor bestehende Bau ist, wie auch die Gestaltung des angrenzenden Tanks, ein schönes Beispiel für die Rajputenarchitektur in ihrer letzten, bereits manieriert wirkenden Phase.

# *Jaipur*

Die Hauptstadt Rajasthans (ca. 1,5 Mio. Einwohner), wegen ihrer unzähligen, in Rosatönen gehaltenen Bauten auch Pink City genannt, gehört sicherlich zu den sehenswertesten Städten Indiens und verdient mit ihren zahlreichen großartigen Beispielen regionalen Kunstschaffens durchaus einen längeren Aufenthalt.

## Geschichte

**Besonders sehenswert:**
**Palast ☆☆**
**Observatorium ☆☆**
**Hawa Mahal ☆☆**
**Government Museum ☆☆**

Benannt wurde sie nach ihrem Gründer Maharaja Jai Singh II. (1699–1744), der nach dem frühen Tod seines Vaters Bishan Singh bereits mit 12 Jahren den Thron von Amber bestieg und schon in jungen Jahren den Mogulherrscher Aurangzeb derart beeindruckte, daß er ihm den Ehrentitel Sawai verlieh (›eineinviertel Mal besser als alle Zeitgenossen‹) – eine Bezeichnung, mit der sich seither alle Thronfolger Jaipurs schmücken. Die Maharajas von Jaipur gehören zu den wenigen, deren Herkunft sich bis in das 11. Jh. verfolgen läßt, als Kakil Deo aus dem Rajputenclan der Kachhawah die Festung Amber eroberte und zur Residenz erhob. Sie selbst führen ihre Abstammung aber noch weiter zurück und sehen sich als Erben der legendären Sonnendynastie von Ayohdya. Durch Heirat war das Haus von Jaipur seit Mitte des 16. Jh. eng mit den Moguln verbunden. Sowohl Akbar wie auch sein Sohn Jahangir hatten Töchter der Herrscher von Amber zur Frau. Diese engen Familienbande fanden ihren Niederschlag in zahlreichen Privilegien, wie z. B. den Titeln von Heerführern und Gouverneuren im Dienste der Mogulherrscher. Wie üblich war damit auch ein beachtlicher Reichtum verbunden.

Mit der Vergrößerung des Reiches, das bald auch die Fürstentümer von Mewar und Marwar einschloß, faßte Jai Singh II. die Neugründung einer Hauptstadt ins Auge, zu der er am 18. November 1727 den Grundstein legte. Möglicherweise wollte der Herrscher damit seine Loslösung von der Mogulherrschaft nach dem Tode Aurangzebs unterstreichen, die er mit einer prunkvollen Zeremonie vollzogen hatte. Schon zuvor hatte er sich allerdings als eifriger Bauherr betätigt, etwa beim Observatorium in Delhi (s. S. 110) und im Palast von Amber.

Mehr als einmal geriet Jaipur nach dem Tode seines Gründers im 18. Jh. in Bedrängnis. Im August 1748 fielen die Marathen in Jaipur ein, zwei Jahre später stand Jaswant Rao Holkar vor der Stadt und trieb Ishwari Singh (1743–1750) in den Selbstmord. Im Jahre 1818 schloß Maharaja Jagat Singh den ersten Vertrag mit den Briten und sicherte damit der Dynastie ein gewisses Maß an Autonomie. Bei der Meuterei 1857 unterstützte Jaipur tatkräftig die Kolonialherren und gehörte seither zu den treusten Verbündeten.

Die Stadt wurde nach dem in Indien selten anzutreffenden schachbrettartigen Muster angelegt, bestehend aus insgesamt zehn nahezu quadratischen Vierteln, von denen neun wiederum ein Quadrat bilden und über ein Netz sich rechtwinklig kreuzender Straßen verfügen. Das zehnte, im Südosten angefügte Viertel weist hingegen das in islamischen Städten vorherrschende unregelmäßige System der Knickgassen auf und wurde auch bevorzugt von Muslimen bewohnt. Woher Jai Singh das Konzept übernommen hat, ist nicht klar. Möglicherweise lieferten europäische Städte das Vorbild, sehr wahrscheinlich jedoch liegen dem Raster kosmische Bezüge zugrunde. Jai Singh beschäftigte sich ja, wie der Bau etlicher Observatorien beweist, intensiv mit Astronomie und Astrologie. Somit ließe sich die Stadt als eine Art Abbild des Universums, als steingewordenes Mandala interpretieren. Die neun Quadrate symbolisieren dann das neungeteilte Universum, wobei das nördliche, genannt Chokri Sarhand, als Verkörperung des heiligen Berges Meru dem Palast vorbehalten war.

Der besondere Reiz Jaipurs liegt darin, daß die noch vollständig von Mauern umschlossene Altstadt von modernen Bauten verschont geblieben ist und durch ihren einheitlich rosa Farbton wie aus einem Guß wirkt. Den Anstrich erhielt die Stadt allerdings erst 1876 aus Anlaß des Besuchs des Prinzen von Wales, des späteren Königs Edward VII. Die Tradition wurde bis heute beibehalten und sogar per Gesetz festgeschrieben.

Der Zugang aus der Neustadt erfolgt durch mehrere attraktive Tore entlang der sich rechtwinklig schneidenden Hauptachsen. Das Zentrum und die nördlichen Viertel der Altstadt sind dem Palast und dem Observatorium vorbehalten. Daß der Palast recht ungeschützt inmitten der Stadt lag und nicht, wie in Rajasthan üblich, Teil einer Festung war, läßt auf die militärische Stärke Jaipurs und das Selbstvertrauen des Erbauers in jenen Tagen schließen. Als rettende Zuflucht hatte Jai Singh II. für den Notfall allerdings die als uneinnehmbar geltende Feste Nahargarh (›Tigerfestung‹) unmittelbar nordwestlich der Palastanlage auf einen mit dem Fort Jungarh (s. u.) verbundenen Felsgrat gesetzt und so eine hochliegende Bastion gegen potentielle Angriffe aus der Ebene geschaffen. Aus diesem strategischen Grund wurde die Stadt auch so nahe wie möglich an den Gebirgszug gerückt und der perfekt symmetrische Grundriß dem Sicherheitsgedanken geopfert. Daß der Schutz allerdings nicht ausreichte, beweisen die mehrfachen Überfälle der Marathen.

*Sonnenemblem und Ganesh im Palast von Jaipur*

## Der Palast

Obwohl der nach wie vor vom Maharaja von Jaipur bewohnte **Palast (1)** nur zum Teil der Öffentlichkeit zugänglich ist, offenbart sich dem Besucher hier die legendäre Prachtentfaltung der indischen Herrscher besonders eindrucksvoll. Im Gegensatz zu den frühen, eher burgartigen Palastanlagen Rajasthans gruppieren sich die Gebäude

Blick über das Observatorium zum Palast und Fort Nahargarh

um mehrere Höfe in einem ummauerten Komplex, in den auch ein größerer Garten einbezogen wurde. Die Anlehnung an die Paläste der Mogulherrscher Jahangir und Shah Jahan ist in dieser Residenz, die den Ausgangspunkt für die Stadtplanung bildete, unübersehbar.

Durch das westliche Tor Virendra Pol betritt der Besucher heute den ersten Innenhof, der vom **Mubarak Mahal** im Zentrum beherrscht wird. Das elegante, durch seine zierlichen Säulen der umlaufenden Veranda im ersten Stock grazil wirkende ehemalige Gästehaus entstand 1900 unter Aufsicht des Engländers Samuel Swinton Jacob, dem ›State Engineer of Jaipur‹, und verkörpert die letzte bedeutsame Phase indischer Architektur.

Heute ist im oberen Stock das Textilmuseum mit Gewändern der Maharajas von Jaipur untergebracht, darunter eine Robe aus Benares-Brokat des schwergewichtigen (Gürtelumfang 1,80 m) Maharaja Madho Singh I. (1880–1922), feinste Kaschmirstoffe und traditionelle Holzdrucke, Brokate, mit Gold durchwirkte Schals, Glaswaren und Spielzeug der Prinzen. In der nordöstlichen Ecke des Hofs hat die **Waffenkammer** ihren Platz. In der sehenswerten Sammlung manifestiert sich die Vorliebe der Rajputen für das Kriegshandwerk und ihr Erfindungsreichtum in der Entwicklung besonders grausamer Waffen, so etwa einer Keule in Form einer Lotosknospe, die sich in der Wunde des Opfers mit zahlreichen Spitzen entfaltet. Zu sehen gibt es überdies das gewaltige Schwert von Raja Man Singh I., die Schwerter der Mogulherrscher Jahangir und Shah Jahan, juwelenge-

*Jaipur, Altstadt*
*1 Palast*
*2 Observatorium Jantar Mantar*
*3 Hawa Mahal (Palast der Winde)*
*4 Government Museum*
*5 Fort Nahargarh*
*6 Gaitor*

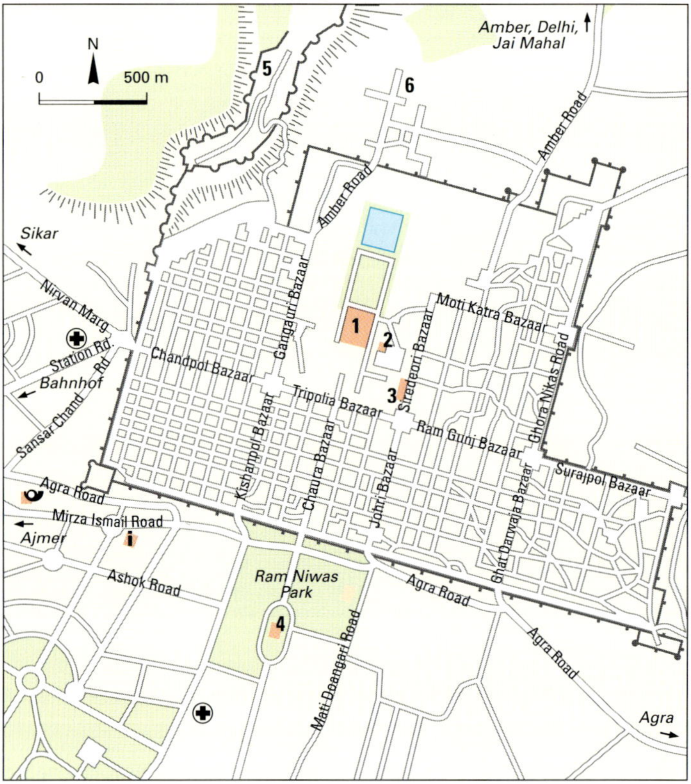


schmückte Dolche und einen Helm Akbars sowie Pistolen und Gewehre unterschiedlicher Kaliber.

Das dekorative, zu Beginn unseres Jahrhunderts zusammen mit dem Mubarak Mahal ebenfalls aus Marmor gefertigte **Rajender Pol** an der Nordseite des Hofs wird von zwei schön gearbeiteten Elefanten aus Marmor bewacht. Sie wurden hier 1931 von Maharaja Man Singh II. (1922–1970) aufgestellt, um die lange erhoffte Geburt eines männlichen Nachfolgers (des derzeitigen Mahajaras Bhawani Singh) zu feiern. Durch das Tor gelangt man in den zweiten Hof mit der ursprünglichen **öffentlichen Audienzhalle** (Diwan-i-Am), die ihre mogulische Abkunft kaum verleugnen kann, mit ihren aufgemalten pietra dura-Imitaten allerdings weit von deren Qualität entfernt ist. Die Halle trägt heute den Namen Sharbata Bhadra (private Audienzhalle oder Diwan-i-Khas). Prunkstücke sind die beiden 1,50 m hohen, 345 kg schweren Silbergefäße, die Madho Singh II. im Jahre 1902 für seinen Besuch der Krönungsfeierlichkeiten von König Edward VII. in England anfertigen ließ, um auch unterwegs nicht auf das heilige Gangeswasser verzichten zu müssen.

In der neuen öffentlichen Empfangshalle (Ende 18. Jh./Anfang 19. Jh.) an der Nordostseite des Hofs ist nunmehr die **Kunstgalerie** untergebracht. Präsentiert werden eine große Auswahl von Miniaturen, darunter eine Darstellung mit Maria und Josef, die zwei anbeten den blonden Engeln das Jesuskind zeigen, Teppiche des 16. und 17. Jh. aus Kabul und Lahore, ein Manuskript der Bhagavadgita in Miniaturschrift und die üblichen Fotos der Herrscherfamilie. Einen Blick verdient auch die um 1870 mit Blumenornamenten bemalte Decke. Durch das Ganesh Pol im Westflügel des Hofs gelangt man in den angrenzenden **Pfauenhof** (Pritam Niwas Chowk). An der Nordseite wird er vom Hauptgebäude der Residenz begrenzt, dem siebenstöckigen stufenförmigen, die Gesamtanlage überragenden **Chandra Mahal,** der zwischen 1727 und 1734 als erstes Gebäude der Stadt errichtet wurde und noch die kompakte Struktur der rajputischen Palastarchitektur erkennen läßt.

Akzentuiert wird die Fassade durch den Wechsel glatter Wandflächen und vorspringender, übereinanderliegender, von schmalen Säulen getragener Balkone. Allerdings haben die Architekten die recht kleine Front mit zu vielen Details überfrachtet und ihr so die Erhabenheit genommen, die früheren Palastanlagen der Rajputen zu eigen ist. Kleine kunsthandwerkliche Kostbarkeiten sind allerdings die Pfauendarstellungen über dem barock anmutenden Pfauentor und die getriebenen Metallreliefs an den Türen.

## Das Observatorium

Unübersehbar springen am Zugangstor zum Stadtpalast die futuristisch anmutenden Yantras, die ›Steinplastiken‹ des **Jantar Mantar (2)** ins Auge. Schon früh hatte sich Jai Singh II. mit Astronomie

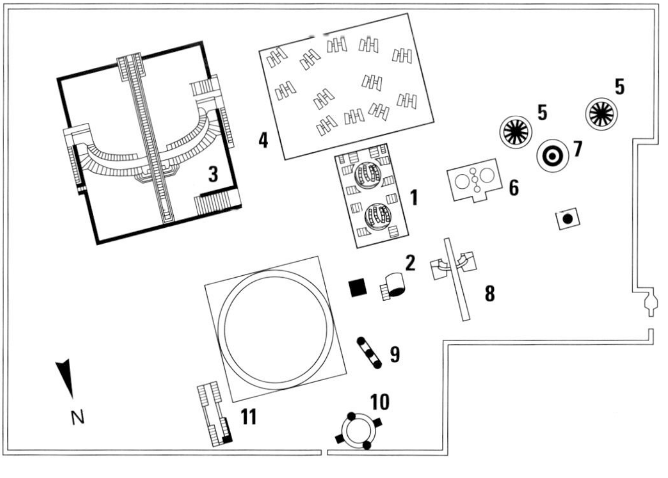


*Jaipur, Observatorium*
*1 Jai Prakash Yantra*
*2 Narivalaya Yantra*
*3 Brihat Samrat Yantra (große Sonnenuhr)*
*4 Rashivalaya Yantra (zwölf Sternzeichen)*
*5 Ram Yantras*
*6 Kapalli Yantra*
*7 Digansha Yantra*
*8 Laghu Samrat Yantra (kleine Sonnenuhr)*
*9 Yantra Raj (großes Astrolabium)*
*10 Unnatansha Yantra*
*11 Dakshino Bhitti Yantra*

Pfauentor in Jaipur

beschäftigt und bereits 1724 ein Observatorium in Delhi errichtet, denen weitere in Jaipur, Varanasi, Ujjain und Mathura folgten. Weniger wissenschaftlicher Erkenntnisdrang stand hinter diesen Ambitionen als vielmehr der Wunsch nach möglichst präzisen Daten für die in der indischen Kultur tief verwurzelte Astrologie. Die Funktionsweise der in mehreren Komplexen angeordneten Instrumente ist auch heute für den Laien ohne astronomische Grundbegriffe wie Meridian, Azimut, Zenit, Eklipse oder Deklination nur schwer zu verstehen. Jaipur ist das einzige Observatorium Jai Singhs, dessen Instrumente noch voll funktionsfähig sind, deshalb soll hier kurz auf die Bedeutung der drei wichtigsten Meßstationen eingegangen werden.

Die zwei in die Erde eingelassenen halbkugelförmigen Gebilde **(Jai Prakash Yantra)** bilden den auf den Kopf gestellten Himmel ab, wobei der obere Rand den in 360° aufgeteilten Horizont darstellt. In die gekrümmten Marmorsegmente sind Azimutlinien, der lokale Meridian und der Himmelsäquator eingeritzt. Vier Drähte halten einen kleinen Ring über dem Zentrum, dessen Schatten über die Meßlinien wandert. Einige Meter weiter steht eine Doppelsonnenuhr **(Narivalaya Yantra)**, bestehend aus zwei kreisrunden, geneigten Scheiben. Die nach Norden gerichtete Sonnenuhr zeigt die Jaipurzeit zwischen dem 22. März und dem 22. September, die südliche läßt sich im Winterhalbjahr ablesen. Am 21. März und am 23. September, den Tagen der Sommer- und Wintersonnenwende ›stehen‹ beide Uhren, d. h. die Flächen liegen im Schatten. Der höchste Komplex in der hinteren Ecke **(Brihat Samrat Yantra)** ist eine überdimensionale Sonnenuhr. Das 44 m lange und 27 m hohe Bauwerk mit einer Schräge von 27° wirft einen Schatten auf die halbkreisförmigen Bögen zu seinen Füßen, der pro Stunde um etwa 4 m wandert. Es läßt sich aber auch für komplexere Beobachtungen von Zenitdistanzen und Meridiandurchgängen nutzen.

*Detail des Pfauentors*

## Hawa Mahal

Wohl kein Gebäude Indiens, den Taj Mahal einmal ausgenommen, ist so oft auf Film gebannt worden wie dieser sogenannte **Palast der Winde (3).** In den Augen vieler Europäer verkörpert er die Exotik Indiens schlechthin, obwohl es sich nur um eine kulissenhafte Illusion handelt, die von Kunsthistorikern eher als Zeichen der Dekadenz und des Niedergangs der rajputischen Architektur gewertet wird (s. Titelbild). Erbaut wurde die fünfstöckige, bienenwabenartig mit 953 Fenstern und Erkern durchsetzte Fassade am Ostrand des Palastkomplexes im Jahre 1799 von Pratap Singh, um seinen Hofdamen, vor fremden Blicken durch Jalis geschützt, einen Blick auf die unterhalb stattfindenden festlichen Umzüge zu gewähren. In der Staffelung gleichartiger Elemente zu einer sich verjüngenden Spitze hin verbergen sich hinter den vorherrschenden islamischen Architekturformen des Hawa Mahal aber auch Merkmale der hinduistischen Shikhara-Tempeltürme.

## Das Government Museum

Der Ram Niwas-Park, der Ende des vergangenen Jahrhunderts im Rahmen der Stadterweiterung geschaffen wurde, grenzt südlich an die Altstadt. Die Grünanlage bildet den Rahmen für die Albert Hall, zu der der Prince of Wales bei seinem Besuch 1876 den Grundstein legte.

*Holifest: Mit diesem ausgelassenen Fest (Februar/März) verabschieden die Nordinder den Winter. Auf großen Scheiterhaufen wird der Dämon Holika verbrannt, und am nächsten Tag, zuweilen auch schon vorher, überschüttet man sich mit gefärbtem Wasser und Farbpulver. Auch Touristen sind ein beliebtes Ziel dieser Farborgien und sollten dies bei der Auswahl der Kleidung berücksichtigen, die anschließend reif für den Mülleimer ist!*

Unter der Aufsicht des bereits erwähnten Samuel Swinton Jacob wurde sie nach britischem Vorbild errichtet; sie gibt auch heute noch der umfangreichen **Kunstsammlung (4)** einen würdigen Rahmen.

Wie in vielen indischen Museen wird der Besucher hier mit einem zuweilen befremdlichen Sammelsurium unterschiedlichster Exponate konfrontiert, von kuriosen Skeletten bis zu erlesener Kunst. Außergewöhnlich ist die Sammlung von Miniaturmalerei entlang der Galerien im ersten Stock. Gezeigt werden u. a. Serien der Bundischule (16. und 18. Jh.), Werke aus Jodhpur (18. Jh.), in denen die Personen ausschließlich im Profil dargestellt werden, Miniaturen der Mogulschule mit lebendigen Szenen höfischen Lebens. Makaber muten hingegen die in einem Seitenflügel ausgestellten, ›liebevoll‹ gestalteten Folterszenen unter englischer Aufsicht an; eher kurios das Nebeneinander von Schiffs- und Eisenbahnmodellen, ausgestopften Krokodilen, einer ägyptischen Mumie und Anatomiemodellen in anderen Seitenflügeln. Informativ und gut erläutert sind hingegen die Dioramen im Erdgeschoß, die regionalen Schmuck und Kleidung in ansprechendem Rahmen präsentieren und auch Szenen traditionellen Tanzes, des Holifestes und einer Hochzeit mit lebensgroßen Figuren darstellen. Auch dem berühmten rajasthanischen Kunsthandwerk ist breiter Raum gewidmet.

## *Die Umgebung von Jaipur*

***Besonders sehenswert:*** 
***Amber*** ☆☆

Unmittelbar oberhalb der Nordwestecke der Stadt thront das Fort von **Nahargarh (5,** ›Tigerfestung‹), das zusammen mit der Stadt Mitte des 18. Jh. entstand. Lohnend ist der Ausflug vor allem wegen der einzigartigen Aussicht auf Jaipur. Einen Blick verdient aber auch der im 19. Jh. entstandene Madhavendra Bhavan mit hübschen Blumenfresken. Von den Marmorsäulen sollte man sich nicht täuschen lassen, sie bestehen nur aus Stuck als perfektem Imitat.

Am Weg nach Amber, der nächsten großen Sehenswürdigkeit in der Umgebung von Jaipur, trifft man zunächst auf den in einem künstlichen See liegenden Jal Mahal, einen der in Rajasthan beliebten Wasserpaläste, der von Madho Singh I. (1760–1778) als Jagdschloß gebaut wurde. Er verkörpert zwar die festungsartige Bautradition der Rajputen, gleichwohl fehlt ihm ein wenig Ausstrahlung. Die Chattris und bengalischen Dächer verschmelzen nicht mit dem Baukörper zu einem harmonischen Ganzen, sondern bilden allenfalls losgelöste dekorative Elemente.

Am nördlichen Ende des Stausees lohnt sich ein kleiner Abstecher nach rechts zum Komplex Jai Mahal Talav, wo den Besucher ein sehr schön restaurierter Mogulgarten erwartet. Kurz hinter dieser Abzweigung führt von der Straße Jaipur-Amber nach links eine kurvenreiche Zufahrt zum weiträumigen Fort Jaigarh hinauf, das erst seit relativ

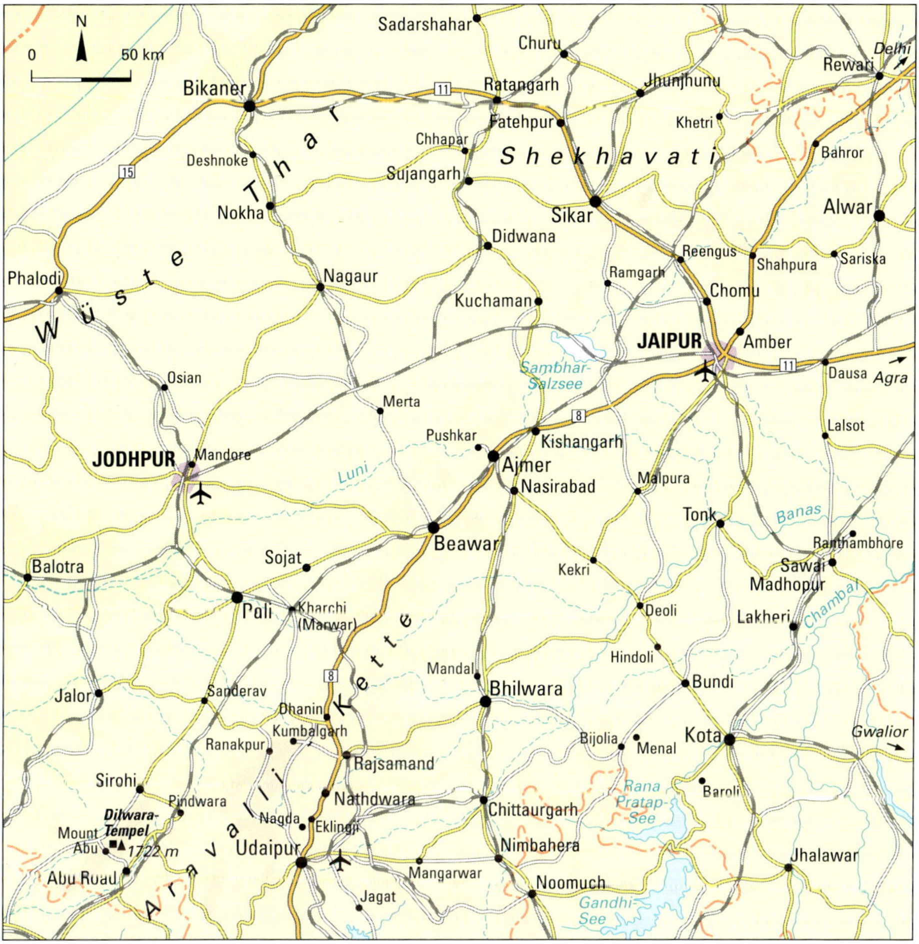


Entlang der Aravallikette und der Südosten Rajastans

kurzer Zeit zugänglich ist und vor allem durch seine Befestigungsanlagen und den Blick auf Amber beeindruckt. Das Museum, untergebracht in zwei langen Galerien, zeigt überwiegend Erinnerungsstücke und Fotos der Maharajas von unterschiedlichen Kriegsschauplätzen.

An der höchsten Stelle hat unter einem Dach die Riesenkanone Jaivan ihren Platz, die ihre Feuerkraft allerdings niemals unter Beweis stellen mußte. Am Fuße des Gebirgszuges liegen in **Gaitor (6),** der königlichen Verbrennungsstätte, die teilweise prachtvoll gestalteten Kenotaphe der Maharajas von Jaipur. Die Gedenkstätten der Maharanis befinden sich einige Kilometer entfernt, rechts an der von Jaipur nach Amber führenden Straße, ein Stück vor dem Wasserpalast Jal Mahal.

## Amber

Die etwa 10 km nordöstlich von Jaipur gelegene alte Hauptstadt beherrscht von einer Bergflanke aus das schmale Tal zwischen zwei Gebirgszügen der Aravallikette. Bereits im frühen 10. Jh. ließen sich hier die Minas nieder, mußten jedoch um 1150 dem Rajputenclan der Kachhawah weichen. Bis zur Verlegung der Residenz nach Jaipur im Jahre 1727 war Amber Residenz dieses einflußreichen Fürstentums.

Die Palastanlage bietet sich dar als ein aus mehreren Höfen bestehender, treppenförmig ansteigender rechteckiger Komplex, der in mehreren Bauabschnitten zwischen 1600 und 1727 entstand. Senkrechte, mit turmartigen Bastionen und kleinen Balkonen versehene Wände vermitteln den für viele Paläste Rajasthans charakteristischen burgartigen Charakter. Auf einem im Zickzack geführten Weg gelangt man durch ein Vortor zum Suraj Pol, dem Eingang zum unteren Hof **Jaleb Chowk (1),** in dessen Gebäuden die Palastwache untergebracht war. Es handelt sich um die letzte Erweiterung der Anlage kurz vor der Verlegung der Hauptstadt nach Jaipur.

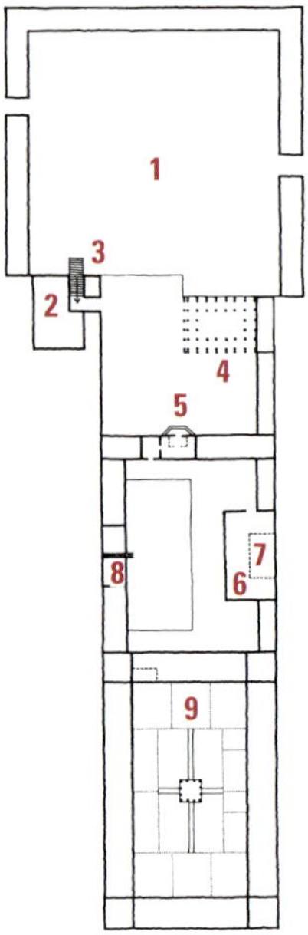


*Amber*
*1 Jaleb Chowk*
*2 Shila Devitempel*
*3 Singh Pol*
*4 Diwan-i-Am*
*5 Ganesh Pol*
*6 Jai Mandir*
*7 Jass Mandir*
*8 Suk Niwas*
*9 Zenana (Harem)*

Rechts neben der Treppe, die zur nächsten Ebene führt, liegt etwas zurückgesetzt der **Shila Devitempel (2)** mit einer Figur der Gottheit Kali, die nach einem erfolgreichen Feldzug im Auftrag Akbars zu Beginn des 17. Jh. aus Bengalen nach Amber gebracht worden war. Bemerkenswert sind die Silberarbeiten an der Tür und die beiden zu Füßen des Idols liegenden silbernen Löwenfiguren.

Den nächsten höherliegenden Hof, Mitte des 17. Jh. der Palastanlage hinzugefügt, erreicht man durch das **Singh Pol (3),** aus strategischen Gründen jedoch nicht auf direktem Weg, sondern erst nach einer 90°-Wendung nach links, die einen Frontalangriff vereiteln sollte. Den Besucher erwartet hier mit der **öffentlichen Audienzhalle (4,** Diwan-i-Am) ein architektonisches Meisterwerk. Die äußeren Doppelsäulen des Hallenbaus bestehen aus rotem Sandstein, die inneren aus gelblichem Marmor. Die von den Kapitellen ausgehenden Konsolen sind der hinduistischen Tempelarchitektur entlehnt und mit Tierfiguren verziert. Das baldachinartige Dach mit einer sogenannten Spiegeldecke orientiert sich hingegen an den Bauwerken Akbars, entstammt ursprünglich jedoch der altindischen Holzbauweise.

Der außergewöhnliche Bau soll den Neid des Mogulherrschers Jahangir erweckt haben, dessen Vasall der Maharaja von Amber damals war. Er wollte bei seinem Untergebenen kein prachtvolleres Bauwerk dulden, als er selbst es besaß, und ordnete die Zerstörung an. Ehe die Abgesandten des Moguln jedoch in Amber eintrafen, hatte man den Diwan-i-Am mit einem Stucküberzug ›verunstaltet‹, der keinen Zweifel daran ließ, daß die Bauten Jahangirs weitaus prächtiger waren – der Herrscher war besänftigt, die Kostbarkeit gerettet.

Der Zugang zum nächst höher gelegenen Hof erfolgt durch den beeindruckenden Torbau des **Ganesh Pol (5),** der wahrscheinlich

Jai Mandir und Jass Mandir in Amber

von Jai Singh II. noch kurz vor dem Umzug nach Jaipur in Auftrag gegeben worden war. Mit seinem Zentralbogen und den beiderseits doppelstöckig angeordneten Portalnischen läßt sich eine Anlehnung an Torbauten der Moguln erkennen. Andererseits jedoch sind die hervorspringender Erker und die feinen Steinarbeiten eher rajputischen Ursprungs und später auch an den Toren des Palastes von Jaipur zu finden. Gleiches gilt für die an Miniaturen erinnernden Malereien, etwa der des Ganesh über dem Eingang im Zentralbogen, der wie an vielen Palästen Rajasthans die Trennung zwischen öffentlichem und privatem Bereich anzeigt. Das Tor besteht aus zwei hintereinanderliegenden Räumen, durch die man ebenfalls einen Haken schlagen muß, um in den Privatbereich des Palastes zu gelangen. Vom Hof aus gibt sich das Tor nicht zu erkennen, nur zwei schmale Türen in einer glatten Wand markieren die Verbindung zwischen den beiden Höfen.

An die Ostwand des von einer hohen Mauer umschlossenen Hofs ist der **Jai Mandir (6,** private Audienzhalle) angebaut, eine Säulenhalle mit Zackenbögen, der bei Rajputen beliebten Spiegeldekoration an der Decke und hübschen Pflanzenmotiven an den Wänden. Auf dem als Terrasse ausgebildeten Dach liegt der Pavillon **Jass Mandir (7),** der bis zur Außenwand der Palastanlage reicht und durch seine durchbrochenen Fenster nicht nur einen herrlichen Blick ins Tal gewährt, sondern auch an heißen Tagen eine kühle Brise verspricht. Mit seinem bengalischen Dach und den beiden Kuppeln wirkt er, ins-

Wandmalerei in Amber

besondere im Zusammenklang mit dem Jai Mandir, ausgesprochen harmonisch. Ganz ähnlich ist der auf derselben Terrasse über dem Ganesh Pol errichtete Pavillon an der Nordseite gestaltet. Auffallend ist auch die überreiche Verzierung mit farbigem Glas.

An der Westseite des Hofs liegt der **Suk Niwas (8,**›Halle der Zufriedenheit‹), aus dessen Mitte ein in Marmor gefaßter Kanal in den Garten fließt, der im Inneren Kühlung verschaffte. Über die Terrasse des Jass Mandir gelangt man in den letzten Hof, der heute als **Zenana (9)** (Harem) bezeichnet wird, jedoch den ursprünglichen Kern des Palastes bildet. Alle anderen Höfe wurden erst später ergänzt. Der elegante Pavillon im Zentrum paßt nicht recht ins Bild und wurde wohl im Rahmen der Palasterweiterung hinzugefügt.

## Das Shekhavati-Gebiet

**Besonders sehenswert:**
**Mandawa ☆☆**
**Fatehpur ☆**
**Jhunjhunu ☆**

Shekhavati, die nordwestliche Einflußsphäre des Maharajas von Jaipur, umfaßt eine recht kleine, jenseits der Arvallikette gelegene Region, die heute von den Distrikten Churu, Jhunjhunu und Sikar eingenommen wird. Ihren Namen hat sie vom Rajputenfürsten Rao Chekha, der, wie die Maharajas von Jaipur, dem Clan der Kachhawah angehörte. Im 15. Jh. hatte er einen beträchtlichen Teil dieses Gebiets unter seine Kontrolle gebracht und sich auch von Amber losgesagt, dem der Clan bis dahin tributpflichtig war.

### Geschichte

In dem trotz seiner Trockenheit dicht besiedelten Landstrich entwikkelten sich im Laufe der Jahrhunderte etliche kleine, von Jaipur abhängige Fürstentümer, deren Paläste heute zum Teil in reizvolle Hotels umgebaut wurden. Aber nicht sie allein bilden den Anziehungspunkt dieser ländlichen Gegend abseits des Trubels der Großstädte, es sind die bemalten Kaufmannshäuser, die Havelis, die den Besuch zum Erlebnis werden lassen.

Marmordetail vom Jai Mandir in Amber

An den großen, aus dem Nordwesten kommenden Karawanenrouten gelegen, konzentrierte sich in Shekhavati seit früher Zeit der Handel. Waren aus Lahore und Peshawar (die heute zu Pakistan gehören) wurden hier ebenso umgeschlagen wie Güter auf dem Weg von Gujarat nach Delhi. Gehandelt wurden Stoffe, Tabak, Edelmetalle, Opium, Schmuck, Papier und Elfenbein, aber auch Eisenerz, Weizen, Reis und Trockenobst.

Daß sich gerade Shekhavati zu einem Handelszentrum entwikkelte, lag nicht nur am hervorragend organisierten Verkehrswesen, sondern auch daran, daß die Fürstentümer Bikaner im Nordwesten und Jaipur im Süden zu Beginn des 19. Jh. hohe Zölle für den Waren-

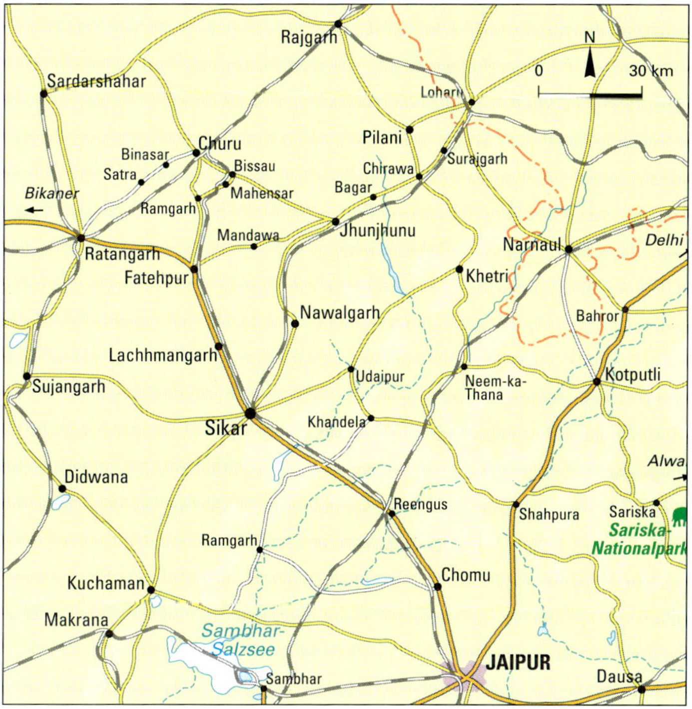


Das Shekhavati-Gebiet

transit verlangten, um ihre Staatskassen zu füllen und so die Karawanen zu Umwegen durch das zollfreie Gebiet zwangen. Man unterschied Karawanen für Handel, Viehtrieb und Personenbeförderung. Auch eine Versicherung der Waren gegen Diebstahl und Beschädigung war nicht unbekannt, wobei die Versicherungsagenten für bewaffneten Schutz sorgten. Als die Briten durch den Ausbau der Häfen Bombay und Calcutta neue ökonomische Zentren schufen, erkannten die Kaufleute von Shekhavati schnell die sich für sie ergebenden Chancen und verlegten ab 1820 ihr Tätigkeitsfeld zunehmend in die neuen Metropolen wirtschaftlicher Macht.

Die Häuser der marwarischen Kaufleute, die Havelis, waren ganz auf diesen Warenverkehr und -umschlag ausgerichtet. Sie sind den in der islamischen Welt üblichen Fonduks verwandt, die als Warenlager und Wohnhaus dienten. Ein (gut verschließbares) hohes Tor, das auch beladene Kamele passieren können, führt in einen allseitig von mehrstöckigen Gebäudeflügeln umschlossenen äußeren Hof. Hier lagen der oftmals besonders prachtvoll ausgeschmückte Empfangsraum (Baithak), in dem der Hausherr seine Gäste empfing, aber auch die Quartiere für die Männer und Lagerräume. Kleine Türen führten in den zweiten privaten Hof des Haveli, wo sich das häusliche Leben abspielte. Nur durch ein kleines Fenster in der Verbindungswand

*Wandmalereien sind allgegenwärtig im Shekhavati-Gebiet*

zwischen den Höfen konnten die Frauen einen Blick auf das Geschehen im vorderen Hof werfen. In den Obergeschossen lagen die Wohnräume des Handelsherren und seiner Familienmitglieder.

Die frühesten Havelis entstanden im 18. Jh. aus Lehm, da Stein in der wüstenhaften Region in jener Zeit nur schwer zu beschaffen war. Die meisten der heute noch erhaltenen Handelshäuser stammen allerdings erst aus dem 19. Jh., als die Kaufleute begannen, ihren Reichtum durch künstlerische Ausgestaltung der Havelis nach außen hin zu dokumentieren. Daß sie dabei nicht den verfeinerten höfischen Stil zu imitieren versuchten, sondern ihren persönlichen Geschmack ganz unverblümt zur Schau stellten, macht den besonderen Reiz dieser ›Volkskunst am Bau‹ aus.

Vor allem in der Bemalung ihrer Handelshäuser versuchten sich die Kaufleute gegenseitig zu übertrumpfen, wobei sie neben traditionellen indischen Motiven aus dem religiösen, historischen und folkloristischen Bereich auch Symbole des technischen Fortschritts wählten. Autos, Eisenbahnen und Flugzeuge verbinden sich mit Ganesh, Krishna und den Gopis zu einem einzigartigen Bilderbuch indischer Kultur an der Schwelle zur Neuzeit. Aus der häufigen Abbildung britischer Offiziere und Truppen läßt sich auf ein recht gutes Verhältnis schließen, begründet im militärischen Schutz der empfindlichen Handelswege. Die Kaufleute machten keinen Hehl daraus, daß sie Nutznießer der Fremdherrschaft waren.

Die schönsten Malereien findet man im nördlichen Shekhavati, insbesondere in Mandawa, Fatehpur, Bissau und Jhunjhunu. Zunächst kamen Pflanzenfarben zur Anwendung, die auf den noch feuchten Putz aufgetragen wurden, später auch synthetische Farben. Am einfachsten und bequemsten lassen sich die Sehenswürdigkeiten Shekhavatis auf einer zweitägigen Rundfahrt besuchen, wobei sich ausgezeichnete Übernachtungsmöglichkeiten in einigen der Palastanlagen ergeben, allen voran in Mandawa. Anzumerken ist jedoch, daß viele Havelis geschlossen sind, andere sich noch in Privatbesitz befinden, so daß man vor dem Betreten des Innenhofes um Erlaubnis bitten muß.

## Sikar

Die etwa 115 km nordwestlich von Jaipur gelegene Stadt ist nicht nur Metropole des gleichnamigen Distrikts, sie gehörte im 19. Jh. unter Rao Raja auch zu den reichsten des Staates Jaipur. Zwar sind nur recht wenige bemalte Havelis erhalten geblieben, dafür aber kann die Stadt einige sehenswerte Tempel, einen großen Stufenbrunnen und schöne Chattris der Herrscherfamilie vorweisen.

Recht hübsch ist der **Chhotallal Sodhani-Haveli** (um 1884), der gegenüber dem Fatehpurtor entstand: Darstellungen von Tänzerinnen zieren den Eingangsbereich, und Themen aus dem Mahabharata finden sich im Innenhof über dem Eingang.

Geht man nun nach Süden durch das Fatehpurtor, stößt man bald auf den **Ragunathtempel** (Ende 18. Jh.) an der linken Seite der Hauptstraße; er zeigt einige schöne Malereien mit vorwiegend religiöser Thematik. Ein Stück weiter liegt am Hauptplatz die wichtigste Sehenswürdigkeit, das **Chini Mahal**, mit Malereien, die importierte blau-weiße Kacheln imitieren. Zunächst gab es keine blauen Pigmente, die auf dem feuchten Untergrund hielten. Erst seit den 70er Jahren des letzten Jahrhunderts wurde ein synthetischer – sehr teurer – blauer Farbstoff importiert. Zu den Darstellungen zählen Porträts von Europäern, eine Prozession mit Rao Raja und Tänzerinnen am Hof.

## Lakshmangarh

Die 30 km nördlich von Sikar gelegene Stadt wurde erst 1806 von Lakshman Singh, dem Raja von Sikar, gegründet, kurz darauf zerstört und dann mit einem Fort und einer Mauer befestigt. Von der Rampe hat man einen umfassenden Blick über die Stadt, die nach dem Vorbild Jaipurs schachbrettartig angelegt wurde. Die Festung selbst befindet sich noch in Privatbesitz und ist nicht zugänglich. Herausragendes Beispiel der Haveliarchitektur ist das große **Char Chowk-Haveli**, das, wie der Name (*char* bedeutet vier, *chowk* heißt Hof) besagt, aus vier Höfen besteht, die in zwei Bauabschnitten entstanden sind. Während die Malereien an den Außenwänden nahezu vollständig abgeblättert sind, haben sich im Inneren noch schöne Abbildungen erhalten. Besonders beeindruckend ist ein vollständig, u. a. mit erotischen Motiven ausgemaltes, allerdings sehr dunkles Zimmer im Obergeschoß des nördlichen Gebäudes. Ansonsten herrschen Pflanzen, Götterdarstellungen und Porträts britischer Offiziere vor. Kurios ist das Bildnis einer vom Maharaja von Jaipur 1849 für seinen Privatzoo importierten Giraffe, die in der ganzen Region wohl für großes Aufsehen gesorgt hat.

Recht gut erhalten sind noch die Malereien an der Südfassade des **Jamnadas Jawaharmahal Pansari-Haveli,** wo der Raja von Sikar in seinem Landauer, gezogen von einem Kamel, über die Fassade rollt. Noch deutlicher sind die europäischen Einflüsse am **Rathi-Haveli** neben dem Uhrturm. Eine Europäerin an einer Nähmaschine begegnet uns hier, englische Soldaten und die britische Krone, flankiert von Einhörnern.

## Fatehpur

*Darstellung der englischen Kolonialherren in Wandmalereien (hier in Fatehpur)*

Die Kleinstadt, 22 km nördlich von Lakshmangarh, hatte bereits Fateh Khan, ein Muslimherrscher, 1451 zu seiner Residenz erkoren und mit einer Festung gesichert.

Trotz recht aufregender Geschichte, in deren Verlauf Fatehpur mehrfach den Besitzer wechselte, ließen sich hier einflußreiche Kaufmannsfamilien nieder und dokumentierten ihren Reichtum durch teilweise eindrucksvolle Havelis und Tempel.

Zu den sehenswertesten gehören der um 1850 entstandene, leider meist verschlossene **Mahavir Prasad Goenka-Haveli** mit besonders ausdrucksvollen Malereien religiöser und folkloristischer Thematik in einem Spiegelzimmer des zweiten Stocks. An der Südfassade des **Gopiram Jalan-Haveli** lassen sich hingegen frühe europäische Autotypen studieren, und im Hof ist der Raja von Sikar im Kreis britischer Adliger verewigt.

Das **Devra-Haveli** nimmt in einem Bild aus den 30er Jahren unseres Jahrhunderts die Unabhängigkeit vorweg. König George V. händigt ›Mother India‹ ein Dokument aus, beobachtet von verdienten Freiheitskämpfern.

## Churu

Die im 16. Jh. gegründete, bereits zum Verwaltungsbezirk Bikaner zählende Kleinstadt an der Nordwestgrenze des Shekhavatigebietes umgibt bereits ein Hauch der nahen Wüste. Im 18. Jh. war Churu ein wichtiger Versorgungsplatz für die Karawanen, der von der Familie Poddar dominiert wurde. Als jedoch der Thakur Sheo Singh auf den Warenumschlag hohe Steuern zu erheben begann, verlegten die Handelsherren ihre Tätigkeit 1820 ins nahegelegene Ramgarh, wodurch Churu nahezu dem Verfall preisgegeben wurde.

Erst nach Ankunft der Engländer im Jahre 1830 erwachte der Ort allmählich zu neuem Leben und kann sich heute etlicher hübscher Havelis und Tempel rühmen.

Dazu zählen das **Surana-Haveli** (1870), das wegen seiner vielen Fenster auch Surana Hawa Mahal (›Palast der Winde‹) genannt wird, und das **Surajmal Banthia-Haveli** mit einer kuriosen Figur eines Zigarre rauchenden Jesus an der Nordwand.

Im ganz in der Nähe gelegenen **Kanhaiyalal Bagla-Haveli** illustriert ein schöner Fries die in Rajasthan beliebte Liebesgeschichte von Dhola und Maru: Als eine Trockenperiode das Fürstentum von Pugal bedrohte, suchte der Maharaja zusammen mit seiner zweijährigen Tochter Maru Schutz beim befreundeten Maharaja von Gwalior, der einen Sohn namens Dhola hatte. Vor der Rückkehr nach drei Jahren schlossen die Väter einen Heiratsvertrag zwischen ihren Kindern Dhola und Maru.

Nach zwanzig Jahren hatte man dieses Versprechen jedoch vergessen, und Maru wurde einem Mann namens Umra versprochen. Als ein Barde am Hof von Gwalior die Schönheit Marus besang, verliebte sich Dhola sofort in die ferne Prinzessin, ebenfalls nicht wissend, daß er ihr als Kind bereits versprochen worden war. Dhola reiste nach Pugal, und natürlich verliebte sich Maru sofort in den Prinzen, und beide flohen zusammen auf einem Kamel, verfolgt vom Heiratskandidaten Umra. Die beiden Liebenden fanden Unterschlupf in einem Wald, wo Dhola jedoch von einer Schlange gebissen wurde und starb. Gerührt von den Tränen Marus erweckten Shiva und Parvati den Prinzen wieder zum Leben, und wenn sie nicht gestorben sind…

## Bissau

Der 12 km südöstlich von Churu liegende Ort wurde 1746 von Keshri Singh als kleine befestigte Stadt gegründet. Als sein Enkel, der berüchtigte Sheo Singh, die Macht übernahm und auch hier versuchte, durch überhöhte Steuern sein Haushaltsloch zu stopfen, folgten die Kaufleute dem Beispiel ihrer Kollegen in Churu und kehrten dem Ort den Rücken. Der Thakur versuchte nun, sich durch Raubüberfälle die benötigten Mittel zu beschaffen und wurde Kopf einer berüchtigten Dacoit-Bande, die in der ganzen Region ihr Unwesen trieb und sogar das britische Militär auf den Plan rief. Erst nach dem Tod des Potentaten (1833) kehrten die Kaufleute in die Stadt zurück.

Zu bewundern gibt es hübsche Malereien am **Jainarayan Gopiram Tibrevala-Haveli** mit Darstellungen von Ganga und Vishnu; im **Motiram Jasrai Sigtia-Haveli** kann man Gott Krishna bei seinen neckischen Spielen mit den Gopis beobachten; im prachtvollen Eingang zum **Ramlalji Jainarayan Tibrevala-Haveli** blickt Ganesh auf die Besucher herab. Neben dem Busbahnhof erheben sich die bengalischen Dächer des **Sarkari-Chattri,** der Grabstätte des Hammir Singh. Trotz des vernachlässigten Eindrucks findet man an den Wänden des Untergeschosses noch recht ansprechende Malereien, etwa Kamele, die Kanonen transportieren.

## Mandawa

*Eine Lady im Shekhavati-Gebiet*

Nicht zuletzt wegen seines einzigartigen Palasthotels ist Mandawa (35 km südlich von Bissau) heute eines der Zentren des Tourismus in Shekhavati. Durch den Bau eines Forts und einer Stadtmauer hat Sardul Singh dem Dorf im Jahre 1765 die notwendige Sicherheit für die Entwicklung zur Handelsniederlassung gegeben. Daß diese Vorsichtsmaßnahmen nicht unbegründet waren, bewies eine Belagerung im Jahre 1828 durch die Thakurs von Jaipur und Sikar, die Mandawa abwehren konnte.

Die bemalten Havelis konzentrieren sich entlang der von Ost nach West verlaufenden Hauptstraße, die am östlichen Ende vom pittoresken **Sonthilya-Tor** abgeschlossen wird. Der dekorative Torbau entstand zwar erst 1930, fügt sich jedoch harmonisch in das Straßenbild ein. Dem Tor gegenüber dominiert an der Hauptstraße der mit Jagdszenen und folkloristischen Darstellungen reich dekorierte **Rameshwarlal-Haveli.** Durch das Tor rechts um die Ecke trifft man an der nach Nawalgarh führenden Straße auf den **Balkishran Sriram Saraf-Haveli** (rechter Hand), an dessen westlicher Fassade sich das verblichene Bild eines Schiffs erkennen läßt, während die östliche Seite von den Künstlern mit einer Prozession, einer Eisenbahn und einigen erotischen Darstellungen verziert wurde.

Weitere interessante Havelis findet man in der Nähe des westlichen Stadtrandes. Hervorzuheben ist der um 1900 entstandene **Hanuman**

*Wüstenlandschaft bei Mandawa*

**Prasad Goenka-Haveli** mit gemalten Fensterdarstellungen von Shiva auf seinem Bullen Nandi und Vishnu auf einem Elefanten. Vornehmlich an europäischen Vorbildern hat sich hingegen der Künstler Balu Ram – einer der letzten ›Muralisten‹ des Shekhavati – am benachbarten **Nandlal Murmuria-Haveli** orientiert (1935). Neben Gandhi und Nehru gibt es einen Blick auf Venedig zu bewundern und wieder die Sendboten des technischen Fortschritts, Autos und Eisenbahnen, von denen die Handelsherren des ländlichen Indien damals so begeistert waren. Nebenan liegt der große **Doppelhaveli** der einflußreichen Goenka-Familie, von dessen Wänden Elefanten und Reiter auf die Passanten blicken.

Lohnenswert ist auch der Besuch der Handelshäuser südwestlich des Forts, insbesondere des **Gulab Rai Ladia-Haveli** mit Darstellungen aus dem täglichen Leben eines Kaufherren, Eisenbahnen und Elefanten; die zahlreichen erotischen Bildnisse wurden größtenteils von prüden Zeitgenossen übertüncht. Dank der vorwiegend religiösen Motive blieb dem **Lakshminarayan Ladia-Haveli** nebenan dieses Schicksal erspart.

## Jhunjhunu

Die Ursprünge der nach einem Jatherrscher benannten Stadt, 25 km nordöstlich von Mandawa im Herzen von Shekhavati gelegen, verlieren sich im Dunkel grauer Vorzeit. Von 1450 bis 1730 wurde sie vom Clan der Kaimkhani regiert, dann von dem Rajputen Sardul

Singh, der auch Mandawa befestigt hatte. Im Jahre 1835 stationierten die Briten hier die Shekhavati-Brigade, um dem Banditenunwesen in der Region ein Ende zu bereiten. Überragt wird der Ort von dem Hügel Kana Pahar, den die allerdings nur von außen eindrucksvolle Festung Badalgarh krönt.

Im Zentrum der Stadt beherrscht der **Mohanlal Ishvardas Modi-Haveli** die Hauptbasarstraße. Der Zugang erfolgt über eine breite Rampe und ein hohes Tor mit seitlichen Arkaden, in denen sich schöne Bilder von Elefanten- und Kamelreitern erhalten haben. Aber auch eine Inderin im Sari vor einem Grammophon findet man an diesem 1896 entstandenen Komplex, einen Trupp englischer Soldaten und Bildnisse von Krishna – ein Panoptikum kultureller Verschmelzung von Ost und West.

Ein Stück weiter westlich liegt inmitten des Gemüsemarktes der noch recht gut erhaltene **Kaniram Narasighdas Tibrevala-Haveli.** Eisenbahnen gibt es hier ebenso zu bewundern wie englische Soldaten und Bilder aus der lebendigen Folklore Rajasthans.

Daß die Muslime trotz oder vielleicht sogar wegen der Beschränkungen auf geometrische und florale Muster in der Ausstattung ihrer Havelis durchaus mit den Hindukaufleuten mithalten konnten, beweist der aus zwei Höfen bestehende **Nuruddin Farooqi-Haveli** etwa 100 m weiter westlich. Nicht versäumen sollte man den Besuch einer der zahlreichen Brunnenanlagen, die sich über die ganze Stadt verteilen. Dazu zählen das **Mertani Bowri,** ein mit einem Tempel verbundener Stufenbrunnen zu Füßen des Mensa Devi-Hügels im Südwesten der Stadt, und das unvollendet gebliebene **Khaitan Bowri** östlich des Mensa Devi-Hügels.

## Nawalgarh

Im Jahre 1737 wählte Nawal Singh das bereits bestehende Dorf 35 km südwestlich von Jhunjhunu zu seiner Residenz und befestigte es mit einem Fort und einer Stadtmauer, die beide teilweise noch erhalten sind.

Derart geschützt ließen sich bald auch Kaufleute nieder, zumal sich der Herrscher hinsichtlich der Steuerforderungen gemäßigt zeigte und nicht wie andere Potentaten der Region die Kuh schlachtete, die er nur melken wollte.

Zentrum des Ortes sind der aus der Zeit der Gründung stammende, jedoch mehrfach umgebaute Gopinathatempel und der Palast Bala Qila, beide eingebettet in einen lebhaften Markt.

Eine Vielzahl schöner Havelis erstreckt sich östlich und westlich des nördlichen Stadttors (Bowri Gate). Dazu zählen das **Gangadas Jamnadhar Goenka Haveli** (1905) mit Abbildungen einer Eisenbahn, Szenen aus dem Mahabharata und aus lokalen Märchen.

Schräg gegenüber hatte die einflußreiche Familie Patodia 1903 ein Handelshaus errichtet und mit Götterbildnissen (Sarasvati, Varaha,

*Haveli in Jhunjhunu* ▷

Lakshmi) schmücken lassen. Einen näheren Blick verdient auch der stattliche, ein Stück nördlich des Bowri Gate liegende **Khulwal Haveli,** der erst 1931 entstanden ist und besonders schöne Verzierungen an den Architraven rings um die Fenster zeigt. Im nur wenige Schritte entfernten, noch bewohnten **Khedval-Bhavan** kann man im Innenhof eine Lokomotive bewundern; an den Außenwänden hübsche, von Frauenbildnissen eingerahmte Fenster und Motive aus der Dhola- und Maru-Erzählung. An der südlichen Stadtgrenze trifft man auf den aus zwei Höfen bestehenden **Laduram Sanganeeria Haveli** mit einem gut erhaltenen Fries einer Gangaur-Prozession und Motiven aus dem Mahabharata über dem Tor. Die erwähnten Havelis sind nur einige Beispiele der zahlreichen in Nawalgarh anzutreffenden Handelshäuser, so daß der Ort durchaus einen längeren Aufenthalt verdient.

## Ajmer

***Besonders sehenswert:***
***Arhai Dinka Jhonpra-Moschee*** ☆
***Dargarh*** ☆

Wie viele Städte Rajasthans verdankt auch das ca. 140 km südwestlich von Jaipur gelegene Ajmer seine Existenz, aber auch seine blutige Geschichte der strategisch günstigen Lage am Übergang der Aravallikette zur Wüste Thar – allerdings im Schutz einer hochgelegenen Festung.

### Geschichte

Bereits im Jahre 1100 soll sich hier Ajapal Chauhan niedergelassen haben, ein zum gleichnamigen Clan gehörender Rajputenfürst. Möglicherweise bestand zu jener Zeit bereits eine Siedlung, die jedoch 1024 der aus Afghanistan anbrandenden Invasionswelle unter der Führung Mahmud von Ghaznis zum Opfer gefallen war. Trotz starker Befestigung konnte Ajmer auch dem zweiten großen Angriff islamischer Heere unter Muhammed von Ghur im Jahre 1192 nicht standhalten und wurde erneut geplündert, wobei auch Prithvi Raj Chauhan den Tod fand. Auf diesem Feldzug hatte Ghur auch das vereinigte Heer der Rajputen in Tarain geschlagen und Delhi erobert, wodurch Ajmer für etwa 200 Jahre Teil des Sultanats von Delhi wurde.

Nach dem Einfall Timurs in Nordindien (1398) gelangte Ajmer in die Hände des muslimischen Rana Kumbha von Mewar. Zwischen 1470 und 1531 regierten die islamischen Herren von Malwa die Stadt, gefolgt von den Rathorfürsten von Marwar. Auch Mogulherrscher Akbar erkannte den strategischen Wert Ajmers und erkor die Stadt 1570 zu einer seiner Residenzen. Schon zuvor hatte er mehrfach Wallfahrten zum Grab des Muin-ud-Din Chishti unternommen, dem Begründer des mystischen Chishti-Ordens, dem Kaiser Akbar zeitweise sehr eng verbunden war.

In den unruhigen Jahrzehnten nach dem Zerfall des Mogulreichs wechselte Ajmer mehrfach seinen Besitzer, bis es 1818 durch Vertrag der britischen Kolonialverwaltung unterstellt wurde. Durch den frühen Kontakt mit dem Islam, vor allem aber durch die enge Verbindung mit dem Chishti-Orden ist Ajmer bis heute die am stärksten islamisch geprägte Stadt Rajasthans.

## Besichtigung

Ältestes Bauwerk und für die Entwicklung der indo-islamischen Architektur eines der wichtigsten Zeugnisse ist die **Arhai-Dinka Jhonpra-Moschee** südwestlich der Altstadt, die bereits 1193 auf den Ruinen früherer Heiligtümer entstand, wobei man großzügig Spolien der Hindubauten verwendete. Der Name ›Hütte der zweieinhalb Tage‹ geht auf die Legende zurück, nach der die Moschee mit überirdischer Hilfe in dieser kurzen Zeit errichtet worden sein soll. Ande-

*Detail an der Dinka Jhonpra-Moschee*

ren Quellen zufolge bezieht sich die Bezeichnung jedoch auf ein zweieinhalb Tage dauerndes Fest im 18. Jh. Der Bau dürfte in der Tat sehr schnell vorangegangen sein, da man nämlich die Halle eines Jainheiligtums in die Bausubstanz mit einbezog. Um 1200 ließ ihr Sultan Qutb-ud-Din eine 60 m lange ›muslimische‹ Moscheefassade mit sieben Kragbögen vorsetzen, die heute allerdings weniger beeindruckt als ihr Vorbild an der Qutb-ul-Islam-Moschee (Delhi), obwohl sich Kufischriftbänder und Architektur harmonisch ergänzen. Der zentrale Bogen hat eine Höhe von etwa 18 m und wird von zwei aufgesetzten Minaretten flankiert, das vierschiffige Innere von Kuppeln in Kragbauweise überwölbt.

Unterhalb der Moschee liegt der als **Dargarh** bezeichnete Bezirk um das Grab des 1236 verstorbenen Sufiheiligen Muin-ud-Din Chishti. Er stammte aus dem persischen Sistan und hatte seine Kenntnisse über Mystizismus in Bagdad erhalten, ehe er sich 1192, kurz nach der Eroberung der Stadt durch Muhammed von Ghur, in Ajmer niederließ und eines der wichtigsten Zentren des mystischen Islam in Indien gründete. Der Chishti-Orden fordert strenge Askese und Armut und war für seine Einbeziehung von Musik und Poesie bekannt, insbesondere für die bis heute gepflegten religiösen Gesänge (Qawali) an den Gräbern von Heiligen.

*Besonders eindrucksvoll ist der Besuch des Dargarh während des Ursfestes (6. Tag des 7. Monats im islamischen Kalender), wenn Tausende von Gläubigen aus ganz Indien nach Ajmer strömen.*

Man betritt den mit Schattenbäumen durchsetzten Komplex durch einen großen Bogen, nicht ohne in recht aufdringlicher Form um eine ›großzügige‹ Spende gebeten zu werden (die in den vorgezeigten Spendenbüchern als lobenswerte Beispiele aufgeführten Summen von mehreren hundert Rupien pro Besucher entsprechen keineswegs der Wahrheit – aus 10 Rupien lassen sich schnell 100 machen!). In den gewaltigen Eisenkesseln im Hof, Nachbildungen der von Akbar und Jahangir gestifteten Gefäße, wird vor allem während des Ursfestes (am Todestag des Sufiheiligen Chishti) von vermögenden Pilgern gespendeter Reis gekocht – jeder Kessel reicht für 5000 Mahlzeiten. In Windeseile werden die Behältnisse von privilegierten Bewohnern des Dargarh-Distrikts geleert und die Portionen dann als geheiligte Speise verkauft.

Rechter Hand liegt die bereits von Akbar um 1570 in Sandstein erbaute Moschee mit deutlich timuridischem Einschlag, die heute als Koranschule genutzt wird. Der schlichte, zurückspringende zentrale Bogen ist mit farbigen Steinbändern eingefaßt, die Ostfassade mit Marmoreinlegearbeiten nach dem Vorbild der Moschee von Fatehpur Sikri verziert. Akbars Sohn Jahangir verstärkte wieder die Bindungen an den Chishti-Orden und weilte anläßlich seines Feldzugs gegen seinen Erzrivalen Rana Amar Singh von Mewar sogar drei Jahre in Ajmer. Sein wichtigster Beitrag zur Ausgestaltung des Grabkomplexes, eine aus massivem Gold gefertigte Einfassung des Heiligengrabes, überdauerte die unruhigen Zeiten des 18. Jh. allerdings nicht.

Obwohl Shah Jahan Ajmer nur dreimal besuchte, frönte er auch hier seiner Leidenschaft und ließ im Dargarh-Bezirk die marmorne Jami Masjid errichten, die nach neunjähriger Bauzeit 1637 fertiggestellt wurde und als Vorbild der wenige Jahre später entstandenen, leider heute nicht zugänglichen Moti Masjid im Fort von Agra gilt. Der zweischiffige, 45 m lange und 7,5 m breite Bau, in seiner für diese Epoche typischen Eleganz nach wie vor die herausragende Architektur im Grabbereich, wird von zarten Säulen gestützt. Die elf gleichgroßen Kielbögen, die an der Ostseite den Zugang zur Gebetshalle bilden, sind reiner Zierat ohne tragende Funktion. Statt echter Bögen setzten die Baumeister halbbogenförmig gestaltete, von den Pfeilern ausgehende, sich in der Mitte berührende Konsolen zwischen die

Säulen. Auf Kuppeln wurde bewußt verzichtet, um das benachbarte Grab des Heiligen nicht zu ›erdrücken‹. Ungewöhnlich sind auch die apsisartig hinter einem Bogen in die Wand eingelassenen Gebetsnische und die lange persische Inschrift zwischen dem Gesims an der Ostseite. Aus ihr geht hervor, daß Shah Jahan die Moschee aus Dankbarkeit für den Sieg über den Rana von Mewar (1615) hat errichten lassen. An die Moschee grenzt das eigentliche Zentrum des Dargarh, das ebenfalls aus Marmor gebaute quadratische Mausoleum des Heiligen, gekrönt von einer Kuppel, die Shah Jahan stiftete. Nebenan haben in einem eigenen Hof Bibi Hafiz Jamal, die Tochter des Heiligen, und Chimni Begam, die Tochter Shah Jahans, ihre letzte Ruhestätte gefunden. Auch spätere Herrscher, selbst wenn sie nur als Gast kamen, haben sich im Dargarh als Bauherren hervorgetan. So ließ Ali Jah, der Nawab von Karnataka, 1793 in Erfüllung eines Gelübdes den kleinen Marmorpavillon errichten, der sich selbst in Details eng an die Jami Masjid anlehnt.

Außerhalb der teilweise noch von Mauern umschlossenen Altstadt kündet **Akbars Palast** von den vielen Aufenthalten des Herrschers, der 14 Jahre regelmäßig hierher kam, ehe er sich mit den Sufis überwarf. In dem neunschiffigen, von einer Mauer umschlossenen quadratischen Hallenbau ist heute das eher unbedeutende Museum untergebracht. Nicht weit entfernt liegt an der Prithvi Raj Marg der zweigeschossige **Nasiyan-Jaintempel** (›Roter Tempel‹, 1865) mit einer prunkvoll in Gold, Silber und Edelsteinen ausgestatteten Halle, in der vergoldete Figuren einen Einblick in die Glaubenswelt der Jains vermitteln.

Am Ufer des **Ana Sagar** (Stausee) im Nordosten der Stadt haben sich vier Marmorpavillons – bekannt als Baradaris – einer von Shah Jahan errichteten Palastanlage erhalten, die sicherlich einmal zu den schönsten Bauwerken Ajmers zählten. Wie viele Zeugnisse jener Glanzzeit zeichnen sie sich durch hervorragende Handwerkskunst und Stilgefühl aus. Die für Fatehpur Sikri und andere Bauten aus der Zeit Akbars und Jahangirs typischen Sandsteinkonsolen wurden hier kunstvoll in Marmor nachgebildet.

Vor allem unter den Moguln wurden aufgrund der engen Bindung an den Chishti-Orden etliche weitere, über das Stadtgebiet verstreute Bauwerke errichtet, entweder in direktem Auftrag des Hofs oder durch Privatinitative einflußreicher Bürger. Dazu zählen aus der Epoche Shah Jahans das Grab von **Khawaja Hussain** (1637) unmittelbar außerhalb des Dargarh westlich der Jami Masjid, das dem Mausoleum des Heiligen nachempfunden wurde, sowie die wenige Jahre später nach dem Vorbild der Jami Masjid entstandene **Miyam Bai-Moschee** an der Hauptzugangsstraße zum Dargarh-Bezirk. Aus der Zeit des Mogulherrschers Aurangzeb stammt die unmittelbar an der Westseite des Dargarh gelegene, als **Sola Kamba** bekannte Grabstätte des Sheik Ala-al-Din, der im 17. Jh. Hüter des heiligen Schreins war. Auffallend sind die Zackenbögen und die doppelt gesetzten Säulen, charakteristische Merkmale der Epoche Aurangzebs.

# Pushkar

Nur wenige Kilometer sind es von der heiligsten Stätte indischer Muslime zu dem von den Hindus seit Urzeiten verehrten See von Pushkar, der mit seiner einzigartigen Atmosphäre und dem bekannten Kamelmarkt im Okt./Nov. unzählige Touristen anzieht, damit aber leider auch viel von seinem ursprünglichen Charakter als gehei-

*Blick auf den See und die Ghats*

ligter Ort (Tirtha) eingebüßt hat. Der durch einen Damm aufgestaute See wird von Badetreppen gesäumt, die von Andersgläubigen nicht betreten werden dürfen. Auch der Genuß von Alkohol ist verboten.

Der religiöse Bezug ist tief in der indischen Mythologie verwurzelt. Benannt nach der Lotosblüte *(pushkara)* wurde der heilige See bereits im Mahabharata als Ausgangspunkt der um ganz Indien führenden Wallfahrtsroute erwähnt. Es ist der erste Tempel, den die Gläubigen auf der Jahre dauernden Pilgerfahrt aufzusuchen haben. Die Gründungslegende ist durch die Pushkara-Mahatmya (s. u.)

*Die farbenprächtige Mela, eine Mischung aus Wallfahrt, Markt und Kirmes, zu der die Landbevölkerung von weither während der Vollmondtage des indischen Monats Kartikka (Okt./Nov.) nach Pushkar strömt, bildet den Höhepunkt im religiösen Kalender und ist mittlerweile auch für Besucher der ganzen Welt zur Attraktion geworden.*

überliefert, die eine enge Beziehung zwischen dem Wallfahrtsort und dem vedischen Opferritual herstellt.

Demnach hat Gott Brahma sich den Platz für sein Opfer auserwählt, indem er eine Lotosblüte auf die Erde warf, die wie ein Ball dreimal hochsprang und drei Seen hinterließ. »Diese Dreizahl von Becken wird von nun an in der Welt Ruhm erlangen und die Sünden der Menschen zerstören«, heißt es in der Schrift. Hinzu treten drei in der Umgebung liegende Hügel, so daß sich Pushkar als topographische Umsetzung der vedischen Kosmologie interpretieren läßt, nach der der See die Opfergrube und die drei Berge die Feuer symbolisieren, hinter denen sich wiederum Erde, Luftraum und Himmel verbergen. Somit kommt Pushkar die Bedeutung als Mittler zwischen Himmel und Erde zu, ja sogar als Ort, an dem Brahma die Welt geschaffen hat. Es gibt in Pushkar noch einen vierten kleinen Berg, den Ratna Parvata (›Juwelenberg‹), auf den sich die stolze Savitri, die erste Frau Brahmas nach ihrer Trennung von dem Gott zurückgezogen hatte. Als sie nämlich zu spät zum Opfer erschienen war, hatte der Gott sich kurzerhand die gefügige Gayatri zur Gemahlin genommen, die nach Auffassung der um Pushkar ansässigen Bevölkerung eine Kuhhirtin vom Stamm der Gujars war.

Wichtigstes Heiligtum ist der Brahmatempel am westlichen Ortsrand, der von Mitgliedern des südindischen Dashnami-Sampradaya-Ordens verwaltet wird. Architektonisch bietet er keine Besonderheiten, obwohl er einer der ganz wenigen dem Gott Brahma geweihten Heiligtümer Indiens ist. Denn im Gegensatz zu Shiva und Vishnu spielt Brahma heute im religiösen Alltag trotz seiner herausragenden Stellung in der Hierarchie der Götter kaum noch eine Rolle.

Rings um den See reihen sich zahlreiche weitere Tempel, in denen sich die religiöse Vielfalt der Region spiegelt. Es gibt Heiligtümer für Varaha, Narasimha, Hanuman und Ganesh, aber auch Gedenkplätze für Satis und Jumjhar (Helden), von denen übernatürliche Kräfte ausgehen sollen.

Die Ghats (Badetreppen) sind meist Stiftungen königlicher Familien aus Rajasthan und tragen die Namen der ehemaligen Fürstentümer, wie Kota-, Bundi- oder Jaipurghat. Das Bad im heiligen See verheißt dieselbe spirituelle Reinigung wie das Eintauchen in die Fluten des Ganges in Varanasi, wobei die Gläubigen nicht nur Verdienste für ihre eigene Existenz erwerben, sondern auch für die der Ahnen.

Der Mogulherrscher Jahangir besuchte Pushkar von Ajmer aus insgesamt 15 Mal, nicht allerdings, um seine religiöse Toleranz unter Beweis zu stellen, sondern um am heiligen See seiner Jagdleidenschaft nachzugehen und damit in den Augen frommer Hindus eine Gotteslästerung ohnegleichen zu begehen. Er ließ sogar am Ufer einen kleinen Jagdpalast errichten, der zum Teil noch erhalten ist. Nicht genug damit, er verlieh seinem Abscheu Andersgläubigen gegenüber auch dadurch Ausdruck, daß er aus einem Hindutempel eine Figur von Varaha, der Eberinkarnation Vishnus, entfernen und in den See werfen ließ. Die derart zur Schau gestellte Verachtung ist sicherlich auch als Machtdemonstration zu werten, denn anders als während der Herrschaft seines fanatischen Enkels Aurangzeb waren die Hindus unter Jahangir vor Verfolgung sicher. Von der Toleranz seines Vaters Akbar allerdings war der Mogulherrscher weit entfernt.

# Udaipur

Unter allen Städten Rajasthans, Jaipur vielleicht einmal ausgenommen, spiegelt Udaipur den Abglanz fürstlicher Prachtentfaltung wohl am deutlichsten.

## Geschichte

**Besonders sehenswert:**
**Stadtpalast ☆☆**
**Jagdish-Tempel ☆**
**Jag Mandir ☆**

Anlaß der Gründung war allerdings eine Tragödie, das Jauhar in der Festung von Chittaurgarh im Jahre 1567. Als die Übermacht der Truppen Kaiser Akbars erdrückend wurde, bestiegen bei diesem kollektiven Selbstmord die Rajputenfrauen mit ihren Kindern die Scheiterhaufen, während die Männer die Tore öffneten und sich den Angreifern entgegenwarfen. Rana Udai Singh II. (1536–1572) hatte sich schon vor Beginn der Belagerung an den Picholasee zurückgezogen und entschloß sich nach der Niederlage, an den Ufern seine neue Residenz zu errichten. Der bereits 100 Jahre zuvor von einem Kaufmann angelegte künstliche See sicherte nicht nur die Wasserversorgung, sondern bildete auch eine fast unüberwindliche Bastion gegen feindliche Angriffe. Bereits im Jahre 1559, so will es die Legende, war Udai Singh dort einem Weisen begegnet, der ihm zur Errichtung einer neuen Metropole am Ufer des Sees geraten hatte.

Der Aufbau ging nur langsam voran, da Udai Singhs Nachfolger Rana Pratap (1572–1597) seine Lebensaufgabe vor allem im Kampf gegen die Moguln sah, die ihr Einflußgebiet immer weiter ausdehnten. Nach der Schlacht von Haldighat, in der ihm sein schwer verwundetes Pferd Cheetak das Leben rettete, mußte sich Pratap 1576 der Übermacht beugen und Udaipur den islamischen Truppen überlassen. Durch Guerillataktik versucht er nunmehr, aus dem Untergrund der Kampf fortzusetzen, stand aber gegen das erstarkende Mogulreich auf verlorenem Posten. Als Held, besungen in zahllosen Gedichten und Liedern, hat er zumindest in der Geschichte von Mewar jedoch Unsterblichkeit erlangt. Sein Sohn Amar Singh I. (1597–1620) setzte den Freiheitskampf fort, bis er nach der Niederlage von Kamnor (1614) als einer der letzten Rajputenfürsten sich der Vorherrschaft der Moguln beugen mußte.

Die Freiheit war verloren, aber es herrschte Frieden, in dem sich nun Kunst und Kultur entfalten konnten. Udaipur war, wie die anderen Städte Rajasthans auch, von wehrhaften, mit Bastionen besetz-

Udaipur
1 Stadtpalast
2 Jagdish-Tempel
3 Jag Niwas
4 Jag Mandir

ten Mauern umschlossen, durch die elf Portale Einlaß gewährten. Nur ein Teil der Befestigung und fünf Tore haben die Zeiten überdauert, noch immer aber sind Alt- und Neustadt deutlich voneinander getrennt.

## Der Stadtpalast

Das Wappen der Maharajas am Stadtpalast

Hauptattraktion sind die in und am See liegenden Paläste, die zum Teil noch heute dem Maharana Arvid Singh als Residenz dienen, dem amtierenden Oberhaupt des Hauses Mewar. Mit dem Bau des **Stadtpalastes (1)**, dessen eindrucksvolle Fassade das östliche Ufer des Sees beherrscht, hatte bereits der Stadtgründer Udai Singh begonnen; aber erst ab 1614 gewann die Anlage in mehreren Bauphasen allmählich an Größe und Gestalt. Von der Altstadt her gelangt man durch das wehrhafte Hathi Pol (›Elefantentor‹, 1600) zunächst zum 1725 errichteten dreibogigen Tripoliator an der Nordseite des Innenhofs. Unter den zwischen beiden Toren liegenden acht Bögen ließen sich früher die Maharanas an ihrem Geburtstag in Gold und Silber aufwiegen, das dann an die Bevölkerung verteilt wurde.

Die rechter Hand sich auftürmende Fassade des Palastes, der Mardana, gehört größtenteils zum späteren Bauabschnitt. Hinter den fensterlosen, nur durch Türme aufgelockerten burgartigen Wänden im nördlichen Teil verbirgt sich ein bis zum Obergeschoß reichender Felsen, der, heute unsichtbar, in den Komplex einbezogen wurde. In den ehemaligen Stallungen an der Ostseite sind neuerdings Souvenirläden untergebracht. Daß der Maharana es versteht, seine Wohnstatt zu vermarkten, hat er bereits zuvor durch Umwandlung eines Flügels in ein Luxushotel bewiesen.

Zur ältesten, bereits aus dem Jahre 1565 stammenden Bausubstanz zählen die am südwestlichen Ende des Hofs beiderseits des Durchgangstors Toran Pol liegenden Gebäude, von denen das südliche, für Fremde nicht zugängliche, als Harem diente. Man beachte das Sonnenemblem an dem Erker rechts oberhalb des Tores, das Symbol edelster rajputischer Abkunft. Das Haus von Mewar führt seine Abstammung auf die Dynastie der Sisodia zurück, die ihren Ursprung wiederum in den Kshatriyas sieht, der von Sonne und Mond abstammenden arischen Kriegerkaste. Ihren Führungsanspruch unter den 36 Rajputenstämmen dokumentieren die Mewarherrscher auch in der Ehrenbezeichnung, indem sie sich statt wie üblich Maharaja (›großer Führer‹) Maharana (›großer Krieger‹) nennen und damit auch Bezug nehmen auf Udaipurs Rolle als unerschütterliche Bastion im Kampf gegen die Moguln. Der Besucher betritt den vierstöckigen, aus zahlreichen mit Korridoren und Treppen verbundenen Räumen bestehenden Palast heute durch das Mardana Deodhi. Zunächst gelangt man in den Hof Rajaya Angan, der noch zur ursprünglichen Palastanlage gehört und die auch in Chittaurgarh übliche Architektur erkennen läßt. An der Westseite liegt der nur aus einem einfachen Raum bestehende Dhuni Mata-Tempel mit Bildnissen lokaler Gottheiten. Der Schrein soll an der Stelle stehen, an der Udai Singh II. 1559 den Heiligen traf. Verewigt wurde im Hof auch das Pferd Cheetak, mit dem Pratap Singh in der Schlacht von Haldighat die Flucht gelang. Auf den Helden und die Schlacht beziehen sich ebenfalls die Exponate in den angrenzenden Räumen Haldi Ghati Kash und Pratap Kash. Interessant ist die Waffensammlung mit einer Elefantenrüssel-Attrappe, die den Pferden vor den Kopf gebunden wurde, um die Kriegselefanten und Pferde des Gegners zu irritieren.

Über eine Treppe gelangt man zum Chandra Mahal, in dem sich die Privatgemächer befanden. Bemerkenswert ist die Verbindung traditioneller hinduistischer Architrav-Säulen-Konstruktion mit der islamischen Bogenbauweise, wobei die Zackenbögen nur als Konsolen ausgeführt sind und sich in der Mitte nicht berühren. Damit ließen sich breitere Säulenabstände realisieren, ohne die Höhe zu verändern. Sehr schön sind auch die mit farbigen Glasscherben gefüllten Marmorgitter im Erker. Durch einen Korridor erreichen wir den hübschen, sogar mit Bäumen bepflanzten Badi Mahal, einen intimen,

Front des Palastes

von Arkaden umschlossenen Innenhof, der den Abschluß des oben erwähnten Felsens bildet und erst unter Maharana Amar Singh (1698–1710) angelegt wurde. Bis dahin hörte der Palast an der Südseite des Felsen auf. Der weit vorspringende Balkon an der Nordseite gewährt einen großartigen Blick auf die Stadt.

Der Rundgang führt nun durch eine Galerie mit großformatigen Miniaturmalereien in den ebenfalls mit Bildern ausgestatteten Dilkushal Mahal, von dem aus man einen Blick in den prächtigen, mit Elfenbeintüren und Spiegelmosaiken ausgestatteten Kanch ki Burj, den Aufenthaltsraum des Maharana, hat. Der Raum selbst entstand bereits zwischen 1614 und 1618, die Glasarbeiten hingegen erst gegen Ende des 19. Jh. Die auf die Wand gemalten Panorama-Miniaturen im angrenzenden Chitram ki Burj sind ein Jahrhundert jünger. Der Raum öffnet sich zum Innenhof Badi Chatur Chowk, der aus der letzten Bauphase stammt und die Suche nach neuen Gestaltungsideen erkennen läßt, verkörpert durch die blauen Kacheln und die großflächigen, der rajputischen Volkskunst entlehnten Einlegearbeiten. Die Ausblicke auf den See auf der einen Seite und die Palastfront und die Stadt auf der anderen sind einzigartig. Eine steile Treppe führt nun zum darunterliegenden Moti Mahal, den Frauengemächern, in denen Spiegel und Glas für eine fast surrealistische Atmosphäre sorgen. Diese als Shish Mahal (›Spiegelsäle‹) bezeichneten Räume sind Merkmal fast aller rajputischen Palastanlagen. Nebenan liegt der kleine für Andachten genutzte Bhim Vilas mit Krishnadarstellungen. Er soll an Krishna Kumari erinnern, die 16jährige Tochter des Maharana Bhim Singh (1778–1828), die sich der Vermählung mit einem rivalisierenden Fürsten durch Selbstmord entzog, um keinen Krieg heraufzubeschwören. Die angrenzenden, den Hof Mor Chowk im ersten Stock umschließenden Räume dienten ebenfalls als

Pfauenmosaik

Privatgemächer. Von den schmalen, mit Gittern versehenen Fenstern des nördlichen Nila Mahal konnten die Damen am Geschehen im Hof unter ihnen teilhaben. Im südlichen Priyatam Niwas, der als einziger Raum des Palastes Fenster nach Osten und Westen aufweist, befanden sich die sehr einfach ausgestatteten Räume des seit seiner Jugend an den Rollstuhl gefesselten Maharana Bhopal Singh (1930–1955), eines ausgesprochen beliebten liberalen Landesfürsten, der sich vor allem um den Ausbau des Erziehungswesens verdient gemacht hat. Der Verbindungsgang zwischen den beiden Räumlichkeiten, Surya Prakash genannt, wurde erst im 19. Jh. hinzugefügt.

Stufen führen hinab zum Surya Chopar, einen Thronraum mit dem großen Sonnenemblem, dem Wahrzeichen des Hauses Mewar. Von hier begrüßte der Herrscher die aufgehende Sonne. Der davor liegende Hof Mor Chowk (›Pfauenhof‹) entstand Mitte des 17. Jh. für die öffentlichen Audienzen. Seine verschwenderische Dekoration an der Ostwand, die auch den darüberliegenden Surya Chowk mit einbezieht, wurde allerdings erst Ende des 19. Jh. im Rahmen einer grundlegenden Umgestaltung geschaffen. Zunächst hat man die Öffnungen zwischen den Marmorsäulen mit verputztem Mauerwerk geschlossen und den Hof dadurch von der davorliegenden Galerie getrennt. In diese geschlossenen Lücken wurden dann die jugendstilartig anmutenden Pfauendarstellungen in Glaseinlegetechnik plaziert. Dem Surya Chopar gegenüber liegt der Nila Mahal, in dem die Maharanas Hof hielten. Die Innenausstattung stammt ebenfalls aus dem 19. Jh. und beinhaltet so kuriose Dinge wie in die Wand eingelassene europäische Briefbeschwerer. Aber auch noch andere Stilbrüche lassen sich ausmachen, so beispielsweise die Verkleidung der traditionellen Säulen mit rechteckigen Pfeilern, deren Glaseinlegearbeiten die fehlende Harmonie kaum aufwiegen.

Man betritt nun wieder den Hof Rajaya Angan, durch den man zum Ausgang gelangt. Zuvor bietet sich jedoch die Möglichkeit zu einem kurzen Besuch des sogenannten Queen Palace, bestehend aus einem großen rechteckigen Hof und ihn umschließende Zimmerfluchten, in denen vor allem Miniaturmalereien und Porträts britischer Kolonialoffiziere zu sehen sind. An der Rückseite ist der ehemalige, in bedauernswertem Zustand befindliche Fahrzeugpark der Maharanas aufgereiht. Zwischen den vielen Kutschen und Sänften auch ein Rolls Royce aus dem Jahre 1922.

*Frauen im Jagdish-Tempel*

## Der Jagdish-Tempel

Auf einer erhöhten, von einer Mauer umschlossenen Plattform ließ Jagat Singh I. (1628–1652) unterhalb der Palastanlage den **Jagdish-Tempel (2)** erbauen; ein Heiligtum für den Gott Vishnu, das sich unübersehbar an den Vorbildern von Khajuraho orientiert. Von einem kleinen Schrein blickt sein mythologisches Reittier Garuda auf den Tempeleingang. Einige der rings um das Gebäude verlaufenden

Das Luxushotel Lake Palace auf der Insel Jag Niwas

Figurenfriese mit Elefanten, Tänzerinnen und Musikanten sind gelungene Arbeiten im Stil der mittelalterlichen Traditionen. Im Jahre 1998 durchgeführte Reinigungsarbeiten haben dem Tempel leider etwas von seiner Patina genommen, ihn dafür aber vor weiteren Schäden durch die beachtliche Luftverschmutzung bewahrt. In kleinen Nebenschreinen werden die Gottheiten Radha und Krishna verehrt, ein Tempel ist Surya, Shiva und Ganesh gewidmet.

## Lustschlösser im Picholasee

Der im See ›schwimmende‹ Palast **Jag Niwas (3)** ist neben dem Taj Mahal der wohl wichtigste Repräsentant des von der Tourismusindustrie propagierten Indienbildes. Im Jahre 1746 schuf sich hier Prinz Jagat Singh auf einer kleinen, dem Palast vorgelagerten Insel ein Lustschloß, das heute zu den begehrtesten Unterkünften des Landes zählt. Durch den Umbau zum Luxushotel ist viel der ursprünglichen Bausubstanz verlorengegangen, ohne allerdings die einzigartige Ausstrahlung zu beeinträchtigen. Vorbild war der in der Nähe liegende, noch unverändert erhaltene, wenn auch vom Verfall gekennzeichnete Wasserpalast **Jag Mandir (4),** der etwa 100 Jahre früher unter Karan Singh begonnen und von Jagat Singh I. fertiggestellt worden war. Im Jahre 1623 versteckte der Maharana hier für vier Monate den rebellischen Mogulprinzen Khurram, den späteren Shah Jahan, vor den Nachstellungen seines Vaters Jahangir, obwohl Khurram erst einige Jahre zuvor Udaipur unter die Herrschaft der Moguln gezwungen hatte. Während der ›Meuterei‹ von 1857 gewährte der Maharana englischen Frauen und Kindern Zuflucht auf der Insel.

Prinz Khurram soll im Gul Mahal gewohnt haben, dem größten Gebäude der Anlage. Der obere, vollständig mit Marmor verkleidete Raum war mit Einlegearbeiten aus Edelsteinen geschmückt, wie sie wenige Jahre später am Grabmal des Itimad ud Daula in Agra (s. S. 137) zu finden sind. Ungewöhnlich für rajputische Architektur in Udaipur sind der runde Turm und die bengalischen Dächer der Marmorchattris, typisch hingegen die Verbindung von Zackenbögen und Architravkonstruktion an den offenen Arkaden an der Nordseite.

# Die Umgebung von Udaipur

**Besonders sehenswert:**
**Jagat** ☆
**Nagda** ☆
**Ranakpur** ☆☆

## Jagat

Der etwa 50 km südöstlich von Udaipur im Dorf Jagat gelegene kleine Tempel für die Gottheit Ambika Mata ist sowohl hinsichtlich seiner Architektur als auch des Figurenschmucks ein kleines Juwel abseits der großen Reiserouten. Er wurde im 10. Jh. unter der Herrschaft der Guhila von Mewar erbaut, trägt jedoch die Züge der Bauhütte der Gurjara-Pratihara, deren Wirken sich auch an den Heiligtümern von Khajuraho ablesen läßt. Kennzeichen auch dieses Tempels sind eine erhöhte Plattform (Jagati) und eine mit flacher Kragkuppel gedeckte Versammlungshalle (Mandapa) mit vorgesetzten Portikus, zu dem man drei Stufen emporsteigt. Ein innerer Umgang um das Sanktuarium fehlt allerdings. Frühere, aus Westindien stammende Einflüsse sind die geometrischen durchbrochenen Steingitter in den Seitenwänden des Mandapa und die Lotospodeste, auf denen die Figuren in den Nischen der Außenwände plaziert sind. Aus der Spätphase des nordindischen Tempelbaus stammen hingegen der mit mehreren kleinen Shikharas umgebene Hauptturm und die mit Figuren ausgefüllten Nischen, die als breites Band um Vorhalle und Hauptraum laufen. Tänzerinnen, verführerische Mädchen und Liebespaare begegnen uns, löwenartige Wächterfiguren, Weltenhüter und Durga als Büffeltöterin. Etwa 20 m entfernt liegt die halbzerfallene Vorhalle des Tempels.

*Durga als Büffeltöterin*

## Eklingji

Die aus 108 Heiligtümern bestehende Tempelanlage 22 km nördlich von Udaipur ist bis heute eng mit dem Haus Mewar verbunden (Fotoverbot). Jeden Montag, dem Tag Shivas, erscheint der Maharana von Udaipur zum Gebet in dem für ihn reservierten Bereich der Anlage.

Ein erstes Heiligtum soll von Bappa Rawal, dem Begründer des Clans der Sisodia, in Mewar im 8. Jh. errichtet worden sein. Im Laufe der Jahrhunderte wurde es nach wiederholten Zerstörungen durch muslimische Truppen beträchtlich erweitert und immer wieder umgebaut. Die 108 Tempel, von denen 70 Shiva geweiht sind – andere Vishnu, Ganesh und Durga –, liegen eng beieinander in einem von hohen Mauern umgebenen Hof. Das zentrale Heiligtum, der Lakulishatempel mit der aus schwarzem Marmor gefertigten, viergesichtigen Figur des Sri Eklingji (›ein Lingam‹, eine lokale Inkarnation Shivas) entstand 977 von Hand derselben Meister, die auch den Tempel von Jagat bauten. Vor dem Haupteingang zur achtseitigen großen Halle findet man Darstellungen von Shivas Reittier, dem Bullen Nandi (Messing und schwarzer Marmor), gefolgt von einem kleinen Stier aus Silber und einem noch kleineren aus Gold im Tempel. Als Adorant steht hinter dem Messingbullen der Gründer Bappa Rawal. Über dem Eingang zum Heiligtum ist der Heilige Harita Rishi abgebildet, bei dem er seine religiöse Ausbildung erhalten hatte.

In der hinteren linken Ecke des Tempelgevierts liegt ein Vishnutempel, der im 10. Jh. von südindischen Künstlern geschaffen wurde. Neben Vishnu und Lakshmi sind auch einige erotische Darstellungen erkennbar. An der gegenüberliegenden Wand des Bezirks ein Ganesh mit nach links weisendem Rüssel (normalerweise wird der Gott mit nach rechts zeigendem Rüssel dargestellt), darüber ein Elefant mit sieben Rüsseln, daneben ein Schrein für die Göttin Durga (Shivas Shakti in ihrer schrecklichen Form).

*Die Sas-Bahu-Tempel in Nagda*

## Nagda

Nur wenige Kilometer entfernt liegt etwas abseits der nach Udaipur führenden Straße an einem künstlichen, heute größtenteils verlandeten See dieser Tempelkomplex (10. Jh.), der einmal Bestandteil einer weiträumigen Stadtanlage war. Im 9. Jh. soll hier der oben erwähnte Bappa Rawal residiert haben, ehe er Chittaurgarh von den Mauryas eroberte und zum Zentrum der Sisodia-Rajputen machte. Muslimische Invasionen haben den Ort nahezu dem Erdboden gleichgemacht. Teilweise erhalten geblieben sind zwei auf einer gemeinsamen großen Plattform ruhenden Heiligtümer, bekannt als Sas-Bahu (›Schwiegermutter-Schwiegertochter‹), die vor allem wegen ihres Figurenschmucks zu herausragenden Zeugnissen hinduistischer Architektur zählen.

Wie in der Spätphase der nordindischen Tempelbaukunst üblich, wird der Shikhara von kleinen Türmchen flankiert, die Wände der Heiligtümer tragen allerdings, anders als etwa in Jagat, keinen Zierat. Der Figurenschmuck konzentriert sich auf die Außenwände des Mandapa und der Portiken, die ihm an drei Seiten vorgesetzt sind. Viele der wunderbaren in Marmor gearbeiteten Figuren wurden leider von muslimischen Bilderstürmern verunstaltet. Die Friese stellen Zyklen des Ramayana dar, zeigen aber auch Mithunas; im kleineren Bahutempel an der Kuppeldecke die acht Muttergottheiten sowie Brahma, Shiva und Vishnu in den Zwickeln. Der Hauptzugang zur Tempelanlage erfolgte früher durch einen dreifachen, unterhalb der Plattform errichteten Toranabogen.

## Die Festung Kumbhalgarh

Nur die gewaltige, mit halbrunden sich nach oben verjüngenden Bastionen versehende 36 km lange Mauer, die am Rande der Aravallikette ein hügeliges Areal von mehr als 84 km$^2$ umschließt, vermittelt noch ein wenig von der Großartigkeit dieser einst wehrhaftesten Festung auf indischem Boden. Nicht nur Paläste, Tempel und Kasernen schloß sie ein, sondern auch ein Dorf und Felder für die Selbstversorgung. Rana Kumbha (1433–1468) hatte sie in strategisch besonders günstiger Lage auf einem Paß zwischen den Fürstentümern Mewar und Marwar anlegen lassen, wobei er die Bausubstanz einer bereits bestehenden Verteidigungsanlage mit einbezog. Nur einmal mußte sich das als uneinnehmbar geltende Kumbhalgarh unter der Herrschaft von Rana Pratap (1572–1597) dem Mogulherrscher Akbar, der von den Truppen Ambers und Marwars (Jodhpur) unterstützt wurde, ergeben, weil die Angreifer das Trinkwasser vergifteten.

Noch heute windet sich der Zufahrtsweg durch ein bewaldetes Gebiet und die sieben befestigten, mehrere Kilometer auseinanderliegenden Tore. Am zweiten (Hulla Pol) scheiterte 1567 ein Angriff Akbars, das dritte (Hanuman Pol) verdankt seinen Namen einem Schrein des Affengottes, am sechsten (Topkana Pol) gab es einen geheimen Fluchttunnel und am letzten (Nimbu Pol) einen kleinen Tempel für die Muttergottheit (Ashtamatrika) Chamunda Devi. Innerhalb des Gesamtkomplexes lag als Herzstück der befestigten

Festung Kumbhalgarh

Stadtanlage die Festung Katargarh, in der sich auch der Palast des Rana Kumbha und der Legende nach 365 Tempel befanden.

Von den zahlreichen Bauwerken sind nur noch wenige erhalten. Von der höchsten Spitze blickt der Badal Mahal (›Wolkenpalast‹) weit ins Land. Er wurde allerdings erst im 19. Jh. von Fateh Singh (1884–1930) erbaut und ist mit seinen Echoeffekten im Schlafgemach eher kurios als künstlerisch bedeutsam. Der etwas mühsame Aufstieg wird allerdings mit einem grandiosen Fernblick belohnt. Das unterhalb liegende Nilakantha-Heiligtum, das mit seinen schmalen kannelierten Säulen ein wenig an griechische Tempel erinnert, hatte hingegen bereits Rana Kumbha für seine täglichen Andachten errichten lassen.

## Ranakpur

Die Tempelanlage von Ranakpur, knapp 100 km nördlich von Udaipur in einem bewaldeten Flußtal gelegen, gehört zu den bedeutendsten Zeugnissen der Jainarchitektur in Indien. Das Heiligtum entstand in über 60jähriger Bauzeit im 15. Jh.; gestiftet wurde es von einem reichen Jainkaufmann, der auch Minister Rana Kumbhas war.

Der gewaltige Haupttempel für den ersten Furtbereiter Adinatha bedeckt eine Fläche von 3716 m$^2$ und besteht aus 29 geometrisch angeordneten Hallen mit 1444 Säulen. Das Heiligtum (62 m × 60 m) wurde nach einem bereits im 14. Jh. verfaßten Text (Vastu-Sara) vom Architekten und Bildhauer Depa gebaut. Dem zentralen Schrein mit dem viergesichtigen (Chaumukha) Marmorkultbild sind in jeder Himmelsrichtung drei Mandapas vorgesetzt, das Vestibül, die Tanzhalle und die Eingangshalle, die durch Hinzufügen von Eckschreinen miteinander zu einem geschlossenen System verbunden wurden. Zudem sind einige Mandapas in mehreren Stockwerken angelegt und wegen der Hanglage im Inneren terrassiert.

Nicht durch seine Größe beeindruckt der Tempel, sondern durch die Vielzahl gekonnt zusammengefügter Details, insbesondere Säulen und Kuppel, sowie die einzigartige Lichtführung durch den teilweise offenen Innenhof, die zu einer ›überirdischen Aura‹ beitragen, der sich auch der Besucher nicht zu entziehen vermag. Ranakpur verkörpert zusammen mit den Tempeln von Dilwara (s. S. 206) den Höhepunkt der Jainarchitektur, die perfekte Verschmelzung von religiösen Prinzipien mit ästhetischen Ansprüchen und zurückhaltender Eleganz.

Entlang der Innenwände reihen sich 86 Schreine für untergeordnete Gottheiten, die an der Außenfassade durch schmale, mit Glöckchen und Wimpeln verzierte Türmchen akzentuiert werden. Die Eckschreine werden von kleinen Shikharas abgeschlossen, über dem Heiligtum ragt der Hauptturm hoch in den Himmel, während die Hallen mit flachen Kragkuppeln gedeckt sind. Von innen sind sie mit komplizierten geometrischen Mustern in Rosettenform verziert, ergänzt durch Figuren von Göttinnen auf den radialen Streben. Die aufwendige Ausstattung und die Verwendung des kostbaren amberfarbenen Asrasana-Marmors wirft auch ein Licht auf die ökonomischen und sozialen Verhältnisse der damaligen Jaingemeinden. Zum

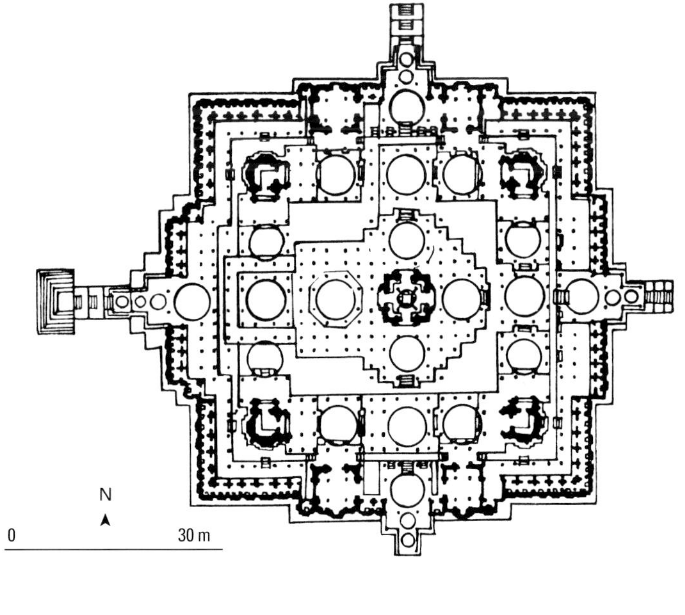


*Hauptheiligtum von Ranakpur (Yugadeshvaratempel)*

einen waren sie trotz Fehlens eines religiösen Führers streng organisiert, zum anderen standen ihnen die Mittel für das aufwendige Bauvorhaben zur Verfügung, ein Zeichen dafür, daß unter der Regentschaft von Rana Kumbha politisch ruhige Zeiten herrschten, in denen Wirtschaft und Handel blühten.

Rings um den Haupttempel gruppieren sich noch weitere Heiligtümer, darunter der Parsvanatha-Tempel (15. Jh.), der einen konvexen Shikhara hat und auch erotische Darstellungen aufweist. Weiterhin der dem Furtbereiter Neminatha geweihte Kultbau schräg gegenüber und der etwas südlich oberhalb der Straßenbrücke liegende Surya Narayana-Tempel mit reichem Figurenschmuck an den Außenwänden, darunter einer schönen Darstellung des Sonnengottes Surya.

# Mount Abu

***Besonders sehenswert: Dilwara-Tempel ☆☆***

Etwa 1200 m hebt sich im Süden der Aravallikette das Plateau von Mount Abu aus der hitzeflimmernden Ebene und bildet mit der reizvoll um einen See gelegenen Ortschaft ein beliebtes Ziel einheimischer Touristen während der heißen Vormonsunzeit (Mai–Juni). Bereits die Briten hatten hier eine ihrer Hillstations eingerichtet. Die Geschichte der Bergregion verliert sich in den Mythen der Vorzeit und ist unter anderem eng mit der Entstehungslegende einiger Rajputenclans verbunden, deren Ahnen durch den Weisen Vishvamitra anläßlich einer Opferzeremonie aus einem Feuerloch geschaffen wurden. Der südlich der Ortschaft Abu gelegene Tempel Gaumukh (›Kuhmaul‹) erinnert mit seinem Tank Agni Kund (›Feuerteich‹) und der von Krishna und Rama flankierten Statue des Weisen noch an jenes legendäre Ereignis.

*»Marmor, weißer Marmor von allen Seiten, weiß in weiß; die harte, schwere Masse zerstäubt im Übermaß der Ornamentik, schwingend und klingend im minutiösen Detail, schimmernde Säulen, umtanzt von Figuren und aufgelöst in zarte Schatten, Dutzende von Friesen, geschmückt in höchster Festlichkeit, die kleinen viereckigen und runden Decken aller Hallen, Korridore und Schreine angefüllt mit reichen Kompositionen von Göttern, Musikanten, Tänzern, Tieren, Rosetten und Ornamenten aller Art.« M. Hürlimann*

Der Name Abu geht auf die Schlange Arbuda zurück, die Kamadhenu, die Kuh des Überflusses, aus einer Grube rettete. Diese war aus der Quirlung des Milchmeers durch die Götter hervorgegangen und gilt als Symbol für die Fruchtbarkeit und den Reichtum Nordindiens in damaliger Zeit. Auch den Jains ist das bis zu 1722 m ansteigende Gebirgsmassiv, das höchste zwischen dem Himalaya im Norden und den Nilgiri-Bergen im Süden, seit Urzeiten heilig und einer der vier Kardinalpunkte ihrer Religion (die anderen drei sind Girnar [s. S. 291], Shatrunjaya [s. S. 283, beide in Gujarat] und Sameta Shikhara in Bihar).

## Der Dilwara-Tempel

Von kunsthistorischem Interesse sind vor allem die einzigartigen Jaintempel von Dilwara, die Oberst James Tod, Gesandter in Rajasthan und Verfasser der »Annals and Antiquities of Rajasthan«, Ende

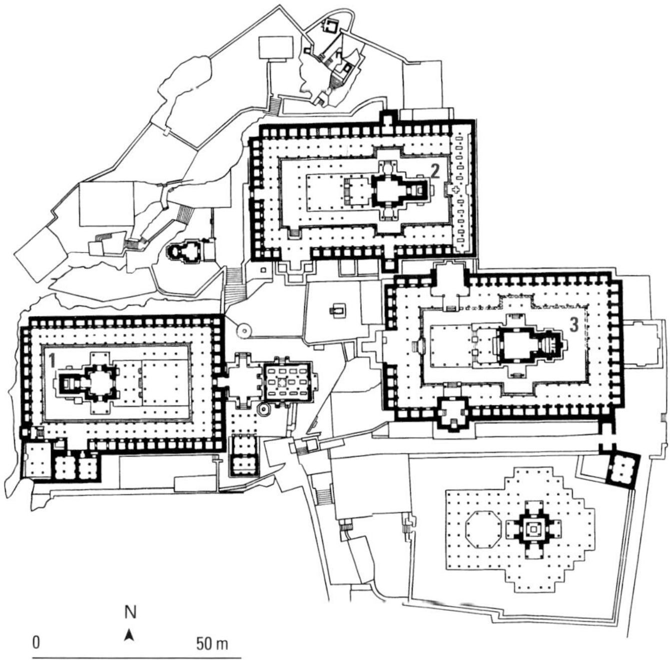


*Dilwara-Tempel*
*1 Vimalatempel*
*2 Luna Vasahi-Tempel*
*3 Pittalhar-Tempel*

letzten Jahrhunderts in einem Atemzug mit dem Taj Mahal nannte. Der von Mauern umschlossene Komplex etwa 6 km nordöstlich der Ortschaft Mt. Abu (Zutritt nur nachmittags, strenges Fotoverbot) besteht aus vier Tempeln unterschiedlichen Datums. Das älteste Heiligtum, der **Vimalatempel,** der bereits 1032 nach 14jähriger Bauzeit geweiht wurde, verkörpert den Höhepunkt der Solanki-Architektur, einer durch die gleichnamige Dynastie (765–1197) geförderten lokalen Stilrichtung im westlichen Indien. Kennzeichnend sind neue Konstruktionsprinzipien im Tempelbau, vor allem aber die atemberaubende Weise, in der sich die Plastik in handwerklich höchster Vollendung barock entfaltet, die hinduistische Götterwelt zum Leben erweckt und in überschwenglicher Erzählfreude die unerschöpfliche Vielfalt der Epen und Mythen an Pfeilern, Kuppeln und Friesen darstellt. Der Adinatha geweihte Tempel wurde von Vimala Shah gestiftet, einem reichen Kaufmann aus Gujarat und Minister unter König Bhima Dev I. Vor Baubeginn mußte er vom lokalen Herrscher Dhara das Grundstück, das vorher Shiva heilig war, erwerben – und zwar indem er die Bodenfläche mit Silbermünzen bedeckte! 14 Jahre lang waren 1500 Künstler und 1200 Arbeiter unter der Aufsicht des damals berühmtesten Architekten Kirthidar damit beschäftigt, dieses Meisterwerk aus dem fast transparent wirkenden weißen Marmor der 20 km entfernten Steinbrüche von Arasoori zu schaffen.

*Überwiegend begegnen uns weibliche Gestalten, als Tänzerinnen und Musikantinnen verführerisch im Kontrapost (Tribhanga) dargestellt, als Göttinnen der Weisheit oder Muttergottheiten würdevoll und ernst abgebildet.*

*Im Dilwara-Tempel*

Im Jahre 1311 wurde das Heiligtum, wie auch die anderen Tempel der Anlage, durch Ala-ud-Din Khilji, den Muslimherrscher aus Delhi, erheblich zerstört, dann wieder liebevoll und sachkundig restauriert.

Der 33 m lange und 14 m breite Bau besteht aus Sanktuarium, geschlossenem Vorraum, einer vorgelagerten schmalen Säulenhalle, die alle auf einer gemeinsamen Plattform ruhen, und der ebenerdig zwischen Eingang und Cella eingefügte Tanzhalle. Umgeben ist dieser zentrale Bereich von einer etwas erhöht verlaufenden Galerie mit doppelter Säulenstellung und insgesamt 57 in die Wand eingelassenen Zellen, in denen die recht uniformen Figuren der Tirthankaras (Furtbereiter) ihren Platz haben. Um so prachtvoller und abwechslungsreicher ist hingegen der Deckenbereich gestaltet. (Der Rundgang erfolgt üblicherweise im Uhrzeigersinn entsprechend der Zellennumerierung.)

In Zelle 1 befindet sich das Idol des Neminatha, des 22. Tirthankara, der an seinem Hochzeitstag der Welt entsagte und auf dem Mount Girnar als Asket die höchste Stufe der Heiligkeit erlangte. An der Decke Lotosblüten, Löwen, Tänzer und Musikanten. Ähnlich gestaltet sind die Deckenrosetten der folgenden Schreine, bereichert durch Vögel und Frauen mit Opfergaben. Über der Zelle Nr. 8 predigt ein Acharya, ein Meister, über der folgenden sind die wichtigsten Momente im Leben eines Furtbereiters dargestellt (Geburt, Verzicht, Erlangung der Erkenntnis, Erlösung). Bei Zelle 10 erfährt der

Betrachter einige Episoden aus dem Leben Neminathas (Spiel mit Vetter Krishna und den Gopis, das Blasen von Krishnas Muschelhorn, Hochzeitszug und Erlangung der Erkenntnis). Über Zelle 11 findet sich eine schöne Darstellung einer vierzehnarmigen Göttin. In der Ecke, zwischen den Zellen 22 und 23, hat ein Bildnis von Adinatha, dem ersten Furtbreiter, seinen Platz. Der Tempelstifter selbst soll es, geleitet durch einen Traum, gefunden und dann hier aufgestellt haben. Besondere Beachtung vedienen die Arbeiten über Zelle 32. Im Zentrum besiegt Krishna den Schlangendämon Kaliya, umgeben von einigen Schlangenköniginnen, oben spielt er mit seinem Bruder Ball, unten liegt er bewußtlos im Schlangenpfuhl. Bei den Nummern 42 und 43 steht die Gottheit Lakshmi im Mittelpunkt, begleitet von weiteren Göttern wie Indra, Varuna, Yama und Kubera. Um die Lotosblüte bei Zelle 44 reihen sich die Göttinnen Sarasvati, Lakshmi und Kali mit ihren Reittieren (Vahana). Bei Nr. 49 begegnet uns im Zentrum des Lotos der ›Mannlöwe‹ (Narasimha), die vierte Inkarnation Vishnus, der den Dämon Hiranyakashipu mit seinen Klauen tötet. Wir sind nun wieder am Eingang und treten unter die große flache Kuppel der von zwölf kunstvoll ornamentierten Säulen gestützten Tanzhalle. Sie entstand erst im 12. Jh. und wurde nur mit einer flachen, relativ leichten Kragkuppel abgedeckt, um so einen größeren Säulenabstand zu ermöglichen. Um die einzelnen Ringe verlaufen Friese mit Gänsen (Brahma und seine Gefährtin Sarasvati haben eine Gans als Begleittier), Elefanten (einige halten mit den Rüsseln Menschen umschlungen), Schwänen und Reitern, die Speichen tragen die 16 Göttinnen der Weisheit. Die Säulen sind mehrfach waagerecht gegliedert und durch geschwungene ornamentierte Bögen verbunden. Den Eingang zum Heiligtum, zu dem der Zutritt für Nichtgläubige untersagt ist, bewachen zwei Figuren von Parshvanatha, dem ›Propheten‹ der Jains.

*Detail am Dilwara-Tempel*

Vor dem Tempel liegt die eigenartig wirkende Säulenhalle Hastishala, die ein Abkömmling des Vimala Shah Mitte des 12. Jh. als Denkmal für seine Familie erbaut hatte. In drei Reihen wurden hier Elefanten aus Marmor aufgestellt. Sie sind jedoch ebenso wie die Statue des Stifters Vimala Shah von den muslimischen Truppen im Jahr 1311 stark beschädigt worden.

Stilistisch ganz ähnlich, jedoch 200 Jahre jünger ist der etwas höher liegende Tejapala- oder **Luna Vasahi-Tempel.** Er wurde von den Brüdern Vastupal und Tejapal, einflußreichen und vermögenden Ministern unter Raja Bhima Dev II. von Gujarat, in Gedenken an ihren Bruder Luna im Jahre 1230 gestiftet und dem Furtbereiter Neminatha geweiht. Auch dieses Heiligtum wurde Opfer des muslimischen Überfalls von 1311 und erhielt erst 1321 eine neue Kultfigur. Wieder begegnet uns die überbordende Vielfalt plastischer Gestaltung; teilweise wirkt sie in ihrer spätbarocken Ausprägung jedoch etwas überladen, obwohl die einzelnen Arbeiten wunderbar sind. Der rings um den Hof laufende Säulengang weist 52 den Furtbereitern und Göttinnen geweihte Schreine auf, deren davorliegender Deckenbereich sich dem Betrachter auch hier als unerschöpfliche Galerie indischer Plastik darbietet.

Über Zelle 1 begrüßt uns die Muttergottheit Ambika, die bei den Jains dem Neminatha als Botin dient. Über den Zellen 2 bis 6 begegnen uns Tänzerinnen, Schwäne und Pflanzen, bei Zelle 9 zeigt sich eine interessante Szene mit Booten, Fischen und dem Tempel von Girnar, umgeben von Mönchen, Nonnen und Laien. Über Zelle 11 wird wieder das Hochzeitsthema aus dem Leben des Neminatha aufgegriffen, als er sich kurz vor der Eheschließung dem Asketentum zuwandte. Vergeblich wartet seine Braut Rajmati auf ihn. Zwischen den Zellen 14 und 16 wird das Leben von Parshva und dem 16. Furtbereiter und Weltenherrscher Shanti illustriert. Entlang der gesamten Ostwand ist die Galerie durch Steingitter, hinter denen zehn Marmorelefanten aufgereiht sind, verschlossen. (Die Jains haben ähnlich den Hindus ihren Gottheiten Tragtiere zugeordnet. Der Elefant ist der Begleiter (Lanchana) des zweiten Furtbereiters Ajitanatha.)

Prunkstück des Tempelinnern ist zweifellos die wie ein Lüster gestaltete Kuppel über der Tanzhalle mit den 16 Göttinnen der Weisheit auf den Konsolenträgern und 360 winzigen, im Kreis angeordneten Figuren von Mönchen und 72 Tirthankaras. Bemerkenswert auch die aus 108 Blätter geformte Lotosblüte im Deckenbereich der südwestlichen Ecke der Tanzhalle. Auf jedem Blütenblatt ist eine der Haltungen des klassischen indischen Tanzes abgebildet.

Der gegenüber dem Vimalaheiligtum liegende **Pittalhar-Tempel** (15. Jh.) enthält ein Bronzebildnis des Adinatha. Hinsichtlich der Dekoration kann er sich allerdings nicht mit den beiden anderen Bauten messen, zumal er offensichtlich unvollendet blieb.

Unterhalb hat jenseits des Zugangswegs der aus dem 15. Jh. stammende Kultbau des **Parshvanatha** seinen Platz. Wie das Heiligtum von Ranakpur weist er vier Tanzhallen und ein Sanktuarium mit vier Eingängen auf und gehört damit zum Typus eines Chaumukhabaus. Im Gegensatz zu Ranakpur sind die Mandapas hier aber noch nicht durch Eckschreine zu einem geschlossenen Quadrat verbunden und mit einer Mauer gegen die Außenwelt abgeschirmt. Zur Dekoration gehören einige schöne Wächterfiguren aus grauem Sandstein.

## Der Achaleshvara-Tempel

Das Shivaheiligtum liegt 11 km nördlich von Mount Abu, etwa 5 km entfernt von Dilwara zu Füßen des Forts Achalgarh an einem kleinen künstlichen Tank. Das beliebte Pilgerziel soll gemäß einer Inschrift bereits auf das 8. Jh. zurückgehen, wurde in seiner heutigen Form jedoch 1234 durch die beiden Brüder, die auch den Tejapala-Tempel in Dilwara gestiftet hatten, gegründet. Berühmt ist der Bau durch die Zehe Shivas im Hauptheiligtum und einer von dort ausgehenden Öffnung, die bis in die Unterwelt reichen soll. Auch eine Figur der Parvati hat im Sanktuarium ihren Platz.

*Auch das Relief des in Erwartung eines neuen Zeitalters – bisher gab es vier – auf der Weltenschlange im kosmischen Ozean ruhenden Vishnu als Narayana ist beeindruckend. Der Schöpfergott ist hier als Mensch dargestellt, der im Meditationsschlaf ruht, ehe er sich in einem neuen Zeitalter manifestiert.*

Der aus Messing gearbeitete Nandi (1407) vor dem Hauptschrein weist ›Narben‹ muslimischer Übergriffe auf. Rings um das Hauptgebäude reihen sich in dem von einer Mauer umschlossenen Hof zahlreiche weiteren Gottheiten geweihte kleine Heiligtümer, so etwa am Eingang links eines für Ganesh, gegenüber ein Schrein für Surya.

Interesse verdient vor allem der links neben dem Haupttempel liegende Dwarka Mandir, an dessen rechter Wand sich die aus dem Jahre 1237 stammende erwähnte Stifterinschrift befindet. Im Innern eine bemerkenswerte Darstellung des in Hinduheiligtümern selten anzutreffenden Buddha, der als 9. Inkarnation Vishnus gilt. In dieser Erscheinungsform tritt Vishnu im derzeitigen düsteren, vom Niedergang gekennzeichneten Kali-Zeitalter (Kali-Yuga) auf.

Neben dem Haupttempel erhebt sich ein Bogen, unter dem sich die Herrscher der Sirohi-Dynastie in Silber und Getreide aufwiegen ließen, um dies dann als Spenden an die Bedürftigen zu verteilen.

Am Ufer des angrenzenden Tanks trifft man auf eine bemerkenswerte Skulpturengruppe von drei Wasserbüffeln und der aus Marmor gefertigten Figur des Königs Daravarsha als Bogenschützen. Der Legende nach soll er die drei Tiere, hinter denen sich Dämonen verbargen, mit einem Schuß durchbohrt haben, als sie den mit heiligem Ghee (geklärte Butter) gefüllten Tank leertranken. An mehreren Tempeln vorbei führt ein Weg durch einige Befestigungstore steil den Berg hinauf zu den spärlichen Überresten der von Rana Kumbha Mitte des 15. Jh. angelegten Festung, von der aus später auch die Herrscher von Sirohi sich erfolgreich gegen muslimische Eroberungsversuche zur Wehr setzten. Der Aufstieg lohnt aber höchstens wegen der Aussicht!

# Südöstliches Rajasthan

# Hort rajputischer Helden

**s. Karte S. 175**

Östlich der Aravallikette schließen sich von den Flüssen Banas und Chambal entwässerte Hochebenen an, fruchtbare Agrarregionen, die von höheren Regenmengen während der Monsunzeit profitieren, aber dennoch vielfach auf künstliche Bewässerung angewiesen sind, entweder aus dem verzweigten Flußsystem oder durch Brunnen. Befestigte Städte und Forts findet man nur an herausgehobenen Gebirgszügen, von denen aus sich die kriegerischen Bewohner gegen Angriffe unliebsamer Nachbarn verteidigen konnten. Kein Rajputenfürst hätte es vor der Zentralherrschaft der Moguln gewagt – zumindest ohne ein schützendes, auf einem Berg gelegenes Fort im Rücken, seine Residenz in die Ebene zu bauen.

**Besonders sehenswert:**
**Bundi** ☆
**Kota**
**Baroli** ☆
**Chittaurgarh** ☆☆

# Bundi

Die 40 km nordwestlich von Kota malerisch in eine Hügelkette eingebettete Stadt war Zentrum des gleichnamigen Rajputenfürstentums der Hara Chauhana, die ihren Ursprung auf die vier aus dem Feuer von Mount Abu geschaffenen Stämme zurückführen und damit eine hohe Stellung innerhalb der Hierarchie beanspruchen. Nach dem Clan wurde das kleine Reich auch als Haravati (›Garten der Hara‹) bezeichnet. Mitte des 14. Jh. hatte sich Rao Deva, ein Nachfahre des Prithvi Raj Chauhan, der im Kampf gegen den Muslimführer Muhammed von Ghur 1192 sein Leben und seine Residenz Ajmer verloren hatte, im Stammesgebiet der Minas ein kleines Reich geschaffen, das zu Beginn auch noch Kota umfaßte.

Verständlicherweise waren die Beziehungen zum angrenzenden machtvollen Mewarreich häufig gespannt und entluden sich immer wieder in blutigen Auseinandersetzungen, gefolgt von Perioden gegenseitiger Anerkennung, aber auch Tributpflicht Bundis. Mitte des 16. Jh. besiegte Rana Kumbha den Herrscher von Bundi.

Etwa 80 Jahre später suchte Vikramaditya, die Amme des Thronfolgers von Mewar, mit dem unmündigen Udai Singh nach der Flucht aus der von Bahadur Shah belagerten Festung Chittaurgarh 1535 in Bundi Zuflucht. Vergessen war offensichtlich auch der nur wenige Jahre zurückliegende Zwischenfall, bei dem sich Rao Suraj Mal von Bundi Rana Ratan Singh aus Chittaurgarh bei einem gemeinsamen Jagdausflug, angeblich im Streit um eine Frau, gegenseitig erschossen hatten.

Ein ähnlicher Vorfall ereignete sich 1773 als Maharao Ajit Singh Maharana Amar Singh, ebenfalls auf der Jagd, tötete.

◁ Die Festung von Chittaurgarh

Aber auch den Moguln vermochte Bundi aufgrund seiner geringen Größe keinen ernsthaften Widerstand entgegenzusetzen und mußte sich dem Diktat Akbars beugen. Durch diplomatisches Geschick des im Dienste Akbars stehenden Rajas von Amber übereignete Rao Suraj 1569 die Festung Kumbhalgarh, die er als Lehen vom Fürsten von Mewar erhalten hatte, den Moguln. Seither erwiesen sich die Herren von Bundi, ganz im Gegensatz etwa zu den Fürsten von Mewar, als getreue Vasallen der Moguln und durften dafür zahlreiche Privilegien in Anspruch nehmen.

Wie in vielen der kämpferischen Fürstentümern Rajasthans wurden auch in Bundi erst durch die Autorität der übermächtigen Mogulherrscher die Aktivitäten in friedlichere Bahnen gelenkt. Statt die Kräfte in Rittermanier auf dem Schlachtfeld zu messen, versuchte man nunmehr, durch verfeinerte höfische Lebensart seine Nachbarn zu beeindrucken, wozu die prachtvollen Residenzen der Moguln in Fatehpur Sikri, Delhi und Agra das Vorbild lieferten. Beim Palast von Bundi ist diese Anlehnung allerdings weit weniger ersichtlich als etwa in Amber, Udaipur oder Jodhpur. Mehr als in anderen Palastbauten Rajasthans überwiegt hier der Festungscharakter der frühen Jahre. Leider kann man sich heute kein umfassendes Bild machen, da die Anlage wegen Erbstreitigkeiten nur teilweise zugänglich ist und die Gebäude sehr vernachlässigt sind.

Eine gepflasterte Rampe führt von der äußeren Mauer zum Eingangstor Hathi Pol (›Elefantentor‹), flankiert von zwei schlanken mit Chattris gekrönten Türmen, bewacht von den Skulpturen zweier Elefanten mit verschlungenen Rüsseln. Man gelangt in einen kleinen Hof, an dessen gegenüberliegender Seite hinter acht Bögen die Stallungen lagen. Darüber ließ Rao Ratan Singh (1607–1631) den **Ratan Daulat,** die Halle der öffentlichen Audienzen (Diwan-i-Am) mit einem vorspringenden Balkon, errichten, auf dem der Herrscher sich von einem Marmorsitz aus gleichermaßen an die in der Säulenhalle versammelten Gäste als auch an die weniger privilegierten Besucher im Hof wenden konnte. Mit ihren ausladenden ornamentierten Kapitellen und der Beschränkung der Zackenbögen auf Ziernischen erinnert die Halle eher an die altindische Tempelarchitektur als an die sonst üblichen Audienzhallen. Ungewöhnlich und vielleicht nicht ganz gelungen ist auch die breite vom Hof zur Audienzhalle hinaufführende Treppe.

Seine wichtigste Ergänzung erfuhr der Palast durch Maharana Chatar Sal (1631–1658), der den nach ihm benannten Flügel **Chatar Mahal** bauen ließ. Er besteht aus einem großen hochliegenden Hof mit angegliederten Wohntrakten und Jaligittern, die den Blick auf den Eingangshof ein Stockwerk tiefer freigeben und gegenüber auf die steil abfallende Wand der Südseite. An seine Ost- und Westseiten wird der Hof von Säulenhallen flankiert. Die größere (östliche) diente als private **Audienzhalle** (Diwan-i-Am), von der aus man in die mit Wandmalereien ausgestatteten Privatgemächer gelangt. Leider haben Besucher heute hier keinen Zutritt.

Palast und See von Bundi

Besichtigen darf man hingegen den am Nordende der Palastanlage im 18. Jh. entstandenen Hof **Chitra Shali** mit seinem angrenzenden ›hängenden Garten‹. Umgeben ist der Hof von einem Säulengang mit unechten Bögen an der Westseite. Merkwürdig, aber durchaus nicht störend, ist das Fehlen von Symmetrie, die etwa die Mogulbauten auszeichnet. So ist der linke Bogen wesentlich breiter als der rechte, was vielleicht auf ein anderes Verständnis von Harmonie oder den Wunsch, jenseits des Goldenen Schnitts zu experimentieren, hindeutet. Daß den Herrschern von Bundi und den von ihnen beauftragten Künstlern Qualität kein Fremdwort war, bezeugen die großartigen Malereien an den Wänden des Chitra Shali, die zu den schönsten ihrer Art in Rajasthan zählen. Ein Wunder ist dies nicht, darf sich doch die Miniaturmalerei der Bundischule rühmen, zur originellsten und hochwertigsten ganz Indiens zu gehören. Vielfältig ist die Themenwahl der an Miniaturen erinnernden Wandbilder. In panoramaartigen Ansichten wird das Leben bei Hofe großartig in Szene gesetzt, immer wieder schieben sich Elefantendarstellungen ins Bild, aber auch Krishnas Spiele mit den Gopis nehmen breiten Raum ein.

Der Aufstieg zum oberhalb des Palastes gelegenen **Fort Taragarh** lohnt vor allem wegen der Aussicht. Es entstand bereits in der Frühphase der Stadtplanung als Schutz gegen feindliche Angriffe und erhielt im 16. Jh. die Bastion Bhim Burj, auf der die gewaltige Kanone Garbh Gunjam plaziert wurde. Durch unterirdische Stollen soll die Festung mit dem Palast verbunden sein und sogar einen Schatz irgendwo in der Tiefe beherbergen. Leider trübt heute ein Fernsehturm die verwunschene Atmosphäre.

Elefant am Stufenbrunnen Raniji ki Baori

Zu Füßen des Palastes liegt der **Nawal Sagar** (Stausee) mit einem Varuna – dem vedischen Gott des Wassers – geweihten Tempel. Am Azadpark im Zentrum der Stadt, ein Stück südlich des Chogantors, kann man einen Blick in den **Raniji ki Baori** werfen, einen der für Rajasthan und Gujarat charakteristischen Stufenbrunnen (Baori), die früher nicht nur zu Wasserversorgung, sondern auch als kühler Aufenthaltsort während der heißen Vormonsunmonate dienten. Heute ist der Zugang zu der 45 m tief liegenden Wasserfläche durch ein Gitter versperrt, so daß man sich mit dem Blick auf einige der schönen Sandsteinreliefs und den barock verzierten Eingangsbogen des 1699 entstandenen Bauwerks begnügen muß.

Unweit des Bahnhofs, ein Stück westlich der nach Kota führenden Straße, verdient der in einem gepflegten Garten liegende **Chaurasi Khambon ki Chattri** (›Chattri der 84 Säulen‹) einen kurzen Besuch. Der Bau entstand Ende des 17. Jh. als Kenotaph für den Sohn der Amme des Herrschers Rao Anuradh Singh, dient aber, wie der Shivalingam andeutet, auch als Tempel. Um den Sockel ziehen sich äußerst lebendig gestaltete Friese mit Tiermotiven.

## *Die Umgebung von Bundi*

### Hindoli

Die etwa 17 km nordwestlich von Bundi einen Höhenrücken über einem Dorf krönende kleine Rajputenfestung (15. Jh.) diente als Grenzfort des Fürstentums Bundi gegen den mächtigen Nachbarn Mewar und war mehrfach Schauplatz blutiger Auseinandersetzungen. Zeitweise führte der legendäre Mewarfürst Rana Pratap von hier aus seinen Kampf gegen die Moguln. Die Anlage ist zwar zerfallen, läßt aber noch wehrhafte, mit Balkonen versehene Wände erkennen, die mit dem senkrechten Felsen verschmolzen zu sein scheinen. Zu Füßen liegen inmitten des Dorfs zwei kleine Lakshmi und Mahadeva geweihte Hindutempel mit Rajputenkriegern als Wächterfiguren, außerdem einer schönen Deckenrosette mit 16 verschiedenen Gottheiten.

## Menal

An einer Schlucht, durch die sich der Menal seinen Weg bahnt, entstand zwischen dem 8. und Ende des 12. Jh. ein Komplex von Tempeln, der sich zu einem Zentrum des Shivakults in dieser Region entwickelte, an dem auch der Chauhanafürst Prithviraja II. einen kleinen Palast anlegen ließ. Heute führt hier die von Bundi nach Chittaurgarh verlaufende Straße vorbei.

Besonders gut erhalten ist der **Mahanalatempel,** in dessen von kleinen Türmchen umstandenen Shikhara die Endphase nordindischer Tempelbaukunst zum Ausdruck kommt. Der Zugang erfolgt durch ein zweigeschossiges Eingangstor mit Shivaskulpturen. Die Seitenwände des Heiligtums werden von Figurenfriesen mit Bildnissen von Shiva und Parvati umschlossen, begleitet von Musikanten und Tänzern, floralen Mustern und Tieren. Ringsum liegen die Ruinen noch weiterer, teilweise aus dem 8. Jh. stammender Heiligtümer.

Weniger gut erhalten, kunsthistorisch allerdings bedeutsam sind die kleinen Seitenbauten, insbesondere der Dreiertempel nordwestlich des Haupttheiligtums, dessen drei Shikharas nur noch in Resten

*Blick auf Hindoli*

vorhanden sind. Der Kultbau (8. Jh.) bestand zunächst aus zwei auf einer gemeinsamen Plattform liegenden Räumen, zwischen die später ein dritter eingefügt wurde, gefolgt von einer gemeinsamen Vorhalle, für die man alte Säulen verwendete. Besonders ausdrucksvoll gestaltet sind die Türeinrahmungen der Kultzellen und die Basen der Säulen. Über dem Eingang zum Allerheiligsten thront ein vierarmiger Vishnu, eingerahmt von Garudas und Nagas, eine für ein Shivaheiligtum recht ungewöhnliche Präsentation.

## Bijolia

Nur etwa 14 km von Menal entfernt trifft man etwas abseits der Straße Bundi-Chittaurgarh auf den ehemals sehr ausgedehnten, den Jains und Shivaiten heiligen Tempelbereich von Bijolia, der allerdings unter den kriegerischen Ereignissen der Region, insbesondere den Einfällen muslimischer Heere, stark gelitten hat. Erhalten sind noch drei Tempel. Der **Hajareshvara Mahadeva** besteht aus Schrein und Vorhalle und enthält als Kultbild einen mit zahlreichen kleinen Lingams bedeckten Shivalingam. Das benachbarte, von zwei Shikharas gekrönte, aber mit gemeinsamer Vorhalle versehene Heiligtum ist ein dem Shiva als Bhairava (in seiner schrecklichen Form) und dem Mahakala (Shiva als Zerstörer des Universums) geweihter Doppeltempel mit zwei übereinanderliegenden Kultzellen. Der etwas abseits, jenseits des Tempeltanks liegende **Undeshvara Mahadeva** fällt durch seinen aus vielen kleinen Türmchen gebildeten Shikhara in Nagarastil und die vier auf die Ecken gesetzten Chattris aus dem Rahmen. Allen drei Bauwerken gemeinsam sind schöne Reliefs mit Tänzerinnen, Musikantinnen, Tieren und Ornamenten.

*Fries mit Musikantinnen am Shivatempel in Bijolia*

# Kota

Die an der Einmündung des Shahi Dehra in den Chambal, 22 km südöstlich von Bundi gelegene Distrikthauptstadt ist zwar Rajasthans wichtigster Wirtschafts- und Industriestandort mit einem Atomkraftwerk vor den Toren, vermochte aber innerhalb der Altstadt doch noch einiges von seinem ehemaligen Charme zu bewahren.

Gegründet wurde die Stadt bereits in der Mitte des 14. Jh., war damals aber noch Teil Bundis. Erst als Rao Ratan Singh 1625 einen Teil des Territoriums seinem Sohn Madho Singh abtrat, entwickelte sich Kota zur Residenz eines unabhängigen kleinen Fürstentums und erhielt nun auch einen Palast. Da er unter dem Protektorat der Moguln entstanden ist, konnte auf eine starke Befestigung verzichtet werden. Luftige Galerien, Chattris und Erker verleihen der Front einen eher verspielten Charakter. Der Zugang zum Palast, von dem nur ein kleiner Teil für die Besucher zugänglich ist, erfolgt durch das farbig gefaßte Hathi Pol, über dem wie in Bundi zwei Elefantenskulpturen sich die Rüssel reichen (allerdings eine Ergänzung des 18. Jh.). Anschließend an das Tor erhebt sich über die Außenwand der zweistöckige Arjun Mahal mit balkonartig vorspringenden Galerien. Rechts daneben lockert eine Kammer mit bengalischem Dach die Fassade auf, die ihr Gegenstück auf der anderen Seite des Tors findet. In der rechten hat ein Krishnatempel seinen Platz, die linke ist Teil des Zeremonialbereichs.

Im Laufe der Jahrhunderte wurde der Palast mehrfach erweitert, wobei, wie bei den Rajputen üblich, nicht die Bewahrung traditioneller Bausubstanz Leitmotiv war, sondern allein der Nutzen. So entstanden für die beiden Frauen des Herrschers Umad Singh zwei große Privatgemächer im viktorianischen Zuckerbäckerstil des 19. Jh.

Den Besucher empfängt zunächst ein Wandbild mit der Huldigung Krishnas, dann betritt er den großen, von den Ausstellungsräumen umschlossenen Innenhof. Zu sehen gibt es im Akad ka Mahal Metallspielzeug, Keramik und Sänften, im angrenzenden Spiegelsaal gelungene Wandmalereien und Bildnisse von Krishna. Weiter geht es zur Waffenkammer mit der Galerie der Maharajas – unentbehrliche Präsentationen in jedem Rajputenpalast –, gefolgt von einer Darbietung von Miniaturen, die leider nähere Erläuterungen vermissen lassen. Im Tiefgeschoß darf der Besucher dann noch einen Blick auf die teilweise mottenzerfressenen Jagdtrophäen der Herren von Kota werfen! Entschädigt wird er jedoch durch den Blick in die oberhalb liegenden Räume des Raj Mahal, in die er gegen ein kleines Bakschisch geführt wird. Hervorragend gearbeitete Glasintarsien und Fresken, Türen aus Ebenholz und Elfenbeinarbeiten zeugen von erlesenem Geschmack.

Über die Vergänglichkeit auch eines Maharajalebens läßt sich vortrefflich im Chattar Bilas-Garten am Ufer des Kishor Sagar sinnieren,

Chattris im Chattar Bilas-Garten in Kota

in dem die Herrscher ihre letzte Ruhe gefunden haben. Beachtenswert sind die teilweise sehr feinen Reliefs mit Götterbildnissen an den Zugängen. Dargestellt sind u. a. Sarasvati auf der Gans, der Elefantengott Ganesh und Shiva auf seinem Bullen Nandi.

## Ramgarh

Der etwa 90 km östlich von Kota liegende Band Deoratempel (10. Jh.) ist bisher nur auf schwieriger Piste zu erreichen und wird daher kaum besucht. Es handelt sich um ein Shivaheiligtum, das mit seinem sternenförmigen Grundriß und der starken vertikalen und horizontalen Profilierung den Bauten eines südindischen Stils ähnelt, jedoch mit den zahlreichen Bändern an der Basis, dem zusätzlichen Fries und den Lotosmotiven auch Einflüsse der westlichen Bautradition erkennen läßt. Verglichen mit anderen Heiligtümern wirkt der als Basrelief ausgeführte Figurenschmuck trotz technischer Perfektion etwas steif und unbeholfen, um so besser gelungen dagegen sind die aufwendig ornamentierten Säulen des Mandapa.

# Baroli

Schon wegen ihrer Lage abseits großer Verkehrswege und Ortschaften inmitten eines bewaldeten Landstrichs, etwa 42 km südwestlich von Kota in Richtung Rana Pratap Sagar, gehört dieser zwischen dem 9. Jh. und 11. Jh. errichtete Tempelkomplex zu den schönsten der Region. Obwohl auch er von Bilderstürmern, insbesondere Aurangzeb nicht verschont blieb, ist noch genug erhalten, die hohe Kunst der Chauhana-Epoche eindrucksvoll zu dokumentieren, zumal derzeit umfangreiche Restaurierungsarbeiten im Gange sind.

Der Haupttempel Ghateshvara Mandir besteht aus einem quadratischen Sanktuarium mit einer durch fünf vorspringende Risalite vertikal gegliederten Außenwand. Durch einen Vorraum ist das Heiligtum mit einer nach allen Seiten offenen, von sechs Pfeilern und zwei Pilastern getragenen Versammlungshalle (Mandapa) verbunden. Über dem Allerheiligsten führt, von dem Mauerwerk durch einen zweifachen Gesimszug getrennt, der schlanke parabelförmige Shikhara die fünffache Gliederung in die Vertikale fort – ein für das Rajasthan des 9. und 10. Jh. charakteristischer Zug. Der Mandapa wird durch ein flaches Pyramidendach in Kragbauweise abgeschlossen. Den Zugang bildet ein Toranabogen, dessen geschwungene Konsolen von einem Makarakopf zusammengehalten werden. Der einige Meter entfernt liegende, große, nach allen Seiten offene Mandapa wurde erst später hinzugefügt.

In der Bauplastik der Tempelanlage begegnet uns die ganze Vielfalt des hinduistischen Pantheons, wobei jedoch die Außenwände relativ sparsam mit Figurennischen ausgestattet sind. In ihnen finden wir Andhaka (von Shiva besiegter Dämon), Nataraja (Shiva als kosmischer Tänzer) und Chamunda (die grausame Erscheinung der Göttin Kali). Weitaus lebensbejahender hingegen die mit Liebespaaren verzierten Pfeiler, Kämpfer und Deckensegmente sowie die plastisch aus den Säulenschäften des Mandapa hervortretenden himmlischen Nymphen. Auch rings um den Dachansatz des neueren Mandapa reihen sich kleine Figurenschreine. Leider wurden den meisten Plastiken durch die muslimischen Bilderstürmer die Köpfe abgeschlagen. Sehr ungewöhnlich ist die Figur eines kletternden Mannes an der Rückseite unterhalb der Shikharaspitze. Es handelt sich um einen Bannerträger, in dessen gefalteten Händen sich eine Öffnung für die Aufnahme des Flaggenstocks befindet. Immer wieder tritt auch der Lotos *(padma)* in Erscheinung, etwa an der Decke der Kultnische oder der Versammlungshalle, sowie auch über das Gelände verstreute Plastiken von Lingam und Yoni.

Die Türeinrahmung zum Schrein, der einen Lingam und ein Bildnis von Parvati birgt, ist ebenfalls prächtig verziert. Die Flußgöttinnen Ganga und Yamuna, reich mit Schmuck versehen, nehmen den Sockel ein, und Shiva vollzieht seinen kosmischen Tanz. Weitere sehr schön gearbeitete, nahezu vollplastische Figuren findet man an den Pfeilern eines zerstörten Toranabogens.

Rings um den Haupttempel gruppieren sich kleine Schreine, von denen einer im Allerheiligsten eine Reliefplatte mit einer Abbildung der Trinität (Trimurti) Vishnu, Shiva und Brahma enthält, ein anderer Ganesh geweiht ist und der dritte mit dem Bullen vor dem Eingang sich als Shivaheiligtum zu erkennen gibt.

## Chittaurgarh

**Besonders sehenswert:**
**Jainkomplex Sat Bees Deori ☆**
**Siegesturm Yaya Stambha ☆☆**
**Mokuljitempel ☆**
**Kalika Mata-Tempel ☆☆**
**Kirthi Stambha ☆**

Wie das Rückgrat einer versteinerten Riesenechse hebt sich am Rande der Stadt Chittaurgarh ein schmales, 5 km langes Felsplateau mit senkrecht abfallenden Wänden fast 200 m aus der staubigen Ebene – der ideale Ort zur Anlage einer Festung. Und in der Tat haben Menschen sich diese natürliche Bastion schon sehr früh als vermeintlich sicheren Siedlungsplatz auserkoren. Dennoch wurde die Festung zum Kenotaph der rajputischen Freiheit, zum Siegesmal des Islam in Nordindien und zum wichtigsten Kapitel im Buch regionaler Heldenverehrung. Noch heute ergreift jeden aus Rajasthan stammenden Hindu Ehrfurcht, wenn er Chittaurgarh besucht, das er mehr als Heldengedenkstätte begreift denn als Hort rajputischer Architektur.

### Geschichte

Als erstes sollen sich hier im 8. Jh. die Rajputen vom Clan der Guhilot niedergelassen haben, die sich später Sisodia nannten und als Abkömmlinge der Sonne unter den 36 Clans den höchsten Rang beanspruchten. (Architektonische Zeugnisse lassen sich bis ins 8. Jh. zurückverfolgen.)

Für fast acht Jahrhunderte wurde von Chittaurgarh, dessen Namen sich wahrscheinlich vom legendären Stadtgründer Chitrangad Maurya herleitet, nicht nur das Reich der Mewar geführt, sondern die rajputische Kultur in der gesamten Region verbreitet. Der Felsen barg neben Festung und Palast eine ganze Siedlung mit Wohnhäusern, Feldern, Tempeln und Wasserreservoirs. Die heutige Stadt ist eine Entwicklung der Neuzeit.

Chittaurgarhs Ruf als Stadt rajputischen Heldentums gründet auf den drei muslimischen Eroberungen von 1303, 1535 und 1567, bei denen sich Legende und Realität unentflechtbar zum Mythos verbanden. Im Jahre 1303 belagerte Ala-ud-Din Khilji, der Sultan von Delhi, die Festung. Angeblich begehrte er die Fürstentochter Padmini, nachdem er einen Blick auf ihr Spiegelbild hatte werfen dürfen (s. u.). Als die Lage für die Eingeschlossenen unhaltbar wurde, wählten sie den

Der Siegesturm der Festung Chittaurgarh

gemeinsamen Tod, den *Jauhar*. In den unterirdischen Gewölben verbrannten sich die Frauen und Kinder auf Scheiterhaufen, während die Männer safrangelbe Gewänder anlegten, die Tore öffneten und sich bis zum letzten Mann kämpfend dem Feind entgegenwarfen.

Beim zweiten Jauhar, ausgelöst durch den Überfall des Sultan Bahadur Shah aus Gujarat, sollen sich 13 000 Frauen und Kinder dem Feuertod überantwortet haben, während fast 40 000 Rajputen im Kampf ihr Leben ließen. Trotz des Blutbades vermochte sich die

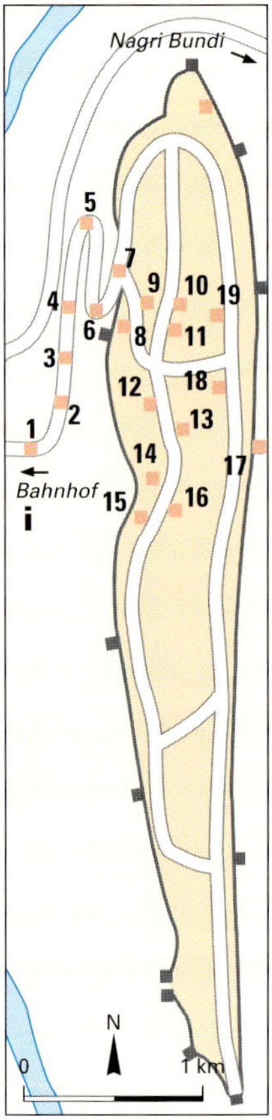


*Chittaurgarh*
*1 Padan Pol*
*2 Bhairon Pol*
*3 Hanuman Pol*
*4 Ganesha Pol*
*5 Jorla Pol*
*6 Lakshmana Pol*
*7 Ram Pol*
*8 Palast des Rana Kumbha*
*9 Naulakja Bandhar, Shringara Chauri*
*10 Museum*
*11 Sat Bees Deori*
*12 Kumbha Syana- und Mirabai-Tempel*

Festung von beiden Belagerungen wieder zu erholen. Ihr Ende und das der rajputischen Freiheit führte der Mogulherrscher Akbar im Jahre 1565 herbei. Rana Udai Singh II. war damals die Speerspitze der hinduistischen Rajputen in Nordindien und damit Akbars erbittertster Widersacher. Im Gegensatz zu vielen anderen Clanoberhäuptern hatte er sich geweigert, durch Eheschließungen ein Bündnis mit dem Mogulhof einzugehen. Beim Vormarsch Akbars hatte sich der Herrscher nach Udaipur abgesetzt, um den Kampf gegen die Moguln aus sicherer Entfernung zu leiten, wofür er später als Feigling geschmäht wurde, dadurch aber sein Reich zu retten vermochte.

Am 24. Oktober 1567 begann die Belagerung, wobei Akbar zunächst unterirdische Stollen bis zur Mauer vortrieb und sie mit Schießpulver füllte. Statt der erhofften Bresche in die Festung riß eine Fehlzündung jedoch 200 Mogulsoldaten in den Tod. Nunmehr ging man zum Bau eines aus Bruchsteinen gefertigten, mit Tierhäuten gedeckten Gangs über. Durch Musketenbeschuß aus den Festungen wurden täglich etwa 200 mit dem Vortrieb des Gangs beschäftigte Arbeiter getötet! Akbar selbst soll in der Endphase der Belagerung mit einem gezielten Schuß Jaimal, den von Udai Singh als Kommandanten eingesetzten Rathor von Bednar, getötet haben. Erneut wurde nun Jauhar befohlen, aber nicht alle fanden oder suchten den Tod. Viele der etwa 1000 Scharfschützen, die Akbars Truppen dezimiert hatten, fesselten ihre Frauen und Kinder und trieben sie, sich als brutale Mogulkrieger gebärdend, durch die feindlichen Reihen in die Freiheit.

Vielleicht war es die Wut über den gelungenen Ausbruch, die den sonst so besonnenen und toleranten Akbar zum Massaker an den etwa 40 000 Bauern veranlaßten, die in der Festung Schutz gesucht hatten. Trotz des Sieges blieb die Stadt ein dunkler Punkt in der Biographie Akbars, zumal es ihm nicht gelungen war, das Mewarreich gänzlich auszulöschen – aufgebaut wurde die stärkste Festung Rajasthans allerdings nie wieder.

## Rundgang

Ein langer Fahrweg führt heute an der Westseite vom Fuß des Felsen zur Festung empor. Als erstes der insgesamt neun Tore durchschreitet man das **Padan Pol (1)** mit einem Gedenkstein an Rawal Bagh Singh, den im Kampf gefallenen Kommandanten der Verteidigung von 1535. Zwischen dem zweiten und dritten Tor liegen rechts die Chattris für den heldenhaften Jaimal und seinen Lehensmann Kalla, die bei der Belagerung durch Akbar ihr Leben verloren hatten. Durch das **Bhairon Pol (2), Hanuman Pol (3), Ganesha Pol (4), Jorla Pol (5)** und **Lakshmana Pol (6)** erreicht man schließlich das oberste Tor, das **Ram Pol (7),** wo ein Kenotaph an den erst 16jährigen Patta erinnert, der, so will es die Legende, neben Jaimal zusammen mit seiner ebenfalls kämpfenden Mutter und Braut den Tod fand. Bis in unsere Tage ist der heldenhafte Widerstand von Jaimal und Patta Gegenstand rajputischer Balladen, und die Nachfahren der beiden gehören nach wie vor zu den angesehensten Adligen Mewars.

Nach Passieren des Eingangs trifft man zunächst auf den **Palast des Rana Kumbha (8)** rechts des Fahrweges. Der einstmals ausgedehnte, weißverputzte Komplex liegt heute größtenteils in Ruinen, offenbart aber dennoch einige interessante Details. Recht gut erhalten ist noch die nördliche Fassade mit den vorspringenden überdachten Balkonen. Bemerkenswert ist der stufenförmig als Terrassenbegrenzung ausgeführte obere Abschluß, der die Front auflockern sollte. Deutlich lassen sich im Grundriß mehrere Baugruppen unterscheiden. Zentrum bildete der von zwei Türmen flankierte zweistökkige Hauptpalast an der Nordseite, der an der Hofseite eine schmale säulengestützte, restaurierte Audienzhalle aufwies. Westlich schließt sich der heute aufgrund der teilweise noch erhaltenen Jalis als Harem (Zenana) identifizierte Flügel für die Frauen an, in dessen unterirdischen Gewölben die gemeinsamen Selbstmorde stattgefunden haben sollen. Getrennt von beiden liegt einige Meter südlich der Kanwar Pade ka Mahal (›Prinzenpalast‹) als fast spiegelbildliches Pendant des Rana Kumbha-Palastes.

Auf der dem Eingang zu Rana Kumbhas Palast gegenüberliegenden Seite der Straße sieht man die Reste der Bastion **Naulakja Bandhar (9),** in der früher der Staatsschatz aufbewahrt wurde. Interessanter ist jedoch der unmittelbar angrenzende Jaintempel **Shringara Chauri (9),** der 1448 für den 16. Wegbereiter Shantinatha gebaut wurde. Die achteckige Cella wird von einer flachen Kuppel abgeschlossen und im Osten und Westen von jeweils einem Pavillon mit vier Säulen begrenzt. Das kleine Bauwerk ist außerordentlich reich mit Nymphen, Wächtergottheiten und Löwenwesen verziert. Auf dem Architrav über der Haupttür hat der Furtbereiter seinen Platz, wir treffen aber auch auf Ganga und Yamuna sowie Wächterfiguren und Göttinnen des Wissens. Bemerkenswert ist die Einbeziehung brahmanischer Kultbilder, wie z. B. eines achtarmigen Vishnu und eines Shivalingams in die Ausstattung.

Ein Stück weiter liegt das **Museum (10),** das einige schöne Plastiken, Waffen und Bilder, leider recht lieblos und nur in Hindi beschriftet, präsentiert. Entschädigt wird der Besucher ein wenig durch die große Festhalle im Obergeschoß mit Glaseinlegearbeiten und Bildnissen der Herrscher von Chittaurgarh.

An das Museum grenzt rechts der **Sat Bees Deori (11),** ein großer Komplex mit 27 Jaintempeln aus dem Jahre 1450, von denen 24 den Furtbereitern geweiht sind. Der schräg gegenüber auf der anderen Seite des Fahrwegs liegende, jedoch demselben religiösen Komplex zuzuordnende **Kumbha Syana-Tempel (12)** ist hingegen Vishnu geweiht. Der Ursprung des Bauwerks reicht allerdings schon bis ins 8. Jh. zurück, so daß die umliegenden Jaintempel als Ergänzung gesehen werden müssen und als Ausdruck der Toleranz des eigentlich

*13 Yaya Stambha (Siegesturm)*
*14 Mokuljitempel*
*15 Kalika Mata-Tempel*
*16 Padminipalast*
*17 Suraj Pol*
*18 Nilakantha Mahadevatempel*
*19 Kirthi Stambha*

Trimurti-Darstellung am Mokuljitempel

dem orthodoxen Hinduismus anhängenden Rana Kumbha. Die quadratische, mit einem Vorraum versehene Cella liegt auf einer Plattform umschlossen von einem Ambulatorium und vier vorspringenden Balkonen. Das Heiligtum entstand etwas später als der weiter nördlich liegende Kalika Mata-Tempel, der einen fast identischen Grundriß aufweist (s. u.). Der Shikhara und das Pyramidendach des Mandapa wurden erst von Rana Kumbha um 1450 zugefügt, ebenso etliche Details. Vieles stammt aber noch aus der Frühzeit, darunter die meisten Figuren. Denn auch dieser Tempel ist reich ornamentiert und mit Bildnissen des hinduistischen Pantheons verziert. An den äußeren nördlichen Ostwand steht in einer kleinen, mit Ziergiebel überdachten Nische Ishana (Shiva als Weltenhüter), an der Südseite haben Indra und Ganesh ihren Platz, an der Südwand finden wir Skulpturen von Rama und Nagas, an der Nordseite den Totengott Yama und Kali in ihrer schreckenerregenden Form als Chamunda.

Der daneben liegende **Mirabai-Tempel (12,** 15. Jh.) wurde erst später mit der Fürstentocher und Gemahlin Rana Kumbhas, Mirabai, in Verbindung gebracht. Sie gab sich ganz der Krishnaverehrung hin und pries den Gott in mystischen Versen; ihre Lieder werden heute noch gesungen.

Der Rundgang führt nun weiter zum 36 m hoch aufragenden neunstöckigen, an eine chinesische Pagode erinnernden **Yaya Stambha (13, ›Siegesturm‹)** mit dem Rana Kumbha seinen Sieg über Mohammed Khilji im Jahre 1440 feierte. Wie an einem Tempel bedecken die Fassaden und Innenwände Skulpturen unterschiedlicher indischer Gottheiten, Episoden aus den Epen Ramayana und Mahabharata, aber auch Jainheilige. Im fünften Stock haben sich sogar die Baumeister im Relief verewigt. Inspiriert wurde Rana Kumbha sicherlich vom Qutb Minar in Delhi (s. S. 112). Aus derselben Zeit stammt der ein Stück westlich des Siegesturms liegende **Mokuljitempel (14),** der 1428 ergänzt wurde. Sehenswert ist vor allem die große Plastik mit den Gesichtern Shivas, Vishnus und Brahmas (Trimurti) im Kultraum. Unterhalb liegen einige von Tempeln begrenzte Staubecken, die eine Wasserversorgung der Festung auch bei längeren Belagerungen gewährleisteten.

Sonnengott Surya am Kalika Mata-Tempel

Als nächste bedeutende Sehenswürdigkeit liegt etwa 600 m südlich des Siegesturms rechter Hand der **Kalika Mata-Tempel (15),** der wahrscheinlich aus dem späten 7. Jh. stammt und damit zu den ältesten Bauwerken des Forts gehört. Er ist aus einem Suryaheiligtum hervorgegangen, das später der Göttin Kali geweiht wurde. Wie der oben erwähnte, etwas jüngere Kumbha Syana-Tempel weist auch er einen Grundriß mit Ambulatorium und Plattform auf, und auch hier gibt es vier vorspringende Balkone. Der Tempel vereint Merkmale westindischer mit zentralindischer Tempelbaukunst. Im zentralen Geviert der Decke des Mandapa ein Medaillon mit Vishnu, umgeben von Engeln mit Girlanden. Ganz außergewöhnlich ist der Eingang zum Allerheiligsten mit hochgezogenem Giebelfeld, das den aus dem Fels gehauenen Reliefs früher Höhlentempel ähnelt.

Zentrale Figur, gleich zweifach vertreten, ist Surya, der Sonnengott, dem der Tempel ursprünglich geweiht war. Das obere, größere Bild zeigt ihn von einer Flammenaureole umschlossen auf seinen sieben Pferden, flankiert von seinen Helfern Danda und Pingala. Aus seinen Schultern entspringen zwei Frauenfiguren mit Pfeilen, die die Morgen- und Abenddämmerung symbolisieren. Rechts der Aureole ist ihm Hara Gauri zugesellt, links Vishnu auf dem Garuda. Aber noch viele weitere Kleinodien früher Mauryaplastik birgt der Kalika Mata-Tempel. Besonders ausdrucksvolle Wächtergottheiten findet man in den Nischen der Außenwände des Sanktuariums: rechts neben dem Eingang Ishana mit Bulle, links Indra mit Elefant, im Zentrum der südlichen (linken) Wand Surya, rechts davon vierarmiger Agni, links Yama, an der südwestlichen Wand (Rückseite) rechts Nirriti und links Varuna (Westen), an der nördlichen im Zentrum Surya, rechts Vayu (Wind-), links Soma (Mondgott).

Dem Tempel schräg gegenüber liegt der **Padminipalast (16),** der allerdings in seiner heutigen Form erst aus dem 19. Jh. stammt, immerhin aber beweist, daß man schon zu Rana Kumbhas Zeiten, als der ursprüngliche Bau entstand, eine Vorliebe für sogenannte Wasserpaläste entwickelt hatte, wie sie dann z. B. in Jaipur üblich wurden.

Padmini, die Tochter des Herrschers von Sri Lanka, war mit Bhim Singh, dem Onkel des damaligen Mewarfürsten Rana Ratna Singh, verheiratet und wegen ihrer Schönheit im ganzen Land berühmt. Sultan Ala-ud-Din Khilji, der Herr über Delhi und Umgebung, versprach 1303 die Belagerung Chittaurgarhs abzubrechen, wenn er einen Blick auf Padmini werfen dürfe. Die flüchtige Vision im Spiegel reichte wohl aus, die Begierde des wilden Kriegers zu entfachen. Durch List nahm er Bhim Singh gefangen und verlangte als Lösegeld die Hand Padminis. In den tief verhängten Sänften wurden jedoch nicht die Fürstengemahlin und ihre Zofen ins Lager der Muslime getragen, sondern entschlossene Rajputenkrieger mit gezückten Säbeln, die Bhim Singh befreiten, dadurch allerdings die Rache Ala-ud-Dins auf sich zogen. Als sich die Festung nicht mehr halten konnte, entschlossen sich die Bedrängten zum ersten Jauhar, dem kollektiven Selbstmord, bei dem auch Padmini den Scheiterhaufen bestieg und Bhim Singh im Zweikampf sein Leben verlor. Ob Padmini allerdings jemals hier residiert hat, weiß man nicht.

Der Rundgang führt nun zur Ostseite der Festungsanlage hinüber, wo man auf das **Suraj Pol (17)** trifft, den einzigen Zugang an dieser Flanke. Der angrenzende **Nilakantha Mahadevatempel (18)** mit einem schwarzen Lingam in der Kultzelle ist Pilgerziel der Shivaiten.

Ein Stück entfernt liegt der kleinere **Kirthi Stambha (19)** (›Ruhmesturm‹), der bereits im 12. Jh. von einem Jainkaufmann gestiftet und dem ersten Furtbereiter Adinatha geweiht wurde. Der siebenstöckige Bau wirkt insgesamt gedrungener als der nicht weit entfernte Siegesturm und fällt durch seine betonte Akzentuierung der einzelnen Stockwerke auf. Auch hier tragen die Wände Reliefschmuck, darunter Figuren ›luftgekleideter‹ Jains.

# Wüstenstädte am Rande der Thar

# Oasen im ›Land des Todes‹

Besonders sehenswert:
Jodhpur ☆☆
Osian ☆☆
Bikaner ☆
Jaisalmer ☆☆

Die große indische Wüste, nach der lokalen Bezeichnung für Sanddünen *t'hul* auch Thar genannt, nimmt den größten Teil des nordwestlichen Rajasthan ein und reicht über die Grenze bis tief in den pakistanischen Distrikt Sind.

Größere und kleinere Dünen, durchsetzt mit niedrigen Gebirgskämmen, schütterer Grasvegetation, Sandflächen und Salzpfannen prägen die gewellte Landschaft. Trotz dieser Lebensfeindlichkeit konnten sich einige bedeutende Siedlungen herausbilden, die sich – Oasen nicht unähnlich – weit verstreut über die Region verbreiten.

Zwei Rajputenclans teilten sich die Herrschaft über das Gebiet. Beide allerdings hatten die Einöde nicht freiwillig als Domizil gewählt. Der Clan der Bhattis war vor den Überfällen des Sultans Mahmud von Ghazni (971–1035) in die Wüste zurückgewichen und hatte sich 1156 schließlich in Jaisalmer niedergelassen. Der Clan der Rathors fand nach zahllosen Irrfahrten 1459 schließlich in Jodhpur seine endgültige Heimat. Von dort zog Rao Bika, der jüngere Sohn des Stadtgründers Rao Jodha, 1485 nach Norden, um sich in Bikaner ein eigenes Reich zu schaffen, da er sich keine Hoffnung auf die Regentschaft in Jodhpur machen konnte. Im Laufe der Zeit entstanden durch Absplitterung zahlreiche weitere Fürstentümer, wie die von Idar, Ratlam, Kishangarh und Sitamau.

Die Wüste bot zwar einen gewissen Schutz gegen muslimische Angriffe, gleichwohl lagen die neuen Reiche nach alter rajputischer Tradition in permanenten Streit miteinander und vermochten es nicht, sich gegen die Bedrohung durch die Moguln zu verbünden, so daß sie sich schließlich deren Vorherrschaft beugen mußten.

# Jodhpur

Im Jahre 1212 wurden die Rathor von Kanauj nach der gegen Sultan Iltutmish verlorenen Schlacht aus ihrer Heimat vertrieben und zogen unter der Führung von Siha nach Marwar, ins ›Land des Todes‹, wo sie sich zunächst in Pali niederließen. Danach fiel ihnen Mandor (s. u.) zu, das sie jedoch 1459 zugunsten des strategisch vorteilhafter gelegenen Felsmassivs von Jodhpur aufgaben.

In späteren Jahren erwiesen sich die Herrscher von Jodhpur zunächst als getreue Vasallen der Moguln, wofür Rao Udai nach der Eroberung Ahmedabads im Jahre 1578 von Akbar den Ehrentitel Raja erhielt. Sein Sohn Sur Singh (1581–1595) verleibte dem Mogulreich in Akbars Auftrag Gujarat und Teile des Dekhan ein, Jaswant Singh (1639–1678) unterstützte 1658 Shah Jahan in den Auseinan-

◁ Palast in Jodhpur

Blick auf Jodhpur mit den blauen Häusern der Brahmanen

dersetzungen gegen Aurangzeb, wofür er mit dem Titel Maharaja belohnt wurde. Er fiel als Kommandant der Mogultruppen in Kabul, ohne mündigen Erben. Aurangzeb wollte das Machtvakuum nutzen, um sich Marwar einzuverleiben, und löste damit einen fast dreißigjährigen Krieg aus. Erst 1709 gelang es Maharaja Ajit Singh (1709–1724), die Moguln aus Ajmer zu vertreiben und damit auch Marwars Unabhängigkeit wieder herzustellen. Besonderes Verdienst im Befreiungskampf kam dem Raja von Durga Das zu. Nach dem Tode von Jaswant Singh hatte er den am Hof von Aurangzeb in Delhi gefangengehaltenen Säugling Ajit aus dem Palast geschmuggelt und damit die legitime Nachfolge des Hauses Marwar gesichert. Lange konnte sich Ajit Singh der neu gewonnenen Freiheit allerdings nicht erfreuen, 1724 fiel er einem Mordanschlag seines jüngsten Sohnes zum Opfer. In den unruhigen Zeiten des ausgehenden 18. Jh. wurde Marwar den überlegenen Marathen, die im Gefolge des Niedergangs der Moguln zur beherrschenden Macht aufgestiegen waren, tributpflichtig.

Wie die meisten Fürstentümer band sich auch Jodhpur 1818 vertraglich an England und tauschte dadurch seine politische Bewegungsfreiheit gegen die Sicherheit der Pax Britannica. Seine Loyalität zur Kolonialmacht stellte Jodhpur durch Unterstützung der Engländer im Sepoy-Aufstand von 1857 und den beiden Weltkriegen unter Beweis.

Dominiert wird das Stadtbild von der hoch auf einem Felsen thronenden **Festung Mehrangarh,** mit der Rao Jodha, der 15. Regent der Rathordynastie, 1459 der Grundstein zur neuen Hauptstadt des Marwarreichs legte. Wie üblich war die Stadt von einer wehrhaften Mauer umschlossen, von der allerdings nur noch einige der ehemals sieben Tore erhalten sind. Als Stadt hinterläßt Jodhpur, verglichen etwa mit Udaipur oder Jaipur, keinen bleibenden Eindruck. Das Fort besteht aus einer kompakten Palastanlage an der Südseite, umschlossen von rings um den Felsen verlaufenden Bastionen und Befestigungsanlagen. Der Zugang erfolgt durch einen mit vier Toren gesicherten Serpentinenweg. Heute betritt man das Fort durch das **Jai Pol (1,** 1809) im Norden, früher durch das am weitesten vom Palast entfernt gelegene **Fateh Pol (2)** im Südwesten. Links hinter dem Jai Pol ein Chattri für Kiritisigh Sodha, einen im Kampf gegen Jaipur 1808 gefallenen Krieger, dem der Maharaja aufgrund überragender Tapferkeit sogar ein Gedicht gewidmet hatte.

Vor dem zweiten Tor **(Ded Kangra Pol, 3)** sind links an der Wand die Einschläge von Kanonenkugeln markiert, die vom Angriff Jagat Singhs aus Jaipur stammen, der Stadt und Festung 1808, unterstützt von Bikaner, vorübergehend eingenommen hatte. Das nächste Tor **(Amrit Pol, 4)** war der Eingang des ursprünglichen Forts. Daneben hatte der Legende nach der Asket Chidianatha an einer Quelle seine Meditationshöhle, wurde aber von Rao Jodha vertrieben, woraufhin er den Herrscher mit einem Fluch belegt – die häufigen Dürreperioden der Region sollen die Folge sein.

An der Innenwand des letzten Tors **(Loha Pol, 5)** fallen Handabdrücke ins Auge, die von Fürstenwitwen stammen, die sich mit ihren verstorbenen Männern verbrennen ließen. Allein sechs von ihnen waren mit Man Singh († 1843) vermählt.

Rechter Hand erhebt sich die rote Sandsteinfassade des Palastes über den gepflasterten schmalen Hof, links die mit breitem Wehrgang und noch einigen Kanonen versehene Bastion, von der aus man einen großartigen Blick auf Jodhpur mit seinen vielen blaugetünchten Häusern der Brahmanen hat. Auch dieser Palast entstand im Laufe der Jahrhunderte in mehreren Etappen und bietet sich heute als ein verschachtelter vielstöckiger Komplex aus Zimmern, Gängen und Höfen dar. Charakteristisch ist, daß der Wohnbereich der Frauen (Zenana) einen weitaus größeren Raum einnimmt als der der Männer (Mardana). Zum einen befand man sich oftmals auf Kriegszügen, zum andern war der Besitz mehrerer Frauen damals üblich.

Durch das **Suraj Pol (6)** betritt man den zum **Museum (7)** erhobenen Teil des Palastes und gelangt zunächst in den zwischen 1707 und 1724 entstandenen Hof Dhaulat Khana mit dem gleichnamigen Saal (Schatzkammer), in der es heute eine Sänfte aus dem 18. Jh. zu bewundern gibt. Abhay Singh hatte das mit Gold und Schnitzwerk reich verzierte Prunkstück, das von zwölf Männern getragen werden mußte, im Jahre 1730 bei seinem Feldzug gegen Gujarat als Kriegsbeute mitgebracht. Es folgt eine Waffenkammer mit Schwertern, Dol-

*Jodhpur*
*1 Fort Mehrangarh*
*2 Jaswant Thada-Grabmale*
*3 Umaid Bhavan*

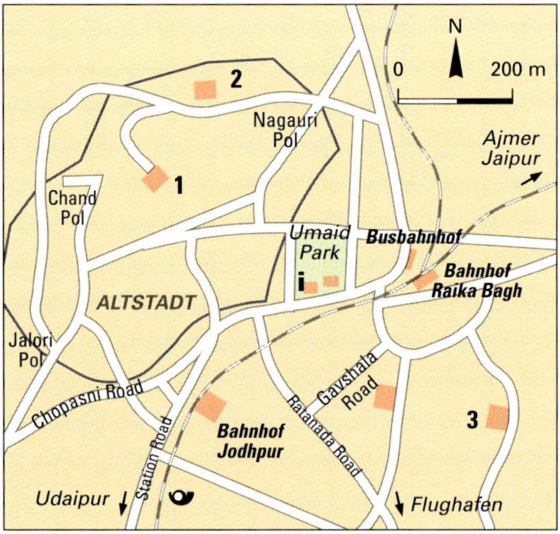


chen und Keulen, von denen einige bereits aus dem 15. Jh. stammen. Auch ein Schwert des Mogulherrschers Akbar ist darunter und das gewaltige Khanda von Rewal Jodha.

Ein weniger martialisches Bild bietet sich ein Stockwerk höher im Miniaturensaal Umaid Vilas mit Szenen des höfischen Lebens. Die meisten Bilder stammen aus dem 19. Jh. und fallen durch die Darstellung der Personen im Profil auf. Am stärksten vertreten ist naturgemäß die Jodhpurschule, die seit dem 18. Jh. durch den Mogulstil stark beeinflußt wurde, da nach dem Niedergang des Mogulimperiums viele Künstler zu den Fürstenhöfen der Rajputen abwanderten. Vom Miniaturensaal kann man auch einen Blick in den sehr schönen Spiegelsaal (Shish Mahal) werfen, das Schlafgemach des Zenana. In den Giebelfeldern über den Türen Abbildungen von Frauen, die Ganesh huldigen. Als Schlafgemach Thakat Vilas' (1843–1873) diente der ein Stockwerk höher gelegene gleichnamige Raum, der verschwenderisch mit Tänzerinnen und Darstellungen aus der Krishnalegende und Szenen der Geschichte von Dhola und Maru (s. S. 183) ausgemalt wurde. Die von der Decke hängenden Glaskugeln (ca. 1900) sind hingegen eine Geschmacksverirrung europäischer Provenienz.

Auf der gegenüberliegenden Seite des Umaid Vilas liegt, über eine Treppe erreichbar, der ›Blumenpalast‹ (Phul Mahal), der durch seine Golddecke besticht, in der angeblich in 14jähriger Arbeit 80 kg des Edelmetalls verarbeitet worden sein sollen. Entlang der Schräge sind die Herrscher von Marwar in Medaillons verewigt. Den oberen Fries der Wand zieren Raginidarstellungen, in denen die unterschiedlichen Stimmungen der *Ragas* bildlich umgesetzt werden. Derartige Stücke der klassischen indischen Musik thematisieren bevorzugt Tages- und Jahreszeiten. So gibt es Nacht-, Morgen-, Abend- und Monsunragas.

Der Saal wurde als Diwan-i-Khas für private Festlichkeiten genutzt. Eine weitere Treppe führt hinauf zu einer Terrasse mit Blick über die Fassade und die Stadt, ehe es, vorbei an einer Ausstellung von Auto- und Eisenbahnmodellen aus Elfenbein, hinab zum **Moti Mahal Chowk (8),** dem größten Hof der Palastanlage, geht. Der angrenzende, mit Goldarbeiten und Spiegeln üppig ausgestattete Thronsaal diente als öffentliche Audienzhalle, in der die Marwarherrscher auf einem silbernen Thron die Huldigungen ihrer Untergebenen entgegennahmen. Sehr schön läßt sich in diesem Hof die ungewöhnliche Bauweise der Palastanlage studieren. Die oberen Stockwerke sind durchgehend vorspringend gebaut, abgestützt von der tragenden Wand des Erdgeschosses durch dicht aneinandergereihte Konsolen. Aus dieser vorgezogenen Fassade ragen nochmals die Balkone hervor. Aus statischen Gründen mußte im Innern zwischen die Fensterfront und den dahinterliegenden Raum in der vertikalen Verlängerung der tragenden Grundmauer eine Stützwand hochgezogen werden, wodurch die schmalen Galerien entstanden, die für die Raumaufteilung Jodhpurs typisch sind. Ähnlich, aber qualitativ hochwertiger sind die Fassaden im angrenzenden kleinen **Zenana Deori (9).** Der Moti Mahal wird durch den schmalen Flügel des Jhanki Mahal (›Haus der heimlichen Blicke‹) vom **Singhar Choki Chowk (10)** getrennt. Die um den Hof liegenden Flügel haben nur die Breite

*Jodhpur,*
*Fort Mehrangarh*
*1 Jai Pol*
*2 Fateh Pol*
*3 Ded Kangra Pol*
*4 Amrit Pol*
*5 Loha Pol*
*6 Suraj Pol (Eingang zum Museum)*
*7 Museum*
*8 Moti Mahal Chowk*
*9 Zenana Deori*
*10 Singhar Choki Chowk*

Blumenpalast

eines Raumes und sind dadurch besonders luftig und überdies mit ihren offenen Galerien und Erkern von extremer Leichtigkeit. Durch Jalis vor fremden Blicken geschützt, konnten von hier aus die Hofdamen am Geschehen ihrer unmittelbaren Umgebung teilhaben.

Unterhalb des Forts bewahren die marmornen Kenotaphe von **Jaswant Thada** die Erinnerung an das Geschlecht der Rathors von Marwar. Besonders üppig ausgestattet ist die Gedenkstätte für den 1895 verstorbenen Jaswant Singh II., die an der Stelle seiner Verbrennung im Garten errichtet wurde. Ringsum haben weitere Herrscher ihre letzte Ruhe gefunden.

Bereits vom Fort aus kann man deutlich den auf einer Erhebung am Ostrand der Stadt liegenden massigen Palastbau des **Umaid Bhavan** erkennen. Zu beeindrucken vermag er allerdings allenfalls durch seine Größe von fast 200 m Länge und bis zu 100 m Breite. Der 347 Zimmer umfassende Bau wurde von Maharaja Umaid Singh im Jahre 1929 in Auftrag gegeben und erst 1943 fertiggestellt. Es handelt sich um eine typische Adaption europäischer Architektur, vermischt mit muslimischen, rajputischen und persischen Elementen. Als Baumaterial wurden roter Sandstein und Marmor verwendet. Zunächst brachte man große Platten in die gewünschte Form, verzierte sie mit Steinmetzarbeiten und fügte sie dann am Bau zusammen, wobei besondere Sorgfalt auf das Verdecken der Stoßkanten gelegt wurde. Unverkennbar hat sich der britische Architekt H. V. Lanchester beim Entwurf an den britischen Kolonialbauten in Neu-Delhi orientiert. Wie das dortige Kongreßgebäude krönt auch den Umaid Bhavan eine Monumentalkuppel mit doppelter Schale aus Beton und Sandstein.

Statt luftiger, lichtdurchfluteter Räume erwarten den Besucher düstere, hohe Hallen, die an einen nebligen Londoner Novembertag erinnern, dafür aber an heißen Sommertagen angenehme Kühle versprechen.

Heute ist in einem Teil des Palastes ein Luxushotel untergebracht, in einem kleineren Seitenflügel ein Museum, das in sehr geschmackvoller Aufmachung Kostbarkeiten und Kuriosa präsentiert. Der erste Raum widmet sich der Baugeschichte und zeigt ein Modell der Palastanlage sowie eine kleine Sammlung exquisiter Waffen. In den folgenden Räumen kann man einen Blick auf das Tafelgeschirr werfen und die vom Maharaja gewonnenen Polo-Pokale zählen. Eher kurios als wertvoll ist die Uhrensammlung, die Zeitmesser u. a. in Form von Windmühlen, Dampfmaschinen und einem Kriegsschiff zeigt.

# *Die Umgebung von Jodhpur*

## Mandor

Bis zum Bau der Festung von Jodhpur (1459) regierten die Rathor ihr Reich Marwar vom 9 km nördlich gelegenen Mandor aus. Aber schon lange vorher hatte hier eine hochstehende Kultur geblüht. Madavyapura, benannt nach dem Heiligen Mandu, war im 8. Jh. Residenz der Mandor-Pratihara, die nach dem Zerfall des Guptareichs zusammen mit vielen anderen lokalen Fürstentümern entstanden waren. Als die Rajputen sich 1395 hier etablierten und auf einer kleinen Erhebung eine Festung anlegten, die heute weitgehend zerfallen ist, war der Stern der Pratihara bereits lange erloschen. Nur in einem der vier Rajputenclans, der wohl Verbindungen mit den ursprünglichen Pratihara gehabt hat, lebte ihr Name fort.

Relikte der Pratiharaherrschaft über Mandor sind allerdings nur noch fragmentarisch anhand einiger Funde im Museum von Jaipur und Jodhpur erhalten. Im nahen Osian (s. u.) allerdings läßt sich anhand der noch vorhandenen Tempelanlagen das hohe künstlerische Niveau jener Epoche ermessen.

Vorübergehend hatte sich in Mandor Maharana Kumbha von Mewar festgesetzt, der mit Marwar in permanentem Streit lag und keine Schwierigkeiten hatte, die Stadt zu erobern. Erst durch Heiratspolitik vermochten Rao Jodha 1453 Mandor zurückzugewinnen, zog aber kurz darauf aus der strategisch ungünstigen Lage seiner Residenz die Konsequenz und siedelte nach Jodhpur über. Bis ins 19. Jh. diente Mandor aber weiterhin als Einäscherungsplatz (Mahasati) und königliche Gedenkstätte.

Die Sehenswürdigkeiten liegen heute in einer gepflegten Parkanlage zu Füßen der ehemaligen Festungsanlage. Rechter Hand treten

*Wüstenstädte am Rande der Thar*

zunächst die **Deval** (Chattri) der früheren Herrscher von Mandor ins Blickfeld, aufgereiht entlang einer Art Prozessionsstraße und von einem Wassergraben gesäumt. Am schönsten ist das auf einer Plattform liegende, einem Tempel gleichende Kenotaph von Ajit Singh, zu dem man durch einen Zackenbogen Zutritt hat. Wendet man sich hinter den Chattris nach links, erreicht man den Zenana-Bagh, eine Gartenanlage mit einem kleinen **Museum.** Zu sehen gibt es die typische Ahnengalerie, einige recht ansprechende Miniaturen und interessante, auf das 12. Jh. datierte Skulpturen aus Kiradu, einem ehemals bedeutenden Tempelkomplex 25 km nordwestlich der Ortschaft Barmer (nahe der pakistanischen Grenze), der 1192 Muhammed von Ghur zum Opfer fiel. Am Ausgang des Gartens wartet der turmartige unter Ajit Singh entstandene Thamba Mahal mit einigen gut erhaltenen Reliefs auf.

Wichtigste Sehenswürdigkeit ist jedoch die eigentümliche Skulpturengalerie **Hall of Heroes.** Dargestellt sind hier 16 aus dem Fels gehauene, mit Gips überzogene und bemalte Gottheiten und Helden der Geschichte Marwars. So begegnen wir der schrecklichen Göttin Chamunda, der schwarzen Kali als Büffeldämonin und dem zum Gott erhobenen aus dem Tanwarclan stammenden Rajputenheld Ram Deoji, der noch heute von zahlreichen Gemeinden der Region verehrt wird. Eine lokale Gottheit ist auch Pabooji, während Brahma, Sita, Rama und Hanuman sowie der flötespielende Krishna im Kreis der Gopis Allgemeingut der hinduistischen Religon sind. Neben der von Ajit Singh begonnenen und von seinem Nachfolger Abhay Singh (1724–1749) fertiggestellten Galerie hat ein kleines, der Göttin Durga geweihtes Heiligtum seinen Platz, das gern von frisch vermählten Paaren aufgesucht wird. Durch das Ajit Pol führt der Weg zurück zum Ausgang.

## Osian

Der bescheidene, ca. 60 km nördlich von Jodhpur gelegene Ort ist eine wahre Schatzkammer früher indischer Tempelbaukunst. Lange bevor die Reiche von Mewar und Marwar die Wüste Thar als Rückzugsgebiet vor den muslimischen Invasoren wählten, blühte hier die Kultur der Gurjara-Pratihara (8.–12. Jh.). Die Gurjara waren im Gefolge des Hunneneinfalls (6. Jh.) aus Zentralasien nach Nordindien gelangt und hatten später als Pratihara die Macht über große Teile Rajasthans ausgeübt, nachdem es ihnen gelungen war, die ersten Invasionsversuche der Araber, die sich 712 bereits in der Wüste Sind (heutiges Pakistan) festgesetzt hatten, abzuwehren. Von Jabalipura waren sie nach Nordosten gewandert und hatten zu Beginn des 8. Jh. von ihren Rivalen die Stadt Kanauj erobert und zur neuen Metropole gemacht. Aber bereits im 9. Jh. verlagerte sich unter dem Herrscher Mihira Bhoja (836–852) das Machtzentrum in die Gegend von Gwalior. Osian wurde für Brahmanen und Jains gleichermaßen eines der wichtigsten religiösen Zentren dieser Epoche. Insgesamt haben sich die Reste von 18 Heiligtümern erhalten, von denen zwölf aus der Zeit um 800 stammen, die anderen aus dem 11. und 12. Jh. Die Bauwerke liegen in und um die Siedlung Osian über mehrere km$^2$ verstreut und zeigen eine lokale Variante des Post-Guptastils, die sich im 8. Jh. in Westindien entwickelte und den nordindischen konvexen Tempelturm mit der Dekorationsfreudigkeit der Post-Guptazeit verband.

Die Kultzellen der frühen Heiligtümer dieser Stilrichtung wurden vielfach auf einer Plattform errichtet, wobei ein Grundriß mit fünffach, in drei Stufen gegliederten Seitenwänden vorherrschte, in die die Nischen für die Götterbildnisse eingelassen waren. Umschlossen wurde das Sanktuarium von einem Ambulatorium. Einige der Tempel wiesen bereits eine Säulenhalle (Mandapa) auf, alle jedoch einen kleinen, von zwei Säulen gestützten, nach den Seiten hin offenen Vorraum (Antarala).

Ein breiter, mit Toranabögen überspannter Treppenaufgang führt hinauf zum **Sachiya Mata-Tempel**, der einer Inkarnation der Göttin

*Der Mahavihara-Tempel in Osian*

Durga geweiht ist. Das Heiligtum besteht aus mehreren Schreinen, von denen der südliche mit dem heutigen Hauptmandapa verbundene Suryatempel (Surya Nr. I; 8. Jh.) der kunsthistorisch bedeutendste ist. Bemerkenswert sind die wellenförmigen Verzierungen der Plattform, vor allem aber die noch gut erhaltenen Plastiken, etwa das Ganeshrelief im Zentrum der Südwand oder die Ganga- und Yamunafiguren als Wächter vor dem Eingang zum Heiligtum. Einen Blick sollte man vor allem auf die Decke und die umlaufenden Figurenfriese des leider sehr dunklen Vorraums werfen. Im Zentrum eine Lotosrosette, umgeben von ineinander verschlungenen Nagas (Schlangen). Das Bilderband illustriert die Legende Krishnas in außergewöhnlicher Lebendigkeit. Der noch gut erhaltene fünfstufige Shikhara (ohne Seitentürmchen) ist eine gelungene Rekonstruktion, bei der man sich getreu an das Original gehalten hat. Er führt die Fünffachgliederung der Seitenwände bis zum Ansatz der Turmbekrönung fort, wobei der äußere Bogen in jedem Stockwerk ein Kudufenster (hufeisenförmig) trägt.

Zu Füßen des Tempelbergs liegt im Nordosten umschlossen von modernen Bauten der **Sathya Narayanatempel,** ein bescheidenes, sehr stark restauriertes Heiligtum mit rechteckigem Sanktuarium. Der im ersten Viertel des 8. Jh. entstandene Bau ist vor allem wegen seines allerdings recht stark verwitterten Figurenschmucks bedeutsam.

Der im Dorf in einem von Gebäuden und Mauern umschlossenen Hof liegende, in seinen Ursprüngen noch aus dem 8. Jh. stammende **Mahavihara** (›großes Kloster‹) gilt als frühestes Zeugnis der Jainarchitektur im westlichen Teil Indiens. Im Laufe der Jahrhunderte hat das Heiligtum allerdings zahlreiche Ergänzungen und Umbauten erfahren. So wurde der Eingangsbereich unter Verwendung alter Säulen erweitert. Ursprünglich bestand das Heiligtum aus einer Cella mit Ambulatorium und Vorraum sowie einer Vorhalle mit von vier Säulen getragenem Portikus die nunmehr in eine große Halle einbezogen wurden. Den Toranabogen, der im 11. Jh. als Eingangsportal errichtet wurde, hat man bei der Erweiterung an die Ostseite versetzt. Im Allerheiligsten befindet sich ein sitzendes Kultbild des Mahavira, des 24. und letzten Furtbereiters, das wahrscheinlich noch aus den Anfängen des Tempels stammt. Die vorspringenden Balkone sind mit Steingittern verkleidet, in den dazwischenliegenden Wandabschnitten finden sich in Höhe der Gitter Figurennischen, die ein sehr interessantes Licht auf die frühe, aus dem 11. Jh. stammende Ikonographie der Jains werfen, zumal es sich hier um die ältesten noch erhaltenen Götterdarstellungen in Verbindung mit einem Bauwerk handelt. Ältere Plastiken waren vornehmlich in den Fels gehauene Darstellungen, wie man sie beispielsweise in Gwalior oder in Südindien antrifft.

Im Gegensatz zu späteren Jainheiligtümern (vgl. Mount Abu oder Kumbhalgarh) nimmt hier die Götterwelt des brahmanischen Hinduismus noch breiten Raum ein. An der Rückwand (Süden) links der Totengott Yama, rechts der vedische Feuergott Agni; an der Ostwand links Indra (Donner), der eng mit Agni und Surya verbunden war, rechts Ishana (eine Erscheinung Shivas und Wächter des Nordostens). An der Westfront links der Wassergott Varuna, rechts Nirriti, der Gott des Unglücks und Wächter des Südwestens. An der nördlichen Wand, die heute vom neuen Mandapa überdeckt wird, begegnen uns in den Nischen rechts Vayu, der vedische Gott des Windes, und links Kubera (Reichtum), der als einziger keinen vedischen Ursprung hat.

Am barock anmutenden Toranabogen, der an die Ostwand des Tempelkomplexes versetzt wurde, sind hingegen Figuren aus der Jainreligion vertreten, so etwa im oberen Giebelfeld über dem Architrav, wo ein von Pfauen flankierter Heiliger an prominenter Stelle seinen Platz hat.

Das Haupttheiligtum wird von kleinen Schreinen umschlossen, die der Anlage im 12. Jh. hinzugefügt wurden. Die fünffache Gliederung der Seitenwände der auf einer Plattform liegenden Kultzelle, die hier keinen Umwandlungsgang aufweist, wurde nicht nur nach oben im Turm fortgeführt, sondern auch nach unten bis zur Basis der Plattform. Teilweise ist der von zwei verzierten Säulen getragene Portikus vor der Cella nach den Seiten offen, teilweise auch mit einer Brüstung und Steingittern abgeschlossen. Die Hinzufügung von Seitenschreinen entwickelte sich ab dem 12. Jh. zu einem wesentlichen Merkmal der Jaintempel, wobei die den Furtbereitern geweihten Kultzellen später in wesentlich verkleinerter Form aneinandergebaut und Teil der Einfriedung des Hauptheiligtums wurden.

Ausgesprochen kunstvoll ist die Überdachung der Eingangshalle. Aus der Mitte eines von acht halbkuppelförmigen Nischen umgebenen Lotos wächst eine Kuppel mit zwei Ringen und jeweils 16 zum Scheitelpunkt hin verlaufenden Rippenbögen, deren untere Enden als Schlangenkörper gestaltet sind.

Zwei weitere bemerkenswerte Tempel vereinen fünf Schreine auf einer gemeinsamen Plattform mit dem Hauptheiligtum im Zentrum und den anderen an den Ecken. Früher einmal waren die Eckschreine durch eine Brüstung miteinander verbunden. Heute sind nur noch Teile im Bereich des Mandapa, der wohl eine spätere Ergänzung darstellt, erhalten. Nach der in der Nische eines dieser Tempel dargestellten Kultfigur tragen sie den Namen Hari-Hara (gemeinsames Bildnis von Shiva und Vishnu). Sie liegen etwas außerhalb der Ortschaft zwischen der nach Jodhpur führenden Straße und der Eisenbahnlinie in freiem Gelände. Unmittelbar an der Straße (auf der linken Seite, wenn man Richtung Jodhpur fährt) steht der Hari-Hara Tempel Nr. II, ein Stück weiter östlich an der Bahnlinie der Tempel Nr. I. Der Zentralbau von **Hari-Hara Nr. II** ruht auf einer hohen, rechteckigen Plattform mit vier, nur noch teilweise erhaltenen Nebenschreinen an den Ecken und einer Treppe an der Westseite. An den Wänden der Plattform sind überdachte Nischen und Kudufenster, in denen Götterbildnisse ihren Platz haben, darunter Skanda (Südseite Zentrum), Buddha (Südseite rechts) sowie Ganesh und Shiva (beiderseits der Stufen).

*Grundriß des Hari-Hara II*

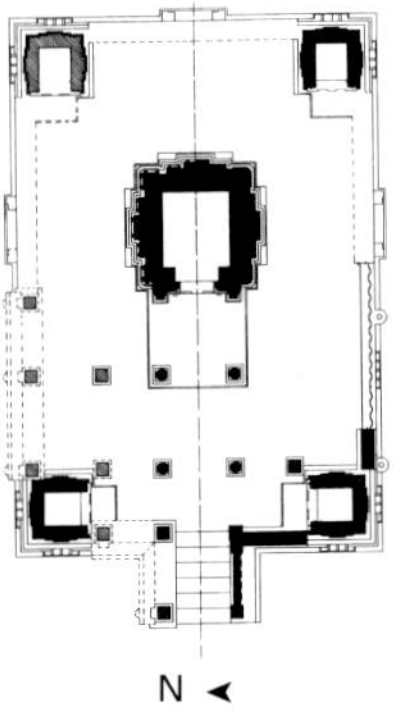


An den drei Außenwänden des Heiligtums befinden sich entsprechend der fünffachen Stufung jeweils fünf Figurennischen. Vertreten sind hier u. a. die Gottheiten Agni (Südseite rechts), Trivikrama (Zwerginkarnation Vishnus, Südseite Mitte), Ganesh (links daneben), Narasimha (Mannlöwe, Nordseite Mitte), Brahma (rechts daneben), Hari-Hara (Ostseite Mitte). Auch die Nebenschreine waren von einem Figurenfries umgeben, der allerdings nur noch am nordwestlichen Ende erhalten ist und dort als zentrale Figur an der Ostseite eine Darstellung von Parvati und Shiva zeigt, rechts außen Yamuna auf ihrer Schildkröte, links Ganga.

Die Türumrahmung des zentralen Kultraums ruht gewissermaßen auf Löwen, ›hingegossen‹ in fast menschlicher Pose. Darüber als Wächterfiguren in anmutiger Körperhaltung Ganga und Yamuna, beschirmt von Lotospflanzen, flankiert von Bediensteten und Yakshis darüber. Über dem Türsturz reihen sich fünf kleine säulenflankierte, überdachte Nischen mit Kubera, Brahma mit Begleiterin, Lakshmi-Narayana, Hara-Gauri und Ganesh (von links nach rechts). In der Deckenkassette begegnen uns wieder die wie Tauwerk verschlungenen Nagas, wie sie auch im Mahaviharatempel anzutreffen sind. Der Figurenschmuck dieses Tempels gilt als bester in Osian.

*Elefantenreiter am Mahavihara*

Der benachbarte **Hari-Hara-Tempel Nr. III** ist weniger gut erhalten. Auch er liegt auf einer hohen Plattform, weist außerdem auch noch Balkone auf. Die Wände des rechteckigen Sanktuariums sind fünffach gegliedert. Sowohl der später ergänzte Mandapa als auch das Heiligtum waren mit einem Pyramidendach abgeschlossen. Der Figurenschmuck in den Nischen an den Wänden folgt dem ikonographischen Muster der anderen Bauten. Im Zentrum der Südwand ist Hari-Hara abgebildet, an der Westseite Trivikrama und an der Nordseite Narasimha. Ausgesprochen lebendig ist der darüber um das Sanktuarium laufende, bei vielen Tempeln zu findende Krishnafries, der das Leben des Gottes illustriert und wie üblich vom Eingang ausgehend im Uhrzeigersinn gelesen wird.

Gegenüber den beiden Tempeln liegt auf der anderen Straßenseite der kleine, ebenfalls auf hoher Plattform ruhende **Vishnutempel Nr. I,** ein einfacher, nach Westen orientierter Bau (775) mit Cella und Vorhalle. Bei den noch gut erhaltenen Figuren in den Nischen an der Außenwand des Heiligtums sind in zentraler Position Narasimha (linke Wand, Nord), Vishnu (Rückwand, Ost) und Trivikrama (rechte Wand, Süd) zu nennen.

Ein Stück weiter westlich trifft man am Ortsrand auf den großen, bisher nur zum Teil ausgegrabenen **Tempeltank** *(kund)*. An drei Seiten war er von sieben Terrassen umschlossen, an der vierten (Ostseite) lag ein runder Brunnen, flankiert von zwei teilweise noch erhaltenen Kammern mit schönen Details an den Säulen und Innenwänden.

Westlich des Tanks liegt inmitten des Wohngebietes ein **Suryatempel (Nr. II,** Mitte 8. Jh.). Er ruht ebenfalls auf einer Plattform und verfügt über einen komplett erhaltenen Shikhara (10. Jh.) und einen rechteckigen Mandapa mit Balustraden. Von den Figuren an der

Außenwand, die in der Qualität nicht ganz an die vom Hari-Hara II heranreichen, seien Surya (Zentrum Ostwand) und Ganesh (Zentrum Südwand) erwähnt. Auch die Türumrahmung des Sanktuariums ist liebevoll gestaltet. Auffallend ist die halbrunde als Lotos geformte Eingangsstufe. Im unteren Rahmen Vasen des Überflusses, links und rechts außen wie üblich Ganga und Yamuna als Torwächterinnen, an den Längsseiten des inneren Rahmens ungewöhnlich schmale weibliche Wächterfiguren und Flußgottheiten.

## Bikaner

Als nach der Gründung von Jodhpur unter den Nachfolgern von Rao Jodha Streitigkeiten über das Erbe ausbrachen, entschloß sich einer der Söhne, Rao Bika, 1465 seinen heimatlichen Hof zu verlassen und sich ein eigenes Reich weiter im Norden zu schaffen. Nach dem Sieg über zahlreiche miteinander verfeindete Stämme gründete er 1488 im Herzen der Wüste Thar die Lehmfestung Bikaner, deren Name aus seinem eigenen und dem des verbündeten Jatoberhauptes Nara zusammengesetzt ist.

Bei seinem Tode im Jahre 1504 hatte er durch geschickte Kriegsführung das Reich erheblich ausgeweitet und mehr als 3000 Dörfer unter seine Herrschaft gebracht. Noch heute nimmt der Distrikt fast 10 % des Staates Rajasthan ein. Rao Bika hatte den Platz trotz des Fehlens eines sicheren Bergrückens bewußt gewählt, da er die Kontrolle einer wichtigen, zwischen Hindustan und Afghanistan verlaufenden Handelsroute ermöglichte, woraus die Stadt im Laufe der Jahrhunderte beträchtlichen Reichtum schöpfte. Als die Herrscher im 18. Jh. jedoch die Steuerschraube für den Warentransit übermäßig anzogen, suchten sich viele Handelsherren einen neuen Standort bei den kleineren Fürstentümern im südlich gelegenen Shekhavatigebiet, das sich fortan zum Knotenpunkt der Karawanenrouten entwickelte.

Trotz anfänglich erfolgreichen Widerstandes gegen die Mogultruppen konnte sich auch Bikaner auf Dauer nicht dem Einfluß der neuen Großmacht entziehen und wurde zu einem ihrer treuesten Verbündeten. So nahm Raja Rai Singh (1571–1611) im Auftrag Akbars an Feldzügen in Afghanistan teil, und sein Bruder Prithvi Raj war am Hofe des Mogulherrschers als gefeierter Poet ein gern gesehener Gast.

Selbst als Aurangzeb im 17. Jh. mit beispielloser Brutalität gegen den Hinduismus zu Feld zog und damit den Widerstand der ihm mehr oder weniger treu ergebenen Rajas im ganzen Land provozierte, stand Anup Singh (1669–1698) zu seinem Herren und durfte sich dafür mit dem höchsten Titel Maharaja schmücken. Als Folge der Auflösungserscheinungen des Mogulreichs flackerten bald wieder die Rivalitäten zwischen den einzelnen Fürstentümern auf, in die auch

Bikaner mit hineingezogen wurde. Erzfeind war nunmehr Jodhpur, das 1739 Bikaner belagerte, 1808 seinerseits jedoch in einer gemeinsamen Aktion von Bikaner und Jaipur angegriffen und kurze Zeit besetzt gehalten wurde.

Als England 1816 die Zügel in die Hand nahm, beugte sich Bikaner nicht nur dem Diktat der Kolonialherren, sondern begründete ein fast freundschaftliches Verhältnis, das durch die Entsendung des berühmten Kamelkorps Ganga Risala auf die nordafrikanischen Schlachtfelder des Ersten Weltkriegs eindrucksvoll unter Beweis gestellt wurde. Maharaja Ganga Singh (1887–1943) hatte den Verband der Kamelreiter ins Leben gerufen, nachdem sich Bikaner schon zuvor als Lieferant hervorragender Reitkamele für die in Afghanistan kämpfenden britischen Truppen einen Namen gemacht hatte. Zum Einsatz kam die vom Maharaja selbst befehligte Ganga Risala unter anderem beim Boxeraufstand in China (1900), in Somali-Land (1903) und auch in Ägypten beim Kampf gegen die Türken (1915).

Mit ihren teilweise noch erhaltenen Mauern, Toren und historischen Bauwerken vermittelt die Altstadt von Bikaner bis heute das Bild einer mittelalterlichen Wüstenmetropole, zumal Lastkamele nach wie vor das Straßenbild beleben. Zentrum bildet das **Junagarh-Fort,** mit dessen Bau Raja Rai Singh (1571–1611) gut 100 Jahre nach der Stadtgründung begonnen hatte. Ältester Bestandteil der Palastanlage ist das Eingangstor Suraj Pol, durch das man auch heute noch den Komplex betritt. Es ist ein massiver Bau ohne Schnörkel, dessen glatte Fassade nur durch zwei Balkone und eine sie verbindende Galerie aufgelockert wird, von der aus Musikanten die Abreise oder die Ankunft des Rajas verkündeten. Im Gegensatz zu den übrigen Bauten ist es aus gelbem Marmor gefertigt, der aus dem 300 km entfernten Jaisalmer herangeschafft wurde. Der Legende zufolge soll Rai Singh den Baustoff seiner aus Jaisalmer stammenden Frau zuliebe gewählt haben, wahrscheinlich aber hatte man den langen Transportweg auf sich genommen, weil der später verwendete rötliche Sandstein noch nicht entdeckt worden war. Zwei Elefanten flankieren den Durchgang zum ersten großen Innenhof als Zeichen dafür, daß die Festung sich niemals den Moguln hatte ergeben müssen, aber auch als Erinnerung an die tapferen Rajputenkrieger Jaimal und Patta, die beim Angriff Akbars auf Chittaurgarh als Helden in die Geschichte Rajasthans eingegangen sind.

Das von West nach Ost ausgerichtete Fort besteht aus mehreren zu unterschiedlichen Zeitpunkten errichteten, miteinander verbundenen, um Höfe (Chowk) angeordnete Einheiten. Ältester, bereits 1595 entstandener Teil ist der Lal Niwas im Zentrum der Gesamtanlage, ein an der Nordseite des Karan Mahal Chowk im mittleren Stockwerk liegender, langgestreckter L-förmiger Raum mit niedriger Decke. Außen wird er von hohen, achteckigen Säulen getragen, weist im Innern jedoch keine Stützen auf, woraus sich sein schmaler Grundriß erklärt. Eine größere Breite hätte man ohne Pfeiler oder

Säulen nicht überdecken können. Wegen der prächtigen Ausstattung der Wände und Decken mit stilisierten Blumenmustern in Rot und Gold dürfte es sich trotz der recht bescheidenen Ausmaße um einen Versammlungssaal (Darbar) gehandelt haben.

Am gegenüberliegenden Ende des Hofs entstand unter Raja Karan Singh (1631–1669) der Karan Mahal, eine Empfangshalle mit Zakkenbögen und in die Seitenwände eingelassenen, mit Pilastern versehenen Scheinarkaden nach dem Vorbild der Bauten Shah Jahans. Auch die später unter Anup Singh hinzugefügte Ausmalung, eine Imitation von Marmoreinlegearbeiten, orientiert sich an Agra und Delhi.

Eines der Glanzstücke des Palastes ist der Saal der Privataudienzen, Anup Mahal, der im 17. Jh. unter Anup Singh entstand und seine phantastische aus Spiegeln, Einlegearbeiten und Malereien in Gold bestehende Dekoration unter Raja Surat erhielt. Für die Innenausstattung griffen die Herrscher von Bikaner bevorzugt auf fremde Künstler zurück. Für Lackarbeiten auf Holz holte man Spezialisten aus Multan (heutiges Pakistan), für Einlegearbeiten Künstler aus Amber. Wie in etlichen rajputischen Palästen trat auch in Bikaner ab dem 18. Jh. der Mogulstil deutlicher in Erscheinung, da mit dem Niedergang dieser Dynastie viele arbeitslos gewordene Kunsthandwerker an die Fürstenhöfe abwanderten. Besonders vielgestaltig sind die zur Verzierung der Decken und Wände angewandten Maltechniken. Der *sonakin*-Stil zeigt Ornamente und goldenes Blattwerk auf weißem Putz, den *jungali sunthari*-Stil kennzeichneten florale Muster auf grünem Untergrund und den *manovat*-Stil gipsverkleidete, mit Gold bemalte reliefierte Säulen aus Ton.

Über dem Thronsaal erheben sich die Gemächer des Zenana mit kleinen Erkern, versehen mit Jalis und bengalischen Dächern.

Den Luxus auf die Spitze getrieben hat Maharaja Gaj Singh (1746–1787) mit dem Bau der aus fünf Räumen bestehenden Privatgemächer des Gaj Mandir über dem Karan Mahal. Um das zentrale, etwas erhöht liegende Schlafgemach gruppieren sich vier kleinere Zimmer, die untereinander durch Türen verbunden sind, mit dem Zentralraum aber – bis auf einen, von dem aus eine Treppe hinaufführt – nur durch Fenster, die von innen mit bemalten Holztüren verschlossen werden konnten. Auch hier darf das in fürstlichen Schlafgemächern beliebte Krishna-Gopi-Motiv, das Erotik und Religion verschmilzt, nicht fehlen. Ein ›Spiegelzimmer‹ (Shish Mahal) gehörte ebenfalls zu den Privatgemächern des verwöhnten Herrschers. Der ›Blumenpalast‹ (Phul Mahal) und der ›Mondpalast‹ (Chandra Mahal) sind ähnlich verschwenderisch ausgestattet.

Im ›Blumenpalast‹ kann man ein kleines Bett des Rao Bika (1465–1504) bewundern. Der Herrscher ließ seine Beine immer über den Rand hinausragen, um selbst dann noch, wenn er ans Bett gefesselt werden sollte, aufspringen und sich gegen seine Widersacher verteidigen zu können. Ganz unbegründet war dieser Spleen nicht, hatte doch eine Konkubine seinen Großvater mit seinem Turban ans Bett gebunden und so den Häschern preisgegeben.

Stadttor von Bikaner

Auf dem Dach des Gaj Mandir thront der von Maharaja Dungar Singh (1872–1887) errichtete zeltartige Chatra Niwas – wegen seiner Kacheldekoration auch Chinesenturm (Chini Burj) genannt. Überdies findet man hier neben Krishnadarstellungen Repliken von Szenen, die Samuel Howitt zwischen 1805 und 1807 unter dem Titel »Oriental Field Sports« geschaffen hat. Sie dokumentiert den Beginn einer Hinwendung nach Europa, wie sie in den nicht weit entfernten Havelis von Shekhavati noch deutlicher zum Ausdruck kommen konnte. Die Bautätigkeit in Bikaner fand erst in unserem Jahrhundert mit der Errichtung der riesigen Darbarhalle Ganga Niwas ein Ende. In ihr verbanden sich europäische Bautechniken mit klassischem indischem Stil und vermitteln so ein völlig neues Raumgefühl. Heute ist hier das Museum untergebracht, das nach alter rajputischer Tradition voller Stolz die übliche Waffensammlung präsentiert, darunter auch eine Kanone, die auf ein Kamel montiert werden konnte, und sogar das wie eine Reliquie ausgestellte Flugzeugwrack aus dem Ersten Weltkrieg.

Ein weiteres Museum **(Sri Sadul Museum)** befindet sich im ›neorajputischen‹ **Lalgarh-Palast** (1926), 3 km nördlich des Zentrums, ein Entwurf von Sir Swinton Jacob, der auch an der Gestaltung der Palastanlage von Jaipur mitgewirkt hatte. Hier steht ebenfalls die Dokumentation höfischen Lebens im Mittelpunkt. Die Exponate bieten einen leidlich interessanten Einblick in die Welt der Maharajas in unserem Jahrhundert. Wenn man in dem zum Palast gehörenden

Marmordetail am Tempel von Deshnoke

Hotel absteigt, mit dem der Maharaja heute die hohen Unterhaltungskosten zu decken versucht, läßt sich ein besserer Eindruck gewinnen!

Einer ähnlichen Thematik widmet sich das **Ganga Golden Jubilee Museum**, das außer herrschaftlichen Memorabilia aber auch einige Terrakotten aus der Guptazeit, traditionelle Musikinstrumente und schöne alte Tepppiche sowie hervorragende Plastiken, darunter eine Sarasvati aus dem 11. Jh., birgt. Ein historisch besonders aufschlußreiches Dokument ist der Befehl Prinz Selims (des späteren Mogulherrschers Jahangir) an Rai Singh, sich unverzüglich nach Delhi zu begeben, da Kaiser Akbar im Sterben liege, denn beim Kampf um die Nachfolge galt es, möglichst viele Verbündete (mit ihren bewaffneten Truppen) um sich zu scharen.

Auch die Altstadt zeigt einige interessante Sehenswürdigkeiten. Im Gewirr der alten Gassen verstecken sich etliche Havelis, aus Sandstein gefertigte Handelshäuser mit aufwendiger Fassadendekoration. Der besonders eindrucksvolle **Rampuria-Haveli** wurde um 1880 von dem vermögenden Wollhändler Heera Lal Rampuria errichtet, wobei er für die ebenfalls exquisite Innenausstattung die in jener Zeit hier lebenden, aus Multan zugewanderten Kunsthandwerker heranzog. Im Südosten der Altstadt haben zwei alte Jaintempel (16. Jh.) ihren Platz. Der nach seinem Stifter benannte **Bhandhasartempel** ist dem 23. Tirthankara Parshvanatha geweiht und im Innern – abweichend von der Tradition – mit Malereien ausgeschmückt. Aber auch Reliefs der 24 Furtbereiter und anmutiger Tänzerinnen fehlen natürlich nicht. Über der Cella liegen zwei Stockwerke mit vier Balkonen, die mit Treppen verbunden sind. Eine lokale Besonderheit ist die Auskleidung des Sanktuariums mit Kacheln, Spiegeln und Goldmalerei. Der hohe Shikhara ist mit kleinen Türmchen bedeckt.

Der kleinere **Sandeshvaratempel** (1536) ist dem Furtbereiter Neminatha geweiht und weist ebenfalls eine üppige Dekoration auf. Besonders schön ist der Figurenschmuck am Architrav über dem Zugang zum Allerheiligsten und den angrenzenden Säulen. Neben der für Jains typischen Ikonographie finden sich auch dekorative arabeske Muster indo-islamischen Ursprungs.

## *Die Umgebung von Bikaner*

### Der Tempel der Karni Mata in Deshnoke

*Besucher seien vorab gewarnt! Es ist nicht jedermanns Sache, sich barfuß den Weg durch ein Gewimmel von Tausenden von Ratten zu bahnen.*

Das Heiligtum wurde für die Gottheit Karni Mata errichtet, eine Inkarnation von Durga, die im 14. Jh. gelebt haben soll und zur Schutzgottheit der Rajputen aufstieg.

Über die Verehrung der Ratten gibt es folgende Geschichte zu berichten: Zu der bereits zu Lebzeiten als Heilige geltenden Karni soll

*Hof des Karni Mata Tempels*

ein Fürst einmal den verstorbenen Sohn mit der Bitte gebracht haben, ihn wieder zum Leben zu erwecken, da die Dynastie sonst aussterben würde. In Trance habe Karni den Totengott Yama aufgesucht und ihn um die Seele gebeten. Die Gottheit aber verweigert die Herausgabe mit der Begründung, der Junge sei bereits wiedergeboren und die Seele daher nicht mehr zurückzugewinnen.

Die enttäuschte Karni schwor daraufhin, daß kein Mitglied ihres Stammes mehr das Reich des Totengottes Yama betreten werde, sondern die Seelen der Verstorbenen statt dessen in Ratten wiedergeboren würden. Nach dem Tod der Tiere würden die Seelen dann die Körper von Barden annehmen und somit das Fortbestehen dieser in Rajasthan bis heute gleichermaßen beliebten wie verehrten fahrenden Sänger garantieren. Für die Rajputen, die auf eine Überlieferung ihrer Genealogie und der Heldentaten ihrer Vorfahren so großen Wert legten, war der Fortbestand der Barden von höchster Bedeutung, finden sie doch in deren Heldenliedern (Dingal) immer wieder die begehrte Selbstbestätigung.

Das genaue Alter des Tempels ist unbekannt, aber bereits sehr früh wurde Karni Devi zur Schutzheiligen des Herrscherhauses, das denn auch beträchtliche Mittel für die Gestaltung des Baus zur Verfügung stellte. So ist der aus weißem Marmor gefertigte Zugang zum Tempelkomplex mit fein gearbeiteten Figuren hinduistischer Gottheiten versehen, und die silberbeschlagenen Türen, die Maharaja Ganga Singh (1887–1943) stiftete, zeigen vollendete Handwerkskunst. Im Allerheiligsten steht eine aus Jaisalmersandstein geformte Figur von Karni Devi unter einem goldenen Baldachin.

# Jaisalmer

**Besonders sehenswert:**
**Blick auf die Stadt vom Sunset Point ☆☆**
**Jaintempel ☆**
**Patwon ki-Haveli ☆☆**
**Nathmal ki-Haveli ☆**

Blickt man von der Geländestufe des sogenannten **Sunset Point (1)** auf die Wüstenstadt Jaisalmer, könnte man an eine Fata Morgana glauben. Fast wie eine Filmkulisse wirkt der mit gedrungenen Bastionen besetzte Mauering, der sich unvermittelt in der flachen, baumlosen Wüste erhebt. Kein Wunder, daß sich die Stadt trotz ihrer Abgelegenheit nahe der pakistanischen Grenze zum beliebten Reiseziel entwickelt hat, zumal sie außer exotischer Atmosphäre auch etliche architektonische Kostbarkeiten zu bieten hat.

## Geschichte

Der Beginn der Stadt reicht in die Zeit zurück, als sich einige Rajputenstämme vor den islamischen Invasionswellen in die Wüste Thar zurückzuziehen begannen. Sind Jodhpur und Bikaner eng mit dem Rathorclan verbunden, so ist Jaisalmer Residenz der Rajputen vom Clan der Bhatti, die vor Sultan Mahmud von Ghazni (971–1035) zunächst nach Lodurva geflohen waren, um von dort ein kleines Reich zu regieren. Wie bei den anderen Rajputen auch, verliert sich die Herkunft in Legenden grauer Vorzeit. So soll der Clan von den Yadav abstammen, die vor Ankunft der Muslime Afghanistan und Teile des Punjab beherrschten. Die Yadav haben bereits im 6. Jh. v. Chr. zusammen mit den Shakya, Kholya und Malla Teile Nordindiens regiert und werden von den einheimischen Ahnenforschern mit Buddha in Verbindung gebracht, der in jener Zeit gelebt hat (ca. 560–480 v. Chr.). Buddha soll danach auch der Begründer des Chandravamsha gewesen sein, des ›Mondclans‹, dem sich alle nicht zum ›Sonnenclan‹ (Suryavamsha) oder den vier feuergeborenen Clans zählenden Stämme zugehörig fühlen. Auch Krishna wird als Ahnherr ins Spiel gebracht, indem man ihn den Chandravamsha zuordnet.

Im Jahre 1155 legte der Herrscher Jaisal nach der Zerstörung Lodurvas durch die Truppen des Muhammed von Ghur aus strategischen Erwägungen den Grundstein zur 17 km entfernten Festung von Jaisalmer. Damit ist Jaisalmer die nach Chittaurgarh älteste Befestigungsanlage Rajasthans. Der Name ist zusammengesetzt aus dem des ersten Herrschers und der Silbe *mer*, der lokalen Bezeichnung für ›felsig‹. Denn eine felsige, bis zu 70 m hohe Erhebung in der Wüste ist Herzstück der Befestigung. Auf ihr entstand der Palast, zu dessen Füßen sich allmählich die Stadt entwickelte; umgeben von einer Doppelmauer, die ihre heutige, mit den 99 Bastionen ausgesprochen beeindruckende Gestalt allerdings erst unter Rawal Bhim Singh (1578–1623) erhielt.

Die isolierte Lage inmitten der lebensfeindlichen Wüste bewahrte Jaisalmer keineswegs vor kriegerischen Zeiten, die sich die Herrscher

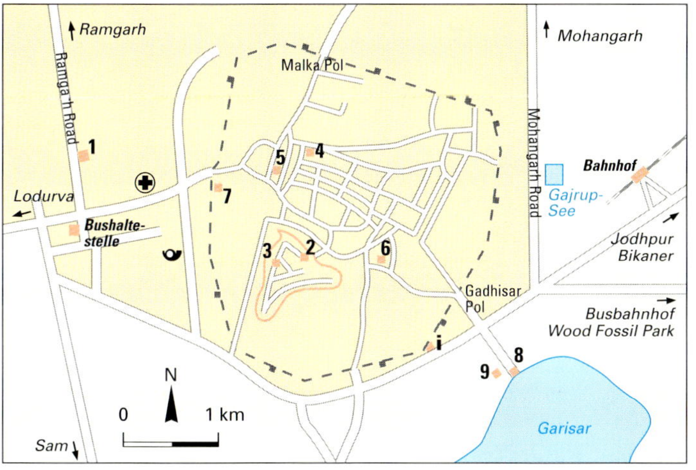


Jaisalmer
1 Sunset Point
2 Raj Mahal
3 Jainheiligtümer
4 Patwon ki-Haveli
5 Nathmal ki-Haveli
6 Salim Singh-Haveli
7 Taziaturm
8 Teliator
9 Folkloremuseum

der Festung teilweise allerdings selbst zuzuschreiben hatten. In Ermangelung regelmäßiger Einkünfte aus Handel und Landwirtschaft verlegten sie sich im 13. und 14. Jh. auf den lukrativeren Karawanenraub. Leichtsinnigerweise vergriffen sie sich auch an den Gütern des mächtigen Ala-ud-Din Khilji, des Sultans von Delhi, der unverzüglich eine Strafexpedition in Marsch setzte. Nach langer Belagerung fiel die Stadt, und rajputischer Tradition entsprechend wählten die Frauen den Feuertod. Die Nachfolger des im Kampf gefallenen Jetsingh hatten offenbar aus dem Vorfall keine Lehren gezogen. So entwendete Dudha 1326 die Pferde von Muhammed Tughluq, dem Herrscher von Delhi, und mußte dafür nicht nur mit seinem Leben bezahlen, sondern auch dem seiner Frauen, die erneut den Freitod auf dem Scheiterhaufen suchten. Jaisalmer blieb etliche Jahre in Händen des Sultans von Delhi, bis Mitte des 14. Jh. Gharsi als Vasall Delhis die Macht übernahm.

Ruhigere Zeiten kehrten erst zwischen dem 16. und 18. Jh. ein, dem Goldenen Zeitalter Jaisalmers, in dem Handel, Kunst und Kultur sich zu entfalten begannen und der Ort von einem bescheidenen Räuberhauptquartier zu einer ansehnlichen Stadt heranwuchs. Man profitierte jetzt von der Mogulherrschaft, die sichere Verhältnisse bis nach Afghanistan hinein garantierte und damit den Fernhandel belebte. Jaisalmer wurde Umschlagplatz für Opium, Gewürze, Getreide und Butterfett *(ghee)* und war nicht länger auf Raubzüge angewiesen.

Zu Beginn des 19. Jh., als der Stern der Moguln erlosch, hielten die Premierminister, meist Vertreter der reichen Handelshäuser, bei denen die Herrscher hoch verschuldet waren, die Zügel der Macht in der Hand. Berüchtigt wurde Salim Singh, dessen Schreckensherrschaft Jaisalmer fast in den Ruin trieb. Bereits sein Vater war Diwan gewesen, wurde jedoch von einem der Prinzen des Rawal Mool

Sing II. umgebracht, als er sein Darlehen zurückforderte. Der damals noch junge Salim schürte seine Rachegelüste, bis er selbst das Amt des Diwan antrat, die Herrscherfamilie dezimierte und nunmehr ebenfalls zum Tyrann wurde, der die Bevölkerung bis aufs Blut auspreßte und dadurch die Abwanderung der reichen Paliwalkaste aus Jaisalmer und 84 umliegenden Dörfern zu verantworten hatte. Der gezielte Dolchstoß eines unterdrückten Rajputen setzte auch seinem Leben ein vorzeitiges Ende.

Erst mit der vertraglichen Bindung an England im Jahre 1818 kehrten wieder geordnete Verhältnisse ein. Da mehrere Herrscher ohne männliche Nachfolger blieben, wurden die Maharawal, wie sich die Herrscher in Jaisalmer bezeichneten, aus dem Umfeld der Verwandtschaft erwählt.

Nach der Unabhängigkeit Indiens wurde Jaisalmer zum flächenmäßig größten Distrikt Rajasthans. Geprägt ist die Region nach wie vor von der Landwirtschaft mit annähernd 600 teilweise noch sehr rückständigen Dörfern, in denen z. B. strikte Kastenordnung und streng traditionelles Leben noch an der Tagesordnung sind.

## Rundgang

Das **Fort mit dem Palast (2, Raj Mahal)** liegt auf der höchsten Erhebung in der Südwestecke der Stadt. Im Gegensatz zu den anderen nordindischen Befestigungen wurde es mit Wohnhäusern dicht bebaut. Über eine breite serpentinenförmig geführte Rampe gelangt man durch die drei im 16. Jh. errichteten Tore Akhai Pol, Suraj Pol und Ganesh Pol zum Hawa Pol, dem einzigen Zugang zum Fort. Es leitet unmittelbar in den Haupthof des Palastes, der heute in das öffentliche Leben einbezogen ist. Die durch das Tor geteilte Anlage gibt sich recht bescheiden und ist kaum von den Häusern reicher Kaufleute zu unterscheiden. Es handelt sich um einen vierstöckigen, aus mehreren Bauten bestehenden Komplex, dessen Fassadenverzierung auf der Hofseite äußerst sparsam ist. Es fehlen die sonst üblichen Galerien, und auch vorspringende Balkone sind kaum anzutreffen. Vor allem einige dekorative Imitationen von Jalis, die nur angedeutet, aber nicht durchbrochen sind, beleben die Fronten. Der Wohntrakt erstreckt sich links und rechts des Zugangstors, der Frauenbereich südlich davon an der östlichen Hofseite. Dem Frauenbereich angebaut ist der Juna Mahal (›Alter Palast‹), der wegen der ausschließlichen Verwendung von säulengestützten Architraven und den schmalen auf Konsolen ruhenden Balkons zu den ältesten Bauabschnitten gezählt wird. An der sich zur Stadt hin orientierenden nördlichen und östlichen Außenwelt ist hingegen eine größere Dekorationsfreude erkennbar. Etliche Balkone mit bengalischen Dächern in unterschiedlicher Form beleben den oberen Teil der Wände, darunter auch ein achteckiger in der Nähe des Zugangstors, der als ›Trommelhaus‹ diente. Hier zeigte sich der Herrscher dem Volk, und

Blick auf Jaisalmer im Abendlicht

hier wurden bei seiner An- und Abreise die großen Trommeln geschlagen.

Der Wohnpalast (Mardana) dürfte aufgrund seiner massiven, burgartigen Bauweise aus der Frühzeit stammen. Allerdings waren auch in späteren Zeiten dicke, unverputzte Mauern als Schutz gegen die hier bis über 50 °C ansteigenden Sommertemperaturen durchaus üblich. Und außerdem gab man sich, wie die Verwendung einfacher Architrave statt Bögen auch an später entstandenen Toren erkennen läßt, ausgesprochen konservativ, so daß eine genaue Datierung kaum möglich ist. Eine öffentliche Audienzhalle fehlt dem Palast. Offizielle Treffen wurden im Innenhof abgehalten, wobei der Herrscher von einem Thron auf einer schmalen Terrasse vor seinem Palast am Geschehen teilnahm.

Bei der Innenausstattung orientierten sich die Herrscher Jaisalmers an den Palästen ihrer weiteren Umgebung. So sind die Räume, deren Funktionen heute nicht mehr bekannt sind, nach dem üblichen Muster mit Wandgemälden, Kacheln und Spiegeln ausgestattet (18. Jh.).

Innerhalb des Forts haben auch etliche Tempel ihren Platz, darunter ein Komplex miteinander verbundener **Jainheiligtümer (3),** die bis ins 15. Jh. zurückreichen. Zunächst betritt man den **Chandraprapha-Tempel** (1453), der wie eine kleine Kopie des berühmten Tempels von Ranakpur erscheint und dem 8. Furtbereiter geweiht ist. Die Stützsäulen des Mandapa sind durch Toranabögen miteinander ver-

Innenansicht des Jaintempels

bunden, in der Deckenrosette findet man Ganeshfiguren. Am ältesten ist der aus dem Jahre 1417 stammende, nach dem dort verehrten Furtbereiter auch **Parshvanatha** genannte Tempel. Auf engem Raum verkörpert er die typischen Merkmale der damals in dieser Region vorherrschenden Bauweise, einer Variante des Solankistils, wie wir ihn auch an den Jaintempeln von Chittaurgarh finden. Beherrscht wird der Zugang durch einen reich ornamentierten Toranabogen – bevölkert von Musikantinnen und himmlischen Nymphen –, von dem aus man einige Stufen zum gleichfalls reich geschmückten Zugang zur Tempelplattform emporsteigt. Dahinter schließen sich die Mandapas an und schließlich das Allerheiligste mit dem Bildnis des 23. Furtbereiters. In der Kuppel über der Haupthalle Tänzerinnen und Musikantinnen. Auch die Säulen sind mit Figurenschmuck und Ornamenten belebt. Fast 1000 Motive soll der Tempelkomplex zählen. Umgeben ist der Haupttempel von 52 in einer Galerie angeordneten Schreinen mit Bildnissen der Jinas.

Im angrenzenden **Rishab Devji-Tempel,** den ebenfalls ein üppig dekorierter Toranabogen schmückt, verdient vor allem eine Gruppe unterschiedlich großer, im Kreis sitzender Plastiken von Tirthankaras in Meditationshaltung Beachtung. Das benachbarte, weniger aufwendig dekorierte **Heiligtum des Shantinatha** zeichnet sich vor allem durch seine komplexe Shikharakonstruktion mit diagonal zum Hauptturm angeordneten Nebentürmchen aus. In Gewölben unterhalb des Tempels soll sich auch die Schatzkammer für die Aufbewahrung der heiligen Manuskripte befunden haben.

Bedeutendste architektonische Sehenswürdigkeit Jaisalmers sind allerdings die über die Altstadt verstreuten **Havelis,** die Handelshäuser einflußreicher und vermögender Kaufleute. Im Gegensatz zu den Bauten in Shekhavati spielt die Wandmalerei keine Rolle. Statt dessen kann man die Fronten eher als Skulpturen auffassen, bei denen die Künstler mit dem hier anstehenden goldgelben Sandstein unter Einbeziehung von Licht und Schatten einzigartige Meisterwerke der Steinmetzkunst schufen.

Wichtigste Stilelemente sind Balkone (Jarokha) mit bengalischen Dächern (Bangaldar) und Steingittern (Jali). Jaisalmer ist vor allem für die zahlreichen Varianten der Jalis berühmt. Die durchbrochenen Steingitter werden wegen ihrer *Purdah*-Funktion – dem Schutz der Frau vor fremden Blicken – oftmals als typisch islamisches Element gesehen. Sie entstammen aber der hinduistischen Bautradition und sind bereits an den Tempeln des 5. Jh., etwa in Aihole (Bundesstaat Karnataka), nachweisbar. Frühe Jalis aus vorislamischer Zeit findet man auch am Mahaviharatempel in Osian.

Im Gegensatz zu den Havelis des Shekhavati, deren Fronten von hohen Einfahrtstoren durchbrochen sind, die in den ersten Innenhof führen, liegt den Handelshäusern in Jaisalmer das im indischen Altstädten übliche System der Fassadengliederung zugrunde. Von der Straße führen ein paar Stufen zu einem etwas erhöht liegenden, teilweise überdachten Podest, das den Übergang zwischen öffentlicher und privater Sphäre bildet. Dadurch soll auch vermieden werden, daß Staub und Straßenschmutz in die Häuser gelangen. Die zur Straße liegende Front des Erdgeschosses ist besonders reich dekoriert. Dahinter befinden sich die Lagerräume, gefolgt von einem offenen Innenhof, von den aus man über eine Wendeltreppe in die oberen Stockwerke mit den Wohnräumen gelangt. Zur Straßenfront hin sind sie mit Erkern und Balkonen verziert, die hier dicht an dicht gefügt sind und in denen man, auf Kissen gebettet, die kühle Abendbrise genießt. Um auch den kleinsten Windhauch einzufangen, sind die Aufenthaltsräume zum Hof hin offen. Zur Innenausstattung gehören Nischen, Borde über Türen und Fenstern zur Präsentation von dekorativen Gegenständen sowie kleine Vertiefungen in den Wänden zur Aufnahme von Öllampen. Die Innenhöfe, oftmals mehrere hintereinander, sind sehr schmal, um Hitze und Staub möglichst wenig Angriffsfläche zu bieten. Entwurf und Bauaufsicht lagen in Händen der Architekten, einer in Jaisalmer hoch angesehenen Gilde; für die Ausführung der Fassaden waren Steinmetze verantwortlich. Zunächst wurden die Motive auf die fertig zugeschnittenen Sandsteinplatten mit Kreide aufgezeichnet und dann herausgearbeitet. Erst anschließend fügte man die Platten nahtlos mit steinernen Dübeln ohne Mörtel am Bau zusammen.

*Erker am Patwon ki-Haveli*

Zu den prachtvollsten Exemplaren zählt der **Patwon ki-Haveli (4)**, der zu einem Komplex von fünf nebeneinanderstehenden Häusern im nördlichen Stadtbereich gehört, die von der einflußreichen Familie Bafna zwischen 1800 und 1860 errichtet wurden und sich heute im Besitz der Regierung befinden. Die aus fünf Brüdern bestehende Jainfamilie betrieb regen Fernhandel mit Afghanistan, China, Madras und Calcutta. Überdies dienten die Handelsherren, ähnlich wie die Fugger, den sich immer in Geldnot befindlichen Maharajas als Bankiers. Die Gebäudefront ist über und über mit Balkonen unterschiedlichster Gestalt bedeckt. Abgeschlossen wird der fünfstöckige Bau von einer Dachterrasse mit hoher, von Jaligittern durchbrochenen Balustrade.

Der nicht weit entfernt liegende **Nathmal ki-Haveli (5)** ist eines der letzten aufwendig gebauten Handelshäuser. Es diente als Residenz von Metha Nathmal, der Mitte des 19. Jh. den Posten des Premierministers (Diwan) bekleidete. Der Bau wurde von zwei Architektenbrüdern, Hathi und Laloo, entworfen, die sich die Arbeit aufteilten und versprachen, einander nicht zu kopieren. Den Eingang flankieren zwei Elefanten als Zeichen dafür, daß hier der Diwan residierte.

Der unterhalb des Fort gelegene **Salim Singh-Haveli (6),** auch Moti Mahal genannt, hat eine weit auskragende Galerie zarter, von bengalischen Dächern abgeschlossenen Säulen. Verziert wurden sie mit Rankenwerk, Pfauen- und Blumenmotiven.

Ähnlich ungewöhnlich ist der nahe dem westlichen Stadttor (Amar Sagar Pol) liegende **Taziaturm (7),** der zum neuen Palast gehört und mit seinen sich nach oben verjüngenden Stockwerken den Eindruck einer fernöstlichen Pagode hinterläßt, obwohl er aus den traditionellen Elementen der Rajputenarchitektur besteht. Er ist den aus Holz, Bambus und Papier gefertigten Totenschreinen nachempfunden, die während des Muharramfestes anläßlich der muslimischen Tazia-Aufführung (Darstellung der Leidensgeschichte des schiitischen Märtyrers Hussain) verwendet werden. Der Turm wurde denn auch im 19. Jh. von muslimischen Steinmetzen dem Herrscher zum Geschenk gemacht.

*Das Patwon ki-Haveli gehört zu den prachtvollsten Handelshäusern in Jaisalmer* ▷

Südlich der Stadt wurde im 14. Jh. der Stausee Garisar angelegt, der noch bis vor kurzem der Wasserversorgung Jaisalmers diente. Um das hübsche **Teliator (8)** nahe des Ufers rankt sich eine nette Geschichte: Der zweistöckige mit Chattris verzierte Bau wurde zu Beginn unseres Jahrhunderts von der Kurtisane Telia gestiftet, die in Jaisalmer wegen ihrer Schönheit und ihres Charmes zu beachtlichem Vermögen gekommen war. Einige Würdenträger fühlten sich durch das Bauvorhaben allerdings beleidigt und baten den Maharaja, es entfernen zu lassen, zumal es den Hauptzugang zum See bildete. Telia ließ jedoch auf dem Dach einen Vishnutempel errichten, wodurch sich niemand fand, das nunmehr zum Heiligtum mutierte Tor abzureißen. Die Mitglieder der Herrscherfamilie wählten für ihr rituelles Bad fortan allerdings einen anderen Weg zum See. An der Zufahrtsstraße liegt ein kleines **Folkloremuseum (9),** das anhand von Fotografien und Exponaten interessanten Einblick in die regionale Volkskunst vermittelt.

## *Die Umgebung von Jaisalmer*

Wegen der Nähe zur pakistanischen Grenze ist die Bewegungsfreiheit eingeschränkt, wovon allerdings die kulturhistorisch interessanten Orte nicht betroffen sind. 6 km nördlich liegt inmitten der Wüste an der Straße nach Ramgarh **Bada Bagh,** die Verbrennungs- und Begräbnisstätte der Herrscher von Jaisalmer, die 1554 eingerichtet wurde. Einige der Kenotaphe sind noch recht gut erhalten: Beachtenswert sind die teilweise sehr schön in naivem Stil rajputischer Volkskunst ausgeführten Reliefs auf den Gedenksteinen.

Etwa 16 km nordwestlich trifft man auf die Überreste der alten, am ehemals wasserspendenden Fluß Kaka gelegene Stadt **Lodurva,** die im 10. Jh. von dem Bhattifürsten Rawal Deoraji erobert und zur Residenz eines kleinen Reichs gemacht worden sein soll. Im 12. Jh. wurde sie von Muhammed von Ghur zerstört und dann nicht wieder aufgebaut.

Einen Besuch wert sind die ursprünglich aus dem 11. Jh. stammenden, allerdings grundlegend erneuerten Jaintempel. Das dem 23. Furtbereiter geweihte Hauptheiligtum fällt durch seinen eigenartigen, aus Holz gefertigten baumartigen Turmaufsatz aus dem Rahmen. Er verkörpert einen der 10 Wunschbäume der Jains, die im paradiesischen Zeitalter die Wünsche der Menschen erfüllten. So gab der Mattangabaum Gesundheit und Heiterkeit, der Bhritanga – Schönheit, der Citrarsa – herrliche Speisen und der Gehakara – Behausung für die Menschen.

In der Nähe liegen die Ruinen des sogenannten Palastes der Prinzessin Moomal (Moomal ki Meri). Die architektonischen Reste sind einen Besuch kaum wert, die Geschichte aber geht zu Herzen, eine

*Bada Bagh, die Verbrennungs- und Begräbnisstätte der ehemaligen Herrscher von Jaisalmer*

*soap opera* auf rajputisch: Prinz Mahendra liebte die schöne Moomal, die ihn heimlich in der Nacht in ihrem Palast empfing. Bereits vor Morgengrauen war er wieder mit seinem Kamel Cheetal unterwegs nach Hause. Einmal besuchte Soomal, die Schwester Moomals, den Palast als fahrender Sänger verkleidet, um etwas vom Liebesabenteuer in Erfahrung zu bringen. Als auch der Prinz auf der Szene erschien, hielt er Soomal für einen Liebhaber der Prinzessin und zog sich beleidigt zurück. Auch die verzweifelten Briefe Moomals konnten ihn nicht umstimmen. Da machte sie sich als Armreifverkäufer verkleidet auf den Weg und traf tatsächlich auf Mahendra. Als er das Muttermal auf ihrer Hand sah und sie ihre Identität preisgab, sanken sich beide in die Arme – aber es gab kein Happy End – beide starben im selben Moment. Seither, so heißt es, ist auch der Fluß Kaka ausgetrocknet.

Den nahegelegenen künstlichen Stausee **Amar Sagar,** der meist ohne Wasser ist, säumen weitere Jaintempel, die derzeit restauriert werden.

# Am Golf von Khambhat

# Gujarats Tor zur Welt

**Besonders sehenswert:**
**Ahmedabad ☆☆**
**Adlaj Vaw ☆**
**Modhera ☆☆**
**Roda ☆**

Der weit ins Land greifende Golf von Khambhat, der die Halbinsel Kathiawar (Saurashtra) vom Festland trennt, ist heute wegen der zunehmenden Verlandung für die Schiffahrt nicht mehr von Bedeutung. In früheren Zeiten jedoch war der Küstenstreifen ein Tor zur Welt, um das sich fremde Mächte erbitterte Kämpfe lieferten. Der Hafen von Lothal (s. S. 275) florierte hier ebenso wie später die portugiesische Enklave Daman. Daman, aber auch der bis ins 17. Jh. bedeutende Umschlagplatz Cambay, von dem der Golf seinen Namen erhalten hat und der einmal als reichste Stadt Indiens galt, von der schon Marco Polo zu berichten wußte. Im 17. Jh. entwickelte sich dank der aus Persien geflohenen Glaubensgemeinschaft der Parsen Surat zum zentralen Hafenstandort nördlich von Bombay und zum Ausgangspunkt der Pilgerreisen nach Mekka. Im Jahre 1611 eröffneten die Engländer hier ihren ersten Handelsposten, gefolgt von den Holländern (1616) und Franzosen (1664). Nach dem Niedergang der Mogulherrschaft hatte England das Sagen, gab schließlich jedoch dem weiter südlich liegenden Bombay den Vorzug.

# Ahmedabad

**Besonders sehenswert:**
**Sidi Sayid-Moschee ☆☆**
**Jami Masjid ☆☆**
**Rani Sipri-Moschee ☆**
**Calico Museum of Textile ☆**

Die größte Stadt Gujarats und weitaus bedeutendster Wirtschafts- und Handelsstandort unserer Tage wurde im Jahre 1411 von Sultan Ahmed Shah gegründet und nach ihm benannt. Sein Großvater Zafar Khan war von Ala-ud-Din Khilji, dem Sultan von Delhi, als neuer Gouverneur nach Gujarat geschickt worden, um den aufmüpfigen, autokratischen Rasi Khan abzulösen, der es nicht mehr für nötig befand, die vereinbarten Steuern zu entrichten. Bei Cambay wurde er von Zafar Khan geschlagen. Aber auch dieser erwies sich seinem Herren in Delhi gegenüber als wenig loyal und gründete 1408 im kleinen, östlich der Sabarmati gelegenen Ort Asawal sein eigenes Reich, aus dem schließlich Ahmedabad hervorging. Sultan Ahmed Shah (1411–1442) hatte sich vor allem gegen die rajputischen Nachbarn zur Wehr zu setzen, verschonte aber auch seine Glaubensbrüder in Malwa und auf dem Dekhan nicht.

Ähnlich wie später der Mogulherrscher Akbar, so pflegte auch Sultan Ahmed engen Kontakt zu einem geistigen Führer, dem in Sarkhej lebenden Sheik Ahmed Khattu Ganj Baksh, den der Herrscher mit der religiösen Zeremonie der Stadtgründung betraute. Zentrum war wie üblich zunächst ein befestigtes Fort (Bhadra), von dessen ursprünglicher Bausubstanz allerdings nichts mehr erhalten ist. Die teilweise noch aus der Mogulzeit stammenden Gebäude des Komplexes werden heute als Büros genutzt.

◁ *Der Sonnentempel von Modhera*

Ahmedabad
1 Ahmed Shah-Moschee
2 Sidi Sayid-Moschee
3 Muhafiz Khan-Moschee
4 Tin Dawarza
5 Jami Masjid (Freitagsmoschee)
6 Grab von Ahmed Shah I.
7 Rani ka Hujra
8 Rani Sipri-Moschee
9 Sidi Bashir-Moschee
10 Bibi ki-Moschee
11 Rani Rupamati-Moschee
12 Dada Hari Vaw
13 N. C. Mehta Museum
14 Calico Museum of Textile
15 Institute of Indology
16 Sheryas Folkmuseum
17 Gandhis Ashram

Im Laufe der Jahre entwickelte sich Ahmedabad zu einer wohlhabenden, mit prächtigen Gebäuden ausgestatteten Handelsmetropole, zu deren Entfaltung vor allem Ahmed Shahs Enkel Mahmud Begarha (1458–1511) einen wichtigen Beitrag lieferte. Ende des 14. Jh. erhielt die Stadt eine fast 10 km lange Mauer mit zwölf Toren, 139 Türmen und mehr als 6000 Verteidigungsanlagen. Über 300 autarke Wohnviertel soll es zur Glanzzeit gegeben haben.

Die Unabhängigkeit des Sultanats Gujarat währte bis 1573. Im Auftrag Akbars eroberten rajputische Vasallen, darunter der Raja von Jodhpur, in zähem Ringen Gujarat und Ahmedabad. Mit beispielloser Brutalität ließ der Mogulherrscher 2000 Hindus hinrichten und ihre Köpfe zu einer Pyramide aufschichten, eine in der Kriegsführung islamischer Feldherren damals durchaus übliche Methode der Abschreckung. Durch hohe Abgaben bis aufs Blut ausgepreßt, versuchte Ahmedabad mehrfach, sich mogulischer Vorherrschaft zu entziehen und beteiligte sich an Revolten. So unterstützte es 1659 Dara Shukho im Machtkampf gegen Aurangzeb, zog dann aber die Hilfe zurück, als sich der Sieg Aurangzebs abzeichnete. Mit dem Verfall des Mogulreichs gewannen die Engländer, die 1818 Gujarat annektiert hatten, die Oberhand. Zunächst war damit ein Niedergang verbunden, da Bombay zur neuen Handelsmetropole erkoren wurde, dann aber begann die Textilindustrie, die bis heute zum wichtigsten Wirtschaftszweig gehört, Fuß zu fassen. Im Jahre 1960 wurde Ahmedabad Hauptstadt Gujarats, mußte dieses Privileg allerdings 1970 an das neu gegründete Gandhinagar abtreten. Heute ist Ahmedabad mit etwa 3 Mio. Einwohnern die sechstgrößte im Binnenland gelegene Stadt Indiens.

Die Sehenswürdigkeiten verteilen sich vorwiegend über das Altstadtgebiet, das trotz der voranschreitenden Modernisierung und des hektischen Verkehrs noch manchen Einblick in das traditionelle Leben einer islamischen Stadt bietet. Von den über 40 Moscheen und Mausoleen kann hier nur auf die wichtigsten Vertreter des Sultanats-Stils eingegangen werden, der zwischen 1408 und 1573 blühte und Elemente der untergegangenen hinduistischen Solankizeit (941–1197) mit islamischen Traditionen verschmolz.

Die älteste Moschee der Stadt, die in der alten Festung (unmittelbar an der Ellis-Brücke) liegende **Ahmed Shah-Moschee (1),** wurde bereits im Jahre 1414 aus Spolien zerstörter Hindutempel nach dem Vorbild der Jami Masjid in Champaner (s. S. 277) errichtet und diente wahrscheinlich dem Herrscher als Privatmoschee. Der einfache zweischiffige Bau mißt 47 m × 16 m; das mittlere Portal ist ca. 8,50 m hoch, die vier Seitenportale erreichen nur 5,50 m. Die Decke wird von insgesamt 155 Säulen getragen, von denen viele aus Hindutempeln stammen und die typischen Vasenmotive zeigen. Zehn größere Kuppeln in Kragbauweise decken die Gebetshalle ab. An ihnen wird der indische Einfluß besonders deutlich, haben die hinduistischen Steinmetze sie doch in virtuoser Meisterschaft nach dem Vorbild der Jaintempel als Lotosblüte ausgeformt. Einen kleinen Akzent von Luxus setzt auch die aus weißem und schwarzem Marmor in die Westwand eingelassene Gebetsnische (Mihrab). In der Nordwestecke befand sich der abgeschlossene, für Frauen reservierte Bereich mit eigenem Mihrab und separatem Zugang.

Nur ein kleines Stück nordwestlich liegt auf einer Verkehrsinsel die aus Marmor erbaute **Sidi Sayid-Moschee (2),** die in der zweiten Hälfte des 15. Jh., kurz vor der Eroberung durch die Moguln entstand und ebenfalls im Bereich des Bhadraforts lag. Benannt ist das nur 21 m × 11 m messende, nicht fertiggestellte Heiligtum nach seinem Erbauer, Sheik Sayid Sultani. Weit über die Grenzen hinaus berühmt ist die kleine Moschee für ihre Jalis, die zu den schönsten Marmorarbeiten Indiens zählen und eindrucksvoll die geglückte Symbiose hinduistischer und islamischer Kunst dokumentieren. Im Zentrum der beiden westlichen Fenster windet sich ein Baum mit vielfach verschlungenen, sich verzweigenden Ästen empor, die sich mit ihrem Ranken- und Blätterwerk in einem ›Sternenhimmel‹ aus Jaligitterwerk zu verlieren scheinen.

Die östlich davon etwa im Zentrum der Altstadt im Jahre 1492 errichtete kleine **Muhafiz Khan-Moschee (3)** verdient ebenfalls einen Besuch. Sie war die Privatmoschee des Wesirs (Leiter der Staatsverwaltung) in Diensten des Sultans Mahmud Begarha. Abweichend von den sonst üblichen Fassaden mit großen Portalen und Sei-

Fenster an der Sidi Sayid-Moschee

tenflügeln weist der 14 m breite Bau nur drei hohe Bögen auf und ähnelt eher einer Kapelle. Vom erhöhten Mittelschiff blicken drei Balkone über den Vorplatz. Die fünffach gegliederten Minarette sind ebenso reich geschmückt wie die Friese über dem Hauptportal.

Ein Stück südlich reihen sich entlang der Gandhi Road (MG Road), früher wie heute Hauptachse der Altstadt, einige weitere interessante Monumente der Sultanatsepoche. Quer über die Straße spannt sich das **Tin Dawarza (4),** ein bereits zu Beginn des 15. Jh. entstandener dreiteiliger Triumphbogen, der sich in der indo-islamischen Stadtplanung jener Zeit großer Beliebtheit erfreute.

Durch ihn zog der Herrscher von seinem Palast am westlichen Ende der Straße zur **Jami Masjid (5),** deren Zugang ein Stück östlich des Tors auf der rechten Straßenseite nicht ohne weiteres zu finden ist. Obwohl die Freitagsmoschee (1423) die größte der Stadt ist, gibt sie sich nicht durch hohe Minarette bereits von weitem zu erkennen. Sie wurden 1819 Opfer eines großen Erdbebens. Der Hof (86 m × 72 m), den man von Norden her betritt, ist an drei Seiten von einem Säulengang umschlossen. Die Front zeigt eine ungewöhnliche Mischung aus islamischen Bögen und indischer Säulenhalle. Zentrum der Front bildet ein dreijochiger Mitteltrakt mit dem zentral angeordneten 13 m hohen Portalbogen, flankiert von den Stümpfen der ehemals 26 m hohen Minarette, die, pilasterartig mit der Wand verbunden, die Nahtstelle zwischen Zentraliwan und den niedrigeren Seitenbögen akzentuieren, eine Anordnung, die von den Timuriden übernommen wurde. Sowohl horizontal wie vertikal sind sie durch Rippung der Schäfte, durch Gesimse und Reliefbänder ausgesprochen lebhaft gestaltet, wobei auch hier immer wieder hinduistische Bautradition erkennbar wird, etwa durch das Einfügen von Nischen oder modifizierten Kudufenstern. Hinduistischer Herkunft sind auch die in die Portale eingefügten Toranabögen, ein für die Architektur des Gujaratsultanats charakteristisches dekoratives Element, das bereits an der zehn Jahre vorher errichteten Ahmed Shah-Moschee Verwendung fand. Links und rechts der Bögen schließen sich säulengestützte Hallen an, die nicht nur durch die Verwendung von Spolien ihre hinduistische Herkunft verraten, sondern auch in der Konstruktion mit Säule und Architrav. Die Säulen der hinduistischen Tempel wirken jedoch nicht als Fremdkörper, sondern im Gegenteil: Es ergibt sich eine harmonische Verbindung islamischer und hinduistischer Gestaltungsprinzipien.

Die sich über die gesamte Breite des Hofs erstreckende Gebetshalle ist knapp 30 m tief und besteht aus drei Schiffen. Zur Verwendung kamen 260 Säulen, zwischen denen 15 gekragte Kuppeln die Deckenquadrate füllen. Die Höhe der Decke verringert sich vom Mitteljoch hinter dem Zentralbogen treppenförmig in drei Stufen zu den Seiten. Auch die Jami Masjid verfügt über einen durch reich geschmückte Jalis abgetrennten Frauenbereich, der als Galerie im ersten Stock um das Mittelschiff verläuft.

Im Osten grenzt an die Jami Masjid das **Grab von Ahmed Shah I.** **(6,** gest. 1442). Es handelt sich um einen quadratischen Bau mit vorspringenden Portiken im Zentrum jeder Front, verbunden durch Galerien mit Jaligittern. Außer dem Stadtgründer haben hier auch sein Sohn Muhammed Shah II. und sein Enkel Ahmed Shah II. ihre letzte Ruhe gefunden.

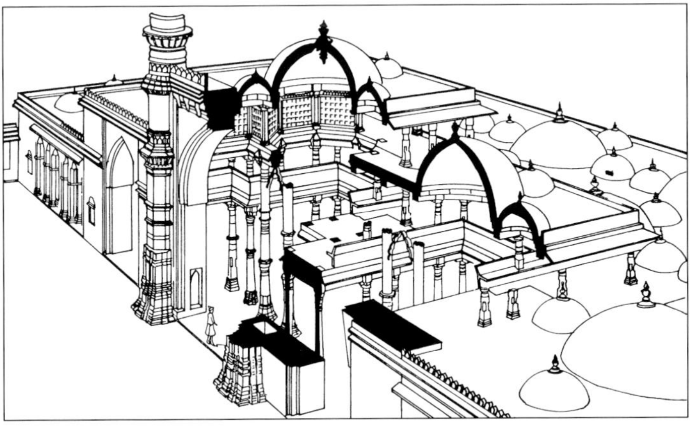

*Die Freitagsmoschee: Unter der Kuppel kann man die Jaligitter des Frauenbereichs gut erkennen. Diese umlaufende Galerie ist typisch für den Stil von Gujarat und von innen meist schlecht zu sehen.*

*Stufenbrunnen ▷ gehören zu den charakteristischen Bauten Rajasthans und Gujarats; hier Schnitt und Aufsicht des Dada Hari Vaw in Ahmedabad*

Ganz ähnlich gestaltet ist das auf der anderen Seite der Gandhi Road liegende **Rani ka Hujra (7),** das leider sehr vernachlässigte Mausoleum für die Frauen der Herrscher. Die ehemals mit Einlegearbeiten verzierten, auf einer Plattform stehenden Kenotaphe aus weißem und schwarzem Marmor erinnern an Bibi Mughali, die Frau Muhammed Shahs II., und ihre Schwester Muri Bibi, die Hauptfrau des Heiligen Shah Alam.

Wendet man sich nunmehr nach Süden, trifft man unmittelbar vor dem Astodiator auf die kleine **Rani Sipri-Moschee (8,** 1518), die eine Grundfläche von nur 15 m × 6 m bedeckt, aber wegen ihrer exquisiten Details zu den schönsten Beispielen des indo-islamischen Stils in Ahmedabad zählt. Es handelt sich um eine für Gujarat typische Kombination von Moschee und Grabmal, Rauza genannt. Man trifft diese Verbindung von Gebets- und Gedenkstätten auch an anderen Orten, etwa in Ajmer und Fatehpur Sikri. Die Herrscher wollten damit sicher stellen, daß ihr Andenken der Nachwelt erhalten bleibt, hat doch jeder, der zur Moschee kommt, automatisch auch das Grabmal vor Augen. Damit sind die Rauzas durchaus den europäischen Gotteshäusern mit ihren Königsgruften vergleichbar.

Die Moschee präsentiert sich als Hallenbau nach hinduistischem Vorbild ohne die für islamische Heiligtümer typischen Portale. An indische Tempel erinnern auch die an der Südseite vorspringenden Balkone mit säulengestütztem Dach. Zwei schlanke Minarette in charakteristischem stark gegliedertem Gujaratistil begrenzen die Vorderfront der zweischiffigen Gebetshalle. Vor der Moschee liegt das Mausoleum der Rani Sabrai, der Frau von Sultan Mahmud Begarha. Die obere Hälfte der Fronten des quadratischen Baus ist mit Jalis versehen. Über dem Zentrum erhebt sich ein, allerdings von falschem Gitterwerk (nicht durchbrochen) umschlossener Pavillon. Dennoch haben die Architekten bewußt auf ein ausgewogenes Ensemble von Grabbau und Moschee geachtet. So wurden die Säulenstellung des Heiligtums mit der Anordnung der Pfeiler zwischen Brüstung und Dachkante des Mausoleums in harmonische Beziehung gesetzt und der Dachabschluß in gleicher Art und Weise ausgeführt.

Etwa 200 m südlich des Bahnhofs hat die **Sidi Bashir-Moschee (9)** ihren Platz, populärerweise auch als ›Shaking Minarets‹ bezeichnet. Ihren Namen hat die Moschee, von deren ursprünglicher Substanz nur noch die beiden 22 m hohen Minarette und der sie verbindende Bogen erhalten sind, von dem Lieblingssklaven Sultan Ahmeds II. Wahrscheinlich ist sie aber von einem gewissen Malik Sarang in Auftrag gegeben worden, einem Höfling Mahmud Begarhas, der auch das angrenzende, nach ihm benannte Viertel Sarangpur bauen ließ. Die Minarette sollen nur ins Schwanken geraten, eine technische Maßnahme, die wegen der hier gelegentlich auftretenden Erdbeben auch bei anderen Turmbauten ergriffen wurde, allerdings wie die vielen eingestürzten Beispiele zeigen, nicht immer mit dem gewünschten Erfolg. Die Flexibilität wird auf einen bestimmten im Fundament verbauten Sandsteintyp zurückgeführt, der die Erdstöße abfedert. Durch

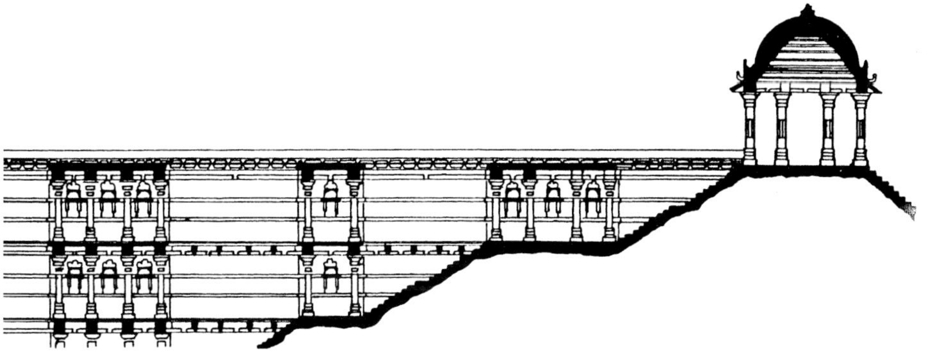

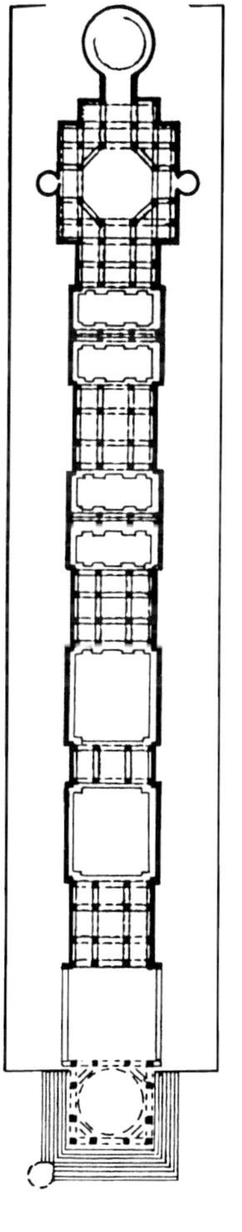

die enge Bebauung und die lieblos kreuz und quer geführten Stromkabel erfahren die Minarette heute leider nicht die ihnen zustehende Würdigung. Ein Stück nördlich des Bahnhofs stehen zwei weitere, allerdings weniger gut erhaltene Vertreter des gleichen Typs.

Ein anderes schönes Beispiel für die Gestaltungsfreude der Bauhütte von Gujarat findet man in der **Bibi ki-Moschee (10)**, etwa 1 km weiter südöstlich im Viertel Rajpur. Die breite Front ähnelt in der Aufteilung der Jami Masjid. Auch sie besteht aus einem dreijochigen Mitteltrakt und angrenzenden Säulenhallen, die hier jedoch mit Zierbögen versehen sind. Das rechte, mit drei Balkonen ausgestattete Minarett ist noch komplett erhalten, das linke nur bis zum ersten Balkon. Insgesamt wirkt die Anlage durch die überdimensionierten Minarette – ihr Umfang an der Basis entspricht etwa der lichten Weite der Seitenportale – etwas gedrungen.

Eine wiederum andere Lösung der Fassadengliederung fanden die Architekten in der **Rani Rupamati-Moschee (11)** nahe dem nördlichen Delhitor. Wie üblich wird der überhöhte Zentralbogen von Minaretten flankiert, die Front ansonsten jedoch durch den Wechsel von vorspringenden überdachten Balkonen und Portalen aufgelokkert. Wie bei den anderen Moscheen umgibt das höhere Hauptschiff eine Galerie mit Jaligittern. Und auch diese Moschee ist mit einem Mausoleum verbunden. In dem 12 m × 12 m messenden Bau mit erhöhter Plattform und Kioskaufsatz über dem Zentralraum ist Rani Rupamati, die Gemahlin von Muzaffarh Shah (1511–1526) bestattet.

Wer keine Zeit findet, den unten beschriebenen Stufenbrunnen (Baoli) von Adlaj Vaw zu besuchen, kann sich anhand des allerdings recht vernachlässigten und oft ausgetrockneten **Dada Hari Vaw (12,** Bai Hari Vaw) ein Bild dieser für Gujarat typischen Architektur machen. Der um 1500 entstandene Brunnen liegt etwa 500 m nordöstlich des Premabhaitors im Viertel Asarwa und ist Teil einer Moscheeanlage. Zugang bildet ein Pavillon, von dem eine breite Treppe vier von säulengestützten Galerien gesäumte Stockwerke hinab zu einem Brunnenschacht führt. Auf seitlichen Wendeltreppen konnte man noch weiter in die Tiefe steigen, um an den Galerien über dem Wasser Erholung zu suchen.

Von den zahlreichen Museen der Stadt lohnt der Besuch des **N. C. Mehta Museums (13)** in einem von Le Corbusier (1887–1965) gebauten Haus, das Miniaturmalereien der unterschiedlichen Stilrichtungen zeigt. Versäumen sollte man auch nicht das **Calico Museum of Textile (14),** das Indiens lange Tradition der Textilverarbeitung z. B. anhand von alten Webmaschinen und historischen Einzelstücken dokumentiert. Zu sehen gibt es großartige Wandbehänge mit religiösen Motiven, berühmte Kaschmirschals und exquisite Brokate aus Varanasi (Benares).

Das **Institute of Indology (15)** nahe der Gujarat University hat sich auf Jainkunst spezialisiert, das **Sheryas Folkmuseum (16)** auf die lebendige Volkskunst Gujarats.

Einen Blick in die jüngere Geschichte Indiens kann man hingegen im **Ashram Gandhis (17)** werfen, der etwa 6 km nördlich am Westufer der Sabarmati gegenüber dem Tourist Bungalow liegt. Beeindruckend ist die spartanische, noch im Originalzustand erhaltene Unterkunft des indischen Freiheitshelden, der nach seiner Rückkehr aus Südafrika im Jahre 1918 von hier aus seinen Widerstand gegen die britische Kolonialmacht organisierte. Fotos und Dokumente illustrieren den Lebensweg des Mahatma (›große Seele‹).

## *Im Norden von Ahmedabad*

### Adlaj Vaw

***Besonders sehenswert:***
***Adlaj Vaw*** ☆
***Modhera*** ☆☆
***Roda*** ☆

Der in dem kleinen Ort Adlaj Vaw, 20 km nördlich Ahmedabads gelegene Stufenbrunnen (1499) zählt zu den am besten erhaltenen der insgesamt 120 Anlagen dieser Art in Gujarat.

Wie oftmals in Indien rankt sich auch um diesen fünf Stockwerke bis zum 30 m tief liegenden Wasserspiegel reichenden Bau eine traurige Geschichte. Nachdem der kriegslüsterne Mahmud Begarha seinen Nachbarn, den Rana Veer Singh, überfallen und getötet hatte, begehrte er dessen wunderschöne Witwe Rani Roopba zur Frau. Sie erklärte sich bereit, dem Drängen nachzugeben, wenn Mahmud Begarha den bereits begonnenen Stufenbrunnen fertigstellen würde. Als der Bau nahezu vollendet war, stürzte sich die Königin jedoch lieber in die Tiefe als die Gemahlin des Mörders ihres Mannes zu werden.

Auf einer breiten Treppe schreitet man hinab, begleitet von säulengestützten Galerien, brückenartigen Verbindungen und Balkonen, die in ein immer sanfteres Licht getaucht werden, bis man in der Höhe des Wasserspiegels zum achteckigen Brunnenschaft gelangt.

Innenansicht des Stufenbrunnens von Adlaj Vaw

Auffällig ist das Vorherrschen hinduistischer Stilelemente. Der Eindruck wird nicht nur durch das Fehlen von Bögen hervorgerufen. In die nach alter Tempelbautradition aus Sandstein gefügten Wände, Konsolen und Säulen haben die Steinmetze neben abstrakten Ornamenten islamischer Herkunft auch Vögel, Elefantenfriese, Figuren, Vasen des Überflusses, die neun Planeten und sogar eine Shakti in den weichen Stein geschnitten und ein Panorama gujaratischer Plastik geschaffen, wie man es in dieser Art nur selten antrifft. Es macht deutlich, daß während des Sultanats offenbar ein hohes Maß an Toleranz herrschte und die Künstler an den Profanbauten durchaus der hinduistischen Religion huldigen durften. In jedem Brunnen nämlich offenbart sich auch die göttliche Kraft, die dem Wasser seit Urzeiten

Am Golf von Khambhat

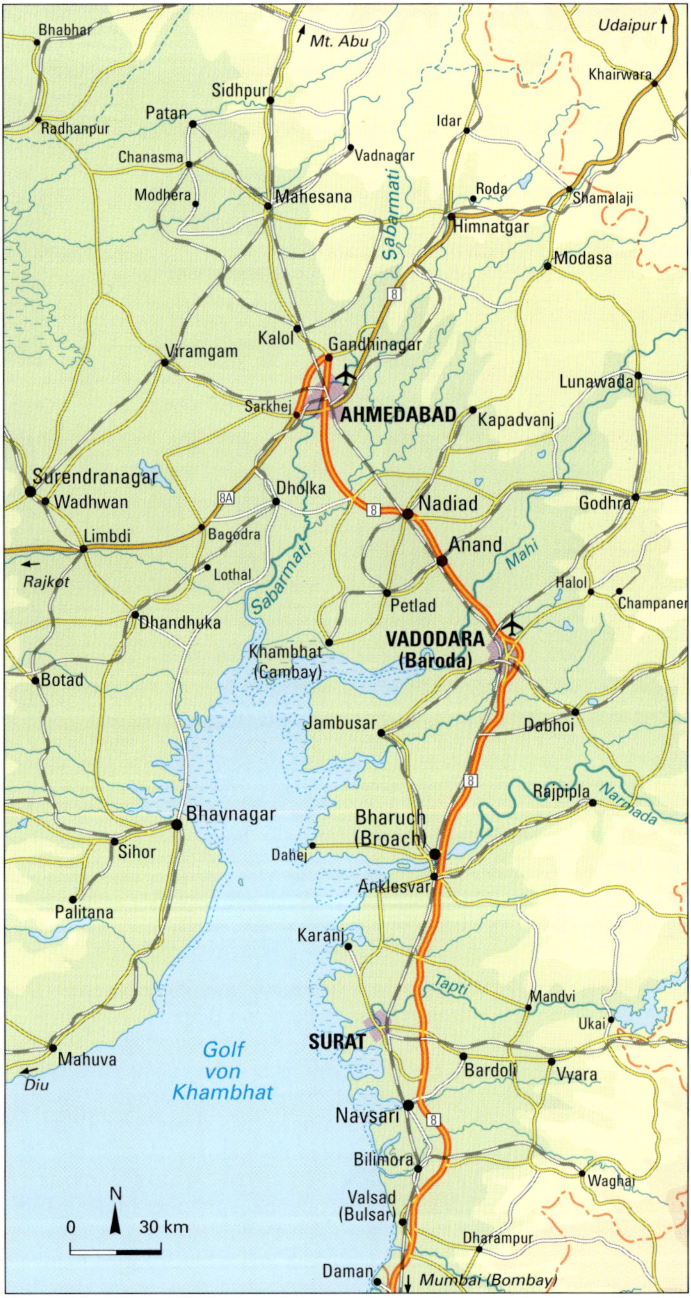

innewohnt. So fehlt denn auch ein kleiner Schrein für die Götter nicht. Daß immer wieder Durga in ihren unterschiedlichen Erscheinungsformen auftritt, mag mit der in Gujarat lange vorherrschenden Verehrung der Muttergottheit zusammenhängen.

Zum einen dienten die Stufenbrunnen der Wasserversorgung – die Träger für die Laufrollen des Seils sind noch erkennbar –, wobei gleichzeitig viele Menschen das kostbare Naß schöpfen konnten, da über die breiten Treppen auch ein Zugang bis zum Wasserspiegel bestand, nicht anders als bei den schon lange üblichen Tempeltanks, von denen Modhera (s. u.) das schönste Beispiel bietet. Zum andern nutzte man die Galerien als ›klimatisierte‹ Aufenthaltsmöglichkeiten während der heißen Jahreszeit, ein Effekt, den jeder Besucher noch heute dankbar genießt.

## Modhera

Der etwa 70 km nördlich von Ahmedabad nahe der Ortschaft Mahesana liegende Sonnentempel, ein Meisterwerk der Solankizeit, wurde um das Jahr 1026 an einem großen künstlichen Teich errichtet. Die Verehrung des Sonnengottes reicht hier aber bereits in das 6. oder 7. Jh. zurück, als erste Heiligtümer für Surya und Mahadeva entstanden. Reste dieser frühen Anlagen liegen nordwestlich der Ortschaft an einem kleinen Stufenbrunnen.

Der Komplex des Sonnentempels besteht aus dem rechteckigen Tank, der auf einer Plattform zu einem späteren Zeitpunkt errichteten Tanzhalle und dem einige Meter entfernt, ebenfalls auf einer Plattform ruhenden Tempel, dem leider der Shikhara fehlt.

Der Tank Ramakunda ist von Ghats (Treppenfluchten) gesäumt, die zum Wasserspiegel hinunterführen und durch kleine Schreine für Surya, Shiva, Vishnu und Devi unterbrochen sind. An der westlichen Längsseite des Beckens geleitet ein prächtig ausgeschmückter Toranabogen, von dem bedauerlicherweise nur noch die Pfeiler erhalten sind, die Gläubigen in die Tanzhalle. Sie ist zur von Ost nach West verlaufenden Hauptachse diagonal angeordnet, offenbart bei näherer Betrachtung in der Ausrichtung und Anzahl der Hauptpfeiler jedoch ein auf die Achse ausgerichtetes gleichschenkliges Kreuz, das sich im Zentrum zu einem oktogonalen Raum öffnet. Halbrunde, gezackte Toranabögen verbinden die Säulen der Kardinalrichtungen miteinander, während die enger zusammenstehenden Säulen im Schnittpunkt der Achsen die Form eines Dreiecks aufweisen.

Grundriß von Modhera

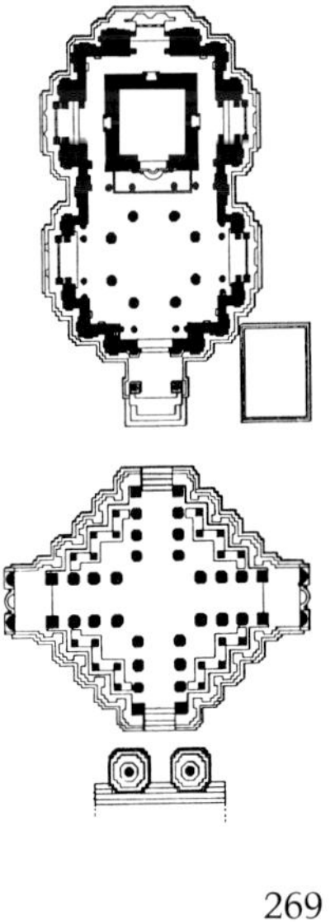

Sehr schön ist die sorgfältig ausgeführte, aus unterschiedlich gestalteten Kreisen zusammengefügte Rosettendecke. Durch Treppenzugänge an den vier Kardinalpunkten, die mit Balustraden verbunden sind, hat die Tanzhalle auch im äußeren Grundriß eine achteckige Gestalt.

Das eigentliche Heiligtum, das sich nur wenige Meter östlich an die Tanzhalle anschließt, besteht aus geschlossener Vorhalle und Sank-

Reliefbänder am Sonnentempel von Modhera

tuarium mit geschlossenem Ambulatorium. Im Inneren fand plastischer Bildschmuck nur sparsame Verwendung. Leider haben hier die muslimischen Bilderstürmer besonders heftig gewütet und die Figuren, Liebespaare und das Bildnis des Surya im Zentrum des Architravs über dem Zugang zur Kultzelle bis zur Unkenntlichkeit verstümmelt. An den Innenwänden begegnet uns der Sonnengott Surya in strenger Pose.

Dafür entfaltet sich die Gestaltungsfreude der Solankizeit an den durch Vor- und Rücksprünge gegliederten Außenwänden in ihrer ganzen Vollendung. Die Basis der Terrasse hat die Form von Lotosblättern, gefolgt von einem Makara- und einem Elefantenfries. Es schließt sich ein schmales Band mit lebhaften Figuren an und schließlich die Nischen mit den Figuren von Göttern, flankiert von himmlischen Nymphen und Musikantinnen. Bereichert werden die figürlichen Darstellungen durch die ganze Palette dekorativer Elemente wie Blattmotive, Vasen, Scheinfenster, Medaillons und Lotosknospen.

## Sunak

Der aus der zweiten Hälfte des 11. Jh. stammende **Nilakantha Mahadevatempel,** etwa 50 km nördlich von Modhera gelegen, verkörpert den Stil der Solankibauhütte in seiner reifsten Phase. Auf einer Plattform liegen das Heiligtum mit dem von einer Brüstung eingefaßten Mandapa und einem Portikus, die von einem Pyramidendach abgeschlossen werden. Über dem Sanktuarium erhebt sich ein von drei Reihen kleinerer Türmchen umgebener Shikhara, eine Konstruktion, wie wir sie auch aus Khajuraho kennen.

Den oktogonalen zentralen Teil des Mandapa schließt eine Flachkuppel, die von zwölf mit Mädchenfiguren verzierten Konsolen gestützt wird und sich im Zentrum zu einer Blütenknospe entfaltet. Die insgesamt 16 Säulen weisen an ihrer Basis einen quadratischen Querschnitt auf, im zentralen Bereich sind sie mit Blatt-Vasenmotiven verziert, im oberen achteckig ausgeformt und mit Makara- und Schlangendarstellungen dekoriert. Wie in Modhera sind auch der Sockel und die Außenwände reich mit figürlichem und ornamentalem Schmuck versehen, wobei ein ähnliches horizontales Gliederungsmuster mit Bändern von Makaras, Elefanten und Personen, gefolgt von Götternischen, vorherrscht.

In der Nähe liegt die Stadt **Patan,** das historische Anahillapataka, das im 9. Jh. Hauptstadt der Solankidynastie war, dann aber durch die islamischen Raubzüge von 1025, 1217 und 1295 nahezu dem Erdboden gleichgemacht wurde.

## Vadnagar

Ein weiteres bemerkenswertes Beispiel der Gestaltungsfreude der Solankizeit findet sich vor der Ortschaft Vadnagar, etwa 35 km nordöstlich von Mahesana an der nach Taranga Hill führenden Straße.

Von der ehemals ausgedehnten Tempelanlage (11. Jh.) sind nur zwei große freistehende Toranabögen erhalten, die allerdings zu den schönsten ihrer Art zählen. Über dem schlichten Sockel umschließen Bänder mit Elefanten, Menschen und sitzende Gottheiten die Säulen. Darüber, durch einen Kissenwulst getrennt, ein umlaufender Fries mit Dämonenmasken, gefolgt von Einzelfiguren. Nach oben wird der Schaft von Konsolen und Kragsteinen mit Makaras abgeschlossen, aus deren Mäulern sich der Bogen entfaltet. Die Toranas tragen deutlich die Handschrift Modheras und dürften derselben Bauhütte entstammen.

## Roda

Im 8. Jh. zeichnete sich auf dem relativ kleinen Territorium im Norden Gujarats eine erstaunliche Entwicklung auf dem Gebiet von Plastik und Architektur ab, die ihre Quellen in späten buddhistischen und frühen brahmanischen Stilrichtungen hatte. Die heute noch in unterschiedlichem Erhaltungszustand existierenden Reste der ehemals acht Tempel (zwischen 775 und 825) liegen verstreut in freiem Feld rechts an der von Himnatgar nach Khed führenden Straße.

**Tempel Nr. 1** ruht auf einer niedrigen rechteckigen Plattform, die teilweise zerstört ist, und besteht nur aus der Cella und einer kleinen, von zwei Säulen und zwei Pilastern gestützten Vorhalle. Die Wände des nach Osten ausgerichteten Heiligtums sind, verglichen mit den Bauten der Solkankizeit, sehr einfach und nur mit jeweils einer Göt-

*Man fährt von Himnatgar in Richtung Khed, biegt nach 11 km (2 km vor Khed) rechts in Richtung Raisingpura ab und dann nach ca. 300 m links in einen Feldweg, der zu den Tempeln 1 und 2 führt. Die Tempel 3 und 4 liegen ein Stück südöstlich, vom Weg aus sichtbar, sind aber nur zu Fuß zu erreichen.*

ternische an dem am weitesten vorspringenden Wandabschnitt versehen. Stark verwitterte Bildnisse von Sanmukha (Südwand), Gauri-Shankar auf dem Nandi (Westwand) und dem sitzendem Shiva (Nordwand) haben dort ihren Platz. Der Shikhara ist noch recht gut erhalten, auch wenn ihm die Spitze fehlt.

Der ebenfalls nach Osten ausgerichtete **Tempel Nr. 2** besteht nur aus der mit einem Pyramidendach versehenen Cella. Errichtet wurde sie mit vier Eckpfeilern und dazwischengefügte Steinplatten. Die Ost- und Westwand wird von einem einfachen Jalifenster durchbrochen. Die Verzierungen beschränken sich auf die Oberteile der Eckpfosten und den Türrahmen. Bei der zentralen, kaum noch erkennbaren Figur des Architravs handelt es sich wahrscheinlich um Ganesh. Die mit Lotosmotiven gestaltete flache Decke der Cella zählt zu den ausdrucksvollsten ornamentalen Arbeiten dieser Epoche.

Die 300 m östlich am Rande eines halbzerfallenen Teichs errichteten **Tempel Nr. 3 und 4** sind die schönsten von Roda. Sie liegen zusammen mit dem nicht mehr erhaltenen, ehemals zwischen ihnen stehenden Tempel Nr. 5 nebeneinander auf einer gemeinsamen Plattform. Der linke Tempel (Nr. 3), der größte und stilistisch reifste Bau des Komplexes, geweiht dem Gott Shiva, weist einen Grundriß mit dreifach vorspringenden Wänden und einem weitgehend zerstörten Portikus auf. Jede Wand verfügt nur über eine, heute leere Nische für die Gottheiten, Beachtung verdienen jedoch die um den ganzen Tempel verlaufenden, außerordentlich fein gearbeiteten Schmuckbänder aus Blattmotiven und ›Ketten‹, die zusammen mit dem schmalen darüber angeordneten Fries aus Rosetten zu den schönsten ornamentalen Steinmetzarbeiten ihrer Zeit (Ende 8. Jh./9. Jh.) zählen.

Der danebenliegende **Tempel Nr. 4** ist mit seinem noch überdachten Portikus und dem kompletten Shikhara das besterhaltene Heiligtum Rodas. Bis auf jeweils eine zentrale Götternische mit Abbildungen von Narasimha (Südwand), Vishnu (Ostwand, Rückseite) und Varaha (Nordwand) sind die Gebäudeseiten unverziert. Die dreifach gestufte Umrahmung zum Allerheiligsten ähnelt den des Tempels Nr. 1. Am unteren Ende wachen weibliche Figuren, über den inneren Rahmen schlängelt sich ein Wellenornament nur unterbrochen von Ganesh im Zentrum des Architravs. Den äußeren und Teile des mittleren Rahmens zieren Ranken. In dem aus Scheinfenstern bestehenden Giebel über dem Portikus war früher eine Figur des Vishnu als Narayana eingelassen.

*Steintempel Nr. 4 in Roda (8. Jh.)*

Vor dem Tempel erstreckt sich ein rechteckiger, von Treppenabsätzen gesäumter Tempelteich (Kund), der als eines der frühesten Beispiele dieser Architektur gilt. Der Tank ist teilweise eingestürzt, und auch die früher an seinen Ecken stehenden Schreine sind nur noch als Ruinen erhalten. Verehrt wurden in ihnen Parvati (Nordwest, vor Tempel 4), Vishnu (Südwest, vor Tempel 3), Ganesh (Nordost) und Surya (Südost). Der südlichste Bereich des Tempelareals von Roda wird von den fast verfallenen Tempeln 6 und 7 eingenommen.

## Shamalaji

Etwa 45 km östlich von Himnatgar berührt die nach Udaipur führende Straße den am Meshowo liegenden hinduistischen Wallfahrtsort Shamalaji. Im Hauptheiligtum aus dem 10. Jh., das im 17. Jh. allerdings eine vollständige Umgestaltung erfuhr, wird Krishna verehrt, hier Shamalaji genannt. Seine Figur aus schwarzem Marmor ziert die Cella, im Mandapa davor Garuda mit gefalteten Händen.

Wesentlich älter ist das aus der Maha-Gurjara-Epoche (825 n. Chr.) stammende Heiligtum **Harishchandrani Cori,** bestehend aus einer Cella mit Shikhara und einer Tanzhalle, die einmal ein Pyramidendach trug.

Die Gottheiten in den Nischen der Seitenwände sind sehr stark verwittert und kaum noch zu erkennen, dafür ist der Türrahmen zum Allerheiligsten, der denen der Tempel von Roda ähnelt, noch recht gut erhalten und wundervoll gearbeitet. An der Basis wachen shivaitische Dvarapalas in anmutigem Kontrapost und wie üblich Ganga und Yamuna.

Ein weiteres Beispiel aus jener Zeit ist der **Suryatempel** mit kleiner quadratischer Kultzelle auf großer Plattform, der im 12. Jh. allerdings etliche Veränderungen erfuhr. Besonders interessant sind die noch erhaltenen Kultnischen an der Außenwand der Cella, die mit Säulen und dreifach gestuftem, verzierten Rahmen ein verkleinertes Abbild des Eingangs darstellen. Die Götterbildnisse fehlen allerdings.

# *Im Süden von Ahmedabad*

## Sarkhej

**Besonders sehenswert:**
**Sarkhej ☆**
**Lothal**
**Vadodara**
**Dabhoi**

Knapp 10 km südwestlich von Ahmedabad schmiegt sich etwas abseits der nach Bhavnagar führenden Hauptausfallstraße am Rande eines künstlichen Sees (Tank) die ausgedehnte, mit einer Moschee verbundene Grabanlage des Scheich Ahmed Khattu (gest. 1445). Muhammad Shah II. leitete ein Jahr nach dem Tod des populären Heiligen, der mit dem Herrscherhaus eng verbunden war, den Bau des größten Mausoleums Gujarats in die Wege. Im Laufe der Jahrhunderte entwickelte es sich zu einer weiträumigen, von den Herrschern gern aufgesuchten Parkanlage und zur Nekropole der Sultane. Man betritt den Komplex, der eher durch seine Monumentalität denn durch künstlerischen Einfallsreichtum beeindruckt, durch eine Art Stadttor und gelangt in den Mausoleumshof, in dessen Mitte sich auf einer Plattform ein Pavillon erhebt. Es ist dieser kleine, auf 16 Säulen ruhende Bau vor dem Grabgelege, auf den sich das Interesse der Kunsthistoriker konzentriert. Schlanke, nach oben leicht auseinanderstrebende Säulen ohne den sonst üppigen Zierat tragen das flache

*Sarkhej, Pavillon und Museum*

Dach mit den neun Kuppeln – ein kleines Meisterwerk an Schlichtheit und Harmonie.

Das Mausoleum (31 m × 31 m) erscheint mit seinen teilweise durch Holztüren verschlossenen Portalen im Erdgeschoß und gleichmäßigen Fensteröffnungen mit Jaligittern im Obergeschoß wie ein normales zweistöckiges Gebäude, zumal die zentrale Kuppel kaum in Erscheinung tritt. Auch die Grabkammer selbst wird von Jaligittern umschlossen, die sich an denen der Hindutempel von Aihole (im Bundesstaat Karnataka, 6. Jh.) orientieren und ein weiterer Beweis dafür sind, daß die durchbrochenen Gitterfenster nicht erst mit den Muslimen nach Indien kamen.

Westlich an den Hof grenzt die Moschee, die mit einer Grundfläche von 4000 $m^2$ ebenfalls ein beachtliches Ausmaß erreicht. Die Gebetshalle selbst ist 45 m lang und 20 m breit. Auffallend ist das Fehlen der für Moscheen sonst üblichen Merkmale. Es gibt weder Minarette und Portale noch einen zentralen, überhöhten Iwan. Das Gebäude hat über die gesamte Breite die gleiche Höhe und bietet sich als offene, von 120 identischen Säulen getragene zweischiffige Halle. Wären da nicht die Kuppeln – fünf große und 40 kleine –, könnte man sich in einem südindischen Tempelkomplex wähnen. Ungewöhnlich ist auch die Position des Reinigungsbeckens; es befindet sich erhöht in einer Galerie an der Nordwestseite.

Dem Mausoleum gegenüber liegt in einer kleinen überkuppelten Halle am Ufer des Stausees das Grab des Sultans Begarha. Die zentrale Kuppel wird von zwölf Säulen getragen, darunter auf erhöhter Plattform die Gräber des Herrschers und seiner Söhne. Um die zentrale Kammer verlaufen Galerien; an der Südseite ist die Außenwand mit einem Balkon durchbrochen, der den Blick auf den See freigibt.

Westlich des Mausoleums liegt ein kleineres für die Frauen der Herrscher, darunter auch das von Bibi Rajbai, der Gemahlin von Sultan Muzaffar Shah II. (16. Jh.).

# Lothal

Großartige architektonische Relikte der Vergangenheit darf der Besucher dieser Ruinenstätte etwa 100 km südwestlich von Ahmedabad nicht erwarten, dafür aber steht er hier vor den Zeugnissen der bis ins 7. vorchristliche Jahrtausend zurückreichenden Harappakultur, die trotz intensiver Forschungen noch viele Rätsel aufgibt und als älteste städtische Zivilisation der Erde gilt. Ihre urbanen Zentren lagen in Mohenjo Daro und Harappa im Industal im heutigen Pakistan, der Einfluß reichte aber tief in den Subkontinent hinein. Das 7,6 ha umfassende Lothal, eine von bisher über 1000 nachgewiesenen Siedlungen der Induskultur, wurde vor 50 Jahren vom indischen Archäologen S. R. Rao entdeckt. Wegen der Nähe zum Meer und der damals hier noch vorbeifließenden Sabarmati interpretierte Rao den Fundort als Hafenstadt, zumal er auf ein aus Ziegeln gemauertes Becken (210 m × 35 m) stieß, das sehr wohl als Hafenbecken hätte dienen können. Andere Wissenschaftler halten es allerdings für ein künstlich angelegtes Reservoir zur Trinkwasserversorgung (Tank), wie es noch heute vielerorts in den trockenen Landstrichen üblich ist.

Nachgewiesen sind zwei Besiedlungsepochen, von denen die erste in die Blütezeit der Harappakultur (2400–1900 v. Chr.), die zweite in die Spätphase (1900 v. Chr.) fiel. Mehrmals wurde die Stadt offenbar von der Sabarmati überflutet.

Oberhalb des Beckens liegt auf einer 126 m × 30 m messenden Lehmziegelplattform die ›Akropolis‹, wesentlicher Bestandteil einer Stadtanlage dieser Kultur. Es handelt sich um einen erhöht angelegten, von der Unterstadt deutlich getrennten Bereich, der Gebäude und Unterkünfte vielleicht für religiöse oder rituelle Zwecke der Elite aufwies. Eine ausgesprochene Tempelarchitektur fehlt der Induskultur, so daß noch manche Frage hinsichtlich der damaligen Religion offenbleibt, obwohl Siegelfunde auf die Verehrung von Bulle, Tiger und Lingam hindeuten.

Auf der Akropolis wurden Badeplattformen freigelegt und ein aus 64 Lehmziegelquadraten bestehender Komplex, der als Lagerhaus gedeutet wird. Die nur 1 m tiefer liegende Unterstadt schloß sich im Norden an, durchzogen von einer 5 m breiten Hauptstraße, die Wohn- und Arbeitsstätten trennte. Eine stark romantisierende Vorstellung des damaligen Aussehens der Stadt bietet ein großes Bild im angrenzenden Museum. Zu sehen gibt es hier auch etliche Kleinfunde und Repliken dieser frühen Stadtkulturen aus Mohenjo Daro und Harappa.

Auch über den Niedergang der Induskulturen gibt es nur Spekulationen. Der ständig anwachsende Wasserspiegel des Indus wird für die Zerstörung der Städte Mohenjo Daro und Harappa ebenso verantwortlich gemacht wie Hungersnöte und Aufstände. Selbst wenn Lothal keinen Hafen gehabt haben sollte, war es doch eine Produktionsstätte für Kupfer- und Edelsteinprodukte und eine bedeutende Handelsstadt.

## Vadodara

Das ehemalige Baroda, Sitz des gleichnamigen Fürstentums, liegt etwa 100 km südöstlich von Ahmedabad an der Vishvamitri und präsentiert sich heute als eine geschäftige Industrie- und Handelsstadt, die vornehmlich von der Textilverarbeitung und der petrochemischen Industrie lebt. Im Laufe der Jahrhunderte hat die Stadt mehrfach den Namen gewechselt: von Vadapadraka in Varavati, dann in Baroda und 1971 schließlich in Vadodara. Erstmals erwähnt wurde der Ort 812 als ein zur Stadt Ankottaka gehörender Vorort, der im 10. Jh. dann selbst die Führungsrolle übernahm. Während der Zeit der Marathen (1734–1947) war die Stadt Metropole der mächtigen Familie Gaekwar, die von hier aus ihren Einfluß bis nach Delhi ausdehnte, die Fürstentümer Rajasthans in Angst und Schrecken versetzte und unermeßlichen Reichtum anhäufte. Der Name geht auf die Tätigkeit der Urahnen als Tierbändiger zurück, die sich überdies als Wegelagerer betätigen und den nach Surat reisenden Mekkapilgern ihr Hab und Gut abknöpften. Zu Beginn des 18. Jh. vereinte Damaji Gaekwar die bis dahin vereinzelt operierenden Banden und stellte sie den Marathen im Kampf gegen die Moguln zur Verfügung. Nach dem Sieg von 1721 bei Balapur wurden sie dafür mit dem Gouverneursposten über Baroda belohnt. Im Jahre 1780 räumten die Briten der Familie die Alleinherrschaft über die Region ein, ernteten dafür aber wenig Dank. Im Jahre 1802 mußten die Kolonialherren in einen Bürgerkrieg eingreifen, der durch die Prunksucht und Verschuldung des Rajas verursacht worden war. Da das Herrscherhaus seine Rechnungen nicht mehr begleichen konnte, gleichwohl nicht auf das luxuriöse Leben verzichten wollte, gewann sie arabische Söldner als Bürgen, die dafür mit Geschenken und erheblichen Privilegien entlohnt wurden, diese aber in beispielloser Brutalität gegen die Bevölkerung ausnutzten. Die Briten machten zwar dem Spuk ein Ende, sahen sich nunmehr aber selbst in der Rolle der Bürgen gedrängt. Kein Wunder, daß die Kolonialherren mit einer Flut berechtigter und unberechtigter Forderungen konfrontiert wurden, die erst durch Parlamentsbeschluß geregelt werden konnten. Erst ihre Unterstützung der Kolonialherren im Sepoy-Aufstand (1857) brachte der Dynastie die ersehnten Mittel. Im Jahre 1863 wurde ein Komplott zur Ermordung des Fürsten aufgedeckt, hinter dem sein designierter Nachfolger Mulhar Rao steckte. Der von ihm gedungene Mörder wurde durch einen Elefanten hingerichtet, eine bei den Hindus damals beliebte Methode, da sich damit das religiöse Verbot umgehen ließ, einen Menschen zu töten. Mulhar Rao, der Initiator des Mordanschlags blieb nicht nur unbehelligt, er übernahm schließlich sogar die Macht und gebärdete sich derart als Wüstling und Tyrann, daß die Briten erneut eingriffen. Dieses Mal versuchte Mulhar Rao, seinen Gegner, Oberst Phayre, mit Arsen aus dem Weg räumen zu lassen. Auch dieser Anschlag schlug fehl, und der Raja landete vor dem mit drei Rajas und drei Kolonialbeamten paritätisch besetzten Gericht. Während die Engländer ihn der Anstiftung zum Mord für schuldig befanden, plädierten die Fürsten auf nicht schuldig. Dennoch verfügten die Engländer die Absetzung des mißliebigen Regenten. Nachfolger wurde der erst 12jährige Sayaji Rao III. (1875–1939), der sich als der fähigste Herrscher in der langen Geschichte des Reichs von Baroda erwies und den Staat in die Moderne führte.

Die Altstadt erhielt ihr Gesicht vornehmlich während der Sultanatsepoche (1401–1573), als der Mauerring mit den vier noch existierenden Stadttoren entstand. Wichtigste Sehenswürdigkeit der ansonsten kaum beeindruckenden Industriemetropole ist das im weiträumigen Park Sayaji Bagh gelegene **Baroda Museum,** das zwischen 1890 und 1894 im Auftrag des Maharaja Sayaji Rao III. Gaekwar entstand. Später wurde noch eine Gemäldesammlung angeschlossen. Die Exponate wurden mehrfach neu gruppiert und erweitert, wozu auch deutsche Kunsthistoriker als Direktoren, darunter der bedeutende Indologe Hermann Goetz, einen wichtigen Beitrag lieferten.

Hinsichtlich Präsentation und Auswahl der Objekte gehört das Museum sicherlich zu den bedeutendsten Indiens. Insgesamt spannt sich der Bogen der hier gezeigten Kunstobjekte von der Harappa- über die Guptazeit bis zur Herrschaft der Gaekwar im 18. Jh. In der Abteilung 1 trifft man auf erlesene Kleinkunst, darunter Elfenbeinschnitzereien aus Murishabad (19. Jh.), Silberarbeiten aus Jaipur und dem Punjab, Miniaturen unterschiedlicher Malschulen und Objekte aus der Mogulzeit (Keramik, Glas). Den Zugang zur Abteilung 2 bildet ein aus dem 16. Jh. stammender Mandapa mit Kuppel aus dem Jaintempel von Sinor bei Vadodara. Dahinter befindet sich ein seltener Buddha aus dem 6. Jh. In den Vitrinen der linken Wand verdient ein Bhairava (11. Jh.) aus Ladol Beachtung. Eine Rarität ist auch die Plastik der Parvati als Lokalgottheit aus Shamalaji. Die Seitenflügel sind anderen asiatischen Kulturkreisen gewidmet, darunter Sri Lanka, China, Tibet, Burma und Japan. Im oberen Geschoß befindet sich die naturwissenschaftliche Abteilung mit dem für indische Museen typischen Sammelsurium ausgestopfter Tiere, von Skeletten und Modellen von Körperteilen. Im Zwischengeschoß liegen die Räume der **Picture Gallery** mit Werken europäischer Malerei. Noch in den 50er Jahren galt sie als bedeutendste Sammlung europäischer Meister in ganz Asien. Zu sehen gibt es unter anderem Werke von Veronese, Dürer, Rubens und van Dyck.

## Champaner

*Grundriß der Moschee von Champaner*

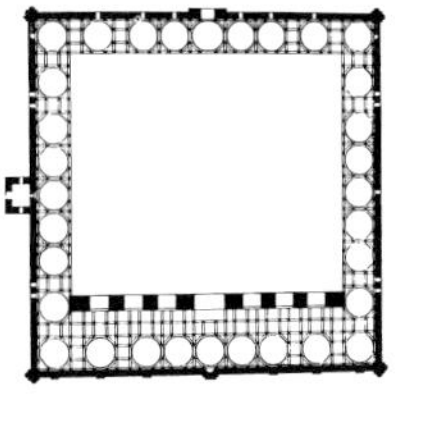

Vor allem wegen des sich etwa 40 km nordöstlich von Vadodara fast senkrecht in drei Stufen aus der Ebene erhebenden, 800 m hohen Berg Pavagadh bot sich Champaner schon früh als idealer Siedlungsort. So errichtete denn auch ein Herrscher namens Champa bereits im 8. Jh. hier seine Residenz und begründete eine Dynastie, die sich erst 1297 den Horden des Ala-ud-Din Khilji geschlagen geben mußte.

Die Moschee von Champaner

Von der Bergfestung aus übten nun andere Hinduherrscher die Macht über ein mehr oder weniger großes Territorium aus, bis das Sultanat von Ahmedabad zur regionalen Großmacht aufstieg, das keine Andersgläubigen neben sich duldete. Mahmud Begarha (1458–1511), der Enkel des Gründers von Ahmedabad, hatte keine Mühe, 1484 den Hindufürsten Jaisingh Patai Rewal von der Bergfestung zu vertreiben und es sich selbst hier wohnlich einzurichten. Er verlegte sogar die Hauptstadt seines Reichs aus Ahmedabad in die luftige Höhe und begann mit dem Bau der Stadt Mahmudabad am Fuße des Berges.

Erst als der Mogulherrscher Humayun die Festung 1535 in einem kühnen Kommandounternehmen eroberte und die Stadt plünderte, erhielt Ahmedabad wieder seinen angestammten Platz als Metropole Gujarats. Champaner hingegen verfiel und erlebte erst zu Beginn des letzten Jahrhunderts als britischer Militärposten einen bescheidenen Aufschwung.

Ein besonders interessantes Beispiel islamischer Architektur erwartet den Besucher allerdings am Fuß des Berges. In einem Park eingebettet liegt am Ortsausgang die **Jami Masjid,** die 1485 nach dem Vorbild der Freitagsmoschee in Ahmedabad entstand, deren Vollendung allerdings nicht erreichte. Sie kann als Beispiel dafür gelten, daß die Verschmelzung hinduistischer und islamischer Traditionen nicht immer in Harmonie endete, sondern zuweilen auch in ein stilistisch wenig überzeugendes Nebeneinander mündete.

*Der Berg ist heute ein beliebtes Ausflugsziel der Inder, da eine Seilbahn vom hoffnungslos überfüllten Parkplatz auf halber Höhe bis zum Gipfel verkehrt. Die architektonischen Relikte der bewegten Geschichte sind hier spärlich, die Aussicht bei gutem Wetter dafür aber um so großartiger!*

In ihrem Grundriß folgt die Jami Masjid als Rechteck im Verhältnis 4 zu 5 dem vorderasiatischen Grundmuster einer Hofmoschee. Auch die Relation von Hoffläche und Gebetshalle (3 zu 2) ist klassischen Ursprungs. Völlig aus dem Rahmen fällt hingegen das dreistök-

*Die Moschee von Champaner*

kige Mittelschiff, das sich als offene Säulenhalle präsentiert. Es wird gekrönt von elf identischen flachen Kuppeln im Jainstil über dem ansonsten einstöckigen Bauwerk. Ebenso läßt die Gestaltung der Fassade die bei anderen Bauten der Sultanatsepoche harmonische Durchdringung vermissen und vermittelt den Anschein, sie sei wie bei den ersten Moscheen Indiens (Ajmer, Delhi) als eine Art Blendwerk vor einen mehrstöckigen Hindutempel gesetzt worden. An hinduistische Tempelarchitektur erinnern auch die Balkone der den Hof umgebenden Kolonnaden. Erst in dem wohl später hinzugefügten Eingangspavillon tritt wieder die islamische Formensprache, etwa durch die mit Jaligittern gefüllten Bogenöffnungen, klarer in den Vordergrund.

## Dabhoi

*Detail am Hirator in Dabhoi: »Adam und Eva?«*

Die 30 km südöstlich von Vadodara gelegene Kleinstadt, die noch heute einen recht verträumten Eindruck macht, erlebte ihre Blütezeit im 13. Jh. unter den Vagella-Rajputen. Der Überlieferung nach soll König Visaldev (1244–1261) die Stadt mit Befestigungswällen versehen haben. Tatsächlich jedoch stammen die militärischen Anlagen eher aus der Regierungszeit des Chalukya-Herrschers Jayasimha Siddharaja (1093–1142). Einzigartig sind die vier noch erhaltenen Stadttore, überreich geschmückt mit Figurenfriesen, verzierten Säulen und Konsolen. Am schönsten ist das Diamanttor im Osten. Die Innenwände werden durch dicht aneinandergefügte Pilaster aufgelockert. Von ihnen kragen reich dekorierte Konsolen verkröpft nach innen und berühren sich fast unter dem Architrav. Die Architektur ist belebt mit Bildnissen von Tieren, Fabelwesen, Göttern und Liebespaaren. Aber auch Friese, auf denen die Quirlung des Milchmeeres, die Askese Parvatis oder der Kampf zwischen Sugriva und Vali dargestellt werden, sind eingeflochten. An den Innenwänden in nahezu vollplastischen Darstellungen Gottheiten wie Durga, Bhairava, Narasimha und Vishnu als Trivikrama. Am östlichen Hirator fällt eine Szene ins Auge: Eine Frau und ein Mann rechts und links eines Baumes – wer würde da nicht an Adam und Eva denken? Überall begegnen uns überdies Elefanten, verspielt miteinander balgend oder würdevoll als Konsolendekoration. Derart prunkvoll verzierte Tore waren im 12. Jh. große Mode.

## Surat

Indiens ehemals wichtigste Hafenstadt am Arabischen Meer ist heute kaum noch einen Besuch wert, da die Zeugnisse der Vergangenheit größtenteils Opfer der verheerenden Feuersbrünste von 1837 und 1839 geworden sind oder dem Verfall preisgegeben wurden.

Sehr abwechslungsreich und exemplarisch für die Kolonisation Indiens durch die europäischen Großmächte ist jedoch ihre Geschichte, deren Wohl und Wehe eng mit dem Überseehandel verbunden war.

Der Name bezieht sich auf Saurashtra oder Sorath, Ortsbezeichnungen, die bereits im Mahabharata erscheinen und Land der Suras bedeuten sollen. Den ersten Aufschwung verdankt man den Parsen, die im 12. Jh. kamen. Die aus dem Zoroastrismus hervorgegangene Glaubensgemeinschaft war bereits 500 Jahre zuvor aus ihrer Heimat vertrieben worden und hatte sich bereits 120 km südlich von Surat niedergelassen.

Im Jahre 1512, nur wenige Jahre nachdem Vasco da Gama den Europäern den Seeweg nach Indien um die Südspitze Afrikas geöffnet hatte, plünderten die Portugiesen Surat. Im Februar 1573 mußte sich die Stadt dem Mogulherrscher Akbar ergeben, zog aus der Unterwerfung jedoch beachtliche wirtschaftliche Vorteile, da nunmehr der Pilgerverkehr nach Mekka über Surat abgewickelt wurde. Zu Beginn des 17. Jh. bemühten sich die Engländer beim Mogulherrscher Jahangir um Erlaubnis, in Surat eine Handelsniederlassung zu gründen, konnten aber erst Fuß fassen, nachdem es Captain Downton 1615 mit nur vier Schiffen gelungen war, eine überlegene, aus insgesamt sieben großen und 60 kleineren Booten bestehende portugiesische Flotte vor Surat zu vernichten.

*Englischer Gesandter in Indien (zeitgenössische Darstellung)*

Ein Jahr später erschienen auch die Holländer, die Surat, wie ganz Indien, allerdings nur als einen wenig bedeutenden Nebenschauplatz ihres Asienhandels betrachteten. Im Jahre 1664 plünderte der ebenso grausame wie ehrgeizige Marathenführer Shivaji, der mit 4000 Reitern angerückt war, den bis dahin nur mit einem Lehmwall geschützten Hafen der Moguln, wobei es einzig den Engländern gelang, ihre Warenlager erfolgreich zu verteidigen.

Im Jahre 1698 bekam die East India Company mit der New England Company unliebsame Konkurrenz aus dem eigenen Lande, die erst mit dem Zusammenschluß der Gesellschaften im Jahre 1708 endete. Zwölf Jahre später entstand ein Dock, bald darauf nahmen zwei Werften den Betrieb auf, die auch große Handelsschiffe zu bauen vermochten. Mißwirtschaft und Unterdrückung durch die Angestellten der Handelsgesellschaften führten 1759 zu einem, vom Nawab von Surat ausgelösten Aufstand, der von britischen Truppen niedergeschlagen wurde. Fortan hatte sich die Stadt der englischen Kolonialgewalt unterzuordnen. Heute ist sie ein Textilzentrum und abschreckendes Beispiel einer durch urbane Fehlentwicklung, Überbevölkerung und Umweltverschmutzung gekennzeichneten Großstadt der sogenannten Dritten Welt. Surat erlangte außerdem eine gewisse traurige Berühmtheit, als hier im Jahre 1994 einige Pockenfälle auftraten.

Zu den kaum noch auffindbaren historisch bedeutsamen Relikten gehören die nahe dem Kataragamator im Norden der Stadt nebeneinander liegenden Friedhöfe der Holländer und Engländer. Dort finden sich monumentale Mausoleen von z. B. George Oxenden, dem englischen Repräsentanten von Surat und Bombay (gest. 1659), sowie von Baron Adrian van Reede, dem Direktor der holländischen Ostindienkompanie (gest. 1691).

Die ehemalige, aus dem Jahre 1546 stammende Festung am Tapit-Fluß hat ihr Gesicht völlig gewandelt und wird heute von Büros der Stadtverwaltung genutzt, und die Faktoreien der Kolonialmächte in der Nähe der JP Mission High School lassen auch mit viel Phantasie ihre frühere Bedeutung nicht erahnen.

# Halbinsel Kathiawar

# Refugium der Jains

**Besonders sehenswert:**
**Palitana ☆☆**
**Junagadh ☆**
**Girnar ☆**
**Somnath**
**Diu ☆**

Die zwischen dem Golf von Khambhat im Süden und dem Golf von Kutch im Norden weit in das Arabische Meer ragende Halbinsel, die heute wieder ihren alten Namen Saurashtra trägt, ist ein dicht besiedeltes, überwiegend flaches bis leicht gewelltes Bauernland, auf dem im Süden und Südwesten die Girnar- und Girhügel bis über 1000 m emporragen.

Die Geschichte reicht weit in mythische Zeiten zurück, als Krishna in Dwarka Zuflucht fand und Furtbereiter der Jains auf den Berggipfeln meditierten. In historischen Zeiten hinterließen buddhistische Mönche und Kaiser Ashoka Spuren, gefolgt von den Gupta, deren Statthalter von Girinagara aus regierten, dem heutigen Junagadh. Am Vorabend der großen islamischen Invasionen erreichte unter der kunstsinnigen, aus der jüngeren Chalukyadynastie hervorgegangenen Solankiherrschern Siddharaja Jayasimha (1093–1143) und Kumarapala (1143–1172) auch in Kathiawar die hinduistische Kultur nochmals eine kurze Blütezeit, gefördert durch eine vergleichsweise wohlhabende Mittelschicht aus dem Kaufmannsstand.

Dann brandeten die Wellen der islamischen Eroberer auch über Kathiawar herein und zerstörten die Heiligtümer. Nur in einigen Enklaven, wie auf den Bergen Girnar und Shatrunjaya, vermochte sich die Kultur der Jains dank der schützenden Hand vor allem der Mogulherrscher zu behaupten, ohne allerdings an die schöpferische Kraft der Vorgänger anknüpfen zu können. Während der britischen Herrschaft gelang es den unzähligen kleinen Fürstentümern, eine relative Autonomie zu bewahren, aus der sie erst mit der Unabhängigkeit zum Teil recht unsanft erwachten.

Der exzentrische Nawab von Junagadh liebte seine Hunde über alles. Mit dem Gerücht, beim Anschluß an Indien würden seine Tiere getötet, veranlaßte ihn die Muslimliga, für den Anschluß an Pakistan zu stimmen. Die indische Armee machte kurzen Prozeß, schickte ihn 1948 samt seiner Hunde mit einem Flugzeug ins Nachbarland und annektierte sein Fürstentum.

## Palitana/Shatrunjaya

Die kleine Ortschaft Palitana ist Ausgangspunkt für den Besuch der Jaintempel auf dem 590 m hohen Shatrunjaya (›Feindessieg‹), der sich hier als ein nördlicher Ausläufer der Gir-Hills unmittelbar aus der Ebene hebt. Den Jains gilt er als einer der vier heiligen Berge ihrer Religion. (Die anderen sind Girnar, Mount Abu und Samet Shikhara (Bihar.) Um den Berg ziehen sich drei Pilgerpfade von ca. 5,5 km,

*◁ Der Elefantengott Ganesh mit seiner Shakti Lakshmi*

Steinerner Elefant als Torwächter

22 km und 44 km Länge. Die mittlere Umrundung des Berges wird jedes Jahr im März/April anläßlich des Mahavira Jayanti von Tausenden von Pilgern unternommen.

In der Lakhu Kalpa, einer religiösen Schrift der Religionsgemeinschaft, werden die Verdienste, die der Gläubige mit dem Besuch des Tempelberges erwirbt, in leuchtenden Farben geschildert: »Wer ein Idol oder einen Tempel auf dem Berg Shri Shatrunjaya errichtet, wird die Tore des Himmels durchschreiten und schließlich zur Erlösung gelangen«. Oder auch:»Wer sich in Ergebenheit an Shri Shatrunjaya erinnert, ist gefeit gegen die Angst vor dem Urwald, Dieben, Löwen, dem Meer, Armut, Krankheit, Feinden und Feuer.«

Seine Heiligkeit verdankt der Shatrunjaya, der auch Giri Raj (›König der Berge‹) oder Siddhachala (›Berg der Erlösten‹) heißt, den zahlreichen Heiligen, die hier erlöst geworden sein sollen, darunter auch Adinatha, der erste der 24 Furtbereiter.

Der Name Shatrunjaya geht auf die Legende des grausamen Königs Kanduraj zurück, der durch die Wallfahrt zum Berg seine Sünden besiegte, Asket wurde und schließlich die Erlösung erlangte.

Bereits Kaiser Akbar, dem man wegen seiner Nähe zum Abt Hiravijaya bereits unterstellte, er wäre zum Jainismus übergetreten, schützte den Berg durch eine landesherrliche Urkunde, die jeweils von seinen Nachfolgern, bis auf Aurangzeb und Bahadur Shah II., bestätigt wurde und somit den Jains die ungestörte Religionsausübung inmitten der islamischen Welt ermöglichte.

Dies bedeutete aber keineswegs, daß in den Tempeln Frieden herrschte. Um die Gestaltung des Kults haben die Shevetambara und Digambara heftig im Streit gelegen und später sogar langwierige Prozesse vor britischen Gerichten in Indien ausgefochten. Aufruhr gab es 1926, als die Kolonialregierung die von den Jains zu zahlende Schutzgebühr gegen Überfälle auf Pilger, die auf das Jahr 1651 zurückging, drastisch heraufsetzte.

Ein etwa 3 km langer Weg mit über 3700 Stufen führt vom Ortsrand von Palitana zu den neun von Mauern umschlossenen Tempelkomplexen (Toonk), die insgesamt 105 große und 815 kleine Heiligtümer umfassen. Die Geschichte der Bautätigkeit ist von unzähligen Legenden umwoben, läßt sich aber erst ab dem 13. Jh. durch Quellen belegen. Danach sind im Jahre 1213 die hölzernen Schreine durch Steinbauten ersetzt worden, im Jahre 1369 wurden die Heiligtümer Opfer der islamischen Eroberer und dann drei Jahre später wiedererrichtet. Der älteste heute existierende Tempel stammt aus dem Jahre 1587, der jüngste aus dem Jahre 1921. Allein sechs der neun umfriedeten Tempelkomplexe wurden erst im 19. Jh. von Jainkaufleuten gestiftet, die unter der Pax Britannica zu beträchtlichem Vermögen gekommen waren und überwiegend aus Ahmedabad stammten.

Den langen, meist schattenlosen Treppenweg sollte man möglichst frühmorgens in Angriff nehmen und etwa 1,5 Stunden für den Aufstieg einkalkulieren. Zwischendurch gibt es Rastplätze, an denen

*Dada Toonk in Palitana*

Wasser ausgegeben wird. Es empfiehlt sich jedoch, eine eigene Trinkflasche mitzunehmen. Verpflegungsmöglichkeiten darf man hingegen aus religiösen Gründen nicht erwarten, und offiziell ist es sogar verboten, Eßbares mitzunehmen. Das Fotografieren ist gegen eine geringe Gebühr auch im Tempelbezirk gestattet, nicht jedoch das Ablichten der Heiligenfiguren.

Kurz vor Erreichen des Gipfels gabelt sich der Pilgerpfad. Der Hauptweg führt geradeaus, ein Nebenweg steigt rechts am Hang zum

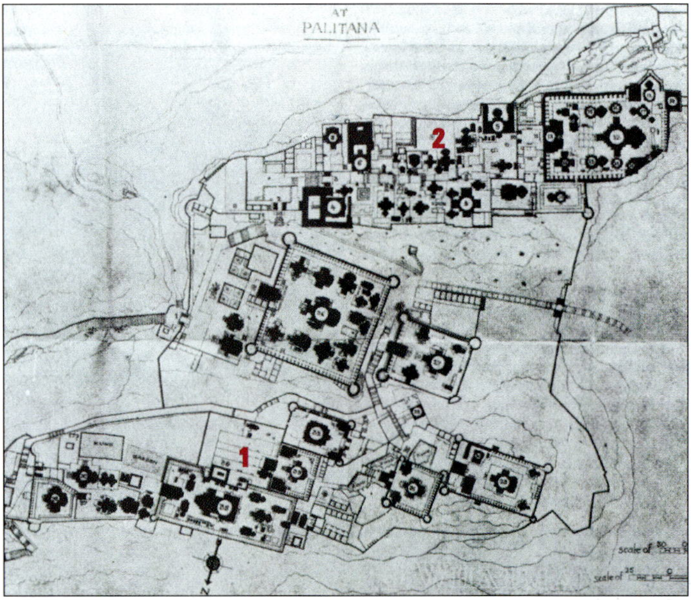


*Jaintempel von Palitana*
*1 Dada Took*
*2 Chaumukhji Toonk*
*(alter Lageplan)*

Nav Toonk empor, von dem aus man den Chaumukhji Toonk (s. u.) erreicht. Bleibt man auf dem Hauptweg, gelangt man durch eines der drei Haupttore (Ram Pol) in den von Bäumen beschatteten Vorhof, in dem die Träger der Tragestühle (Dooli), mit denen fußmüde Pilger sich den Berg emportragen lassen können, rasten. Eine Freitreppe führt zum Sagal Pol und weiter zum Vaghan Pol, hinter dem ein breiter, von Bäumen und kleinen Schreinen gesäumter Treppenweg zum Elefantentor (Hathi Pol) beginnt. Hinter ihm liegt der wichtigste und älteste Komplex, **Dada Toonk.** Innerhalb der Umfriedung befinden sich 44 große und 289 kleine Tempel, ausgestattet mit über 4000 Figuren. Unter ihnen ist der 1587 in seiner heutigen Form entstandene, aber bereits auf das Jahr 1157 zurückgehende Adeshvaratempel als zentrales Heiligtum des Shatrunjaya Hauptziel der Pilger. Es handelt sich um einen zweistöckigen, auf niedriger Plattform liegenden Bau mit einem großen Mandapa, weit vorspringenden Balkonen an der Nord- und Südseite und einen ebenfalls weit vorgezogenen, zweistöckigen Zugang. An den Ecken der Plattform stehen kleine Nebenschreine. Im Sanktuarium erwartet den Besucher das Kolossalbildnis des Tirthankara. Unter dem Banyanbaum in der Anlage des Adinatha soll der erste Furtbereiter die Erlösung gefunden haben.

*Im Adeshvaratempel kann man morgens nach neun Uhr und nachmittags um drei Uhr an religiösen Zeremonien teilnehmen.*

Ein weiterer beeindruckender Komplex, der 1675 errichtete **Chaumukhji Toonk,** liegt auf der höchsten Spitze des südlichen Gebirgsrückens, von dem aus sich ein schöner Blick auf die Gesamtanlage bietet. Wie bereits der Name (›viergesichtig‹) besagt, beherrscht eine in alle vier Himmelsrichtungen blickende Figur des Adinatha den

*Blick auf Chaumukhji Toonk*

Kultraum des Hauptschreins; an den Pfeilern der westlichen Veranda schöne Darstellungen von Tänzern und Musikanten. Interessanterweise hat an der südlichen, wie eine Bastion vorspringenden schmalen Spitze des Bergrückens das Grab eines Muslimheiligen seinen Platz.

Es ist für den Besucher weniger die künstlerische Ausgestaltung der Bauwerke, die eine gewisse Monotonie erkennen läßt, als vielmehr das Erleben der tiefen Gläubigkeit und Hingabe der Pilger, die den Besuch des heiligen Berges zum einzigartigen, wenn auch mit körperlicher Anstrengung verbundenen Erlebnis werden lassen.

## Junagadh

Die lebhafte, reizvolle Stadt liegt im südwestlichen Teil der Halbinsel zu Füßen der Gir-Hills, der höchsten Bergkette Kathiawars.

Funde der Induskultur, der griechisch-baktrischen Reiche und der Mauryazeit bezeugen ihre lange Geschichte. Früher hieß die Stadt auch Karankubj und Manipur und war zwischen 223 und 236 unter dem Namen Girinagar Hauptstadt eines kleinen Reichs. Sechshundert Jahre später verlegten die Chavdarajputen ihre Metropole hierher. Im Jahre 1472 eroberte Sultan Mahmud Begarha die Stadt, nannte sie Mustafabad und versah sie mit einer Befestigung. Als die

Zentralgewalt zu Beginn des 18. Jh. ihren Einfluß verlor, nutzte der Statthalter Sherkan Babi die Schwäche und machte sich 1725 als Nawab Bahadur Khan selbständig. Der letzte Herrscher von Junagadh wurde 1948 von der indischen Zentralregierung nach Pakistan abgeschoben, als er den Anschluß an die Indische Föderation verweigerte.

Frühestes Zeugnis der Besiedlung sind die heute von einer Art Gebäude umschlossenen **Felsinschriften** Kaiser Ashokas am östlichen Ortsrand auf dem Weg zu den Gir-Hills. Die aus dem Jahr 319 v. Chr. stammende Inschrift umfaßt 14, durch Linien voneinander getrennte Edikte in Palischrift, mit denen der Herrscher seinen Besitzanspruch geltend machte und den Buddhismus pries. Eine weitere Inschrift an der Westseite des Felsens stammt von den Kshatrapa (150 n. Chr.) und beschreibt den Dammbruch und die anschließende Reparatur des heute nicht mehr existierenden Sundarshan-Stausees. Auf dieses Ereignis bezieht sich auch die dritte Inschrift, die 450 n. Chr. Skandagupta einmeißeln ließ.

Auf die frühe Bedeutung Junagadhs weisen auch etliche, in den weichen Sandstein gegrabene buddhistische Höhlentempel hin,

Halbinsel Kathiawar

*Das Tripoliator in Junagadh*

deren frühester aus der Zeit Ashokas stammt. Besonders interessant ist die nahe der gleichnamigen Festung gelegene mehrstöckige Höhle von **Uparkot,** die zwischen dem 1. und 7. Jh. entstanden ist und wohl als Unterkunft und Andachtsstätte einer buddhistischen Mönchsgemeinde gedient hat. Im oberen Stockwerk befinden sich ein von einer Galerie umschlossenes Wasserbecken und ein von sechs Pfeilern getragener Raum (10 m × 8 m), von dem eine Wendeltreppe ins Erdgeschoß führt sowie eine dreischiffige Halle (12 m × 9 m) mit umlaufendem doppeltem Architrav, den chaityaförmige Fenster schmükken. In die Wände eingelassen sind kleine von Ziersäulen gestützte Nischen. Die Kapitelle der sechs vieleckigen Stützsäulen sind mit himmlischen Paaren, Nymphen, Pferden und Löwen verziert.

Das benachbarte **Fort** geht in seinen Ursprüngen möglicherweise auf die Zeit Chandraguptas (321–297 v. Chr.) zurück, lag dann zwischen dem 7. und 9. Jh. in Ruinen, ehe die Chudasamarajputen hier eine Residenz bauten. Ihre heutige Gestalt erhielt die Anlage erst nach der islamischen Eroberung Mitte des 15. Jh. Insgesamt soll die Festung 16 Belagerungen überstanden haben.

Der Zugang erfolgt durch ein dreifach gestaffeltes Tor an der Westseite. Das innere in Gestalt eines Toranabogens stammt noch aus der Hinduzeit und wurde von den Muslimen überarbeitet. Nach dem Betreten der Anlage kann man kurz hinter dem Zugang linker Hand die aus Glockenbronze gefertigte Kanone Lilam Top bewundern. Sie wurde 1538 von Bahadur Shah von einem Kriegszug gegen die Insel Diu mitgebracht, bei dem der Herrscher von dem türkischen Admiral Sulaiman Pasha Turk unterstützt worden war. Auf der Mündung steht in arabischer Schrift zu lesen: »Der Auftrag zur Herstellung dieser Kanone zum Einsatz im Namen des Allmächtigen wurde vom Sultan von Arabien und Persien, Sulaiman, Sohn von Salim Khan,

Mausoleum im Mahabat Maqbara

erteilt. Mag sein Triumph, die Feinde des Staates und der Religion zu bestrafen, in der Hauptstadt Ägyptens verherrlicht werden, 1531«.

Etwa im Zentrum des Geländes hat die Jami Masjid ihren Platz, die unter Verwendung von Hinduspolien unmittelbar nach der muslimischen Eroberung im Jahre 1472 durch Sultan Mahmud Begarha in Auftrag gegeben worden war. Innerhalb des Forts befinden sich auch zwei Stufenbrunnen, der noch aus der Zeit der Chudasamarajputen stammende, nach zwei Sklavinnen benannte Adi Chadi und der jüngere, mit einer Wendeltreppe versehene und in den weichen Sandstein gehauene Naughan.

Nahe dem Bahnhof erheben sich neben der Moschee im Komplex **Mahabat Maqbara** die Mausoleen der Nawabs Bahadur Khan (gest. 1874), Hamid Khan II. (gest. 1851) und Mahabarat Khan I. (gest.

1774), die mit ihrem verspielt sarazenischen Stil einen eher operettenhaften Eindruck erwecken. Ein älterer Grabkomplex liegt hinter Mauern versteckt gegenüber dem Hotel Relief unweit der Moschee. Hier befindet sich in einem verwilderten Garten unter anderem das Mausoleum des ersten Nawabs Babi Sherkhanji Salbat Khanji (1748–1758), das wie die anderen Bauten noch den traditionellen indo-islamischen Stil der Sultanatsepoche erkennen läßt (den Schlüssel zum Garten erhält man gegen ein kleines Bakschisch im Tea-Shop am Eingang).

Ein Bild vom etwas ungewöhnlichen, europäisch beeinflußten Geschmack der Nawabs des 19. Jh. kann man sich auch im Zentrum am Markt machen, der mit Uhrturm und Häuserfronten in venezianischer Gotik umgestaltet wurde.

## Girnar

Ähnlich wie der Shatrunjaya bei Palitana wurde auch der 1177 m hohe Girnar von den Jains zum Heiligtum erkoren und mit einer Tempelstadt versehen. Geweiht ist der von etlichen kleineren Bergen umgebene Gipfel dem 22. Furtbereiter Neminatha, der hier wahrscheinlich schon vor der Regentschaft Kaiser Ashokas (272–231 v. Chr.) verehrt wurde. Vom Ende der Straße, etwa 1,5 km hinter dem heiligen, Gott Krishna geweihten Teich Damodar Kund, wo der Pilgerpfad seinen Anfang nimmt, erwarten den Besucher 7000 Stufen und mindestens 2,5 Stunden Aufstieg.

Anders als am Shatrunjaya liegt die von Mauern umschlossene Tempelstadt fast 400 m unterhalb des Gipfels in einer Höhe von etwa

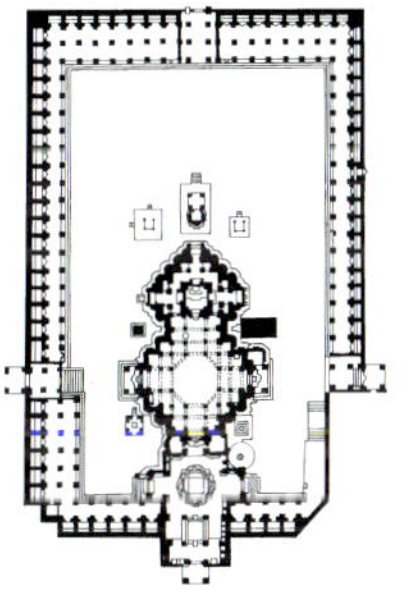

Grundriß des Neminathatempels in Girnar

Grundriß des Tejapala Vastupala-Tempels

800 m. Nach Durchschreiten des Tores hat man den wie ein Fort wirkenden Hauptkomplex von 16 Tempeln auf der linken Seite, rechter Hand das alte Granitheiligtum des Rao Bhoraj von Kutch und etwas weiter entfernt den großen Vastapulatempel.

Bedeutendstes Bauwerk ist der in einem Hof auf einer Plattform liegende **Neminathatempel** (vermutlich 12. Jh.), der aus zwei Hallen und einer Cella mit Umwandlungsgang besteht. Darüber erhebt sich der Shikhara mit zahlreichen gestaffelten Seitentürmen. In der Kultzelle das große, aus schwarzem Marmor gefertigte Bildnis des Neminatha, reich mit Gold und Schmuck verziert, in der Vorhalle eine Marmorplatte mit 108 Fußabdrücken. In der den Hof umschließenden Galerie sind 70 Schreine der Jainheiligen in uniformer Sitzhaltung eingelassen. Auf die Jahre 1275, 1278 und 1281 datierte Inschriften an zwei Säulen des Mandapa weisen auf Renovierungen des Heiligtums hin.

Hinter dem Neminathabau liegt der aus drei aneinandergereihten Heiligtümern bestehende **Tejapala Vastupala-Tempel,** der von den beiden für ihre Bautätigkeit berühmten Brüdern Vastupal und Tejapal im Jahre 1177 errichtet wurde (s. Luna Vasahi-Tempel in Mount Abu, S. 209). Das mittlere Heiligtum, bestehend aus einer rechteckigen Halle mit angrenzender Kultzelle ohne Umwandlungsgang, ist dem Mallinatha, dem 19. Furtbereiter, geweiht. Der nördliche an den Mandapa angrenzende Schrein symbolisiert mit einem Steinturm im Zentrum den Astapada, den achtstufigen Berg, auf dem Adinatha ins Nirvana einging. Im südlichen verkörpert ein ähnlicher Turm den Samet Shikhara, den heiligen Berg der Jains in Bihar, auf dem alle Tirthankaras außer Vasupuiya, Rishaba und Adinatha die Erlösung erfuhren. Nördlich schließt sich ein Tempel (1158) des legendären Königs Samparji Raja an, der ein Enkel Ashokas gewesen sein soll.

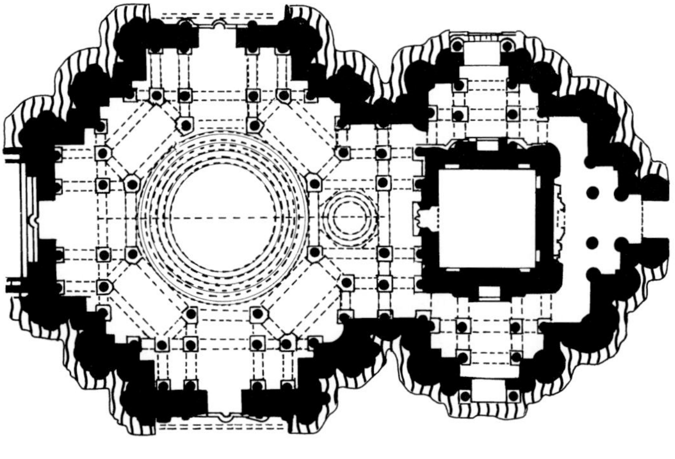

*Grundriß des Shivatempels in Somnath*

Der Tempel von Somnath befindet sich direkt am Strand

Vom Tempelkomplex erreicht man über eine Treppe den etwa 400 m höher liegenden Gipfel, den ein Amba Mata-Schrein krönt, der gern von jungen Brahmanenpaaren aufgesucht wird.

## Somnath

Die gewaltige am Meer liegende Tempelanlage in dem heute zu Veraval gehörenden Ort genießt vor allem wegen ihrer Legenden und ihres traurigen Schicksals einen weit über die Region hinausgehenden Ruhm, denn kunsthistorisch hat der erst vor wenigen Jahren fertiggestellte Neubau wenig zu bieten. Für die Anhänger Shivas ist er allerdings eines der wichtigsten Pilgerziele des Landes.

Der Tempel soll zunächst vom Mondgott aus purem Gold, dann von Ravana (Dämonenkönig aus Sri Lanka) aus Silber und schließlich von Krishna aus Holz erbaut worden sein, ehe ihn König Bhimadeva (1021–1073) aus Stein errichtete. Schon wenige Jahre nach Fertigsstellung überfiel Mahmud von Ghazni das Heiligtum, in dem damals 2000 Priester und 500 Tempeltänzerinnen wirkten und transportierte das Beutegut auf 60 Kamelen und 40 Elefanten zurück in seine afghanische Heimat. Das Heiligtum wurde wiederaufgebaut, aber noch weitere sechsmal zerstört, letztmalig vom Mogulherrscher Aurangzeb (1706).

Die Kultzelle (strenges Fotoverbot in der gesamten Anlage) birgt eines der zwölf geheiligten Jyotir-Lingams, in dem sich Shiva als Weltenherrscher manifestiert. Als Brahma und Vishnu, die beiden anderen Gottheiten der Trinität, um den Rang des Schöpfergottes stritten, erschien ein unendlich großer, flammender Lingam (Jyotir-Lingam), der die beiden Gottheiten bewog, Shiva auch als obersten Schöpfergott anzuerkennen.

Ein Stück östlich der Tempelanlage soll an der Einmündung dreier Flüsse der Legende nach der in die Jahre gekommene Gott Krishna versehentlich durch den vergifteten Pfeil eines Stammesangehörigen der Bhil getötet worden sein. Der Jäger traf die Ferse, die einzig verwundbare Stelle des Gottes.

## Die Insel Diu

Die nur 10 km lange und 3 km breite Insel vor der Südküste, bis 1961 eine der drei portugiesischen Enklaven auf indischem Boden, kann ihre koloniale Vergangenheit bis heute nicht verleugnen und erinnert vielerorts eher an Brasilien als an Südasien.

Wappen auf einer Kanone im Fort von Diu

Sie wurde von Alfonso de Albuquerque (1453–1515), dem Vizekönig von Portugiesisch-Indien, anläßlich des großangelegten Feldzugs von 1506–1512 erobert. Der ebenso gerissene wie grausame, aber auch diplomatisch geschickte Albuquerque hatte mit seiner Flotte von der ostafrikanischen Küste einen Überraschungsangriff nach Indien unternommen und vor Diu am 2. Februar 1509 eine Flotte des Mamelukensultans von Ägypten vernichtend geschlagen. Auch in Goa, Daman und Malakka führt die Expedition zu Erfolgen und sicherte den Portugiesen über Nacht die Seehoheit im Indischen Ozean und im Arabischen Meer. Verwaltet wurde Diu von Goa aus, dem Sitz des portugiesischen Vizekönigs.

Mit der Eröffnung englischer und holländischer Handelsposten in Surat zu Beginn des 17. Jh. war das Handelsmonopol der Portugiesen endgültig gebrochen, zumal sie 1615 in einer Seeschlacht gegen die Briten vor Surat verloren hatten. Der Sultan Bin Saif aus dem Oman nutzte nach dem Rückzug der Portugiesen aus Muscat die Gunst der Stunde und rief zum Heiligen Krieg gegen die verhaßten Christen auf. Eine osmanische Flotte plünderte 1655 Bombay und 1670 Diu, konnte die Portugiesen aber nicht von der Insel vertreiben, um die es nun ruhig wurde.

So hatte Indien 1961 auch keine große Mühe, die Überbleibsel der einst glanzvollen Epoche portugiesischer Seeherrschaft endgültig zu beseitigen und Diu, Daman und Goa seinem Territorium wieder einzugliedern.

Wichtigste historische Sehenswürdigkeit ist die mächtige, über 50 000 m$^2$ messende Festung an der Südspitze der Insel, die als eine

Fischer auf Diu

der bedeutendsten portugiesischen Militäranlagen in Asien gilt. Sie wurde 1535 unter Nuño da Cunha begonnen und ab 1546 unter dem Vizekönig João de Castro erweitert. Den Hauptzugang bildet ein Doppeltor an der ehemaligen Landestelle, das von der restaurierten, kreisrunden Bastion St. George bewacht wurde und zum ältesten Teil der Anlage zählt. An der westlichen Landseite schützte eine mit sechs Bastionen besetzte Doppelmauer die ansonsten vollständig vom Meer umschlossene Festung. Im Jahre 1546 versuchte der Sultan von Gujarat vergeblich, dieses Bollwerk zu überwinden und mußte die portugiesische Herrschaft über Diu vertraglich anerkennen. Die Gebäude im Fort, zu denen neben der Residenz, eine Kirche, Kasernen und Lagerschuppen gehörten, sind größtenteils verschwunden. Nur das Gefängnis der Insel hat hier nach wie vor seinen altangestammten Platz. Auf einigen Bastionen stehen noch gut erhaltene alte Geschütze, und in die Wände eingelassen findet man Reliefs von Heiligen, den Namengebern der Bastionen. Sehr schön das Medaillon des heiligen Georg unterhalb der Bastion Santiago.

Über die Insel verteilen sich mehrere christliche Kirchen, von denen nur noch eine für den Gottesdienst genutzt wird. In der hübsch auf dem Hügel gelegenen Kirche Saõ Tomas ist ein kleines Museum mit Heiligenfiguren untergebracht, die 3 km nördlich der Stadt gelegene Kirche wurde in ein Hotel umgewandelt, eine andere dient heute als Krankenhaus.

## Tarnetar

*Die Halbinsel Kathiawar ist wirklich das Refugium der Jains* ▷

Der etwa 8 km nördlich des Städtchens Than etwas vertieft liegende und von zwei Wasserbecken umgebene Tempel stammt aus dem 14. Jh. und zeigt hübsch gearbeitete Plastiken und einen von zahlreichen Türmchen umgebenen Hauptshikhara. Aus dem Rahmen fällt er jedoch, weil er Shiva in Gestalt des Bändigers des Liebesgottes (Kamantaka-Murti) geweiht ist. Als Shiva nach dem Tode seiner Gattin Sita in Askese trauerte, versuchten die Götter, sein Augenmerk auf Parvati zu lenken. Die Aufgabe fiel dem Liebesgott Kama zu, der einen seiner Blumenpfeile auf Shiva abschoß. Als Shiva es bemerkte, verbrannte er den Gott mit dem Feuer seines dritten Auges, konnte dem Pfeil aber nicht mehr ausweichen und war so dem Zauber Parvatis erlegen. Um das Happy End vollkommen zu machen, erweckte Shiva auch Kama – in Gestalt der Gottheit Pradyumna – wieder zu neuem Leben.

Der Legende nach soll der Platz schon zuvor im Liebeswerben der Götter eine Rolle gespielt haben, als Arjuna, der Held des Mahabharata, durch seine Bogenschießkunst die Gunst der schönen Draupadi für sich und seine Brüder gewann, mit denen sie fortan in Polyandrie glücklich zusammenlebte. Wen wundert es da, daß der Tempel auch im Zeichen irdischer Begegnung zwischen den Geschlechtern steht. Jedes Jahr im September verwandelt sich das Heiligtum zum Mittelpunkt eines großen Heiratsmarktes, wobei allerdings zu bezweifeln ist, daß die Kandidaten ihre eigene Wahl treffen. Eher werden wohl die Eltern untereinander Kontakt aufnehmen, die Kastenzugehörigkeit prüfen, das Horoskop befragen und um die Mitgift feilschen.

## Sejakpur

*Etwa 25 km südlich von Sayila gelegen. Man folgt der SH 21 (Straße nach Dandapur) und biegt kurz hinter dem ersten Dorf (Sudamara) rechts ab, nach ca. 4 km erneut nach rechts auf die erste abzweigende Asphaltstraße; sie endet im Dorf Sejakpur.*

Die architektonischen Besonderheiten des aus dem 11. Jh. stammenden Navalakhatempels in Sejakpur lassen sich momentan nur erahnen, da fast der gesamte Komplex für die Restaurierung abgebaut wurde. Die bereits wieder instand gesetzte Plattform und die noch stehenden Außenwände der Kultzelle des Shivaheiligtums deuten aber bereits die starke Aufgliederung in senkrechte Segmente an, die über die Wände hinaus zu kleinen Türmchen werden. Insgesamt sind in die Außenwände der Cella nur drei Figurenschreine eingelassen, begleitet von Friesen mit anmutigen Apsaras. Der weit ausladende Mandapa weist wie der Sonnentempel von Modhera einen kreuzförmigen Grundriß mit zahlreichen Rücksprüngen auf. Vom Haupttempel getrennt findet man ein weiteres, weitgehend in Trümmern liegendes Heiligtum mit schöner Türumrandung.

# Glossar

**Agnihotra** vedisches Feueropfer

**Agnikund** Feuerloch am Mount Abu, aus dem die vier Feuerclans der Rajputen geboren wurden

**Ahimsa** Gebot des Nichttötens, vielleicht aus Protest gegen früher übliche Blutopfer entstanden

**Amrita** wörtl. ›unsterblich‹; Lebenselixier, das die Unsterblichkeit der Götter gewährleistet und durch Quirlung des Milchmeers gewonnen wird, verwandt mit dem Griechischen *ambrosia*

**Amrita-manthana** Quirlung des um den Berg → Meru liegenden Milchmeers, wodurch die Götter und ihre Widersacher, die Asuras, den Trank der Unsterblichkeit gewinnen wollen und ein neues Weltzeitalter schaffen

**Antarala** Raum zwischen Sanktuarium und → Mandapa

**Apsara** wörtl. ›sich im Wasser bewegend‹; himmlische Nymphe aus dem Wirkungskreis Indras

**Ardamandapa** Portikus

**Arkan** die fünf Grundpflichten des sunnitischen Muslim

**Arthavaveda** aus 18 Büchern bestehende, sog. ›Vierte Schrift‹ des Veda, enthält vor allem Beschwörungsformeln und mystische Hymnen in Versform

**Ashtamatrikas** die acht Muttergottheiten Brahmani (Brahma), Indrani (Indra), Kaumari (Skanda), Maheshvari (Shiva), Chamunda (Yama), Chandika (Siva), Varahi (Varaha) und Vaishnavi (Vishnu), Verkörperung der unterschiedlichen Erscheinungsformen der → Durga (in Klammern die ihnen zugeordneten männlichen Gottheiten)

**Ashvameda** Pferdeopfer aus vedischer Zeit, das wahrscheinlich auf einen altindischen Fruchtbarkeitsritus zurückgeht

**Asura** aus dem Indo-arischen stammende Bezeichnung *(ahura)*, ursprünglich Personifizierung von schädlichen Naturerscheinungen, später Dämon als Gegenspieler der Götter

**Atman** das unsterbliche Selbst

**Avatara** von *avatar* (Herabkunft); ein nicht durch das → Karma, sondern aus freier Entscheidung als Inkarnation des göttlichen Bewußtseins Geborener, der seine göttliche Erkenntnis übermittelt

**Azimut** horizontaler Winkel einer Sternenposition in Bezug auf die Nord-Süd-Achse

**Baithak** oftmals prächtig ausgestatteter Empfangsraum eines Haveli

**Baluster** geschwungene kleine Säule an Geländern

**Bangaldar** gekrümmtes bengalisches Dach, entwikkelt aus den landestypischen Strohkonstruktionen

**Bhairava** ›der Schreckliche‹; Shiva in furchterregender Gestalt

**Bodhisattva** ›erleuchtetes Wesen‹; Heilsvermittler des Buddhismus, der auf den Eingang in das → Nirvana verzichtet hat

**Brahman** das ewig, unvergänglich Absolute, nach westlicher Vorstellung am ehesten dem Universum entsprechend; nicht zu verwechseln mit Brahma (Schöpfergott)

**Brahmane** Angehöriger der Priesterkaste

**Chadar** mit Wellenmustern verzierte Wasserrutsche in einem Mogulgarten

**Chakra** wörtl. ›Rad‹; 1. Symbol der Sonne und des ›Zeitrades‹, 2. Bezeichnung für den Diskus Vishnus, 3. Energiezentren im Körper

**Chandravamsha** rajputischer Mondclan, der seine Abstammung von Krishna herleitet

**Chattri** 1. pavillonartige Gebäude oder Gebäudeteile, 2. Grabstätten

**Chaturmukha** Tempel mit einem viergesichtigen Götterbildnis, auch mit vier Eingängen

**Chaturmukhalinga** → Lingam mit vier Gesichtern

**Chaumukha** wörtl. ›viergesichtig‹

**Darbar** auch Durbar; Versammlungshalle, Versammlung an einem Mogulhof
**Dharma** wörtl. ›tragen, halten‹; Moral, religiöse Pflicht, Gesetz, Ordnung des Universums
**Dhvajadhara** als Figur ausgebildeter Bannerträger an einem Tempeldach
**Digambara** wörtl. ›die Luftbekleideten‹; eine der beiden Hauptsekten der Jains
**Dikapala** Wächter der Himmelsrichtungen, zuerst vier, heute im allgemeinen acht (Ashtadikapala): Indra (König der Götter, Osten), → Yama (Todesgott, Süden), Varuna (Wassergott, Westen), → Kubera (Gott des Reichtums, Norden), Agni (Gott des Feuers, Südosten), Nirriti (Gott des Unglücks, Südwesten), Vaya (Gott des Windes, Nordwesten), Ishana (Aspekt Shivas, Nordosten); häufig an Tempelwänden
**Dikapalika** Wächter in der weiblichen Shaktiform, insbesondere die Flußgöttinnen Varuna und Yamuna
**Dingal** rajputische Heldenlieder; Rajasthan-Dialekt
**Diwan** 1. eine Art Premierminister (auch Wesir); 2. Versammlungshalle
**Diwan-i-Am** öffentliche Audienzhalle
**Diwan-i-Khas** private Audienzhalle
**Djin** aus vorislamischer Zeit stammende unsichtbare Wesen, die positiv oder negativ in das Leben eingreifen
**Dooli** Tragestuhl zur Beförderung von Pilgern zu abgelegenen Tempeln
**Drawiden** Ureinwohner des indischen Subkontinents vor Ankunft der Arier
**Dschihad** wörtl. ›zielgerichtetes Mühen‹; vom Koran geforderter Kampf der Muslime gegen die Ungläubigen zur Verbreitung und Verteidigung des Glaubens
**Durga** weibliche Hauptgottheit, die zahlreiche lokale Gottheiten umfaßt und schöpferische wie zerstörerische Aspekte in sich vereint, → Shakti von Shiva, Schwester von Vishnu
**Dvarapala** Torwächter, beiderseits der Eingänge zum Sanktuarium dargestellt
**Fiale** schlankes Türmchen als Abschluß von Strebepfeilern
**Gajasura-murti** Shiva als Vernichter des Elefantendämons
**Garbhagriha** wörtl. ›Mutterschoß‹; Sanktuarium, innerstes Heiligtum eines Tempels, Cella
**Garuda** mythischer Vogel, Reittier (→ Vahana) des Vishnu
**Garudanarayana** Vishnu, auf dem Garuda reitend
**Ghandharva** himmlischer Sänger, Musikant
**Ghanta** Glocke
**Ghantamala** Kette hängender Glocken (dekoratives Element)
**Ghat** Badetreppen an einem heiligen Wasser
**Gopi** Gespielinnen Krishnas, Hirtenmädchen
**Gopuram** Turm eines südindischen Tempels
**Gramadevata** lokale, eng mit einem Dorf *(grama)* in Verbindung stehende, aus arachaischer Zeit stammende Gottheiten; oftmals in Verbindung mit einem Gefäß gesehen, dem Symbol der Fruchtbarkeit
**Hadith** wörtl. ›Überlieferung‹; kurze, Mohammed zugeschriebene Äußerungen, die als Sunna zusammengefaßt sind
**Hadsch** Wallfahrt nach Mekka, eine der Grundpflichten des Islam
**Hari-Hara** gemeinsame Darstellung von Shiva und Vishnu
**Hinayana** ›kleines Fahrzeug‹, ursprünglicheForm des Buddhismus, auf das Mönchswesen beschränkt
**Imam** Vorbeter in der Moschee; religiöses Oberhaupt der Ulema (religiösen Gemeinschaft)
**Ishtadevata** die vom Gläubigen gewählte persönliche Hauptgottheit; auch die zentrale Gottheit eines Tempels oder Kults
**Iwan** auch Liwan; große überwölbte, auf sassanidischen Traditionen beruhende Halle, die sich an einer Seite zu einem Hof öffnet; als überhöhter Eingangs-Iwan typisches Fassadenelement von Moscheen
**Jagati** Tempelplattform, meist mit horizontalen Reliefbändern gegliedert
**Jali** durchbrochenes Steingitter

**Jami Masjid** Freitagsmoschee; in ihr müssen traditionell alle männlichen Gläubigen einer Stadt oder eines Viertels zum Freitagsgebet Platz finden
**Jangha** Wandfries, Figurenband, Außenwand eines Tempels
**Jauhar** kollektiver Selbstmord des rajputischen Kriegeradels bei hoffnungsloser militärischer Lage
**Jharokha** von der Fassade vorspringender Balkon
**Jyotirlingam** Erscheinung Shivas als flammender → Lingam unendlicher Größe, womit der Gott gegenüber Brahma und Vishnu seine Vorherrschaft innerhalb der Trinität unter Beweis stellte
**Kalasha** Vase, Gefäß, dekoratives Element an der Spitze eines → Shikhara, früher Symbol des Universums, nach wie vor wichtiger Bestandteil hinduistischer Rituale
**Kama** Begierde, Verlangen
**Kamini** Göttin der Begierde
**Karma** wörtl. ›Tat‹; Konsequenz aller Taten in diesem und den vorherigen Leben; Kette von Ursache und Wirkung
**Kauravas** legendärer Volksstamm, der die → Pandavas überfiel und durchaus die große, im Mahabharata beschriebene Schlacht auslöste
**Kibla** Gebetsrichtung und -wand, bis 623 auf Jerusalem ausgerichtet, danach nach Mekka; auch Tote werden mit dem Kopf in diese Richtung beerdigt
**Kinnara** himmlischer Vogelmensch, Sänger, Musikant
**Kirtimukha** auch → Makara, Gorgonen- oder Dämonengesicht, Seeungeheuer
**Krittikas** sechs, zum Sternbild des Taurus zählende Plejaden, beherrscht vom Gott Agni; in der Mythologie die sechs Nymphen, die den Kriegsgott Karttikeya (Skanda) großzogen
**Kubera** Gott des Reichtums, Wächter der acht Weltregionen, Herr der → Yakshas
**Kudu** auch Chaita; hufeisenförmiges Blindfenster
**Kund** auch Tank; künstliches Wasserbecken
**Lanchana** die 24 Wappentiere der Jainheiligen nach dem Vorbild der hinduistischen → Vahanas; dazu zählen Stier, Elefant, Pferd, Affe, Donnerkeil, Schildkröte und Löwe u. a.
**Latina-Stil** konvex gekrümmte Form, typisch für nordindische Tempel des → Nagaratyps
**Lingam** erst in nachvedischer Zeit eingeführte Phallusdarstellung als Symbol der Shivaverehrung
**Lokapala** auch → Dikapala; Wächter der Himmelsrichtungen
**maha** Vorsilbe ›groß‹
**Mahabharata** mit 106 000 Versen längste Dichtung der Weltgeschichte, in deren Mittelpunkt der Kampf der → Pandavas gegen die → Kauravas steht; begonnen wahrscheinlich im 6. Jh. v. Chr.
**Mahamandapa** säulengestützte Haupthalle eines Tempels
**Mahishasuramardini** → Durga als Vernichterin des Büffeldämons
**Makara** Seeungeheuer
**Makara-Torana** aus den Mäulern von Makaras geformter Eingangsbogen
**Mandala** die kosmische Kräfte symbolisierenden Zeichnungen und Diagramme; dienen als Meditationshilfe und Planungsgrundlage in der Architektur
**Mandapa** offene oder geschlossene Säulenhalle
**Mardana** der den männlichen Bewohnern vorbehaltene Hauptflügel eines Palastes
**Matrika** auf vorvedische Fruchtbarkeitskulte zurückgehende Muttergottheit
**Mihrab** in die → Kiblawand eingelassene Gebetsnische
**Meru** mythischer Weltenberg, Zentrum des Universums in Buddhismus und Hinduismus
**Mithuna** göttliches Paar, oftmals in erotischer Pose; verkörpert alte kosmologische Gegensätze von Himmel und Erde, Licht und Dunkelheit, → Yoni und → Lingam; später ikonographisch personifiziert als Shiva/Parvati oder Vishnu/Lakshmi
**Moksha** endgültige Erlösung vom Kreislauf der Wie-

dergeburten, höchstes Ziel eines gläubigen Hindu

**Mukhamandapa** von vier Säulen gestützte Eingangshalle eines Tempels

**Muta** wörtl. ›Genuß‹; auf vorislamische Zeit zurückgehende, von den Sunniten abgelehnte Ehe auf Zeit (ein Tag bis mehrere Jahre) mit einer unverheirateten Frau gegen Entlohnung; die gezeugten Kinder gelten als legitim

**Naga** Schlange, Wächter der Bodenschätze

**Nagara** nordindischer Tempeltyp mit konvexem → Shikhara

**Nandi** Bulle, Shivas Reittier

**Narayana** Vishnu als Narayana schläft auf der Weltenschlange bis zum Eintritt des neuen Weltzeitalters

**Navagraha** die neun Planeten, Sonne, Mond, Merkur, Venus, Mars, Jupiter, Saturn, Rahu (Himmelsdämon) und Ketu (Himmelsphänomen, z. B. Komet); beeinflussen das Schicksal des Einzelnen und den Ablauf der Geschichte

**Nilakantha** wörtl. ›blaue Kehle‹, Beiname Shivas, als er das bei der Quirlung des Milchmeers entstandene Gift Halahala schluckte und so die Welt rettete

**Nirvana** wörtl. ›erlöschen, verwehen‹; überwiegend im Buddhismus benutzter Begriff für die Erlösung vom Kreislauf der Wiedergeburten, → Moksha

**Padma** Lotos; in vielen Gebieten Asiens als heilig geltende Wasserpflanze; im Hinduismus Symbol der Sonne und der Schöpfung, im Buddhismus und Jainismus Verkörperung von Reinheit und Vollkommenheit

**Pancharatha** Tempel mit vertikal fünf Wandabschnitten

**Panchayatana** ein von vier Nebenschreinen umgebener Tempel

**Pandavas** Gegenspieler der → Kauravas im → Mahabharata

**Parshavanatha** 13. Furtbereiter der Jains, legendärer Begründer der Jainlehre (8. Jh. v. Chr.)

**Pashupati** Inkarnation Shivas als Herr der Tiere; auch im mittleren Osten bekanntes Gottesbild, das zahlreiche lokale Glaubensvorstellungen von Hirten und Schäfern absorbiert hat

**Phamasana** Pyramidendach, errichtet in Kragbauweise, bevorzugte Abdekkung von → Mandapas

**Pradakshina** Wallfahrt, Pilgerweg

**Pradakshina-patha** Umwandlungsgang, Ambulatorium

**Purusha** der die gesamte Welt umschließende erste, ewige Mensch; aus seinem geopferten Körper entspringen die vier → Kasten

**Rada** Gefährtin Krishnas

**Ragas** abgeleitet aus *raji* (einfärben); Tonarten, die Stimmungen ausdrücken und an Tages- und Jahreszeiten gebunden sind

**Rangmandapa** nach allen Seiten offene Halle, meist für religiöse Tanzvorführungen genutzt

**Ratha** vertikale Wandgliederung

**Sagar** Stausee

**Samsara** wörtl. ›Wanderung‹; Kreislauf von Geburt, Tod und Wiedergeburt

**Saptamatrikas** die sieben Muttergottheiten (→ Ashtamatrikas); als Grundlage aller Sprachen repräsentieren sie auch die sieben Vokale (fünf reine, zwei gemischte)

**Sati** ursprünglich Gedenkstein für eine Witwe, die sich mit ihrem verstorbenen Mann verbrennen ließ, später Bezeichnung für den Akt selbst, der als Ausdruck der über den Tod hinausgehenden Bindung an den Mann verstanden wird. Vorbild in der Götterwelt ist die Verbrennung Shivas mit seinen acht Frauen. In vedischer Zeit war es nur eine symbolische Handlung, erst ab dem 6. Jh. bestiegen die Frauen auch den Scheiterhaufen; 1829 durch die Engländer verboten

**Sharia** wörtl. ›Weg zur Tränke‹; religiös begründetes Recht des Islam, beruhend auf Koran, → Hadith, Analogieschluß und Konsensus, wobei die Handlungen in fünf Kategorien von notwendig bis verboten eingeordnet werden

**Shevetambara** wörtl. ›die Weißgekleideten‹; Sekte der Jains

**Shikhara** Tempelturm des nordindischen Nagaratypus
**Shivalinga** phallisches Symbol, → Lingam
**Siddha** wörtl. ›vollkommen‹; ein Erleuchteter, der die Erlösung (→ Moksha) zu Lebzeiten erlangt hat und damit unsterblich ist
**Simhamukha** Löwenkopf, dekoratives Element der Bauplastik
**Soma** Trankopfer; verwandt mit dem zoroastrischen Ritus
**Sonnendeklination** auch Äquatorhöhe; Winkelabstand der Sonne vom Himmelsäquator (= Senkrechte über dem Erdäquator)
**Spolien** wiederverwendete Bauteile zerstörter Heiligtümer einer (unterdrückten) Religion
**Stupa** halbkugelförmiger Bau, mit Reliquie, Symbol für Buddhas Eingang in das → Nirvana
**Sunna** wörtl. ›Brauch‹; in vorislamischer Zeit die überlieferten Gebräuche, im Islam die Zusammenfassung der Taten und Worte Mohammeds; Hauptquelle der Rechtsvorschriften (→ Sharia); Anhänger der Sunna heißen Sunniten
**Surasundari** schönes Mädchen, himmlische Nymphe
**Sutra** wörtl. ›Leitfaden‹; philosophischer, religiöser Text, kompiliert aus den Brahmanas
**Tambour** zylindrisches Zwischenstück zwischen Unterbau und Kuppel
**Tilaka** Nischen an Tempelwänden mit Götterbildnissen
**Tirtha** heiliger Ort nahe eines Gewässers
**Tirthankara** wörtl. ›Furtbereiter‹; einer der insgesamt 24 Meister, die die Grundlagen der Jainreligion lebendig erhalten; der letzte und historisch einzig nachweisbare, war Mahavira, der Gründer der Glaubensgemeinschaft (5./6. Jh. v. Chr.)
**Torana** verzierter Eingang unterschiedlicher Form
**Tribhanga** dreifacher Körperknick, Kontrapost
**Triratha** Tempel mit vertikal vorspringendem zentralem Wandabschnitt, ergibt drei Flächen
**Trompe** halber, in die Ecken eines quadratischen Unterbaus gesetzter Hohlkegel zur Überführung in ein Achteck
**Vahana** Reittier einer hinduistischen Gottheit
**Vamana** fünfte Inkarnation Vishnus als Zwerg, der mit drei Schritten das Universum durchmaß und damit den Dämonenherrscher Bali in die Unterwelt verbannte; Verehrung unter dem Namen Trivikrama
**Varaha** Inkarnation Vishnus als Eber, wahrscheinlich auf vorvedische Fruchtbarkeitsmythen zurückgehend; Varaha hob die Erdgöttin Prithvi mit seinen Hauern aus den Fluten, in denen sie vom Dämon Hiranyaksha gefangengehalten wurde
**Vidhyadevi** auch Vidhyahari, wörtl. ›Träger der Weisheit‹; friedliche, bildhübsche, dem Hauptgott zugeordnete Gottheit; spirituelle Weisheit *(vidhya)* kann nach hinduistischer Auffassung bis zur Erlösung führen
**Yaksha** in Bäumen, Bergen und Gewässern lebende Naturgeister mit positiven und negativen Aspekten; weibliche Form: Yakshi
**Yama** Totengott
**Yogini** weiblicher, mit übernatürlichen Kräften ausgestatteter Yogaanhänger (Asketin)
**Yoni** wörtl. ›Schoß, Ursprung‹; weibliches Geschlechtsorgan
**Yonilingam** Darstellung von → Yoni und → Lingam als Symbol der Schöpfung
**Yuga** das letzte der vier Weltzeitalter vor der Neuschöpfung durch Vishnu
**Zenana** den Frauen vorbehaltener Bereich eines Palastes (Harem)
**Zoroastrismus** vom Priester Zoroaster (Zarathustra) im 6. Jh. v. Chr. in Persien gegründete Religion, in deren Mittelpunkt der Kampf zwischen dem Guten und Bösen steht; zentral ist die Verehrung des heiligen Feuers, deshalb dürfen Tote nicht verbrannt werden.

# Literaturauswahl


Anan, R. M.: Indien (Die Liebe in der Kunst), Genf 1978

Asher, Catherine B.: Mughal architecture, The New Cambridge History of India, Cambridge 1995

Barret, D., Gray, B.: Indische Malerei, Genf 1963

Beach, Milo Cleveland: Mughal and Rajput Paintings, The New Cambridge History of India, Cambridge 1992

Collins, L., Lapierre, D.: Um Mitternacht in die Freiheit, München 1983

Coomaraswamy, Ananda: Essays in early Indian architecture, Oxford 1994

Cooper, I.: The painted towns of Shekhavati, Middletown 1994

Delahoutre, M.: Indische Kunst, Ursprung und Entwicklung, München 1996

Diez, E.: Die Kunst Indiens, Berlin 1925

Fischer, K.: Dächer, Decken und Gewölbe indischer Kultstätten und Nutzbauten, Wiesbaden 1974

Fischer, K./Fischer, Chr.: Indische Baukunst islamischer Zeit, Baden Baden 1976

Fischer, K.: Erotik und Askese in Kunst und Kultur der Inder, Köln 1979

Fischer, K., Jansen, M., Pieper, J.: Architektur des indischen Subkontinents, Darmstadt 1987

Franz, G. H. (Hrsg.): Das alte Indien, Geschichte und Kultur des indischen Subkontinents, München 1990

Gascoigne, B.: Die Großmoguln, München 1973

Glasenhapp, H. v.: Der Jainismus, Hildesheim 1984

Glasenhapp, H. v.: Heilige Stätten Indiens, München 1928

Glasenhapp, H. v.: Indien, der indische Kulturkreis in Einzeldarstellungen, München 1925

Goetz, H.: Indien (Kunst der Welt), Baden Baden 1964

Golzio, K.-H.: Der Tempel im alten Mesopotamien und seine Parallelen in Indien. Eine religionswissenschaftliche Studie, Leiden 1983

Grassnick, M. u. a.: Moghul-Architektur. Beiträge zur islamischen Architektur Indiens, Kaiserslautern 1977

Grover, S.: Islamic architecture in India, New Delhi 1996

Günther, M. (Hrsg.): Mahabharata, München 1995

Härtel, H., Auboyer, J.: Indien und Südostasien (Propyläen Kunstgeschichte), Berlin 1985

Hallade, M., Hinz, H.: Indien, Gandhara – Begegnung zwischen Orient und Okzident, Herrsching 1975

Harle, J. C.: The art and architecture of the Indian subcontinent, London 1994

Jain-Neubauer, J.: The Stepwells of Gujarat in art-historical Perspective, New Delhi 1981

Jain-Neubauer, J. (Hrsg.): Rajput art and architecture, Wiesbaden 1978

Jansen, M.: Die Induszivilisation, Wiederentdekkung einer frühen Hochkultur, Köln 1986

Johnson, G. (Hrsg.): Indien, Geschichte, Kultur und Lebensformen (Weltatlas der alten Kulturen), München 1995

Keilhauer, A. u. P.: Die Bildersprache des Hinduismus, die indische Götterwelt und ihre Symbolik, Köln 1983

Kipling, R.: Kim, München 1995

Klimkeit, H.-J. (Hrsg.): Götterbild in Kunst und Schrift, Bonn 1984

Kulke, H., Rothermund, D.: Geschichte Indiens, Stuttgart 1982

Liebert, O.: Iconographic dictionary of the indian religion, Leiden 1976

Linden-Museum: Rajasthan, Land der Könige, Katalog Stuttgart, Gotha 1995

Lobo, W.: The Sun Temple at Modhera, München 1981

Malik, A.: Tod der Helden – Geburt der Götter,

mündl. Epen und Volkskulte in Rajasthan, in: Heissig, Walter (Hrsg.): Formen und Funktionen mündlicher Traditionen, Düsseldorf 1995

Michael, A.: Hinduismus in Geschichte und Gegenwart, München 1998

Michell, G.: Der Hindu-Tempel, Bauform und Bedeutung, Köln 1975

Michell, G.: The Royal Palaces of India, London 1994

Mylius, K.: Geschichte der altindischen Literatur, Darmstadt 1988

Naipaul, V. S.: Indien. Ein Land in Aufruhr, München 1994

Okada, A., Nou, J. L.: Taj Mahal, München 1993

Pieper, J.: Die Schaulust an der exotischen Architektur, in Ernst R.: Stadt in Afrika, Asien und Lateinamerika, Berlin 1984

Rau, H.: Stilgeschichte der indischen Kunst, 2 Bde., Graz 1987

Rakesh, P., Lewis, K.: Shekhawati – die bemalten Häuser Rajasthans, Delhi 1995

Rautenstrauch-Joest Museum: Die anderen Götter, Volks- und Stammesbronzen aus Indien, Heidelberg 1993

Rai, R., Frédéric, L.: Khajuraho, Tempel der Liebe, Köln 1993

Riemenschneider, D. (Hrsg.): Shiva tanzt, Zürich 1999

Rushdie, S.: Des Mauren letzter Seufzer, München 1996

Scerrato, U.: Islam (Monumente großer Kulturen), München 1979

Schleberger, E.: Die indische Götterwelt, Gestalt, Ausdruck und Sinnbild, Köln 1986

Schwerin, K. Gräfin von: Indien, München 1996

Seth, V.: Eine gute Partie, Hamburg 1995

Spear, P.: A history of India, 2 Bde., Harmondsworth 1986

Stutley, M. u. J.: Harper's dictionary of hinduism, New York 1984

Taddei, M.: Indien (Monumente großer Kulturen), Erlangen 1986

Tod, J.: Annals and antiquities of Rajasthan, London 1829/1960

Toy, S.: The fortified cities of India, London 1965

Volwahsen, A., Stierlin, H. (Hrsg.): Indien, Bauten der Hindus, Buddhisten und Jains (Architektur der Welt), Köln

Volwahsen, A., Stierlin, H. (Hrsg.): Islamisches Indien, Bauten der Hindus, Buddhisten und Jains (Architektur der Welt), Köln

Wetzel, F.: Islamische Grabbauten in Indien aus der Zeit der Soldatenkaiser 1320–1540, Leipzig 1918, Nachdruck Osnabrück 1970

Winterberg, Anna (Hrsg.): Frauen in Indien, München 1988

# *Praktische Reiseinformationen*

## Hinweise für dic Reiseplanung

Auskünfte . . . . . . . . . . . . . . . . . . . . . . . . . . . 306
Einreise . . . . . . . . . . . . . . . . . . . . . . . . . . . 306
Reisezeit . . . . . . . . . . . . . . . . . . . . . . . . . . . 306
Anreise. . . . . . . . . . . . . . . . . . . . . . . . . . . 306
Diplomatische Vertretungen Indiens . . . . . . . . . . . . 306
Gesundheitsvorsorge . . . . . . . . . . . . . . . . . . . . 307

## Informationen für unterwegs

Geld und Devisen . . . . . . . . . . . . . . . . . . . . . . 307
Frauen als Einzelreisende. . . . . . . . . . . . . . . . . . 308
Öffnungszeiten . . . . . . . . . . . . . . . . . . . . . . . 308
Verkehrsmittel. . . . . . . . . . . . . . . . . . . . . . . . 308
Unterkunft. . . . . . . . . . . . . . . . . . . . . . . . . . 309
Essen und Trinken . . . . . . . . . . . . . . . . . . . . . 311
Feiertage und Feste . . . . . . . . . . . . . . . . . . . . . 313
Fotografieren . . . . . . . . . . . . . . . . . . . . . . . . 314
Verhaltensregeln. . . . . . . . . . . . . . . . . . . . . . . 314
Zollvorschriften . . . . . . . . . . . . . . . . . . . . . . . 314
Zeitdifferenz. . . . . . . . . . . . . . . . . . . . . . . . . 314

Abbildungsnachweis . . . . . . . . . . . . . . . . . . . . 315
Register . . . . . . . . . . . . . . . . . . . . . . . . . . . 315
Impressum. . . . . . . . . . . . . . . . . . . . . . . . . . 320

**Bitte schreiben Sie uns, wenn sich etwas geändert hat!**
Alle in diesem Buch enthaltenen Angaben wurden vom Autor nach bestem Wissen erstellt und von ihm und dem Verlag mit größtmöglicher Sorgfalt überprüft. Gleichwohl sind – wie wir im Sinne des Produkthaftungsrechts betonen müssen – inhaltliche Fehler nicht vollständig auszuschließen. Daher erfolgen die Angaben ohne jegliche Verpflichtung oder Garantie des Verlages oder des Autors. Beide übernehmen keinerlei Verantwortung und Haftung für etwaige inhaltliche Unstimmigkeiten. Wir bitten dafür um Verständnis und werden Korrekturhinweise gerne aufgreifen:

DuMont Buchverlag, Postfach 10 10 45, 50450 Köln
E-Mail: reise@dumontverlag.de

# Hinweise für die Reiseplanung

## Auskünfte

**Fremdenverkehrsbüros**

Indisches Fremdenverkehrsamt
Baseler Str. 48
60329 Frankfurt
✆ 0 69/24 29 49-0
Fax 0 69/24 29 49-77

Tourism Corp. of Gujarat Ltd.
A-6 State Emporia Complex
Baba Kharnak Singh Marg
New Delhi 110 001
✆ 011/3 36 47 24
Fax 011/3 73 40 15

Dept. of Tourism (Rajasthan)
Tourist Reception Centre
Bikaner House, Pandara Rd.
New Delhi 110 003
✆ 011/3 38 38 37
Fax 011/3 38 28 23

Internet: www. india-tourism.com

## Einreise

Voraussetzung für den Besuch Indiens sind ein noch mindestens sechs Monate gültiger Reisepaß und ein Visum, das von den Vertretungen Indiens (Botschaften und Konsulate) ausgestellt wird. Der Antrag muß auf einem gesonderten Formular erfolgen (zuvor gegen Rückporto anfordern). Beizufügen sind zwei Paßbilder. Das kostenpflichtige Visum wird mit einer Gültigkeitsdauer von sechs Monaten, gerechnet vom **Datum der Ausstellung** an, ausgestellt, wobei mehrmalige Einreisen möglich sind.

## Reisezeit

Am besten geeignet sind die Wintermonate zwischen Ende Oktober und Anfang März. Im Mai, vor Einsetzen des Monsuns, kann das Thermometer auf über 45° C steigen; während des Monsuns muß mit erheblichen Behinderungen im Flug-, Bahn- und Straßenverkehr gerechnet werden.

## Anreise

Der internationale Flughafen Delhi wird von fast allen großen Gesellschaften angeflogen. Zum Besuch Gujarats bietet sich auch Bombay als Ausgangspunkt an.

Ein Nonstopflug von Frankfurt nach Delhi/Bombay dauert etwa 8 Std. Durch die Zeitverschiebung (+ 3,5 bzw. + 4,5 Std.) und das Nachtflugverbot in Deutschland landen und starten die Maschinen meist gegen Mitternacht. Der Zubringerdienst (Taxis zu Festpreisen) zwischen Flughafen und Stadt ist auf den regen nächtlichen Betrieb eingestellt.

## Diplomatische Vertretungen Indiens

**...in der Bundesrepublik Deutschland:**

Botschaft
Adenauerallee 262–264
✆ 02 28/5 40 50
Visaabteilung
Braunscheidtstraße 7
53113 Bonn (beides)
✆ 02 28/5 40 51 31-33

**... in Österreich:**
Botschaft
Kärntnerring 2
A-1015 Wien
✆ 1/5 05 86 66
Fax 1/5 05 92 19

**... in der Schweiz:**
Effringer Straße 45
CH-3008 Bern
✆ 0 31/3 82 31 11
Fax 0 31/3 82 26 87

## Gesundheitsvorsorge

Impfungen sind zum Besuch Indiens nicht vorgeschrieben. Zu empfehlen ist eine Schutzimpfung gegen **Hepatitis** (Typ A und B), die über einen Zeitraum von insgesamt einem Jahr erfolgt. Beim Besuch während der Monsunzeit ist dringend eine **Malaria-Prophylaxe** angeraten. Über die geeigneten Mittel (etwa Resochin in Kombination mit Paludrine) erteilen die Gesundheitsämter oder Tropeninstitute Auskunft. Beim Centrum für Reisemedizin kann man sich über http://www.crm.de/crmtitel.html gegen geringe Gebühr einen ›Gesundheitsbrief‹ bestellen und weitere kostenlose Informationen erhalten.

Es gibt einige Tabus, die sich jeder Indienreisende einprägen sollte: Nie unabgekochtes Wasser trinken und davon ausgehen, daß auch das in den Hotels servierte Trinkwasser nicht keimfrei ist. Kein Eis, keinen Salat und kein ungeschältes Obst essen. Keine bereits geschälten Früchte von Straßenständen zu sich nehmen, da diese zum Frischhalten mit verschmutztem Wasser übergossen sein könnten. Problematisch sind auch Frischmilchprodukte (TBC), Schweinefleisch (Trichinen), fettige und fritierte Speisen (schlechtes Öl), Tiefkühlprodukte (mangelhafte Aufbewahrung) und Produkte aus frischen Eiern wie Mayonnaise (Salmonellen).

Ins Gepäck gehört auch eine eigene Wasserflasche. Das dort eingefüllte Trinkwasser kann man ohne Geschmacksbeeinträchtigung mit Micropur-Tabletten (erhältlich in deutschen Apotheken) entkeimen.

Von seinem Hausarzt sollte man sich eine kleine Reiseapotheke mit folgenden Medikamenten zusammenstellen lassen: Mittel gegen Magen- und Darmbeschwerden, Schmerzmittel, Wundsalbe, Desinfektionsmittel, fiebersenkende Mittel, kreislaufregulierende Medikamente, Breitbandantibiotika, Tabletten gegen Halsentzündung, Augentropfen, Pflaster, Mullbinde, Fieberthermometer. Indische Apotheken sind gut sortiert und wesentlich preiswerter als Deutschland. Da die Medikamente dort andere Namen tragen, empfiehlt sich die Mitnahme der Beipackzettel.

## Geld und Devisen

Die Banken sind meist nur Mo–Fr zwischen 10 und 14 Uhr geöffnet, der **Geldwechsel eine langwierige Prozedur.** Wesentlich schneller geht es an den Wechselschaltern des Flughafens von Delhi (genau nachzählen!), bei American Express am Connaught Circus in New Delhi und bei Thomas Cook in den

Jaipur Towers, MI Rd. in Jaipur. Empfehlenswert sind **Traveller Cheques** in US$ (nur American Express oder Thomas Cook). US$-Noten werden nur als druckfrische Exemplare akzeptiert.

Zur indischen Besonderheit gehört, daß niemand eingerissene Geldscheine annimmt. Löcher hingegen, die vom Zusammenheften stammen, sind belanglos!

Die indische Währung lautet Rupien (Rs), unterteilt in 100 Paisa (p). Die Münzen haben einen Wert von 5, 10, 20, 25, 50 P und 1 Rs, die Banknoten von 1, 5, 10, 20, 50 und 100 Rs. Die Ein- und Ausfuhr von Rupien ist verboten. **Tauschquittungen sollte man sorgfältig aufbewahren,** da sie zuweilen beim Kauf von Flugtickets und Bahnfahrkarten vorgelegt werden müssen und nur mit diesem Nachweis der Rücktausch in harte Währung möglich ist.

## Frauen als Einzelreisende

Indien ist ein ideales Land für allein oder zu zweit reisende Frauen, die nur selten Belästigungen ausgesetzt sind, sofern sie sich an den gültigen Moralkodex halten. In mancherlei Beziehung genießen sie den männlichen Reisenden gegenüber sogar Vorteile. Sie müssen nicht Schlange stehen, haben eigene, meist leere Warteräume auf den Bahnhöfen, zuweilen sogar eigene Zugabteile. Allerdings wird vom indischen Mann schon ein kleiner Flirt als ›Einladung‹ aufgefaßt.

## Öffnungszeiten

Banken Mo–Fr 10–14 Uhr; Behörden Mo–Fr 10–16 Uhr; Post Mo–Fr 10–17 Uhr und Sa 10–12 Uhr; Telefonzentralen 24 Std.; größere Geschäfte und Flugbüros in der Regel Mo–Fr 10–17 Uhr und Sa 10–12 Uhr. Zuweilen wird eine Mittagspause eingelegt. Basarläden haben bis spät abends, manchmal auch So geöffnet. Museen sind So meist geschlossen.

## Verkehrsmittel

Die staatliche **Fluggesellschaft** Indian Airlines und zahlreiche private Gesellschaften (u. a. Jet Airways, Sahara Airlines, Alliance Air, Archana u. a.) verkehren regelmäßig zwischen den größeren Städten Rajasthans und Gujarats. Zu Engpässen kann es auf der beliebten Route Delhi–Agra–Khajuraho kommen. Für den Besuch Agras und Jaipurs von Delhi aus ist die Bahn die bessere Wahl.

Indien verfügt über das größte **Eisenbahnnetz** der Welt, das vor allem auf der Route zwischen Delhi–Agra–Bhopal und Delhi–Jaipur–Udaipur gut ausgebaut ist. Alle größeren Bahnhöfe sind an ein zentrales, computergesteuertes Buchungssystem angeschlossen. Auf den Hauptstrecken ist für Touristen eine Quote reserviert, so daß man auch kurzfristig einen Platz bekommt. Das **zentrale Buchungsbüro für Touristen** befindet sich im 1. Stock der New Delhi Railway Station. Auf dem Buchungsservice durch Reisebüros sollte man nur im Notfall zurückgreifen (hohe

Gebühren, unzuverlässig) und auf der Aushändigung einer gültigen Fahrkarte bestehen.

Ganz Indien ist von einem dichten **Busnetz** überzogen, das bis in die kleinsten Dörfer reicht. Auf den Hauptrouten werden moderne, klimatisierte Busse eingesetzt, deren Attraktion für die Inder die Videofilme sind, die mit voller Lautstärke während der Fahrt präsentiert werden.

Bequemste Art des Reisens ist der **Mietwagen** mit Fahrer. Die Preise bewegen sich zwischen 45,– und 65,– DM pro Tag. Empfohlen werden kann aus eigener Erfahrung die auch für große deutsche Konzerne tätige Gesellschaft UTS Rent a Car, 55-B, Cycle Market, Jhandewalan Extn., New Delhi 110 055, ✆ 7 52 58 14, Fax 7 51 14 31. Vom Anmieten eines Fahrzeugs ohne Fahrer ist wegen der chaotischen Verkehrsverhältnisse und der mangelhaften Beschilderung abzuraten.

## Unterkunft

Generell besteht kein Problem, selbst in abgelegenen Landesteilen eine Unterkunft zu bekommen. Eine Ausnahme sind Delhi und begehrte Unterkünfte wie das auf einer Insel gelegene Palasthotel von Udaipur, wo Vorausbuchungen mit Bestätigung fast unerläßlich sind. Etliche interessante Palasthotels (Heritage-Hotels) findet man im Internet unter http://www.planetindia.net, weitere Hotels unter http://www.indiahotels.com.

**Agra**
*Mughal Sheraton* *****
Taj Ganj
✆ 05 62/33 17 01
Fax 33 17 30
*Clarks Shiraz* *****
Taj Rd.
✆ 05 62/36 14 21-7
Fax 3 36 14 28
*Agra Ashok* ****
Mall Rd.
✆ 05 62/36 12 23-32
Fax 36 16 20
*Howard Park Plaza* ****
Fatehabad Rd.
✆ 05 62/33 18 70
Fax 33 02 02
*Grand Hotel* ***
137 Station Rd.
✆ 05 62/36 40 14
Fax 36 42 71
**Ajmer**
*Mansingh Palace* ****
Anasagar Circular Rd.
✆ 01 45/42 58 55
*Khadim Tourist Bungalow*
(preiswert)
Civil Lines
✆ 01 45/5 24 90
**Alwar**
*Sariska Palace* ****
im Sariska-Nationalpark
✆ 01 44/4 13 22
**Ahmedabad**
*Holiday Inn* *****
Khanpur Rd.
✆ 0 79/5 50 55 05
Fax 5 50 55 01
*Hotel Cama*
(gehobene Preisklasse)
Khanpur Rd.
✆ 0 79/5 50 52 81-90
Fax 5 50 52 85
**Bharatpur**
*Bharatpur Forest Lodge*
(gehobene Preisklasse)
im Vogelschutzgebiet
✆ 0 56 44/2 27 22

Fax 2 28 64
*Eagle's Nest* (preiswert)
nahe Vogelschutzgebiet
✆ 0 56 44/2 51 44
**Bikaner**
*Lallgarh Palace*
(gehobene Preisklasse)
Palasthotel
✆ 01 51/52 31 05
Fax 52 32 53
*Shivam* (gepflegte Pension)
Sadulganj, hinter Tourist Bungalow
✆ 01 51/54 54 74
**Bundi**
*Haveli Braj Bhushanjee*
(preiswert)
unterhalb des Palastes
✆ 07 47/3 23 22
**Chittaurgarh**
*Hotel Padmini* (preiswert)
Chanderiya Rd.
✆ 0 14 72/4 17 18
**Delhi**
*Le Meridien* *****
Janpath
✆ 0 11/3 71 01 01
Fax 3 71 45 45
*Taj Mahal* *****
Mansingh Rd.
✆ 0 11/3 01 61 62
Fax 3 01 72 99
*Oberoi* *****
Dr. Zakir Hussain Marg
✆ 0 11/4 36 30 30
Fax 4 36 04 84
*Maurya Sheraton* *****
Sadar Patel Marg
✆ 0 11/36 11 22 33
Fax 6 11 33 33
*Nirula's Hotel* ****
L-Block, Connaught Circus
✆ 0 11/3 32 24 19
Fax 3 32 46 69
*YMCA Tourist Hotel*
Jai Singh Rd.
✆ 0 11/3 36 19 15
Fax 3 74 60 32

**Diu**
*Central*
Bunder Chowk
✆ 02 87 58/5 23 79
Fax 5 30 56
**Jaipur**
*Rambagh Palace* *****
(Palasthotel) Bhawani Singh Rd.
✆ 01 41/38 19 19
Fax 38 10 98
*Rajputana Palace*
*Sheraton* *****
Palace Rd.
✆ 01 41/36 00 11
Fax 3 67 83 48
*Jaipur Ashok* ****
Jai Singh Circle, Bani Park
✆ 01 41/20 44 91-7
Fax 20 20 99
*Atithi Guesthouse*
(gepflegt, preiswert)
Park House Scheme
✆ 01 41/37 86 19
Fax 46 43 76
**Jaisalmer**
*Gorbhand Palace*
(gehobene Preisklasse)
Sam Rd.
✆ 02 92/5 31 11-3
Fax 5 27 49
*Narayan Niwas Palace*
(gehobene Preisklasse)
Malka Rd.
✆ 02 92/5 24 08
Fax 5 21 01
*Moomal Tourist Bungalow*
(preiswert)
✆ 02 92/5 23 92
**Jodhpur**
*Umaid Bhawan Palace* *****
Palasthotel
✆ 02 91/3 33 16
Fax 63 53 73
*Ajit Bhawan*
(gehobene Preisklasse)
Circuit House Rd.
✆ 02 91/61 24 10
Fax 63 77 74

*Ghoomar Tourist Bungalow*
(preiswert)
High Court Rd.
✆ 02 91/4 40 10
**Khajuraho**
*Holiday Inn Khajuraho* *****
Airport Road
✆ 0 76 86/4 23 01
Fax 4 23 04
*Jass Oberoi* ****
Bypass Rd.
✆ 0 76 86/4 23 44
Fax 4 23 45
*Tourist Bungalow* (preiswert)
✆ 0 76 86/22 21
**Kota**
*Umaid Bhawan Palace*
(gehobene Preisklasse, ehemaliger Palast des Maharajas von Kota)
✆ 07 44/45 05 29
Fax 45 00 47
*Palkiya Haveli*
(mittlere Preisklasse)
Mokha Para, restauriertes Haveli
✆ 07 44/32 73 75
**Mount Abu**
*Bikaner Palace* ****
(ehemaliger Sommerpalast)
✆ 0 29 74/31 21
Fax 3 86 74
*Connaught House*
(gehobene Preisklasse, ehemalige Residenz des Chief Minister)
Rajendra Marg
✆ Reservierung 02 91/61 52 40
Fax 54 22 00
Internet: www-planetindia.net/
Maharaja Resorts
**Palitana**
*Sumeru Palitana Tourist Bungalow* (preiswert)
✆ 02 84/89 23 27
**Pushkar**
*Pushkar Palace* **
✆ 01 45 81/7 20 01
Fax 7 22 26
*Sarovar Tourist Bungalow*
(preiswert)
✆ 01 45 81/7 20 40
**Ranakpur**
*Maharani Bagh*
(gehobene Preisklasse, ehemaliger Jagdpalast)
✆ 0 29 34/37 05
**Shekhavati** (Palasthotels)
Mandawa: *Castle Mandawa,*
✆/Fax 0 15 92/2 31 24
Nawalgarh: *Roop Niwas Palace,* ✆ 0 15 94/2 20 08
Mahansar: *Narayan Niwas Palace,* ✆ 0 15 62/6 43 22
Samode: *Samode Palace,*
✆/Fax 01 41/63 23 70
e-mail: jagdish@pl.vsnl.net.in
**Udaipur**
*The Lake Palace* *****
(legendäres Luxushotel auf einer Insel im See)
✆ 02 94/52 79 61-73
Fax 52 79 74
*Shiv Niwas Palace* *****
(Teil des Stadtpalastes)
✆ 02 94/52 80 16
Fax 52 80 06
*Rang Niwas Palace*
(mittlere Preislage)
Palace Rd.
✆ 02 94/52 38 91
Fax 52 78 84

## Essen und Trinken

Eine Entdeckungsreise durch die Küche des Landes ist bereits Teil des indischen Abenteuers und muß durchaus nicht die Folgen haben, mit denen man die indische Kochkunst bisweilen in Verbindung bringt (s. auch Gesundheitsvorsorge).

Wichtigstes Unterscheidungsmerkmal ist zunächst die Einteilung in vegetarische und nichtvegetarische Küche. Während durch den Einfluß der Muslime in Nordindien Fleisch weit verbreitet ist, ernähren sich die Südinder vornehmlich rein vegetarisch. Die Qualität des Fleisches ist allerdings selbst in guten Restaurants oftmals enttäuschend. Serviert werden vor allem Huhn und Hammel. Bei den Fleischgerichten sind Tandoori- und Biriyani-Varianten besonders beliebt. Bei Tandoori wird das Fleisch vor dem Braten in einer Mischung von Yoghurt und Kräutern mariniert, beim Biriyani werden Fleischstücke mit gewürztem Reis gemischt und durch Nüsse und Trockenfrüchte angereichert.

Grundnahrungsmittel des Nordens bilden hefelose ›Brote‹, die in ihrer einfachsten Form Chapati heißen und nichts weiter sind als dünne, auf der Herdplatte gebackene Fladen aus Mehl und Wasser. Über dem offenen Feuer geröstet blähen sie sich auf und werden zu Roti. Die dickere, aus Vollkornmehl, geklärter Butter *(ghee)* und Wasser bestehende Variante heißt Paratha, die in schwimmendem Fett ausgebakkene Puri. Wird das Brot im Ofen gebacken, erhält man Nan.

Üblicherweise werden Brot und Reis mit mehreren Beilagen gegessen, die umfassend als **Curries** bezeichnet werden. In besseren Restaurants kann man sich die Beilagen nach der Speisekarte selbst zusammenstellen. Es gibt Fleisch-, Fisch- und vegetarische Curries, deren Grundlage scharf gewürzte Saucen sind. Kleinere Restaurants bieten auch komplette Curry-Mahlzeiten, entweder vegetarisch oder nicht-vegetarisch. Sie werden unter der Bezeichnung Thali zusammengefaßt.

Die beste Möglichkeit, sich mit der indischen Küche vertraut zu machen, bieten die Buffets der internationalen Hotels, die häufig einen fast repräsentativen Querschnitt durch die Kochkunst des Subkontinents auf den Tisch bringen und zu kulinarischer Entdeckungsreise geradezu einladen. Vor allem in den größeren Städten gibt es zahlreiche Spezialitätenrestaurants der einzelnen Regionen Indiens. Aber auch hierbei sollte man sich eisern an die im Kapitel Gesundheit erläuterten Grundsätze halten.

Hauptgetränk des Subkontinents ist Chai (Tee), der allerdings in völlig anderer Form als bei uns zubereitet wird. Milch, Tee, Gewürze, Zucker und Wasser werden aufgekocht und durch ein Sieb in die Tasse geschüttet. Man kann diesen Chai überall und fast jederzeit bekommen und gefahrlos trinken. In den Restaurants wird auch der bei uns übliche Tee serviert *(pot of tea, english tea)*. Vorsichtige haben einen eigenen Nirosta-Becher im Gepäck, der in jedem Basar angeboten wird, da auch viele Inder, vorwiegend aus religiösen Gründen, auf persönliches Geschirr Wert legen.

Softdrinks gibt es preiswert und in großer Auswahl. Mineralwasser hingegen ist teuer, Sodawasser wiederum billig, die indische Sorte Cola dagegen kaum zu genießen. Alkoholische Getränke sind in Indien eher verpönt, vor allem in den nordöstlichen, stark vom Islam geprägten Gebieten. Der Staat Gujarat verbietet den Alkoholausschank in der Öffentlichkeit. Hochburgen der Trinkfreudigkeit sind die ehemals portugiesischen Kolonien von Daman und Diu. Von den etwa 40 einheimischen Biersorten sind die Marken Black Label, Kingfisher wohl noch am besten. Auch Whisky und Rum recht guter Qualität sind in den staatlich kontrollierten Liquor Shops erhältlich.

## Feiertage und Feste

Indien ist ein Land der Feste, Folklore, Tänze und Musik. Hier können nur die wichtigsten erwähnt werden, hat doch jede Provinz, jedes Dorf eigene Veranstaltungen. Besonders sehenswert sind die **Melas,** die Jahrmärkte. Da der Festkalender überwiegend an den Mondzyklus geknüpft ist, sind die Daten beweglich. Das Fremdenverkehrsbüro hält eine Liste mit den jeweils aktuellen Terminen bereit.

**Überregionale Feste:**
**Januar**
**1. Januar** Neujahr
**26. Januar** Tag der Republik, große Parade in Neu-Delhi
**Shivaratri** Zu Ehren des Gottes Shiva (Prozessionen, nächtliche Gebete im Tempel, besonders ausgeprägt in Varanasi, Ujjain, Khajuraho und Elephanta)
**Vasant Panchami** Zu Ehren der Göttin Sarasvati (Prozessionen vor allem in Bengalen)
**Februar/März**
**Holi** Lautes, fröhliches Straßenfest, bei dem man sich mit Farbe bespritzt und beschmiert; Touristen sind begehrte Opfer! Unbedingt alte Sachen anziehen und Gleichmut bewahren.
**März/April**
**Mahavira Jayanti** Wichtigstes Fest der Jains
**Mai/Juni**
**Buddha Parnima** Geburtstag Buddhas, Feierlichkeiten vor allem in Bodhgaya und Sarnath
**Juli/August**
**Naga Panchami** Fest zu Ehren der Schlangen, vor allem in Mathura, Rajgir und Jodhpur
**August/September**
**15. August** Unabhängigkeitstag
**Janma Ashtami** Krishnas Geburtstag, gefeiert vor allem in Agra, Bombay und Mathura
**September/Oktober**
**Dusshera** Wichtigstes Fest Indiens, Sieg des Guten über das Böse (Aufführungen des Ramayana, Dauer 10 Tage)
**Durga Puja** Steht in Zusammenhang mit dem Dusshera-Fest, vor allem in Südindien, Westbengalen, im Punjab und in Gujarat
**2. Oktober** Geburtstag Gandhis
**Divali** Lichterfest zu Ehren der Göttin Lakshmi Kali
**November/Dezember**
**Govardhana Puja** Fest zu Ehren der Kuh
**25. Dezember** Weihnachten,
**Lokale Feste:**
**Khajuraho** Klassisches Tanzfestival (März/April)
**Rajasthan** Desert Festival (Jaisalmer, Jan./Feb.); Camel Festival (Bikaner, Jan.); Nagaur Mela Kamelmarkt (Nagaur, Jan./Feb.); Gangaur (i. b. Jaipur und Mandawa, März/April), Elephant Festival (Jaipur, März); Mewar

Festival (Udaipur, März/April); Teej Fair (i. b. Jaipur, Juli/Aug.); Marwar Festival (Jodhpur, Okt.); Pushkar Mela (Kamelmarkt, Pushkar, Nov.).

**Gujarat** Khuch Desert Festival (nahe Bhuj, Feb.); Mahavira Jayanti (Jainfest, i. B. in Palitana, März); Tarnetar Bethoral Fair (›Heiratsmarkt‹, Tarnetar, Aug./Sept.); Navrati Dance Festival (ganz Gujarat, 9 Tage im Okt., endet mit Dusshera); Somnath Mahadeo Fair (Somnath, Nov.); Muharram (i. B. Ahmedabad, beweglich nach islamischem Kalender); Uttarayan (Drachenfest, Ahmedabad, Jan.)

## Fotografieren

Beim Besuch archäologischer Stätten wird meist eine Gebühr für Foto- und Videokameras erhoben. Dennoch ist die Verwendung von Stativen verboten, Blitzen hingegen oftmals erlaubt (u. a. im Museum von Delhi). Strenges Foto-/Filmverbot herrscht u. a. in den Tempeln von Mt. Abu und Eklingji; in anderen darf man keine Heiligenbildnisse ablichten (z. B. in Ranakpur und Palitana). Filme sollten im Handgepäck mitgeführt werden, und man sollte versuchen, sie von Hand kontrollieren zu lassen.

## Verhaltensregeln

Zuweilen ist es beschämend, wie wenig Rücksicht ausländische Reisende auf die Sitten und Gebräuche des Landes nehmen. Werden Männer in Shorts allenfalls belächelt, schlägt Frauen in gleicher Aufmachung Verachtung entgegen. Dies gilt insbesondere natürlich beim Besuch von Tempeln. Ausgesprochen dezent sollte man/frau sich vor allem in den von Muslimen bewohnten Regionen (Ajmer, Gujarat) kleiden.

## Zollvorschriften

Erlaubt sind Artikel des persönlichen Bedarfs, 200 Zigaretten, 0,95 l Alkohol. Die Beschränkung hinsichtlich der Filme (fünf Stück!) hat in der Praxis keine Bedeutung. Wer größere Mengen mit sich führt, sollte sie aus der Originalverpackung nehmen, wodurch sie ihren Marktwert verlieren. Hochwertige Kameras und Wertgegenstände (Videokameras, Radios, Kassettenrecorder) müssen deklariert werden. Insbesondere gilt dies für Goldschmuck. Die Einfuhr von Goldmünzen und -barren ist streng verboten. Da der Goldpreis etwa 100 % über dem Weltmarktniveau liegt, zieht die Nichtbeachtung empfindliche Strafen nach sich.

Nicht zu vergessen sind die Vorschriften der Europäischen Länder bei der Rückreise. Vor allem ist das Artenschutzgesetz zu beachten, das u. a. die Einfuhr von Elfenbein verbietet.

## Zeitdifferenz

Der Zeitunterschied beträgt + 4,5 Std. bezogen auf die europäische Winterzeit (MEZ), eine Stunde weniger im Sommer.

# Abbildungsnachweis

Soweit nicht anders angegeben stammen alle Abbildungen in diesem Band von Hans-Joachim Aubert (Bonn).

Archiv für Kunst und Geschichte (Berlin) S. 43, 47, 65, 74
Johannes Frangenberg (Solingen) S. 17

**Kartographie**
Elsner und Schichor (Karlsruhe) © DuMont Buchverlag

# Register

## Personen


Abhay Singh, Maharaja von Jodhpur 231, 237
Abu Faisal, Berater Akbars 30, 31, 148
Ahmed Khattu Ganj Baksh, Sheik 259, 273
Ahmed Shah, Gründer von Ahmedabad 259, 263
Ahmed Shah II., Sultan von Ahmedabad 263
Ajit Singh, Maharaja von Jodhpur 230, 236, 237
Akbar, Kaiser 14, 28, 29, 34, 36, 46, 85, **87**, 90, 99, 100, 125, 141, 142, 144, 145, 146, 150, 167, 188, 195, 203, 214, 224, 259, 281
Ala-ud-Din Khilji, Sultan von Delhi 25, 26, 36, 46, 97, 115, 208, 222, 227, 249, 259, 277
Albuquerque, Afonso de, Vizekönig von Portugiesisch-Indien 294
Alexander der Große 45
Amar Singh I., Rana von Udaipur 195
Amar Singh II., Maharana von Udaipur 198
Anup Singh, Maharaja von Bikaner 242, 243
Arya (Arier) 16, 21, 35, 49
Asaf Khan 30, 32, 33, 90
Ashoka, Kaiser 22, 45, 62, 68, 75, **87f.**, 97, 149, 283, 288
Aurangzeb, Mogulherrscher 32, 33, 34, 36, 37, 47, **88**, 93, 99, 104, 125, 127, 135, 150, 195, 230, 242, 260, 284, 293

Babur, Mogulherrscher **27f.**, 36, 46, 78, 79, 84, 90, 125
Badan Singh, Raja von Deeg 150, 151, 152
Bahadur Shah I., Mogulherrscher 35, 213, 223, 289
Bahadur Shah II., Mogulherrscher 35, 41, 47, 284
Bahadur Shah, Sultan von Gujarat 27, 36, 38
Balwant Singh, Raja von Bharatpur 151
Bappa Rawal, Sisodiafürst 45, 201, 203
Bhattidynastie 229, 248
Bhildynastie 17
Bhim Singh, Rawal 248
Bhopal Singh, Maharana von Udaipur 199
Bhulul Khan, Sultan von Delhi 25
Bika, Rao von Bikaner 229, 242, 244
Bopal Singh von Udaipur 88
Bose, Subhas Chandra 43
Buddha (Gautama Buddha), Religionsstifter 18, 60, 45, 62, 63, 91, 248

Chalukyadynastie 45, 283

Chandellarajputen 45, 69, 155
Chandragupta I., Mauryaherrscher 20, 21, 45
Chandragupta II., Mauryaherrscher 114
Chatar Sal, Maharana von Bundi 214
Chauhandynastie 36
Chavdarajputen 287
Churchill, Sir Winston 43

Damaji Gaekwar 276
Dara Shukoh, Sohn Shah Jahans 32, 33, 34, 260
Deva, Rao von Bundi und Kota 213
Diaz, Bartolomëu 39

East India Company 40, 41, 47, 92, 109, 151, 281

Fateh Singh, Maharaja von Udaipur **89**, 204
Firoz Shah, Sultan von Delhi 98, 114

Gadulyar Lohar 17
Gaekwardynastie 39, 276
Gaj Singh, Maharaja von Bikaner 244
Gandhi, Indira 44, 47
- Mahatma (eig. Mohandas Karamchand) 42f., 47, **89f.**, 266
- Rajiv 44
Ganga Singh, Maharaja von Bikaner 243, 247
Ghiyas Beg (Itimad-ud-Daula) 30, **137**
Ghiyas-ud-Din Tughluq, Sultan von Delhi 26, 97, 116
Goetz, Hermann 277
Guptadynastie 22, 45, 112
Gurjara-Pratihara-Dynastie 36, 37, 45, 69, 155, 201, 237

Hamida, Gemahlin Humayuns 28, 30
Hara Chauhana, Rajputenclan 213
Harshavardhana von Kanauj 69
Howitt, Samuel 245
Humayun, Mogulherrscher 27, 28, 29, 46, **90**, 98, 118, 119, 120, 125, 279

Ibrahim Lodi, Sultan von Delhi 27, 46
Iltutmish, Sultan von Delhi 25, 115, 229
Ishwari Singh, Maharaja von Jaipur 167

Jacob, Samuel Swinton 169, 245
Jagat Singh, Maharaja von Jaipur 167, 231
Jagat Singh I., Maharana von Udaipur 199, 200
Jahangir, Mogulherrscher 29, 30, 32, 36, 40, 47, 85, **90**, 125, 134, 143, 167, 169, 176, 190, 194, 200, 246, 281
Jai Singh, Maharaja von Alwar 165
Jai Singh II., Maharaja von Jaipur 110, 167, 168, 171, 177
Jaswant Singh I., Maharaja von Jodhpur 37, 229
Jaswant Singh II., Maharaja von Jodhpur 234
Jatdynastie 152, 165
Jinnah, Mohammed Ali 43
Jodha, Rao von Jodhpur 229, 231, 235, 242

Kachhawahrajputen 16, 167, 178
Kakil Deo, Rajputenfürst 167
Karan Singh, Raja von Bikaner 243
Keshri Singh, Thakur 184
Khanzadarajputen 165
Khiljidynastie 25, 46
Khurram s. Shah Jahan
Kumbha, Maharana von Mewar 36, 46, **91**, 203, 206, 225, 226, 235

Lal Kunwar 90
Lanchester, H. V. 234
Lodidynastie 27, 36, 46

Madho Singh I., Maharaja von Jaipur 169, 174
Madho Singh II., Maharaja von Jaipur 170
Madho Singh, Rao von Kota 219
Mahavira, Religionsstifter 45, 63, 64
Mahmud Begarha, Sultan von Ahmedabad 260, 264, 266, 274, 278, 287, 290
Mahmud von Ghazni 24, 25, 45, 188, 229, 248, 293
Man Singh II., Maharaja von Jaipur 170
Mandor-Pratihara-Dynastie 235
Marathen 16, 34, 35, 38, 47, 88, 93, 106, 167, 230, 276
Mauryadynastie 20, 21, 22, 45, 68, 112, 203
Mehrunissa s. Nur Jahan
Metha Nathwal, Premierminister 254
Minar 16
Mirabai, Prinzessin **91**, 226
Moguln 17, 22, **27ff.**, 36, 37, 40, 41, 46, 47, 84, 85, 87, 92, 93, 97ff., 109, 152, 167, 191, 195, 214, 217, 229

Mohammed, Religionsstifter 65, 66, 67, 77, 80
Muhammad Shah II., Sultan von Ahmedabad 263, 273
Muhammad-bin-Tughluq, Sultan von Delhi 26, 97, 117, 249
Muhammed von Ghur 25, 36, 45, 112, 188, 190, 236, 248, 256
Muin-ud-Din Chishti, Ordensgründer 189, 190
Mulhar Rao, Raja von Baroda 276f.
Mumtaz Mahal (eig. Arjumand Bano) 33, **126f.**, 131, 132, 135

**N**ehru, Jawaharlal 43, 44, 47
Nur Jahan (Mehrunissa) 30, 32, 33, 40, 98, 134, 137

**O**majjadendynastie 76, 77, 80

**P**admini, Gemalin Bhim Singhs 227
Pratap Singh, Rana von Udaipur **91**, 195, 197, 203, 217
Pratiharadynastie 155, 237
Prithvi Raj, Chauhanakönig 25, 112, 113, 188

**Q**utb-ud-Din Aibak, Sultan von Delhi 25, 45, 97, 109, **112f.**, 114, 189

**R**ai Singh, Raja von Bikaner 242, 243, 246
Raj Singh, Mewarfürst 36
Rajit Singh, Sikhherrscher 141
Rajputen 15f., 34, 36, 38, 177, 195, 219, 235, 248
Rao Chekha, Rajputenfürst 178
Ratan Singh, Rao von Bundi 214, 219
Rathordynastie 229, 231, 234, 248
Roe, Sir Thomas 31, **92**

**S**abha, Fariburz 122
Safar Jang, Premierminister 122
Salim Singh, Premierminister 249
Sangha, Rana von Mewar 36, 46
Sawai Jai Singh von Jaipur 92
Sayaji Rao III. Gaekwar, Sultan von Baroda 277
Sayid Sultani, Sheik 261
Selim s. Jahangir
Selim Chishti, Sektenführer 29
Shah Jahan, Mogulherrscher 31, 32, 33, 47, 90, **92f.**, 99, 104, 106, 107, 108, 125, 127, 131, 132, 135, 136, 143, 169, 190, 191, 200, 201
Sheo Singh, Thakur 183, 184
Sher Khan, Sultan von Delhi 28
Sher Shah Sur 46, 90, 118, 120
Shivaji, Marathenfürst 47, **93**, 281
Siddharaja Jayasimha, Solankiherrscher 280, 283
Sikander Lodi, Sultan von Delhi 27, 46, 118, 125, 139
Sisodia-Rajputen 16, 201, 203, 222
Solankidynastie 38, 45, 64, 69, 155, 207, 261, 269, 271, 283
Sulaiman Pasha Turk, türkischer Admiral 289
Sur Singh, Raja von Jodhpur 229
Surdynastie 28, 46
Suraj Mal, Raja von Bharatpur 150, 152
Suraj Mal, Rao von Bundi 213, 214

**T**avernier, Jean Baptiste 93

**U**dai, Raja von Jodhpur 229
Udai Singh II., Rana von Udaipur 195, 197, 224
Umaid Singh, Maharaja von Jodhpur 234
Ustad Ahmad 127

**V**asco da Gama 39, 46, 281

**Z**afar Khan, Gouverneur von Gujarat 38, 259

# Orte


Achaleshvara-Tempel, Mount Abu 210f.
Adlaj Vaw 266ff.
Agra 13, 27, 34, 84, **125ff.**, 142, 150
- Chini-ka-Rauza 138f.
- Jami Masjid (Freitagsmoschee) 34, 93, **136**
- Mausoleum des Itimad-ud-Daula 131, **137f.**
- Rotes Fort 34, 80, 88, 93, 99, 125, 128, **132ff.**
- Taj Mahal 33, 78, 80, 93, **125ff.**
Ahmedabad 259ff.
- Ahmed Shah-Moschee **261**, 263
- Bibi ki-Moschee 265
- Dada Hari Vaw 265f.
- Jami Masjid (Freitagsmoschee) 262f.
- Muhafiz Khan-Moschee 261f.
- Rani Rupavati-Moschee 265
- Rani Sipri-Moschee 264
- Sidi Bashir-Moschee 264f.
- Sidi Sayid-Moschee 261
Ajmer 188ff.
Alwar 87, **165f.**
Amber 37, 167, **176ff.**
Aravallikette 10f., 13, **165ff.**
Asawal 259

Baroli 221f.
Bharatpur 13, 15, **150f.**
Bijolia 218
Bikaner 16, 37, 231, **242ff.**
Bissau 180, **184**
Bombay (Mumbai) 40
Bundi 213f.

Calcutta 42, 44
Cambay (Khambat) 12, 259
Champaner 261, **277ff.**
Chittaurgarh 17, 28, 29, 36, 45, 47, 91, 203, **222ff.**
Churu 183

Dabhoi 280
Daman 40, 259
Deeg 150, **152f.**
Delhi 13, 26, 27, 28, 33, 35, 42, 45, 46, 47, 84, 90, **97ff.**
- Alt-Delhi 99ff.
- Baha'i-Tempel 122f.
- Firozabad 98
- Grab des Humayun 80, **120f.**, 130
- Grab des Khan-i-Khanan 121f.
- India Gate 111
- Indraprashtra 97, 98, 118
- Jahanpanah 97
- Jami Masjid (Freitagsmoschee) 107ff.
- Jantar Mantar (Observatorium) **110f.**, 167, 172
- Lal Kot 97, 112
- Lodigärten 24, **117f.**
- Mausoleum des Iltutmish 83, **116**
- Nationalmuseum 48, 61, **112**, 113
- Neu-Delhi 109ff.
- Purana Qila 98, **118ff.**
- Qala-i-Khuna-Moschee 119
- Qila Raj Pithora 97, 113
- Qutb-Minar-Komplex 25, 83, **112ff.**, 226
- Qutb-ul-Islam-Moschee 83, **113f.**, 189
- Rashtrapati Bavan 111
- Rotes Fort (Lal Qila) **99ff.**, 132
- Safdar Jang-Mausoleum 122
- Shajahanabad 99, 125, 127
- Siri 97
- Tughluqabad 97, **116f.**
Deshnoke 246f.
Dilwara-Tempel, Mount Abu 206ff.
Diu 40, 46, 289, **294f.**
Dwarka 91, 283

Eklingji 201f.

Fatehpur 180, **182f.**
Fatehpur Sikri 13, 47, 100, 128, 138, **141ff.**
Fünfstromland 20, 25, 45
Gandhara 73
Gandhinagar 261
Gir Hills 13, 287
Gir-Nationalpark 13
Girnar 22, 64, 148, 206, 208, **291ff.**
Goa 40, 46
Gwalior 62, 63

Harappa 45, 48, 275
Hindoli 216f.

Jagat 201
Jaipur 16, 110, **167ff.**, 243
- Fort Nahargarh 168, **174f.**
- Hawa Mahal (Palast der Winde) 173
- Gaitor 175
- Government Museum 15, **173f.**
- Jantar Mantar (Observatorium) 171ff.
- Palast 168ff.

Jaisalmer 37, 87, **248ff.**
- Bada Bagh 256
- Jainheiligtümer 251ff.
- Nathmal ki-Haveli 254
- Palast (Raj Mahal) 250f.
- Palast der Moomal (Moomal ki Meri) 256f.
- Patwon ki-Haveli 254
- Salim Singh-Haveli 254
- Taziaturm 254
- Teliator 256

Jhunjhunu 180, **185f.**
Jodhpur 16, 37, 46, 87, **229ff.**, 243
Junagadh 287ff.

Kalibangan 20
Kanauj 237
Kathiawar, Halbinsel 13, **283ff.**
Keoladeo-Vogelpark 13, 150
Khajuraho 45, 69, **155ff.**
- Östliche Gruppe 161ff.
- Westliche Gruppe 157ff.

Khambhat, Golf von 259ff.
Kiradu 236
Kota 87, **219f.**
Kumbhalgarh 91, **203f.**

Lakshmangarh 181f.
Lodurva 248, **256**
Lothal 20, 45, 259, **275**

Malwa 188
Mandawa 180, **184f.**
Mandor 37, 46, 229, **235ff.**
Mandu 144
Marusthali 10
Marwar 37, 46, 188, 229
Mathura 72, 172
Menal 217f.
Mewar 16, 17, 36, 45, 47, 88
Modhera **269f.**, 271
Mohenjo Daro 48, 275
Mount Abu 64, 71, 148, **206ff.**
Mount Girnar s. Girnar

Nagda 202f.
Nawalgarh 186ff.

Osian 235, **237ff.**

Palitana 283f.
Patan 271
Pushkar 52, **192ff.**

Ramgarh 220
Ranakpur 71, 91, **204ff.**
Ranthambore-Tigerreservat 13
Roda 271f.

Samet Shikhara 64, 206
Sariska-Nationalpark 13, **166**
Sarkhej 143, 259, **273f.**
Sejakpur 296
Shamalaji 273
Shatrunjaya 64, 206, **283ff.**
Shekhavati **178ff.**, 245
Sikandra 128, **139ff.**
Sikar 181
Somnath 293f.
Sunak 270f.
Surat 12, 40, 47, 93, 259, **280f.**, 294

Taj Mahal s. Agra
Tarnetar 296
Thar-Wüste 229ff.

Udaipur 47, 88, **195ff.**
Ujjain 172
Umarkot 28

Vadnagar 271
Vadodara (Baroda) 35, **276f.**
Vrindaban 91

Umschlagvorderseite: Palast der Winde in Jaipur
Umschlagklappe vorn: Taj Mahal in Agra
Umschlagklappe hinten: Stadtpalast von Alwar
Umschlagrückseite oben: Sati-Hände in Bikaner
Umschlagrückseite Mitte: Schnitt durch die Moschee von Ahmedabad
Umschlagrückseite unten: »Gott Shiva wärmt seine Familie in der Kälte des Himalaya« (zeitgenössische Malerei aus Rajasthan)
Vignette S.1: Baumgöttin am Stupa von Sanchi

*Über den Autor:* Hans-Joachim Aubert, geb. 1942, studierte Wirtschaftswissenschaften und promovierte mit einer wirtschaftsgeographischen Arbeit über Sri Lanka. Er ist seit über 20 Jahren als Sachbuchautor, Reisejournalist und Fotograf tätig und hat mehr als ein Dutzend Bildbände und Reiseführer verfaßt. Zahlreiche ausgedehnte Reisen haben ihn vornehmlich nach Asien, Nordafrika, Latein- und Nordamerika geführt, vor allem aber nach Indien, das er seit 1970 regelmäßig bereist. Im DuMont Buchverlag sind vom ihm erschienen: »Richtig Reisen Nepal«, »Richtig Reisen Nord-Indien«, »Richtig Reisen Tunesien«, außerdem die Reise-Taschenbücher »Djerba und Südtunesien«, »Mallorca« »Mexiko:Yucatán und Chiapas« und das »DuMont EXTRA Nord-Tunesien«.

Die Deutsche Bibliothek – CIP-Einheitsaufnahme

**Aubert, Hans-Joachim:**
Rajasthan und Gujarat. 3000 Jahre Kunst und Kultur im Nordwesten Indiens. Mit Ausflügen nach Delhi, Agra und Khajuraho / Hans-Joachim Aubert. - Köln : DuMont, 1999
(Kunst-Reiseführer)
ISBN 3-7701-4784-7


1. Auflage 1999

Satz und Druck: Rasch, Bramsche
Buchbinderische Verarbeitung: Bramscher Buchbinder Betriebe
Graphisches Konzept: Ralf Groschwitz, Hamburg

Printed in Germany ISBN 3-7701-4784-7